KDB산업은행 5급

최종모의고사 7회분

시대에듀

2025 최신판 시대에듀 KDB산업은행 5급 최종모의고사 7회분 + 논술 + 면접 + 무료NCS특강

Always **with you**

사람의 인연은 길에서 우연하게 만나거나 함께 살아가는 것만을 의미하지는 않습니다.
책을 펴내는 출판사와 그 책을 읽는 독자의 만남도 소중한 인연입니다.
시대에듀는 항상 독자의 마음을 헤아리기 위해 노력하고 있습니다. 늘 독자와 함께하겠습니다.

자격증 • 공무원 • 금융/보험 • 면허증 • 언어/외국어 • 검정고시/독학사 • 기업체/취업
이 시대의 모든 합격! 시대에듀에서 합격하세요!
www.youtube.com → 시대에듀 → 구독

머리말 PREFACE

우리나라의 산업개발과 국민경제의 발전을 위하여 1954년 설립된 KDB산업은행은 전후 경제재건 주도, 국가 성장동력 확보, 시장안전판 역할 수행 등 시대적 요구에 부응하는 역할을 통해 산업과 국민경제 발전을 선도하였다. 현재는 중견(예비)기업 육성, 4차 산업혁명 지원 등 혁신성장을 선도하고 산업과 기업의 체질개선, 기업 구조조정 추진 등에 힘쓰고 있다.

KDB산업은행은 채용절차에서 지원자가 업무에 필요한 능력을 갖추고 있는지를 평가하기 위해 직무수행능력뿐 아니라 NCS 직업기초능력평가를 시행하여 맞춤인재를 선발하고 있다.

이에 시대에듀는 KDB산업은행 5급 신입행원 채용 필기시험을 준비하는 수험생들이 시험에 효과적으로 대비할 수 있도록 다음과 같은 특징을 가진 본서를 출간하게 되었다.

도서의 특징

1. 최근 출제경향을 분석하여 구성한 모의고사를 4회분 수록하여 시험 직전 자신의 실력을 최종 점검할 수 있도록 하였다.
2. 논술 작성법과 KDB산업은행 논술 기출을 수록하여 일반시사논술 전형을 준비할 수 있도록 하였다.
3. 면접 가이드와 주요 금융권 면접 기출을 수록하여 한 권으로 채용 전반에 대비할 수 있도록 하였다.

끝으로 본서가 KDB산업은행 5급 신입행원 채용 필기시험을 준비하는 여러분 모두에게 합격의 기쁨을 전달하기를 진심으로 기원한다.

SDC(Sidae Data Center) 씀

INTRODUCE

KDB산업은행 기업분석

◇ 미션

대한민국 경제의 1%를 책임지는 정책금융기관

◇ 비전

대한민국과 함께 성장하는 글로벌 금융 리더, 더 큰 KDB

◇ KDB Way

비전 달성을 위해 공유해야 할 全 임직원의 행동규범

1. 고객의 니즈를 최우선으로 생각한다.
2. 열린 마음으로 변화를 수용하자.
3. 익숙함에서 벗어나 계산된 도전을 하자.
4. 소통하며 주도적으로 일하자.
5. 외부와 협력하여 더 나은 길을 찾는다.
6. 현장에서 답을 찾자.
7. 미래를 생각하고 행동하자.
8. 책임을 완수하여 사회적 신뢰를 얻는다.
9. 전문가로서 대안을 제시한다.
10. 디지털 마인드를 갖자.

INFORMATION

신입행원 채용 안내

◇ 채용절차

◇ 응시자격(공통)

❶ 연령, 학력 및 전공 : 제한 없음

※ 단, 접수시작일 기준 만 60세 이상인 자 제외

❷ 병역의무를 필한 자 또는 면제받은 자

❸ 은행 인사내규상 결격사유에 해당되지 않는 자

※ 접수기간 중 공고되는 산업은행의 모든 채용분야에 중복지원 불가

KDB산업은행 인사내규상 결격사유

1. 피성년후견인, 피한정후견인
2. 파산자로서 복권되지 아니한 자
3. 금고 이상의 형을 받고 그 집행이 종료되거나 또는 그 집행을 받지 아니하기로 확정된 후 3년이 경과하지 아니한 자
4. 법원의 판결에 의하여 자격이 상실 또는 정지된 자
5. 징계 면직된 사실이 있는 자
6. 「성폭력범죄의 처벌 등에 관한 특례법」상 규정된 죄를 범한 사람으로서 100만 원 이상의 벌금형을 선고받고 그 형이 확정된 후 3년이 경과하지 아니한 자
7. 미성년자에 대한 다음 각 목의 어느 하나에 해당하는 죄를 저질러 파면 · 해임되거나 형 또는 치료감호를 선고받아 그 형 또는 치료감호가 확정된 사람(집행유예를 선고받은 후 그 집행유예기간이 경과한 사람을 포함한다)
   가. 「성폭력범죄의 처벌 등에 관한 특례법」 제2조 따른 성폭력범죄
   나. 「아동 · 청소년의 성보호에 관련 법률」 제2조 제2호에 따른 아동 · 청소년 대상 성범죄
8. 「특정경제범죄 가중처벌 등에 관한 법률」상 취업제한 규정을 적용받는 자
9. 「공공기관의 운영에 관한 법률」에 따라 지정된 공공기관에서 부정한 방법으로 채용된 사실이 적발되어 채용이 취소된 때로부터 5년이 지나지 아니한 자

◇ 필기시험

평가항목		시험과목	문항 수	시간
직업기초능력		• NCS 직업기초능력평가 : 의사소통, 수리, 문제해결, 정보능력	60문항	60분
직무수행능력	직무지식	• 경영, 경제, 법, IT, 바이오 中 택1	–	80분
	논리적 사고력	• 일반시사논술(※ IT, 바이오 분야는 일반시사논술 미실시)		45분

❖ 채용절차 및 응시자격은 변동될 수 있으므로 반드시 발표되는 채용공고를 확인하기 바랍니다.

NH농협은행 6급

의사소통능력 ▶ 내용일치

06 농협은행 교육지원팀 과장인 귀하는 신입사원들을 대상으로 청렴교육을 실시하면서, 사내 내부제보준칙에 대하여 설명하려고 한다. 다음은 내부제보준칙 자료의 일부이다. 귀하가 신입사원들에게 설명할 내용으로 옳지 않은 것은?

> **제4조** 임직원 및 퇴직일로부터 1년이 경과하지 않은 퇴직 임직원이 제보하여야 할 대상 행위는 다음과 같다.
> ① 업무수행과 관련하여 위법·부당한 행위, 지시 또는 직권남용
> ② 횡령, 배임, 공갈, 절도, 금품수수, 사금융 알선, 향응, 겸업금지 위반, 성희롱, 저축관련 부당행위, 재산국외도피 등 범죄 혐의가 있는 행위
> ③「금융실명거래 및 비밀보장에 관한 법률」 또는「특정금융거래정보의 보고 및 이용 등에 관한 법률」 위반 혐의가 있는 행위
> ④ 제도 등 시행에 따른 위험, 통제시스템의 허점
> ⑤ 사회적 물의를 야기하거나 조직의 명예를 훼손시킬 수 있는 대내외 문제
> ⑥ 그 밖에 사고방지, 내부통제를 위하여 필요한 사항 등

수리능력 ▶ 거리·속력·시간

01 K씨는 오전 9시까지 출근해야 한다. 집에서 오전 8시 30분에 출발하여 분속 60m로 걷다가 늦을 것 같아 도중에 분속 150m로 달렸더니 오전 9시에 회사에 도착하였다. K씨 집과 회사 사이의 거리가 2.1km일 때, K씨가 걸은 거리는?

① 1km ② 1.2km
③ 1.4km ④ 1.6km
⑤ 1.8km

문제해결능력 ▶ 문제처리

02 K은행은 A, B, C, D 각 부서에 1명씩 신입사원을 선발하였다. 지원자는 총 5명이었으며, 선발 결과에 대해 다음과 같이 진술하였다. 이 중 1명의 진술만 거짓으로 밝혀졌을 때, 다음 중 항상 옳은 것은?

> • 지원자 1 : 지원자 2가 A부서에 선발되었다.
> • 지원자 2 : 지원자 3은 A 또는 D부서에 선발되었다.
> • 지원자 3 : 지원자 4는 C부서가 아닌 다른 부서에 선발되었다.
> • 지원자 4 : 지원자 5는 D부서에 선발되었다.
> • 지원자 5 : 나는 D부서에 선발되었는데, 지원자 1은 선발되지 않았다.

① 지원자 1은 B부서에 선발되었다.
② 지원자 2는 A부서에 선발되었다.
③ 지원자 3은 D부서에 선발되었다.
④ 지원자 4는 B부서에 선발되었다.
⑤ 지원자 5는 C부서에 선발되었다.

하나은행

의사소통능력 ▸ 내용일치

08 다음은 H은행의 직장인 월 복리 적금에 대한 자료이다. 행원인 귀하가 이 상품을 고객에게 설명한 내용으로 적절하지 않은 것은?

〈가입현황〉

성별		연령대		신규금액		계약기간	
여성	63%	20대	20%	5만 원 이하	21%	1년 이하	60%
		30대	31%	10 ~ 50만 원	36%	1 ~ 2년	17%
남성	37%	40대	28%	50 ~ 100만 원	22%	2 ~ 3년	21%
		기타	21%	기타	21%	기타	2%

※ 현재 이 상품을 가입 중인 고객의 계좌 수 : 138,736개

〈상품설명〉

상품특징	급여이체 및 교차거래 실적에 따라 우대금리를 제공하는 직장인재테크 월 복리 적금상품

수리능력 ▸ 자료추론

04 다음은 하반기 월별 USD, EUR, JPY 100 환율에 대한 자료이다. 이에 대한 설명으로 옳은 것은?

〈하반기 월별 원/달러, 원/유로, 원/100엔 환율〉

구분	7월	8월	9월	10월	11월	12월
원/달러	1,110.00	1,112.00	1,112.00	1,115.00	1,122.00	1,125.00
원/유로	1,300.50	1,350.00	1,450.00	1,380.00	1,400.00	1,470.00
원/100엔	1,008.00	1,010.00	1,050.00	1,050.00	1,075.00	1,100.00

① 유로/달러 환율은 11월이 10월보다 낮다.
② 12월 원/100엔 환율은 7월 대비 10% 이상 상승하였다.
③ 8월부터 11월까지 원/달러 환율과 원/100엔 환율의 전월 대비 증감 추이는 동일하다.
④ 한국에 있는 A가 유학을 위해 학비로 준비한 원화를 9월에 환전한다면 미국보다 유럽으로 가는 것이 경제적으로 더 이득이다.

문제해결능력 ▸ 문제처리

02 다음은 A직원의 퇴직금에 대한 자료이다. 이를 참고하여 A직원이 받을 퇴직금을 구하면?(단, A직원은 퇴직금 조건을 모두 만족하고, 주어진 조건 외에는 고려하지 않으며, 1,000원 미만은 절사한다)

〈퇴직금 산정 기준〉

- 근무한 개월에 따라 1년 미만이라도 정해진 기준에 따라 지급한다.
- 평균임금에는 기본급과 상여금, 기타 수당 등이 포함된다.
- 실비에는 교통비, 식비, 출장비 등이 포함된다.
- 1일 평균임금은 퇴직일 이전 3개월간에 지급받은 임금총액을 퇴직일 이전 3개월간의 근무일수의 합으로 나눠서 구한다.
- 1일 평균임금 산정기간과 총근무일수 중 육아휴직 기간이 있는 경우에는 그 기간과 그 기간 중에 지급된 임금은 평균임금 산정기준이 되는 기간과 임금의 총액에서 각각 뺀다.

주요 금융권 적중 문제

KB국민은행

의사소통능력 ▶ 주제 · 제목찾기

※ 다음 글의 주제로 가장 적절한 것을 고르시오. [1~2]

01

금융당국은 은행의 과점체제를 해소하고, 은행과 비은행의 경쟁을 촉진시키는 방안으로 은행의 고유 전유물이었던 통장을 보험 및 카드 업계로의 도입을 검토하겠다고 밝혔다.
이는 전자금융거래법을 개정해 대금결제업, 자금이체업, 결제대행업 등 모든 전자금융업 업무를 관리하는 종합지금결제사업자를 제도화하여 비은행에 도입한다는 것으로, 이를 통해 비은행권은 간편결제 · 송금 외에도 은행 수준의 보편적 지급결제 서비스가 가능해지는 것이다.
특히 금융당국이 은행업 경쟁촉진 방안으로 검토 중인 은행업 추가 인가나 소규모 특화은행 도입 등 여러 방안 중에서 종합지급결제사업자 제도를 중점으로 검토 중인 이유는 은행의 유효경쟁을 촉진시킴으로써 은행의 과점 이슈를 가장 빠르게 완화할 수 있을 것으로 판단되기 때문이다.
이는 소비자 측면에서도 기대효과가 있는데, 은행 계좌가 없는 금융소외계층은 종합지금결제사업자 제도를 통해 금융 서비스를 제공받을 수 있고, 기존 방식에서 각 은행에 지불하던 지급결제 수수료가 절약돼 그만큼 보험료가 인하될 가능성도 기대해 볼 수 있기 때문이다. 보험사 및 카드사 측면에서도 기존 방식에서는 은행을 통해 진행했던 방식이 해당 제도가 확립된다면 직접 처리할 수 있게 되어 방식이 간소화될 수 있다는 장점이 있다.
하지만 이 또한 현실적으로 많은 문제들이 제기되는데, 그중 하나가 소비자보호 사각지대의 발생이다. 비은행권은 은행권과 달리 예금보험제도가 적용되지 않을 뿐더러 은행권에 비해 규제 수준이

문제해결능력 ▶ 순서추론

01 카드게임을 하기 위해 A ~ F 6명이 원형 테이블에 앉고자 한다. 다음 〈조건〉에 따라 이들의 좌석을 배치하고자 할 때, F와 이웃하여 앉을 사람은?(단, 좌우 방향은 원탁을 바라보고 앉은 상태를 기준으로 한다)

조건

- B는 C와 이웃하여 앉는다.
- A는 E와 마주보고 앉는다.
- C의 오른쪽에는 E가 앉는다.
- F는 A와 이웃하여 앉지 않는다.

① B, D　　② C, D
③ C, E　　④ D, E

수리능력 ▶ 확률

03 S부서에는 부장 1명, 과장 1명, 대리 2명, 사원 2명 총 6명이 근무하고 있다. 새로운 프로젝트를 진행하기 위해 S부서를 2개의 팀으로 나누려고 한다. 팀을 나눈 후 인원수는 서로 같으며, 부장과 과장이 같은 팀이 될 확률은 30%라고 한다. 대리 2명의 성별이 서로 다를 때, 부장과 남자 대리가 같은 팀이 될 확률은?

① 41%　　② 41.5%
③ 42%　　④ 42.5%

IBK기업은행

의사소통능력 ▶ 내용일치

※ 다음 글의 내용으로 적절하지 않은 것을 고르시오. [1~3]

01

많은 사람들은 소비에 대한 경제적 결정을 내리기 전에 가격과 품질을 고려한다. 하지만 이러한 결정은 때로 소비자가 인식하지 못한 다른 요소에 의해 영향을 받는다. 바로 마케팅과 광고의 효과이다. 광고는 제품이나 서비스에 대한 정보를 전달하는 데 사용되는 매개체로 소비자의 구매 결정에 큰 영향을 끼친다.

마케팅 회사들은 광고를 통해 제품을 매력적으로 보이도록 디자인하고 여러 가지 특징들을 강조하여 소비자들이 해당 제품을 원하도록 만든다. 예를 들어 소비자가 직면한 문제에 대해 자사의 제품이 효과적인 해결책이라고 제시하거나 유니크한 디자인, 고급 소재 등을 사용한다고 강조하는 것이다. 이렇게 광고는 소비자들에게 제품에 대한 긍정적인 이미지를 형성하게 하여 구매 욕구를 자극해 제품의 판매량을 증가시킨다.

그러므로 현명한 소비를 하기 위해서는 광고에 의해 형성된 이미지에 속지 않고 실제 제품의 가치와

자원관리능력 ▶ 비용계산

※ 다음은 I은행의 지난해 직원별 업무 성과내용과 성과급 지급규정이다. 이어지는 질문에 답하시오. [16~17]

〈직원별 업무 성과내용〉

성명	직급	월 급여(만 원)	성과내용
임미리	과장	450	예·적금 상품 3개, 보험상품 1개, 대출상품 3개
이윤미	대리	380	예·적금 상품 5개, 보험상품 4개
조유라	주임	330	예·적금 상품 2개, 보험상품 1개, 대출상품 5개
구자랑	사원	240	보험상품 3개, 대출상품 3개
조다운	대리	350	보험상품 2개, 대출상품 4개
김은지	사원	220	예·적금 상품 6개, 대출상품 2개
권지희	주임	320	예·적금 상품 5개, 보험상품 1개, 대출상품 1개
유수연	사원	280	예·적금 상품 2개, 보험상품 3개, 대출상품 1개

수리능력 ▶ 금융상품 활용

03 A대리는 새 자동차 구입을 위해 적금 상품에 가입하고자 하며, 후보 적금 상품에 대한 정보는 다음과 같다. 후보 적금 상품 중 만기환급금이 더 큰 적금 상품에 가입한다고 할 때, A대리가 가입할 적금 상품과 상품의 만기환급금이 바르게 연결된 것은?

〈후보 적금 상품 정보〉

구분	직장인사랑적금	미래든든적금
가입자	개인실명제	개인실명제
가입기간	36개월	24개월
가입금액	매월 1일 100,000원 납입	매월 1일 150,000원 납입
적용금리	연 2.0%	연 2.8%
저축방법	정기적립식, 비과세	정기적립식, 비과세
이자지급방식	만기일시지급식, 단리식	만기일시지급식, 단리식

적금 상품 　　　 만기환급금

도서 200% 활용하기

NCS 직업기초능력평가 모의고사 + OMR 답안카드

KDB산업은행 필기시험

제1회 모의고사

문항 수 : 60문항
시험시간 : 60분

제 1 영역 의사소통능력

01 다음 밑줄 친 단어의 표기가 옳지 않은 것은?

① 그는 쥐꼬리만 한 수입으로 근근히 살아간다.
② 우리는 익히 알고 지내는 사이다.
③ 어차피 죽을 바엔 밥이라도 배불리 먹고 싶다.
④ 그들은 모두 배가 고팠던 터라 자장면을 곱빼기로 시켜 먹었다.

02 다음 글의 내용으로 적절하지 않은 것은?

현대 우주론의 출발점은 1917년 아인슈타인이 발표한 정적 우주론이다. 아인슈타인은 우주는 팽창하지도 수축하지도 않는다고 주장했다. 그런데 위 이론의 토대가 된 아인슈타인의 일반 상대성 이론을 면밀히 살핀 러시아의 수학자 프리드먼과 벨기에의 신부 르메트르의 생각은 아인슈타인과 달랐다. 프리드먼은 1922년 "우주는 극도의 고밀도 상태에서 시작돼 점차 팽창하면서 밀도가 낮아졌다."라는 주장을, 르메트르는 1927년 "우주가 …
논문을 …

① 아인…
② 정적…
③ 아인…
④ 프리…

2 KDB산업은행

KDB산업은행 NCS 직업기초능력평가 모의고사 답안카드

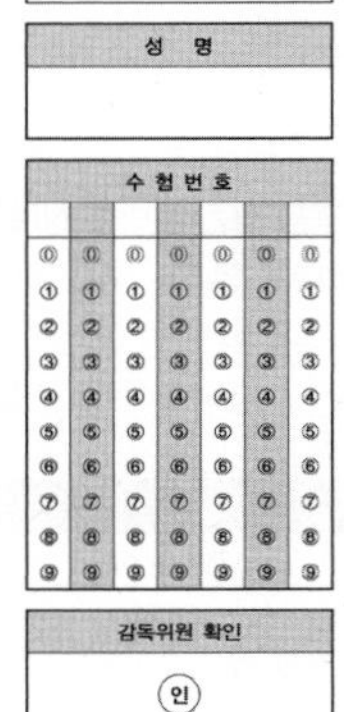
고사장

성 명

수 험 번 호

⓪	⓪	⓪	⓪	⓪	⓪	⓪
①	①	①	①	①	①	①
②	②	②	②	②	②	②
③	③	③	③	③	③	③
④	④	④	④	④	④	④
⑤	⑤	⑤	⑤	⑤	⑤	⑤
⑥	⑥	⑥	⑥	⑥	⑥	⑥
⑦	⑦	⑦	⑦	⑦	⑦	⑦
⑧	⑧	⑧	⑧	⑧	⑧	⑧
⑨	⑨	⑨	⑨	⑨	⑨	⑨

감독위원 확인

(인)

의사소통능력					수리능력					문제해결능력					정보능력				
1	①	②	③	④	1	①	②	③	④	1	①	②	③	④	1	①	②	③	④
2	①	②	③	④	2	①	②	③	④	2	①	②	③	④	2	①	②	③	④
3	①	②	③	④	3	①	②	③	④	3	①	②	③	④	3	①	②	③	④
4	①	②	③	④	4	①	②	③	④	4	①	②	③	④	4	①	②	③	④
5	①	②	③	④	5	①	②	③	④	5	①	②	③	④	5	①	②	③	④
6	①	②	③	④	6	①	②	③	④	6	①	②	③	④	6	①	②	③	④
7	①	②	③	④	7	①	②	③	④	7	①	②	③	④	7	①	②	③	④
8	①	②	③	④	8	①	②	③	④	8	①	②	③	④	8	①	②	③	④
9	①	②	③	④	9	①	②	③	④	9	①	②	③	④	9	①	②	③	④
10	①	②	③	④	10	①	②	③	④	10	①	②	③	④	10	①	②	③	④
11	①	②	③	④	11	①	②	③	④	11	①	②	③	④	11	①	②	③	④
12	①	②	③	④	12	①	②	③	④	12	①	②	③	④	12	①	②	③	④
13	①	②	③	④	13	①	②	③	④	13	①	②	③	④	13	①	②	③	④
14	①	②	③	④	14	①	②	③	④	14	①	②	③	④	14	①	②	③	④
15	①	②	③	④	15	①	②	③	④	15	①	②	③	④	15	①	②	③	④

※ 본 답안카드는 마킹연습용 모의 답안카드입니다.

- KDB산업은행 출제경향을 반영한 모의고사 4회분을 통해 시험 전 자신의 실력을 최종 점검할 수 있도록 하였다.
- OMR 답안카드와 모바일 OMR 답안채점/성적분석 서비스로 필기시험을 완벽히 준비할 수 있도록 하였다.

일반시사논술 + 면접

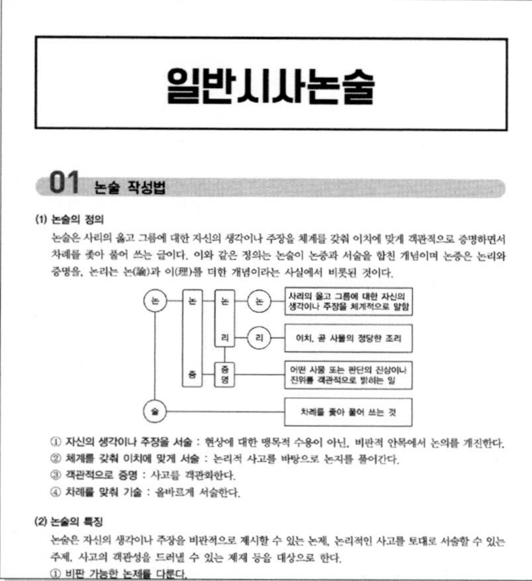

일반시사논술

01 논술 작성법

(1) 논술의 정의

논술은 사리의 옳고 그름에 대한 자신의 생각이나 주장을 체계를 갖춰 이치에 맞게 객관적으로 증명하면서 차례를 좇아 풀어 쓰는 글이다. 이와 같은 정의는 논술이 논증과 서술을 합친 개념이며 논증은 논리와 증명을, 논리는 논(論)과 이(理)를 더한 개념이라는 사실에서 비롯된 것이다.

① 자신의 생각이나 주장을 서술 : 현상에 대한 맹목적 수용이 아닌, 비판적 안목에서 논의를 개진한다.
② 체계를 갖춰 이치에 맞게 서술 : 논리적 사고를 바탕으로 논지를 풀어간다.
③ 객관적으로 증명 : 사고를 객관화한다.
④ 차례를 맞춰 기술 : 올바르게 서술한다.

(2) 논술의 특징

논술은 자신의 생각이나 주장을 비판적으로 제시할 수 있는 논제, 논리적인 사고를 토대로 서술할 수 있는 주제, 사고의 객관성을 드러낼 수 있는 제재 등을 대상으로 한다.
① 비판 가능한 논제를 다룬다.

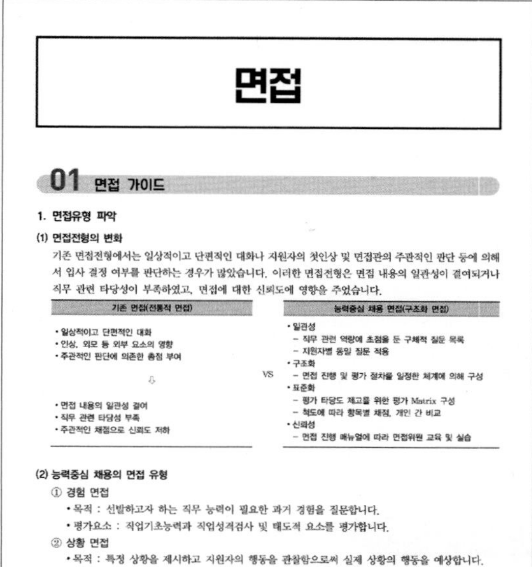

면접

01 면접 가이드

1. 면접유형 파악

(1) 면접전형의 변화

기존 면접전형에서는 일상적이고 단편적인 대화나 지원자의 첫인상 및 면접관의 주관적인 판단 등에 의해서 입사 결정 여부를 판단하는 경우가 많았습니다. 이러한 면접전형은 면접 내용의 일관성이 결여되거나 직무 관련 타당성이 부족하였고, 면접에 대한 신뢰도에 영향을 주었습니다.

기존 면접(전통적 면접)		능력중심 채용 면접(구조화 면접)
• 일상적이고 단편적인 대화 • 인상, 외모 등 외부 요소의 영향 • 주관적인 판단에 의존한 총점 부여 ⇩ • 면접 내용의 일관성 결여 • 직무 관련 타당성 부족 • 주관적인 채점으로 신뢰도 저하	VS	• 일관성 – 직무 관련 역량에 초점을 둔 구체적 질문 목록 – 지원자별 동일 질문 적용 • 구조화 – 면접 진행 및 평가 절차를 일정한 체계에 의해 구성 • 표준화 – 평가 타당도 제고를 위한 평가 Matrix 구성 – 척도에 따라 항목별 채점, 개인 간 비교 • 신뢰성 – 면접 진행 매뉴얼에 따라 면접위원 교육 및 실습

(2) 능력중심 채용의 면접 유형

① 경험 면접
• 목적 : 선발하고자 하는 직무 능력이 필요한 과거 경험을 질문합니다.
• 평가요소 : 직업기초능력과 직업성격검사 및 태도적 요소를 평가합니다.
② 상황 면접
• 목적 : 특정 상황을 제시하고 지원자의 행동을 관찰함으로써 실제 상황의 행동을 예상합니다.

▸ KDB산업은행 논술 기출 및 주요 금융권 면접 기출을 수록하여 채용 전반에 대비할 수 있도록 하였다.

정답 및 해설

KDB산업은행 필기시험

제1회 모의고사 정답 및 해설

제1영역 의사소통능력

01	02	03	04	05	06	07	08	09	10
①	④	③	②	④	③	③	③	④	①
11	12	13	14	15					
④	①	④	④	②					

01 정답 ①

'어렵사리 겨우'를 뜻하는 말은 '근근이'로 쓴다.

02 정답 ④

프리드먼의 '우주는 극도의 고밀도 상태에서 시작돼 점차 팽창하면서 밀도가 낮아졌다.'라는 이론과 르메트르의 '우주가 원시 원자들의 폭발로 시작됐다.'라는 이론은 상호 간에 성립하는 이론이다. 따라서 프리드먼의 이론과 르메트르의 이론은 양립할 수 없는 관계라는 것은 제시문의 내용으로 적절하지 않다.

03 정답 ③

제시문은 절차의 정당성을 근거로 한 과도한 권력, 즉 무제한적 민주주의에 대해 비판적인 논조를 취하고 있는 글이다. 따라서 빈칸에는 무제한적 민주주의의 문제점을 보완할 수 있는 해결책이 제시되어야 하므로 ③이 가장 적절하다.

오답분석
① 다수의 의견을 그대로 수용하는 것은 필자의 견해가 아니다.
② 사회적 불안의 해소는 제시문에서 언급되지 않았다.
④ 무제한적 민주주의를 제한적으로 수용하자는 견해는 아니다.

05 정답 ④

• 첫 번째 빈칸 : 빈칸 뒤 문장에서 과도한 지방 섭취는 좋지 않다는 내용을 통해 지방에 대한 안 좋은 이야기가 나와야 함을 알 수 있다. 따라서 빈칸에는 ⓒ이 적절하다.
• 두 번째 빈칸 : 빈칸 뒤 문장에는 '이러한 축적 능력'이라는 어구가 있으므로 빈칸에는 축적 능력에 대한 내용이 와야 한다. 따라서 빈칸에는 ⓔ이 적절하다.
• 세 번째 빈칸 : 빈칸 앞 문장에서 살아남은 자들의 후손인 현대인들이 달거나 기름진 음식을 본능적으로 좋아하게 된 것은 진화의 당연한 결과이고, 뒤 문장에서 지방이 풍부한 음식을 찾는 경향은 지나치게 지방을 축적하게 했고, 결국 부작용으로 이어진다고 했다. 따라서 빈칸에는 진화가 부작용으로 이어졌다는 내용이 들어가야 하므로 ㉠이 적절하다.

06 정답 ③

제시문은 테레민이라는 악기를 두 손을 이용해 어떻게 연주하는가에 대한 내용이다. 두 번째 문단에서 '오른손으로는 수직 안테나와의 거리에 따라 음고를 조절하고, 왼손으로는 수평 안테나와의 거리에 따라 음량을 조절한다.'라고 하였으며, 마지막 문단에서는 이에 따라 오른손으로 음고를 조절하는 방법에 대해 설명하고 있다. 따라서 뒤에 이어질 내용으로 왼손으로 음량을 조절하는 방법이 나오는 것이 가장 적절하다.

07 정답 ③

제시문은 스티븐 와이즈의 동물의 권리를 인정해야 한다는 주장에 대해 반박하는 글이다. 글쓴이는 인간이 권리를 갖는 이유는 법적 권리와 의무의 주체가 될 수 있는 인격체이기 때문인 것으로 보고 동물의 권리는 법적으로 인격체임을 인정받는 것이므로 그것은 자연과학이 아닌 법철학에서 다루어야 할 개념이라고 설명하고 있다. 또한 인격체는 공동체의 일원이 될 수 있는 개체를 의미하며,

KDB산업은행 필기시험

제4회 모의고사 정답 및 해설

제1영역 의사소통능력

01	02	03	04	05	06	07	08	09	10
①	④	②	②	②	④	④	①	④	①
11	12	13	14	15					
②	①	②	①	①					

01 정답 ①

'웃-' 및 '윗-'은 명사 '위'에 맞추어 통일한다.
예 윗넓이, 윗니, 윗도리 등
다만 된소리나 거센소리 앞에서는 '위-'로 한다.
예 위짝, 위쪽, 위층 등

02 정답 ④

제시문에 따르면 '밝은 별이 반드시 어두운 별보다 가까이 있는 것은 아니다.'라고 했으므로 적절하지 않다.

오답분석
① 별의 거리는 밝기의 절대등급과 겉보기등급의 비교를 통해 확정된다고 하였으므로 절대등급과 겉보기등급은 다를 수 있다.
② 보통 별의 밝기는 거리의 제곱에 반비례해서 어두워진다고 하였으므로 별은 항상 같은 밝기를 가지고 있지 않다.
③ 삼각 측량법은 공전 궤도 반경을 알고 있기 때문에 거리를 측정할 수 있다고 했다.

03 정답 ②

제시문은 유전자 치료를 위해 프로브와 겔 전기영동법을 통해 비정상적인 유전자를 찾아내는 방법을 설명하고 있다. 따라서 주제

(라) 문단이 그 뒤에 오는 것이 적절하다. 다음으로 이러한 경우를 오버슈팅으로 정의하는 (나) 문단이, 그 뒤를 이어 오버슈팅이 발생하는 원인인 (다) 문단이 오는 것이 적절하다.

05 정답 ②

제시문의 핵심 논점은 첫 번째 문단 마지막 부분의 '제로섬(Zero-sum)적인 요소를 지니는 경제 문제'와 두 번째 문단의 마지막 부분인 '우리 자신의 수입을 보호하기 위해 경제적 변화가 일어나는 것을 막거나 혹은 사회가 우리에게 손해를 입히는 공공정책이 강제로 시행되는 것을 막기 위해 싸울 것'에 대한 것이다. 따라서 제시문은 사회경제적인 총합이 많아지는 정책, 즉 '사회의 총생산량이 많아지게 하는 정책이 좋은 정책'이라는 주장에 대한 비판이라고 할 수 있다.

06 정답 ④

정부의 규제 장치나 법률 제정은 장벽을 만들어, 특정 산업의 로비스트들이 지대 추구행위를 계속할 수 있도록 도와준다.

오답분석
①·②·③ 첫 번째 문단에서 알 수 있다.

07 정답 ④

제시문에 의하면 물수제비 발생에는 던진 돌의 세기와 적절한 각도 그리고 회전이 중요한 변수가 됨을 알 수 있다. 물론 물의 표면 장력과 공기의 저항도 변수가 될 수 있다. 세 번째 문단의 내용으로 미루어 볼 때, 돌이 수면에 부딪친 후 운동에너지가 계속 유지되면 물수제비가 잘 일어난다는 것을 알 수 있다.

오답분석
① 돌의 무게가 물수제비 횟수와 비례한다고 볼 수 없다.

▸ 정답과 오답에 대한 상세한 해설과 추가적인 이론 설명을 통해 혼자서도 충분히 학습할 수 있도록 하였다.

CONTENTS

이 책의 차례

제1회 KDB산업은행 필기시험

NCS 직업기초능력평가 모의고사

〈문항 수 및 시험시간〉

영역	문항 수	시험시간	모바일 OMR 답안채점 / 성적분석
의사소통능력	15문항	60분	
수리능력	15문항		
문제해결능력	15문항		
정보능력	15문항		

www.sdedu.co.kr

KDB산업은행 필기시험

제1회 모의고사

문항 수 : 60문항
시험시간 : 60분

제 1 영역 의사소통능력

01 다음 밑줄 친 단어의 표기가 옳지 않은 것은?

① 그는 쥐꼬리만 한 수입으로 근근히 살아간다.
② 우리는 익히 알고 지내는 사이이다.
③ 어차피 죽을 바엔 밥이라도 배불리 먹고 싶다.
④ 그들은 모두 배가 고팠던 터라 자장면을 곱빼기로 시켜 먹었다.

02 다음 글의 내용으로 적절하지 않은 것은?

> 현대 우주론의 출발점은 1917년 아인슈타인이 발표한 정적 우주론이다. 아인슈타인은 우주는 팽창하지도 수축하지도 않는다고 주장했다. 그런데 위 이론의 토대가 된 아인슈타인의 일반 상대성 이론을 면밀히 살핀 러시아의 수학자 프리드먼과 벨기에의 신부 르메트르의 생각은 아인슈타인과 달랐다. 프리드먼은 1922년 "우주는 극도의 고밀도 상태에서 시작돼 점차 팽창하면서 밀도가 낮아졌다."라는 주장을, 르메트르는 1927년 "우주가 원시 원자들의 폭발로 시작됐다."라는 주장을 각각 논문으로 발표했다. 그러나 아인슈타인은 그들의 논문을 무시해 버렸다.

① 아인슈타인의 정적 우주론에 대한 반론이 제기되었다.
② 정적 우주론은 일반 상대성 이론의 연장선상에 있는 이론이다.
③ 아인슈타인의 이론과 프리드먼의 이론은 양립할 수 없는 관계이다.
④ 프리드먼의 이론과 르메트르의 이론은 양립할 수 없는 관계이다.

03 다음 글의 빈칸에 들어갈 내용으로 가장 적절한 것은?

> 민주주의의 목적은 다수가 소수의 폭군이나 자의적인 권력 행사를 통제하는 데 있다. 민주주의의 이상은 모든 자의적인 권력을 억제하는 것으로 이해되었는데 이것이 오늘날에는 자의적 권력을 정당화하기 위한 장치로 변화되었다. 이렇게 변화된 민주주의는 민주주의 그 자체를 목적으로 만들려는 이념이다. 이것은 법의 원천과 국가권력의 원천이 주권자 다수의 의지에 있기 때문에 국민의 참여와 표결 절차를 통하여 다수가 결정한 법과 정부의 활동이라면 그 자체로 정당성을 갖는다는 것이다. 즉, 유권자 다수가 원하는 것이면 무엇이든 실현할 수 있다는 말이다.
>
> 이런 민주주의는 '무제한적 민주주의'이다. 어떤 제약도 없는 민주주의라는 의미이다. 이런 민주주의는 자유주의와 부합할 수가 없다. 그것은 다수의 독재이고 이런 점에서 전체주의와 유사하다. 폭군의 권력이든, 다수의 권력이든, 군주의 권력이든, 위험한 것은 권력 행사의 무제한성이다. 중요한 것은 이러한 권력을 제한하는 일이다.
>
> 민주주의 그 자체를 수단이 아니라 목적으로 여기고 다수의 의지를 중시한다면, 그것은 다수의 독재를 초래할 뿐만 아니라 전체주의만큼이나 위험하다. 민주주의 존재 그 자체가 언제나 개인의 자유에 대한 전망을 밝게 해준다는 보장은 없다. 개인의 자유와 권리를 보장하지 못하는 민주주의는 본래의 민주주의가 아니다. 본래의 민주주의는 ________________________________

① 다수의 의견을 수렴하여 이를 그대로 정책에 반영해야 한다.

② 서로 다른 목적의 충돌로 인한 사회적 불안을 해소할 수 있어야 한다.

③ 민주적 절차 준수에 그치지 않고 과도한 권력을 실질적으로 견제할 수 있어야 한다.

④ 무제한적 민주주의를 과도기적으로 거치며 개인의 자유와 권리 보장에 기여해야 한다.

04 **다음 글을 읽고 추론한 내용으로 가장 적절한 것은?**

> 근대적 공론장의 형성을 중시하는 연구자들은 아렌트와 하버마스의 공론장 이론을 적용하여 한국적 근대 공론장의 원형을 찾는다. 이들은 유럽에서 18 ~ 19세기에 신문, 잡지 등이 시민들의 대화와 토론에 의거한 부르주아 공론장을 형성하였다는 사실에 착안하여 『독립신문』이 근대적 공론장의 역할을 하였다고 주장한다. 또한 만민공동회라는 새로운 정치권력이 만들어낸 근대적 공론장을 통해, 공화정의 근간인 의회와 한국 최초의 근대적 헌법이 등장하는 결정적 계기가 마련되었다고 인식한다.
>
> 그런데 공론장의 형성을 근대 이행의 절대적 특징으로 이해하는 태도는 근대 이행의 다른 길들에 대한 불신과 과소평가로 이어지기도 한다. 당시 사회의 개혁을 위해서는 갑신정변과 같은 소수 엘리트 주도의 혁명이나 동학농민운동과 같은 민중봉기가 아니라, 만민공동회와 같은 다수 인민에 의한 합리적인 토론과 공론에 의거한 민주적 개혁이 올바른 길이라고 주장하는 것이 대표적 예이다. 나아가 이러한 태도는 당시 고종이 만민공동회의 주장을 수용하여 입헌군주제나 공화제를 채택했더라면 국권박탈이라는 비극만은 면할 수 있었으리라는 비약으로 이어진다.
>
> 이러한 생각의 배경에는 개인의 자각에 근거한 공론장과 평화적 토론을 통한 공론의 형성, 그리고 공론을 정치에 실현시킬 제도적 장치가 마련되어 있는 체제가 바로 '근대'라는 확고한 인식이 자리 잡고 있다. 그들은 시민세력으로 성장할 가능성을 지닌 인민들의 행위가 근대적 정치를 표현하고 있었다는 점만 중시하고, 공론 형성의 주체인 시민이 아직 형성되지 못한 시대 상황은 특수한 것으로 평가한다. 또한 근대적 정치행위가 실패한 것은 인민들의 한계가 아니라, 전제황실 권력의 탄압이나 개혁파 지도자 내부의 권력투쟁 때문이라고 설명한다.
>
> 이러한 인식으로는 농민들을 중심으로 한 반봉건 민중운동의 지향점, 그리고 토지문제 해결을 통한 근대 이행이라는 고전적 과제에 답할 수가 없다. 또한 근대적 공론장에 기반한 근대국가가 수립되었을지라도 제국주의 열강들의 위협을 극복할 수 있었겠는지, 그 극복이 농민들의 지지 없이 가능했을지에 대한 문제의식은 들어설 여지가 없게 된다. 더 큰 문제는 이런 인식이 농민운동을 근대 이행을 방해하는 역사의 반역으로 왜곡할 소지가 있다는 것이다. 이러한 의문들이 적극적으로 해명되지 않는다면 근대 공론장 이론은 설득력을 갖기 어려울 것이다.

① 『독립신문』은 근대적 공론장의 역할을 하지 못했다.

② 농민운동이 한국의 근대 이행을 방해했다고 볼 수 없다.

③ 제국주의 열강의 위협이 한국의 근대 공론장 형성을 가속화하였다.

④ 고종이 만민공동회의 주장을 채택하였다면, 국권박탈의 비극은 없었을 것이다.

05 다음 글의 빈칸에 들어갈 문장을 〈보기〉에서 찾아 순서대로 바르게 나열한 것은?

먹을거리가 풍부한 현대인의 가장 큰 관심사 중 하나는 웰빙과 다이어트일 것이다. 현대인은 날씬한 몸매에 대한 열망이 지나쳐서 비만한 사람들이 나태하다고 생각하기도 하고, 심지어는 거식증으로 인해 사망한 패션 모델까지 있었다. ____________________ 물론 과도한 지방 섭취, 특히 몸에 좋지 않은 지방은 비만의 원인이 되고 당뇨병, 심장병, 고혈압과 같은 각종 성인병을 유발하지만, 사실 지방은 우리 몸이 정상적으로 활동하는 데 필수적인 성분이다.
사실 비만과 다이어트의 문제는 찰스 다윈(Charles R. Darwin)의 진화론과 밀접한 관련이 있다. 찰스 다윈은 19세기 영국의 생물학자로 '종의 기원'이라는 책을 써서 자연선택을 통한 생물의 진화 과정을 설명하였다. 생물체가 살아남고 번식을 해서 자손을 남길 수 있느냐 하는 것은 주위 환경과의 관계가 중요한 역할을 하는데, 자연선택이란 주위 환경에 따라 생존하기에 적합한 성질 또는 기능을 가진 종들이 그렇지 못한 종들보다 더 잘 살아남게 되어 자손을 남기게 된다는 개념이다.
약 100년 전만 해도 우리나라를 비롯한 전 세계 대부분의 국가는 식량이 그리 풍족하지 않았다. 실제로 수십만 년 지속된 인류의 역사에서 인간이 매일 끼니 걱정을 하지 않고 살게 된 것은 최근 수십 년의 일이다. ____________________ 그러므로 인류는 이러한 축적 능력이 유전적으로 뛰어난 사람들이 그렇지 않은 사람들보다 상대적으로 더 잘 살아남았을 것이다. 그렇게 살아남은 자들의 후손인 현대인들이 달거나 기름진 음식을 본능적으로 좋아하게 된 것은 진화의 당연한 결과였다. ____________________ 지방이 풍부한 음식을 찾는 경향은 지나치게 지방을 축적하게 했고, 결국 부작용으로 이어졌다.

〈보기〉

㉠ 그리하여 음식이 풍부한 현대 사회에서는 이러한 유전적 특성은 단점으로 작용하게 되었다.
㉡ 이러한 사회적 경향 때문에 우리가 먹는 음식물에 포함된 지방이나 기름 성분은 몸에 좋지 않은 '나쁜 성분'으로 매도당하기도 한다.
㉢ 먹을 것이 풍족하지 않은 상황에서 생존에 필수적인 능력은 다름 아닌 에너지를 몸 안에 축적하는 능력이었다.

① ㉠, ㉡, ㉢
② ㉠, ㉢, ㉡
③ ㉡, ㉠, ㉢
④ ㉡, ㉢, ㉠

06 다음 글에 이어질 내용으로 가장 적절한 것은?

> 테레민이라는 악기는 손을 대지 않고 연주하는 악기이다. 이 악기를 연주하기 위해 연주자는 허리 높이쯤에 위치한 상자 앞에 선다. 오른손은 상자에 수직으로 세워진 안테나 주위에서 움직인다. 오른손의 엄지와 집게 손가락으로 고리를 만들고 손을 흔들면서 나머지 손가락을 하나씩 펴면 안테나에 손이 닿지 않고서도 음이 들린다. 이때 들리는 음은 피아노 건반을 눌렀을 때 나는 것처럼 정해진 음이 아니고 현악기를 연주하는 것과 같은 연속음이며, 소리는 손과 손가락의 움직임에 따라 변한다. 왼손은 손가락을 펼친 채로 상자에서 수평으로 뻗은 안테나 위에서 서서히 오르내리면서 소리를 조절한다.
>
> 오른손으로는 수직 안테나와의 거리에 따라 음고(音高)를 조절하고 왼손으로는 수평 안테나와의 거리에 따라 음량을 조절한다. 따라서 오른손과 수직 안테나는 음고를 조절하는 회로에 속하고 왼손과 수평 안테나는 음량을 조절하는 또 다른 회로에 속한다. 이 두 회로가 하나로 합쳐지면서 두 손의 움직임에 따라 음고와 음량을 변화시킬 수 있다.
>
> 어떻게 테레민에서 다른 음고의 음이 발생되는지 알아보자. 음고를 조절하는 회로는 가청주파수 범위 바깥의 주파수를 갖는 서로 다른 두 개의 음파를 발생시킨다. 이 두 개의 음파 사이에 존재하는 주파수의 차이 값에 의해 가청주파수를 갖는 새로운 진동이 발생하는데, 그것으로 소리를 만든다. 가청주파수 범위 바깥의 주파수 중 하나는 고정된 주파수를 갖고 다른 하나는 연주자의 손 움직임에 따라 주파수가 바뀐다. 이렇게 발생한 주파수의 변화에 의해 진동이 발생되고 이 진동의 주파수는 가청주파수 범위 내에 있기 때문에 그 진동을 증폭시켜 스피커로 보내면 소리가 들린다.

① 수직 안테나에 손이 닿으면 소리가 발생하는 원리
② 왼손의 손가락 모양에 따라 음고가 바뀌는 원리
③ 수평 안테나와 왼손 사이의 거리에 따라 음량이 조절되는 원리
④ 음고를 조절하는 회로에서 가청주파수의 진동이 발생하는 원리

07 다음 글의 주장을 강화하는 진술로 가장 적절한 것은?

변호사인 스티븐 와이즈는 그의 저서에서 사람들에 대해서는 권리를 인정하면서도 동물에 대해서는 그렇게 하지 않는 법을 지지할 수 없다고 주장했다. 이렇게 하는 것은 자유인에 대해서는 권리를 인정하면서도 노예에 대해서는 그렇게 하지 않는 법과 마찬가지로 불합리하다는 것이다. 동물학자인 제인 구달은 이 책을 동물의 마그나 카르타라고 극찬했으며, 하버드 대학은 저자인 와이즈를 동물권법 교수로 임용했다.
와이즈는 동물의 권리에 대해 이야기하면서 권리와 의무와 같은 법적 관계를 논의하기 위한 기초가 되는 법철학에 대해서는 별로 다루고 있지 않다. 그가 의존하고 있는 것은 자연과학이다. 특히 유인원이 우리 인간과 얼마나 비슷한지를 알려주는 영장류 동물학의 연구 성과에 기초하여 동물의 권리에 대해 이야기하고 있다. 인간이 권리를 갖는 이유는 우리 인간이 생물학적으로 인간종(種)의 일원이기 때문이기도 하지만, 법적 권리와 의무의 주체가 될 수 있는 '인격체'이기 때문이다. 예를 들어 자연인(自然人)이 아닌 법인(法人)이 권리와 의무의 주체가 되는 것은 그것이 인간종의 일원이기 때문이 아니라 법적으로 인격체로 인정받기 때문이다. 인격체는 생물학에서 논의할 개념이 아니라 법철학에서 다루어야 할 개념이다.
인격체는 공동체의 일원이 될 수 있는 개체를 의미한다. 공동체의 일원이 되기 위해서는 협상, 타협, 동의의 능력이 필요하고, 이런 능력을 지닌 개체에게는 권리와 의무 그리고 책임 등이 부여된다. 이러한 개념을 바탕으로 사회 질서의 근원적 규칙을 마련할 수 있고 이 규칙은 우리가 사회생활을 영위하기 위한 전략을 규정한다. 하지만 이런 전략의 사용은 우리와 마찬가지로 규칙에 기초하여 선택된 전략을 사용할 수 있는 개체를 상대할 경우로 국한된다.
우리 인간이 동물을 돌보거나 사냥하는 것은, 공동체의 규칙에 근거하여 선택한 결정이다. 비록 동물이 생명을 갖는 개체라 하더라도 인격체는 아니기 때문에 동물은 법적 권리를 가질 수 없다.

① 애완견에게 유산을 상속하는 것도 법적 효력을 갖는다.
② 동물들은 철학적 사유도 못하고 물리학도 못하지만, 인간들 가운데에도 그러한 지적 능력이 없는 사람은 많다.
③ 어떤 동물은 인간에게 해를 입히거나 인간을 공격하기도 하지만 우리는 그 동물에게 법적 책임을 묻지 않는다.
④ 늑대를 지적이고 사회적인 존재라고 생각한 아메리카 인디언들은 자신들의 초기 문명기에 늑대 무리를 모델로 하여 사회를 만들었다.

※ 다음 글을 읽고, 이어지는 질문에 답하시오. [8~9]

보험은 같은 위험을 보유한 다수인이 위험 공동체를 형성하여 보험료를 납부하고, 보험 사고가 발생하면 보험금을 지급받는 제도이다. 보험 상품을 구입한 사람은 장래의 우연한 사고로 인한 경제적 손실에 ㉠ 대비할 수 있다. 보험금 지급은 사고 발생이라는 우연적 조건에 따라 결정되는데, 이처럼 보험은 조건의 실현 여부에 따라 받을 수 있는 재화나 서비스가 달라지는 조건부 상품이다.

위험 공동체의 구성원이 납부하는 보험료와 지급받는 보험금은 그 위험 공동체의 사고 발생 확률을 근거로 산정된다. 특정 사고가 발생할 확률은 정확히 알 수 없지만 그동안 발생된 사고를 바탕으로 그 확률을 예측하며, 관찰 대상이 많아짐에 따라 실제 사고 발생 확률에 ㉡ 근접하게 된다.

본래 보험 가입의 목적은 금전적 이득을 취하는 데 있는 것이 아니라 장래의 경제적 손실을 보상받는 데 있으므로 위험 공동체의 구성원은 자신이 속한 위험 공동체의 위험에 상응하는 보험료를 납부하는 것이 공정할 것이다. 따라서 공정한 보험에서는 구성원 각자가 납부하는 보험료와 그가 지급받을 보험금에 대한 기댓값이 일치해야 하며 구성원 전체의 보험료 총액과 보험금 총액이 일치해야 한다. 이때 보험금에 대한 기댓값은 사고가 발생할 확률에 사고 발생 시 수령할 보험금을 곱한 값이다.

보험금에 대한 보험료의 비율(보험료 / 보험금)을 보험료율이라 하는데, 보험료율이 사고 발생 확률보다 높으면 구성원 전체의 보험료 총액이 보험금 총액보다 더 많고, 그 반대의 경우에는 구성원 전체의 보험료 총액이 보험금 총액보다 더 적다. 따라서 공정한 보험에서는 보험료율과 사고 발생 확률이 같아야 한다. 물론 현실에서 보험사는 영업 활동에 소요되는 비용 등을 보험료에 반영하기 때문에 공정한 보험이 적용되기 어렵지만 기본적으로 위와 같은 원리를 바탕으로 보험료와 보험금을 산정한다.

그런데 보험 가입자들이 자신이 가진 위험의 정도에 대해 진실한 정보를 알려 주지 않는 한, 보험사는 보험 가입자 개개인이 가진 위험의 정도를 정확히 파악하여 거기에 ㉢ 상응하는 보험료를 책정하기 어렵다. 이러한 이유로 사고 발생 확률이 비슷하다고 예상되는 사람들로 구성된 어떤 위험 공동체에 사고 발생 확률이 더 높은 사람들이 동일한 보험료를 납부하고 진입하게 되면, 그 위험 공동체의 사고 발생 빈도가 높아져 보험사가 지급하는 보험금의 총액이 증가한다. 보험사는 이를 ㉣ 보전하기 위해 구성원이 납부해야 할 보험료를 인상할 수밖에 없다. 결국 자신의 위험 정도에 상응하는 보험료보다 더 높은 보험료를 납부하는 사람이 생기게 되는 것이다.

이러한 문제는 정보의 비대칭성에서 비롯되는데 보험 가입자의 위험 정도에 대한 정보는 보험 가입자가 보험사보다 더 많이 갖고 있기 때문이다. 이를 해결하기 위해 보험사는 보험 가입자의 감춰진 특성을 파악할 수 있는 수단이 필요하다. 우리 상법에 규정되어 있는 고지 의무는 이러한 수단이 법적으로 구현된 제도이다. 보험 계약은 보험 가입자의 청약과 보험사의 승낙으로 성립된다. 보험 가입자는 반드시 계약을 체결하기 전에 '중요한 사항'을 알려야 하고, 이를 사실과 다르게 진술해서는 안 된다. 여기서 '중요한 사항'은 보험사가 보험 가입자의 청약에 대한 승낙을 결정하거나 차등적인 보험료를 책정하는 근거가 된다. 따라서 고지 의무는 결과적으로 다수의 사람들이 자신의 위험 정도에 상응하는 보험료보다 더 높은 보험료를 납부해야 하거나, 이를 이유로 아예 보험에 가입할 동기를 상실하게 되는 것을 방지한다.

08 윗글의 내용으로 적절하지 않은 것은?

① 보험은 조건부 상품으로 제공되는 재화나 서비스가 달라질 수 있다.
② 현실에서 공정한 보험이 적용되기 어려운 이유는 보험사의 영업 활동 비용 등이 보험료에 반영되기 때문이다.
③ 사고 발생 확률이 보험료율보다 높으면 구성원 전체의 보험료 총액이 보험금 총액보다 더 많게 된다.
④ 보험 가입자는 보험사보다 보험 가입자의 위험 정도에 대한 정보를 많이 가지고 있다.

09 윗글의 밑줄 친 ㉠~㉣을 대체할 수 있는 단어가 바르게 짝지어지지 않은 것은?

① ㉠ – 대처
② ㉡ – 인접
③ ㉢ – 상당
④ ㉣ – 보존

※ 다음 글을 읽고, 이어지는 질문에 답하시오. [10~12]

(가) 대개의 경우 우리는 그림을 볼 때 당연히 "무엇을 그린 것인가?"라고 묻게 된다. 우리의 일상적인 언어 습관에 따르면, '그리다'라는 동사 자체가 이미 그려지는 대상을 함축하고 있기 때문이다. 이어서 우리는 그림을 현실 혹은 허구 속의 대상과 동일시한다. 아리스토텔레스는 이것만으로도 '재인식'의 기쁨을 맛볼 수 있다고 했다. 하지만 미로의 「회화」와 같은 작품에는 우리가 그림을 볼 때 당연히 기대하는 것, 즉 식별 가능한 대상이 빠져 있다. 도대체 무엇을 그린 것인지 아무리 찾아봐도 소용없는 일이다.

(나) '대상성의 파괴'로 지칭되는 이러한 예술 행위는 형태와 색채의 해방을 가져온다. 이제 형태와 색채는 대상을 재현할 의무에서 해방되어 자유로워진다. 대상성에서 해방되어 형태와 색채의 자유로운 배열이 이루어질수록 회화는 점점 더 음악을 닮아간다. 왜냐하면 음악 역시 전혀 현실을 묘사하지 않는 음표들의 자유로운 배열이기 때문이다. 실제로 「지저귀는 기계」와 같은 클레의 작품은 음악성을 띠고 있어, 섬세한 감성을 가진 사람은 그림의 형태와 색채에서 미묘한 음조를 느낄 수 있다고 한다. 시인 릴케는 어느 편지에서 "그가 바이올린을 연주한다고 얘기하지 않았더라도, 저는 여러 가지 점에서 클레의 그림들이 음악을 옮겨 적은 것임을 알 수 있었다."라고 말한 바 있다.

(다) 추상화가인 칸딘스키는 『예술에서 정신적인 것에 대하여』라는 그의 저서에서 "노란색, 오렌지색, 붉은색은 환희와 풍요의 관념을 일깨우고 표상한다는 사실을 누구나 알고 있다."라는 들라크루아의 견해, 회화는 이른바 통주저음(通奏低音)을 가져야 한다는 괴테의 견해를 소개하면서 "음악과 회화는 깊은 연관성을 지닌다."고 설명한다. 칸딘스키에 따르면 회화는 그러한 상황에서 추상적 의미로 성장하여 순수한 회화적 구성에 도달하게 되는 계기를 마련하였으며, 이 구성을 위해 색채와 형태라는 두 가지 수단이 사용된다는 것이다. 칸딘스키는 특히 점, 선, 면을 회화의 세 가지 요소로 보았다. 미술가 레오나르도 다 빈치는 점, 선, 면, 체를 얘기한 바 있었다. 칸딘스키가 '체'를 제외한 사실은 그의 생각으로는 더 이상 점, 선, 면이 합하여 이루어진 형태가 구체적 대상을 재현할 필요가 없었다는 것을 시사한다.

(라) 대상을 재현하려 했던 고전적 회화는 재현 대상을 가리키는 일종의 '기호'였지만 재현을 포기한 현대 미술은 더 이상 그 무언가의 기호이기를 거부한다. 기호의 성격을 잃은 작품이 논리적으로 일상적 사물과 구별되지 않고, 그 자체가 하나의 아름다운 사물이 되어 버리는 경우도 존재하며, 여기서 현대 예술의 오브제화가 시작된다. ㉠ '오브제'란 예술에 일상적 사물을 그대로 끌어들이는 것을 말한다. 예술 자체가 하나의 사물이 되어, 작품과 일상적 사물의 구별은 이제 사라지게 된 것이다.

현대 미술은 그림 밖의 어떤 사물을 지시하지 않는다. 지시하는 게 있다면 오직 자기 자신뿐이다. 여기서 의미 정보에서 미적 정보로의 전환이 시작된다. 미술 작품의 정보 구조를 둘로 나눌 수 있는데, 미술 작품의 내용이나 주제에 관련된 것이 '의미 정보'에 해당한다면 색과 형태라는 형식 요소 자체가 가진 아름다움은 '미적 정보'에 해당한다. 고전 회화에서는 의미 정보를 중시하는 데 반해, 현대 회화에서는 미적 정보를 중시한다. 현대 미술 작품을 보고 "저게 뭘 그린 거야?"라고 물으면 실례가 되는 것은 이 때문이다.

10 윗글을 신문에 기고하고자 할 때, 그 제목과 부제로 가장 적절한 것은?

① 현대 회화가 지닌 특징 – 구체적 대상의 재현에서 벗어나
② 현대 미술의 동향 – 음악이 그림에 미친 영향, 헤아릴 수 없어
③ 현대 미술의 철학적 의미 – 가상현실에 몰입하는 경향을 보여
④ 현대 미술의 모든 것 – 새로운 실험 정신, 아직 더 검증받아야

11 **윗글의 (가) ~ (라) 문단별 글쓰기 전략에 대한 추론으로 적절하지 않은 것은?**

① (가) – 일상적 경험과 화제를 결부지어 독자들의 흥미를 유발하고 있다.
② (나) – 설득력을 높이기 위해 예시와 인용의 방법을 활용하고 있다.
③ (다) – 특정 관점이 시사하는 바가 드러나도록 서술하고 있다.
④ (라) – 예상되는 반론을 비판함으로써 주장을 강화하고 있다.

12 **윗글의 밑줄 친 ㉠의 구체적 사례로 가장 적절한 것은?**

① 라우션버그는 「침대」라는 작품에서 침대를 그리는 대신, 실제 침대에 페인트칠을 해서 벽에 걸어놓았다.
② 드 쿠닝은 그의 작품 「회화」에서 채 마르지 않은 물감이 흘러내리도록 하여 표현성을 한층 더 강화하였다.
③ 에드워드 하퍼는 「이른 일요일 아침」이라는 작품에서 미국 중서부 어느 지방도시의 일요일 아침 이른 시간 아무도 없는 거리의 풍경을 묘사하였다.
④ 잭슨 폴록은 커다란 화폭을 바닥에 놓고 그 주변이나 위를 걸어 다니면서 물감을 뿌리고, 던지고 튕겨대는 방법을 사용하여 「작품 14번」을 완성하였다.

※ 다음 글을 읽고, 이어지는 질문에 답하시오. **[13~15]**

일본의 한 완구 회사가 개발한 '바우링 걸'은 개 짖는 소리를 인간의 언어로 번역하는 기계이다. 이런 기계를 제작하려면 동물들이 어떻게 자신의 의사를 표현하는지를 알아야 하는데, 이에 관한 연구는 동물행동학에서 가장 중심이 되는 부분이다. 동물행동학 학자들은 동일한 상황에서 일관되게 반복되는 동물의 행동을 관찰한 경우, 일단 그것을 동물의 의사 표현으로 본다. 물론 그 구체적인 의미를 알아내는 것은 상황을 다양하게 변화시켜 가며 반복 관찰하고 그 결과를 분석한 후에야 가능하다. 이것이 가능하려면 먼저 동물들이 어떻게 의사를 표현하는지 알아야 한다. 그렇다면 동물들은 어떤 방법으로 의사를 표현할까?
먼저 시각적인 방법부터 살펴보자. 남미의 열대 정글에 서식하는 베짱이는 우리나라의 베짱이와는 달리 머리에 뿔도 나 있고 다리에 무척 날카롭고 큰 가시도 있다. 그리고 포식자가 가까이 가도 피하지 않는다. 오히려 가만히 서서 자신을 노리는 포식자에게 당당히 자기의 모습을 보여준다. 이 베짱이는 그런 모습을 취함으로써 자기를 건드리지 말라는 뜻을 전하는 것이다. 또 열대의 호수에 사는 민물고기 시칠리드는 정면에서 보면 마치 귀처럼 보이는 부분이 있는데, 기분 상태에 따라 이곳에 점이 나타났다 사라졌다 하면서 색깔이 변한다. 이 부분에 점이 생기면 지금 기분이 안 좋다는 의사를 드러내는 것이다.
이처럼 모습이나 색깔을 통해 의사를 표현하는 정적인 방법도 있지만 행동을 통해 자신의 의사를 표현하는 동적인 방법도 있다. 까치와 가까운 새인 유럽산 어치는 머리에 있는 깃털을 얼마나 세우느냐에 따라서 마음 상태가 다르다고 한다. 기분이 아주 좋지 않거나 공격을 하려고 할 때 머리털을 가장 높이 세운다고 한다.
소리를 이용하여 자신의 의사를 표현하는 동물들도 있다. 소리를 이용하는 대표적인 방법은 경보음을 이용하는 것이다. 북미산 얼룩다람쥐 무리에는 보초를 서는 개체들이 따로 있다. 이들은 독수리 같은 맹금류를 발견하면 날카로운 소리로 경보음을 내어 동료들의 안전을 책임진다. 그리고 갈고리 모양 나방 애벌레는 다른 애벌레가 자신의 구역에 침입하면 처음에는 노처럼 생긴 뒷다리로 나뭇잎을 긁어 진동음으로 경고 메시지를 보내고, 침입자가 더 가까이 접근하면 입으로 나뭇잎을 긁어 짧고 강한 소리를 계속 만들어낸다.
냄새를 통해 자신의 의사를 전달하는 방법도 있다. 어떤 동물들은 먹이가 있는 장소를 알리거나 자신의 영역에 다른 무리가 들어오는 것을 막기 위한 수단으로 냄새를 이용하기도 한다. 둥근 꼬리 여우원숭이는 다른 놈이 자신의 영역에 들어오면 꼬리를 팔에 비빈 후 흔든다. 그러면 팔에 있는 기관에서 분비된 냄새를 풍기는 물질이 꼬리에 묻어 그 침입자에게 전달된다.
이처럼 동물들은 색깔이나 소리, 냄새 등을 통해 자신의 의사를 표현한다. 그러나 동물들이 한 가지 방법만으로 자신의 의사를 표현하는 것은 아니다. 상황에 따라 우선적으로 선택하는 것도 있지만 대부분의 경우에는 이것들을 혼용한다. 현재까지 알려진 동물의 의사 표현 방법은 양적이나 질적인 면에서 인간의 언어와 비교할 수 없을 정도로 단순하고 초라하지만 동물행동학의 연구 성과가 폭넓게 쌓이면 현재 개발된 바우링 걸보다 완벽한 번역기가 등장할 수도 있을 것이다.

13 윗글에서 동물의 의사 표현 방법으로 언급되지 않은 것은?

① 행동을 이용하는 방법
② 냄새를 이용하는 방법
③ 소리를 이용하는 방법
④ 서식지를 이용하는 방법

14 **윗글에 대한 독자의 반응으로 적절하지 않은 것은?**

① 동물의 의사를 번역할 수 있는 기계를 언급하여 독자의 흥미를 유발하고 있군.
② 동물의 의사 표현을 어떻게 파악하는지에 대해서도 언급하여 도움이 되었어.
③ 동물의 의사 표현 방법에 대한 다양한 사례를 제시하여 이해하기가 쉽군.
④ 동물의 의사 표현 수단이 갖는 장단점을 대조하며 서술하여 차이점을 파악하기 쉽군.

15 **윗글을 참고할 때, 다음 〈보기〉의 질문에 대한 동물행동학 학자의 답변으로 가장 적절한 것은?**

〈보기〉

산길을 걷다가 특이하게 생긴 곤충을 보았습니다. 그런데 그것을 잡으려고 손을 뻗었더니 갑자기 날개를 활짝 펼쳤습니다. 행동으로 의사를 표현하는 동물들이 많다고 들었는데, 그 곤충의 행동도 의사 표현과 관계가 있는 건가요?

① 상대방에게 물러나라는 의사를 표현한 겁니다. 공격을 준비하고 있다는 신호인 셈이지요.
② 아직은 잘 모릅니다. 우선, 손을 뻗을 때마다 똑같은 행동을 되풀이하는지 확인해 보세요.
③ 의사 표현이 확실합니다. 하지만 그 행동이 무슨 뜻인지는 좀 더 연구해 봐야 알 수 있습니다.
④ 의사 표현은 아닐 겁니다. 확실한 건 그 곤충의 신체 구조를 분석해 본 후에야 알 수 있습니다.

제2영역 수리능력

01 은행에 방문한 은경이는 목돈 5,000만 원을 정기예금에 맡기려고 한다. 은경이가 고른 상품은 월단리 예금 상품으로 월이율 0.6%이며, 기간은 15개월이다. 은경이가 이 상품에 가입했을 때, 만기 시 받는 이자는 얼마인가?(단, 정기예금은 만기일시지급식이며, 이자 소득에 대한 세금은 고려하지 않는다)

① 4,500,000원
② 5,000,000원
③ 5,500,000원
④ 6,000,000원

02 10명의 사원에게 휴가를 나눠주려고 하며 휴가는 25, 26, 27, 28일이다. 하루에 최대 4명에게 휴가를 줄 수 있을 때, 가능한 경우의 수는?(단, 경우의 수는 하루에 휴가를 주는 사원 수만 고려한다)

① 22가지
② 32가지
③ 38가지
④ 44가지

03 소금물 500g이 있다. 이 소금물에 농도가 3%인 소금물 200g을 온전히 섞었더니 소금물의 농도는 7%가 되었다. 500g의 소금물에 녹아있던 소금의 양은?

① 31g
② 37g
③ 43g
④ 49g

04 다음은 K마트의 과자별 가격을 나타낸 표이다. K마트는 A ~ C과자에 기획 상품 할인을 적용하여 팔고 있다. A ~ C과자를 정상가로 각각 2봉지씩 구매할 수 있는 금액을 가지고 각각 2봉지씩 할인된 가격으로 구매 후 A과자를 더 산다고 할 때, A과자를 몇 봉지를 더 살 수 있는가?

〈과자별 가격 및 할인율〉

구분	A과자	B과자	C과자
정상가	1,500원	1,200원	2,000원
할인율	20%		40%

① 1봉지 ② 2봉지
③ 3봉지 ④ 4봉지

05 다음과 같은 유통과정에서 상승한 배추가격은 협동조합의 최초 구매가격 대비 몇 %인가?

〈유통과정별 배추가격〉

판매처	구매처	판매가격
산지	협동조합	재배 원가에 10% 이윤을 붙임
협동조합	도매상	산지에서 구입가격에 20% 이윤을 붙임
도매상	소매상	협동조합으로부터 구입가격이 판매가의 80%
소매상	소비자	도매상으로부터 구입가격에 20% 이윤을 붙임

① 98% ② 80%
③ 78% ④ 70%

06 다음은 대형마트 이용자를 대상으로 소비자 만족도를 조사한 결과이다. 이에 대한 내용으로 옳은 것은?(단, 계산은 소수점 셋째 자리에서 반올림한다)

〈대형마트 업체별 소비자 만족도〉

(단위 : 점 / 5점 만점)

구분	종합 만족도	서비스 품질					서비스 쇼핑 체험
		쇼핑 체험 편리성	상품 경쟁력	매장환경 / 시설	고객접점 직원	고객관리	
A마트	3.72	3.97	3.83	3.94	3.70	3.64	3.48
B마트	3.53	3.84	3.54	3.72	3.57	3.58	3.37
C마트	3.64	3.96	3.73	3.87	3.63	3.66	3.45
D마트	3.56	3.77	3.75	3.44	3.61	3.42	3.33

〈대형마트 인터넷 / 모바일쇼핑 소비자 만족도〉

(단위 : 점 / 5점 만점)

분야별 이용 만족도	이용률	A마트	B마트	C마트	D마트
인터넷쇼핑	65.4%	3.88	3.80	3.88	3.64
모바일쇼핑	34.6%	3.95	3.83	3.91	3.69

① 종합만족도는 5점 만점에 평균 3.61점이며, 업체별로는 A마트가 가장 높고, C마트, B마트 순이다.

② 인터넷쇼핑과 모바일쇼핑의 소비자 만족도가 가장 큰 차이를 보이는 곳은 D마트이다.

③ 서비스 품질 부문에 있어 대형마트는 평균적으로 쇼핑 체험 편리성에 대한 만족도가 상대적으로 가장 높게 평가되었으며, 반대로 고객접점직원 서비스가 가장 낮게 평가되었다.

④ 대형마트를 이용하면서 느낀 감정이나 기분을 반영한 서비스 쇼핑 체험 부문의 만족도는 평균 3.41점으로 서비스 품질 부문보다 낮았다.

07 다음은 주요 판매처에서 판매된 품목별 매출에 대한 자료이다. 이에 대한 설명으로 옳지 않은 것을 〈보기〉에서 모두 고르면?

〈주요 판매처 품목별 매출〉

(단위 : 억 원)

구분	국산품			외국산품	합계
	중소 / 중견	대기업	소계		
화장품	9,003	26,283	35,286	27,447	62,733
가방류	2,331	1,801	4,132	13,224	17,356
인・홍삼류	725	2,148	2,873	26	2,899
담배	651	861	1,512	4,423	5,935
식품류	1,203	177	1,380	533	1,913
귀금속류	894	49	943	4,871	5,814
전자제품류	609	103	712	1,149	1,861
안경류	412	89	501	2,244	2,745
기타	469	29	498	579	1,077
의류	195	105	300	2,608	2,908
민예품류	231	1	232	32	264
향수	133	3	136	3,239	3,375
시계	101	0	101	9,258	9,359
주류	82	4	86	3,210	3,296
신발류	24	1	25	1,197	1,222
합계	17,063	31,654	48,717	74,040	122,757

〈보기〉

㉠ 각 품목 중 외국산품의 비중이 가장 높은 제품은 시계이다.
㉡ 대기업 비중이 가장 높은 제품은 인・홍삼류이다.
㉢ 전체 합계 대비 화장품 품목의 비율은 국산품 전체 합계 대비 국산 화장품의 비율보다 높다.
㉣ 전체 합계 대비 가방류 품목의 비율은 외국산품 전체 합계 대비 외국산 가방류의 비율보다 높다.

① ㉠, ㉡
② ㉡, ㉢
③ ㉡, ㉣
④ ㉢, ㉣

08 다음은 소매 업태별 판매액을 나타낸 자료이다. 2021년 대비 2023년 판매액 증가율이 두 번째로 높은 업태의 증가율을 구하면?(단, 소수점 첫째 자리에서 반올림한다)

〈소매 업태별 판매액〉

(단위 : 십억 원)

구분	2021년	2022년	2023년
합계	408,317	424,346	440,110
백화점	29,033	29,915	29,327
대형마트	32,777	33,234	33,798
면세점	9,198	12,275	14,465
슈퍼마켓 및 잡화점	43,481	44,361	45,415
편의점	16,455	19,481	22,237
승용차 및 연료 소매점	91,303	90,137	94,508
전문소매점	139,282	140,897	139,120
무점포 소매점	46,788	54,046	61,240

① 31%
② 35%
③ 42%
④ 57%

09 다음은 2010 ~ 2022년 축산물 수입 추이를 나타낸 그래프이다. 이에 대한 설명으로 옳지 않은 것은?

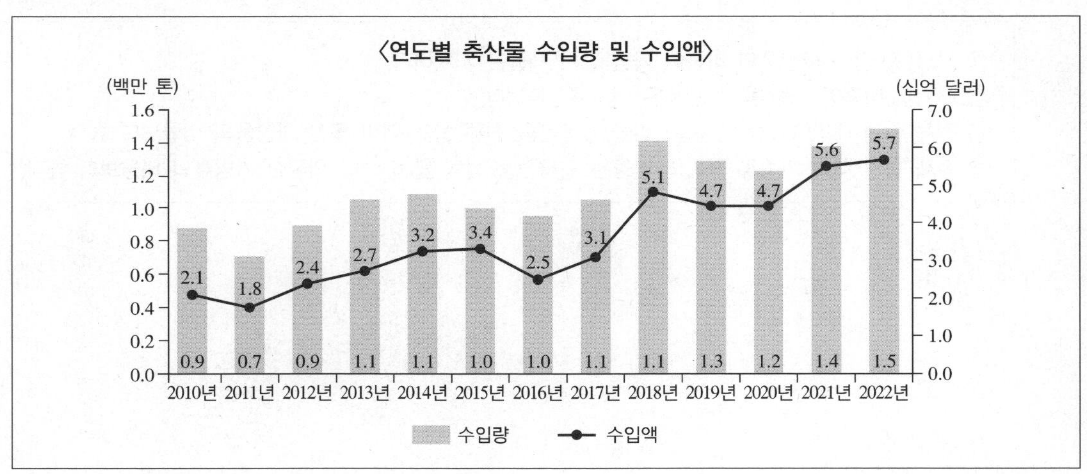

① 축산물 수입량과 수입액의 변화 추세는 동일하다.
② 2022년 축산물 수입량은 2012년 대비 약 67% 증가하였다.
③ 전년 대비 축산물 수입액의 증가율이 가장 높았던 해는 2018년이다.
④ 처음으로 2010년 축산물 수입액의 두 배 이상 수입한 해는 2018년이다.

10 **다음의 고객 정보를 참고하여 고객이 내야 할 중도상환 수수료를 구하면?(단, 100원 미만은 절사한다)**

〈고객 정보〉

- 2023년 6월 담보대출 실행
  - 대출원금 : 12,000,000원
  - 대출이자 : 4%(원금 균등상환)
  - 대출기간 : 60개월

- 2024년 6월 중도상환
  - (중도상환 수수료)=(중도상환 원금)×(중도상환 수수료율)×$\frac{(36개월)-(대출경과월수)}{(36개월)}$
  - (중도상환 원금)=(대출원금)−[원금상환액(월)]×(대출경과월수)
  - 중도상환 수수료율

대출상환기간	3～14개월	15～24개월	25～36개월
수수료율	3.8%	2.8%	2.0%

※ 3년 초과 중도상환 시 면제

① 128,000원
② 179,200원
③ 243,200원
④ 274,400원

11 **귀하는 K은행 영업점에서 외환업무 전문상담원으로 근무하고 있다. 다음은 2024년 ○○월 ○○일자에 고시된 환율표이다. 환율표를 보고 귀하가 이해한 내용으로 옳지 않은 것은?**

〈환율 전광판〉

(단위 : KRW)

통화명	매매기준율	현찰		송금	
		살 때	팔 때	보낼 때	받을 때
USD	1,191.70	1,212.55	1,170.85	1,203.30	1,180.10
JPY100	1,052.00	1,070.41	1,033.59	1,062.30	1,041.70
EUR	1,344.71	1,362.18	1,317.96	1,358.15	1,331.27
CNY	182.10	194.84	173.00	183.92	180.28

※ 환전수수료 등 기타비용은 발생하지 않는다고 가정함

① 전신환율과 현찰환율 등 거래 환율을 정하는 데 중심이 되는 환율은 매매기준율이다.
② 고객이 은행에서 외화를 원화로 교환할 때에는 전광판의 '팔 때' 환율이 적용된다.
③ 고객이 여행비를 마련하기 위해 달러가 필요하다면, 1달러당 1,212.55원으로 은행에서 환전할 수 있다.
④ 고객이 보유하고 있는 위안화 3,500위안을 은행에서 엔화로 환전하면, 약 565.67엔을 받을 수 있다.

※ 다음은 A시의 주택소유에 대한 자료이다. 이어지는 질문에 답하시오. **[12~13]**

〈A시의 세대별 · 연도별 주택소유 비중〉

(단위 : %)

구분	2020년	2021년	2022년	2023년	2024년
30대	16.1	15.1	14.6	14.2	13.8
40대	25.8	25.5	25.5	25.2	24.7
50대	25.7	26.1	26.1	25.9	25.8
60대 이상	27.7	28.8	29.4	30.3	31.4

〈A시의 연도별 주택 수 증가율〉

(단위 : %)

구분	2020년	2021년	2022년	2023년	2024년
전년 대비 증가율	1.5	0.8	1.1	1.4	1.8

12 다음 〈보기〉 중 자료를 해석한 내용으로 옳은 것을 모두 고르면?

〈보기〉

㉠ 30대 미만 연령의 2024년 주택소유 비중은 2020년 대비 10% 이상 감소하였다.
㉡ 60대 이상의 주택소유 비중은 꾸준히 증가하였다.
㉢ 주택소유 비중의 연령대별 순위는 2020 ~ 2024년 모두 동일하다.

① ㉡
② ㉠, ㉡
③ ㉠, ㉢
④ ㉡, ㉢

13 A시의 2022년 주택의 수가 125,000호라면, 2020년 주택의 수는?(단, 소수점 첫째 자리에서 반올림한다)

① 122,605호
② 122,659호
③ 123,250호
④ 123,335호

※ 다음은 2024년 하반기 부동산시장 소비심리지수에 대한 자료이다. 이어지는 질문에 답하시오. **[14~15]**

〈2024년 하반기 부동산시장 소비심리지수〉

구분	7월	8월	9월	10월	11월	12월
서울특별시	128.8	130.5	127.4	128.7	113.8	102.8
인천광역시	123.7	127.6	126.4	126.6	115.1	105.6
경기도	124.1	127.2	124.9	126.9	115.3	103.8
부산광역시	126.5	129.0	131.4	135.9	125.5	111.5
대구광역시	90.3	97.8	106.5	106.8	99.9	96.2
광주광역시	115.4	116.1	114.3	113.0	109.3	107.0
대전광역시	115.8	119.4	120.0	126.8	118.5	113.0
울산광역시	101.2	106.0	111.7	108.8	105.3	95.5
강원도	135.3	134.1	128.3	131.4	124.4	115.5
충청북도	109.1	108.3	108.8	110.7	103.6	103.1
충청남도	105.3	110.2	112.6	109.6	102.1	98.0
전라북도	114.6	117.1	122.6	121.0	113.8	106.3
전라남도	121.7	123.4	120.7	124.3	120.2	116.6
경상북도	97.7	100.2	100.0	96.4	94.8	96.3
경상남도	103.3	108.3	115.7	114.9	110.0	101.5

※ 부동산시장 소비심리지수는 0 ~ 200의 값으로 표현되며, 지수가 100을 넘으면 전월에 비해 가격 상승 및 거래증가 응답자가 많음을 의미함

14 다음 중 자료를 보고 판단한 내용으로 옳지 않은 것은?

① 7월 소비심리지수가 100 미만인 지역은 두 곳이다.

② 11월 모든 지역의 소비심리지수가 전월보다 감소했다.

③ 서울특별시의 7월 대비 12월의 소비심리지수 감소율은 20% 미만이다.

④ 8월 소비심리지수가 두 번째로 높은 지역의 소비심리지수와 두 번째로 낮은 지역의 소비심리지수의 차는 30.3이다.

15 경상북도의 전월 대비 10월의 소비심리지수 감소율과 대전광역시의 9월 대비 12월의 소비심리지수 감소율의 합은?(단, 소수점 둘째 자리에서 반올림한다)

① 9.0%p ② 9.2%p

③ 9.4%p ④ 9.6%p

01 제시된 명제가 모두 참일 때, 빈칸에 들어갈 명제로 가장 적절한 것은?

- 과학자들 가운데 미신을 따르는 사람은 아무도 없다.
- 돼지꿈을 꾼 다음 날 복권을 사는 사람들은 모두가 미신을 따르는 사람들이다.
- 그러므로 ______________________________

① 미신을 따르는 사람들은 모두 돼지꿈을 꾼 다음 날 복권을 산다.
② 미신을 따르지 않는 사람 중 돼지꿈을 꾼 다음 날 복권을 사는 사람이 있다.
③ 과학자가 아닌 사람들은 모두 미신을 따른다.
④ 돼지꿈을 꾼 다음 날 복권을 사는 사람이라면 과학자가 아니다.

02 K회사에 근무 중인 A ~ D사원 4명 중 1명이 주임으로 승진하였다. 다음 대화에서 A ~ D 중 1명만 진실을 말하고 있을 때, 주임으로 승진한 사람은 누구인가?

- A : B가 주임으로 승진하였어.
- B : A가 주임으로 승진하였어.
- C : D의 말은 참이야.
- D : C와 B 중 1명 이상이 주임으로 승진하였어.

① A사원 ② B사원
③ C사원 ④ D사원

03 **K대학은 광수, 소민, 지은, 진구 중에서 국비 장학생을 선발할 예정이다. 이때, 적어도 광수는 장학생으로 선정될 것이다. 왜냐하면 진구가 선정되지 않으면 광수가 선정되기 때문이다. 다음 〈보기〉 중 이와 같은 가정이 성립하기 위해 반드시 추가되어야 하는 전제로 옳은 것을 모두 고르면?**

〈보기〉

㉠ 소민이가 선정된다.
㉡ 지은이가 선정되면 진구는 선정되지 않는다.
㉢ 지은이가 선정된다.
㉣ 지은이가 선정되면 소민이가 선정된다.

① ㉠, ㉡
② ㉠, ㉣
③ ㉡, ㉢
④ ㉢, ㉣

04 **K사는 6층 건물의 모든 층을 사용하고 있으며, 건물에는 기획부, 인사교육부, 서비스 개선부, 연구・개발부, 해외사업부, 디자인부가 층별로 위치하고 있다. 다음 〈조건〉을 참고할 때 항상 옳은 것은?(단, 6개의 부서는 서로 다른 층에 위치하며, 3층 이하에 위치한 부서의 직원은 출근 시 반드시 계단을 이용해야 한다)**

〈조건〉

- 기획부의 문대리는 해외사업부의 이주임보다 높은 층에 근무한다.
- 인사교육부는 서비스 개선부와 해외사업부 사이에 위치한다.
- 디자인부의 김대리는 오늘 아침 엘리베이터에서 서비스 개선부의 조대리를 만났다.
- 6개의 부서 중 건물의 옥상과 가장 가까이에 위치한 부서는 연구・개발부이다.
- 연구・개발부의 오사원이 인사교육부 박차장에게 휴가 신청서를 제출하기 위해서는 4개의 층을 내려와야 한다.
- 건물 1층에는 회사에서 운영하는 커피숍이 함께 있다.

① 출근 시 엘리베이터를 탄 디자인부의 김대리는 5층에서 내린다.
② 디자인부의 김대리가 서비스 개선부의 조대리보다 먼저 엘리베이터에서 내린다.
③ 인사교육부와 커피숍은 같은 층에 위치한다.
④ 기획부의 문대리는 출근 시 반드시 계단을 이용해야 한다.

05 다음 중 기초생활수급자 선정에 대한 설명으로 옳지 않은 것은?

가. 기초생활수급자 선정 기준

부양의무자가 없거나, 부양의무자가 있어도 부양능력이 없거나 또는 부양을 받을 수 없는 자로서 소득인정액이 최저생계비 이하인 자

※ 부양능력이 있는 부양의무자가 있어도 부양을 받을 수 없는 경우란 부양의무자가 교도소 등에 수용되거나 병역법에 의해 징집·소집되어 실질적으로 부양을 할 수 없는 경우와 가족관계 단절 등을 이유로 부양을 거부하거나 기피하는 경우 등을 가리킴

나. 매월 소득인정액 기준

- (소득인정액)=(소득평가액)+(재산의 소득환산액)
- (소득평가액)=(실제소득)−(가구특성별 지출비용)

다. 가구별 매월 최저생계비

1인	2인	3인	4인	5인	6인
42만 원	70만 원	94만 원	117만 원	135만 원	154만 원

라. 부양의무자의 범위

수급권자의 배우자, 수급권자의 1촌 직계혈족 및 그 배우자, 수급권자와 생계를 같이 하는 2촌 이내의 혈족

① 소득인정액이 최저생계비 이하인 자로서 부양의무자가 없으면 기초생활수급자로 선정된다.
② 소득인정액은 소득평가액과 재산의 소득환산액을 합한 것이다.
③ 수급권자의 삼촌은 부양의무자에 해당되지 않는다.
④ 소득평가액은 실제소득과 가구특성별 지출비용을 합한 것이다.

06 제시된 자료와 〈조건〉을 바탕으로 철수, 영희, 민수, 철호가 상품을 구입한 쇼핑몰을 바르게 연결한 것은?

〈이용약관의 주요 내용〉

구분	주문 취소	환불	배송비	포인트 적립
A쇼핑몰	주문 후 7일 이내 취소 가능	10% 환불수수료, 송금수수료 차감	무료	구입 금액의 3%
B쇼핑몰	주문 후 10일 이내 취소 가능	환불수수료, 송금수수료 차감	20만 원 이상 무료	구입 금액의 5%
C쇼핑몰	주문 후 7일 이내 취소 가능	환불수수료, 송금수수료 차감	1회 이용 시 1만 원	없음
D쇼핑몰	주문 후 당일에만 취소 가능	환불수수료, 송금수수료 차감	5만 원 이상 무료	없음
E쇼핑몰	취소 불가능	고객 귀책 사유에 의한 환불 시에만 10% 환불수수료	1만 원 이상 무료	구입 금액의 10%
F쇼핑몰	취소 불가능	원칙적으로 환불 불가능 (사업자 귀책 사유일 때만 환불 가능)	100g당 2,500원	없음

〈조건〉

- 철수는 부모님의 선물로 등산 용품을 구입하였는데, 판매자의 업무 착오로 배송이 지연되어 판매자에게 전화로 환불을 요구하였다. 판매자는 판매금액 그대로를 통장에 입금해 주었고 구입 시 발생한 포인트도 유지하여 주었다.
- 영희는 옷을 구매할 때 배송료를 고려하여 한 가지씩 여러 번에 나누어 구매하기보다는 가능한 한 한꺼번에 주문하곤 하였다.
- 인터넷 사이트에서 영화티켓을 20,000원에 주문한 민수는 다음 날 같은 티켓을 18,000원에 파는 가게를 발견하고 전날 주문한 물건을 취소하려 했지만 취소가 되지 않아 곤란을 겪은 적이 있다.
- 가방을 10만 원에 구매한 철호는 도착한 물건의 디자인이 마음에 들지 않아 환불 및 송금수수료와 배송료를 감수하는 손해를 보면서도 환불할 수밖에 없었다.

	철수	영희	민수	철호
①	E	B	C	D
②	F	E	D	B
③	E	D	F	C
④	F	C	E	B

07 K은행에서 다음 면접방식으로 면접을 진행할 때, 심층면접을 할 수 있는 최대 인원수와 마지막 심층면접자의 기본면접 종료 시각을 바르게 연결한 것은?

〈면접방식〉

- 면접은 기본면접과 심층면접으로 구분된다. 기본면접실과 심층면접실은 각 1개이고, 면접대상자는 1명씩 입실한다.
- 기본면접과 심층면접은 모두 개별면접의 방식을 취한다. 기본면접은 심층면접의 진행 상황에 관계없이 10분 단위로 계속되고, 심층면접은 기본면접의 진행 상황에 관계없이 15분 단위로 계속된다.
- 기본면접을 마친 면접대상자는 순서대로 심층면접에 들어간다.
- 첫 번째 기본면접은 오전 9시 정각에 실시되고, 첫 번째 심층면접은 첫 번째 기본면접이 종료된 시각에 시작된다.
- 기본면접과 심층면접 모두 낮 12시부터 오후 1시까지 점심 및 휴식 시간을 가진다.
- 각각의 면접 도중에 점심 및 휴식 시간을 가질 수 없고, 1인을 위한 기본면접 시간이나 심층면접 시간이 확보되지 않으면 새로운 면접을 시작하지 않는다.
- 기본면접과 심층면접 모두 오후 1시에 오후 면접 일정을 시작하고, 기본면접의 일정과 관련없이 심층면접은 오후 5시 정각에는 종료되어야 한다.

※ 면접대상자의 이동 및 교체 시간 등 다른 조건은 고려하지 않음

	인원수	종료 시각
①	27명	오후 2시 30분
②	27명	오후 2시 40분
③	28명	오후 2시 30분
④	28명	오후 2시 40분

08 K은행은 사내 축구대회를 진행하고 있다. 조별 리그전으로 진행하며 각 조에서 가장 승점이 높은 한 팀만 결승에 진출한다고 한다. 팀별 승패 현황이 다음과 같을 때, 결승에 진출하는 두 팀은?

〈팀별 승패 현황〉

1조		2조	
팀	결과	팀	결과
A팀	1승 4무	G팀	3승 2패
B팀	4승 1무	H팀	2승 2무 1패
C팀	1무 4패	I팀	2승 1무 2패
D팀	2무 3패	J팀	3승 1무 1패
E팀	3승 1무 1패	K팀	1무 4패
F팀	2승 1무 2패	L팀	1승 3무 1패

※ 승리 시 2점, 무승부 시 1점, 패배 시 0점의 승점 부여

① A팀, K팀
② B팀, K팀
③ B팀, J팀
④ E팀, G팀

09 K은행 기획부에 재직 중인 김대리는 목요일부터 2박 3일 동안 일본으로 출장을 간다. 김대리는 비행기를 이용할 경우 기내식을 먹기 원하며, 크루즈를 이용할 경우 회사에서 선착장까지 너무 멀어 회사차를 이용할 수 없다. 다음은 일본출장을 가기 위한 교통편에 대한 정보를 나타낸 자료이며, 김대리는 〈조건〉에 맞는 교통편을 선택한다고 할 때, 왕복 교통비 총액은 얼마인가?(단, 비용에는 교통비와 식비가 포함된다)

〈교통편별 편도 금액 및 세부사항〉

구분	편도 금액	식사 포함 유무	좌석	비고
H항공사	310,000원	×	비즈니스클래스	식사 별도 주문 가능 (10,000원/1식)
	479,000원	○	퍼스트클래스	식사 포함, 왕복권 구입 시 10% 할인
P항공사	450,000원	○	퍼스트클래스	식사 포함
N크루즈	292,000원	×	S석	음식 구매 가능 (9,000원/1식)
M크루즈	180,000원	○	B석	평일 이용 시 15% 할인

※ 크루즈 이용 시 회사에서 선착장까지 좌석버스 요금은 25,000원임(반대방향도 동일)

※ 모든 교통편 이용 시 식사는 한 번 제공됨

〈조건〉

- 비행기는 비즈니스클래스 이상을 이용한다.
- 크루즈는 A석 또는 S석을 이용한다.
- 식사가 포함 안 될 시 별도 주문 및 구매한다.
- 한 가지 교통편만 이용한다.
- 가장 저렴한 교통편을 선택한다.

① 900,000원　　② 862,200원

③ 652,000원　　④ 640,000원

※ K은행이 운영하는 대학장학회에서 매년 10명씩 선정하여 장학금과 부상으로 문화상품권을 준다고 한다. 다음은 문화상품권 구매처와 장학금 종류에 따른 부상내역에 대한 자료이다. 이어지는 질문에 답하시오. **[10~11]**

〈문화상품권 구매처별 현황〉

구분	종류	할인율	비고
A업체	만 원권, 오만 원권	100만 원 이상 구입 시 8% 할인 및 포장비 무료	• 택배비 4천 원 • 포장비 개당 5백 원
B업체	오천 원권, 만 원권, 십만 원권	50만 원 이상 구입 시 50만 원 단위로 6% 할인	• 택배비 4천 원 • 포장비 개당 7백 원
C업체	오만 원권, 십만 원권	100만 원 이상 구입 시 5% 할인	• 직접 방문 구매 • 봉투만 무료 지급
D업체	만 원권, 오만 원권	100만 원 이상 구입 시 100만 원 단위로 4% 할인 및 포장비 무료	• 택배비 5천 원 • 포장비 개당 5백 원

※ 택배비는 한 번만 계산하며, 포장비는 인원만큼 계산함

〈장학금 및 부상내역〉

구분	장학금	인원	부상
성적 우수 장학금	450만 원	4명	문화상품권 30만 원
근로 장학금	450만 원	4명	문화상품권 30만 원
이공계 장학금	500만 원	2명	문화상품권 40만 원

※ 부상은 1명당 받는 금액임

10 문화상품권을 종류에 상관없이 가장 저렴하게 구입할 때, 대학장학회에서 장학금과 부상에 사용한 총액은 얼마인가?(단, 택배비 및 포장비도 포함한다)

① 48,948,000원 ② 48,938,000원
③ 48,928,000원 ④ 48,918,000원

11 다음 〈조건〉에 맞는 구매처에서 문화상품권을 구입한다고 할 때, 할인받을 수 있는 금액은 얼마인가?(단, 택배비 및 포장비는 제외한다)

〈조건〉

- 오만 원권 또는 십만 원권으로 문화상품권을 구매하려고 한다.
- 직접 방문하여 구매하기가 어렵다.
- 최소한의 비용으로 구매한다.

① 120,000원 ② 180,000원
③ 206,000원 ④ 256,000원

※ 다음은 프로젝트금융부서 인사와 관련하여 E팀장과 K과장이 주고받은 메일 및 관련 자료이다. 이어지는 질문에 답하시오. **[12~13]**

발신인	금융기획부 E팀장	발신일	2024.10.24.(목) 14:15:54
수신인	인사부 K과장		
제목	프로젝트금융부서 인사에 대한 자료 요청		

안녕하세요. K과장님. 금융기획부 팀장 E입니다.
이번에 새로 진행되는 프로젝트금융부서에 배치 가능한 사원들의 역량을 확인할 수 있는 자료를 요청합니다. 아무래도 외국 투자를 주목적으로 하는 부서인지라 외국어능력 자료가 필수적이고, 다양한 자료를 활용하여 발표할 일이 많으므로 각종 서식을 잘 다루는지 확인할 수 있는 자료가 있으면 좋겠습니다.

발신인	인사부 K과장	발신일	2024.10.24.(목) 16:55:12
수신인	금융기획부 E팀장		
제목	RE : 프로젝트금융부서 인사에 대한 자료 요청		

E팀장님, 안녕하세요.
프로젝트금융부서에 배치 가능한 사원 5명의 역량을 다음과 같이 첨부하여 보냅니다. 사내에서 시행한 외국어능력 점수와 컴퓨터활용능력 점수, 근무태도, 자격증으로 구성되어 있으며, 이밖에 다른 필요한 자료가 있으시다면 언제든 연락해주십시오. 감사합니다.

〈사원별 인사자료〉

구분	외국어능력 점수	컴퓨터활용능력 점수	근무태도	자격증
윤정아	75점	85점	A등급	–
신민준	80점	80점	B등급	정보처리기사
이연경	95점	70점	C등급	–
정유미	80점	90점	D등급	ITQ 한글
김영진	90점	75점	B등급	정보처리산업기사

〈근무태도 등급별 점수〉

A등급	B등급	C등급	D등급	E등급
100점	90점	80점	70점	60점

12 **외국어능력과 컴퓨터활용능력, 근무태도 점수의 평균이 높은 순으로 사원 2명을 선정한다고 할 때, 선정되는 사원은 누구인가?**

① 윤정아, 신민준
② 윤정아, 김영진
③ 신민준, 이연경
④ 신민준, 정유미

13 **E팀장은 12번의 평가방법에 외국어능력 점수에는 가산점 10%를 주고, 자격증이 있는 경우 5점을 가산하여 합산한 값이 가장 높은 사원 1명을 선정하려 한다. 선정되는 사원은 누구인가?**

① 윤정아
② 신민준
③ 이연경
④ 김영진

※ 다음은 금융기관 등이 제공하는 서비스가 자금세탁 등의 불법행위에 이용되지 않도록 고객에 대한 확인 등 주의를 기울이기 위한 고객확인 대상거래의 내용이다. 이어지는 질문에 답하시오. [14~15]

〈고객확인 대상거래〉

- 신규계좌개설
- 일회성 금융거래(무통장 송금, 외화송금 환전, 자기앞수표 발행 및 지급 등)에 있어 단일거래 또는 7일 합산거래가 2천만 원 이상인 경우
- 자금세탁의 우려가 있는 경우

※ 지속적 고객확인에 관한 사항
금융기관은 고객확인이 된 고객일지라도 거래가 유지되는 동안 당해 고객에 대하여 지속적으로 재이행 주기를 설정하여 변동사항 등에 대해 고객확인을 하여야 함
- 고객확인 재수행 대상 : 고객확인 후 일정기간(1 ~ 3년) 경과 고객
- 고객확인 재수행 방법
  ㉠ 창구에서 실명확인 거래 시 실시간 수행
  ㉡ E-mail 또는 창구에서 재수행 안내를 받은 고객이 영업점 방문 시 수행

〈고객확인에 필요한 정보〉

구분	기본정보	추가정보
개인	• 성명 • 실명번호 • 주소(외국인인 경우 연락 가능한 실제거소) • 연락처 • 국적	• 직업 또는 업종(개인사업자) • 거래의 목적 • 거래자금의 원천 • 기타 금융기관 등이 자금세탁 우려를 해소하기 위해 필요하다고 판단한 사항
법인	• 법인(단체)명 • 실명번호 • 본점 / 사업장의 주소 및 연락처 • 업종 • 설립목적(비영리 법인의 경우) • 대표자 정보 : 개인고객의 신원확인 사항에 준함	• 회사에 관한 기본정보(법인구분, 상장정보, 설립일, 홈페이지 등) • 거래의 목적 • 거래자금의 원천 • 기타 금융기관 등이 자금세탁 우려를 해소하기 위해 필요하다고 판단한 사항

〈고객확인에 필요한 문서, 서류 등〉

구분	필요 문서, 서류 등
개인	주민등록등본, 가족관계증명서, 주민등록증 발급신청확인서, 이름과 주소가 명시되어 있는 전기・가스・수도요금 및 전화요금 영수증, 건강보험증, 인감증명서, 회사명・직원의 이름 및 사진이 첨부된 사원증・재직증명서, 중・고등학교 학생증 등
법인	사업자등록증, 고유번호증, 사업자등록 증명원, 법인 등기부 등본, 영업허가서, 납세번호증, 정관, 외국인투자기업 등록증 등

14 **다음 중 고객확인이 필요한 경우는?**

① 최근 1년 이내에 고객확인이 된 자가 2천만 원 이상 계좌이체 거래를 요청한 경우
② 소액 무통장 송금을 자주 이용하는 경우
③ 7영업일간 하루 300만 원씩 계속하여 무통장 송금거래를 하는 경우
④ 매일 같은 시간에 본인의 계좌에서 거액을 인출하는 경우

15 **다음 중 신분증을 분실한 고객의 기본정보 확인을 할 수 없는 경우는?**

① 주민등록증을 분실하여 주민등록증 발급신청확인서를 발급받아 온 경우
② 거래고객 본인의 건강보험증을 가져온 경우
③ 학생의 경우 중·고등학교 학생증을 가져온 경우
④ 신분증이 없어 본인의 인감도장을 가져온 경우

01 K대리는 방대한 양의 납품 자료를 한눈에 파악할 수 있게 데이터를 요약해서 보내라는 연락을 받았다. 이러한 상황에 대응하기 위한 엑셀 사용 방법으로 가장 적절한 것은?

① 매크로 기능을 이용한다.
② 조건부 서식 기능을 이용한다.
③ 피벗테이블 기능을 이용한다.
④ 유효성 검사 기능을 이용한다.

02 다음 왼쪽의 데이터를 엑셀 정렬 기능을 사용하여 오른쪽과 같이 정렬할 때, 열과 정렬에 들어갈 항목이 바르게 연결된 것은?

	A	B	C
1	이름	성별	나이
2	이선영	여	24
3	박영현	남	19
4	서지웅	남	21
5	주아영	여	23
6	배지은	여	34
7	신광민	남	31
8	우영민	남	28
9	유민지	여	35

⇨

	A	B	C
1	이름	성별	나이
2	박영현	남	19
3	서지웅	남	21
4	주아영	여	23
5	이선영	여	24
6	우영민	남	28
7	신광민	남	31
8	배지은	여	34
9	유민지	여	35

	열	정렬
①	이름	오름차순
②	성별	오름차순
③	나이	내림차순
④	나이	오름차순

03 다음 시트를 참조하여 작성한 수식 「=VLOOKUP(SMALL(A2:A10,3),A2:E10,4,0)」의 결괏값은?

	A	B	C	D	E
1	번호	억양	발표	시간	자료준비
2	1	80	84	91	90
3	2	89	92	86	74
4	3	72	88	82	100
5	4	81	74	89	93
6	5	84	95	90	88
7	6	83	87	72	85
8	7	76	86	83	87
9	8	87	85	97	94
10	9	98	78	96	81

① 82　　② 83

③ 86　　④ 87

04 다음 시트에서 [E10] 셀에 수식 「=INDEX(E2:E9,MATCH(0,D2:D9,0))」을 입력했을 때, 표시되는 결괏값으로 옳은 것은?

	A	B	C	D	E
1	부서	직위	사원명	근무연수	근무월수
2	재무팀	사원	이수연	2	11
3	교육사업팀	과장	조민정	3	5
4	신사업팀	사원	최지혁	1	3
5	교육컨텐츠팀	사원	김다연	0	2
6	교육사업팀	부장	민경희	8	10
7	기구설계팀	대리	김형준	2	1
8	교육사업팀	부장	문윤식	7	3
9	재무팀	대리	한영혜	3	0
10					

① 0　　② 1

③ 2　　④ 3

05 왼쪽 워크시트의 성명 데이터를 오른쪽 워크시트와 같이 성과 이름 두 개의 열로 분리하기 위해 [텍스트 나누기] 기능을 사용하고자 한다. 다음에 사용된 [텍스트 나누기]의 분리 방법으로 옳은 것은?

	A
1	김철수
2	박선영
3	최영희
4	한국인

⇨

	A	B
1	김	철수
2	박	선영
3	최	영희
4	한	국인

① 열 구분선을 기준으로 내용 나누기
② 구분 기호를 기준으로 내용 나누기
③ 공백을 기준으로 내용 나누기
④ 탭을 기준으로 내용 나누기

06 문서편집에서 자주 사용하는 응용 소프트웨어의 한 종류인 워드 프로세서에서 〈Shift〉에 대한 설명으로 옳지 않은 것은?

① 문단을 강제로 분리할 때 사용한다.
② 다른 키와 조합하여 특수한 기능을 수행한다.
③ 한글 입력 시 위쪽의 글자를 입력할 때 사용한다.
④ 영어 입력 시 대·소문자를 전환하여 입력할 때 사용한다.

07 다음 시트에서 [F2:F6] 영역처럼 표시하려고 할 때, [F5] 셀에 입력할 수식으로 옳은 것은?

	A	B	C	D	E	F
1	카페이름	주제	가입 인원	즐겨찾기 멤버	전체글	순위
2	영카	영화	172,789	22,344	827,581	4
3	농산물	건강	679,497	78,293	1,074,510	3
4	북카페	문화	71,195	8,475	891,443	5
5	강사모	반려동물	1,847,182	283,602	10,025,638	1
6	부동산	경제	1,126,853	183,373	784,700	2

① =RANK(C2,C2:C6)
② =RANK.EQ(C2,C2:C6)
③ =RANK(C5,C2:C6)
④ =RANK(F5,F2:F6)

08 다음 중 입사일이 2017년 6월 1일인 직원의 오늘 현재까지의 근속 일수를 구하려고 할 때 사용할 함수식은?

① =TODAY()−DAY(2017,6,1)
② =TODAY()−DATE(2017,6,1)
③ =DATE(2017,6,1)−TODAY
④ =DAY(2017,6,1)−TODAY()

09 다음 중 워드 프로세서의 스타일(Style)에 대한 설명으로 옳지 않은 것은?

① 자주 사용하는 글자 모양이나 문단 모양을 미리 정해 놓고 쓰는 것을 말한다.
② 특정 문단을 사용자가 원하는 스타일로 변경할 수 있다.
③ 해당 문단의 글자 모양과 문단 모양을 한꺼번에 바꿀 수 있다.
④ 스타일을 적용하려면 항상 범위를 설정하여야 한다.

10 다음 중 Windows에서 실행 중인 다른 창이나 프로그램으로 빠르게 전환하는 방법으로 옳은 것은?

① 제어판에서 이동한다.
② 〈Alt〉+〈Tab〉을 눌러 이동한다.
③ 〈Ctrl〉+〈Tab〉을 눌러 이동한다.
④ 〈Ctrl〉+〈Alt〉+〈Delete〉를 눌러 나타나는 작업 관리자에서 이동한다.

11 다음 중 바이오스(BIOS; Basic Input Output System)에 대한 설명으로 옳은 것은?

① 한 번 기록한 데이터를 빠른 속도로 읽을 수 있지만, 다시 기록할 수 없는 메모리
② 컴퓨터의 전원을 켰을 때 맨 처음 컴퓨터의 제어를 맡아 가장 기본적인 기능을 처리해 주는 프로그램
③ 기억된 정보를 읽어내기도 하고, 다른 정보를 기억시킬 수도 있는 메모리
④ 주변 장치와 컴퓨터 처리 장치 간에 데이터를 전송할 때 처리 지연을 단축하기 위해 보조 기억 장치를 완충 기억 장치로 사용하는 것

※ 다음의 시스템을 숙지하고, 빈칸에 들어갈 입력코드(Input Code)를 구하시오. **[12~14]**

K은행에 입사한 귀하는 다음 시스템의 모니터링 및 관리 업무를 담당하게 되었다.

〈시스템 상태 및 조치〉

※ 모니터에 나타나는 정보를 이해하고 시스템 상태를 판독하여 적절한 코드를 입력하시오.

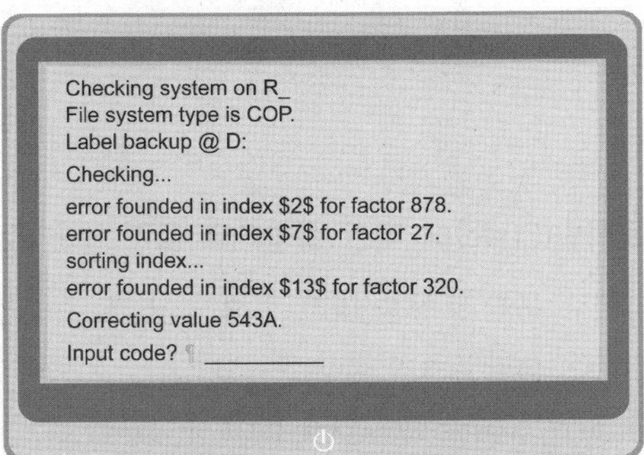
Checking system on R_
File system type is COP.
Label backup @ D:
Checking...
error founded in index 2 for factor 878.
error founded in index 7 for factor 27.
sorting index...
error founded in index 13 for factor 320.
Correcting value 543A.
Input code? ___________

항목	세부사항
File System Type	• COP : error value들 중 가장 큰 값을 FEV로 지정 • ATO : 모든 error value들의 합을 FEV로 지정
Label Backup	• D : 기존 correcting value의 두 배에 해당하는 값을 correcting value로 사용 (단, correcting value에 포함된 문자는 없는 것으로 취급) • Q : correcting value를 그대로 사용
Index $##$ for Factor ##	• 오류 발생 위치 : $와 $ 사이에 나타나는 숫자 • 오류 유형 : factor 뒤에 나타나는 숫자
Error Value	• 오류 발생 위치값의 숫자가 오류 유형에 포함 : 해당 숫자 • 오류 발생 위치값의 숫자가 오류 유형에 미포함 : 1 ※ FEV(Final Error Value) : File System Type에 따라 error value를 이용하여 산출하는 세 자리의 수치 예 008, 154, 097
Correcting Value	FEV와의 대조를 통하여 시스템 상태 판단

판단 기준	시스템 상태	입력 코드
FEV를 구성하는 숫자가 correcting value를 구성하는 숫자에 모두 포함되어 있는 경우	안전	correcting value에 문자 포함 : resrv17 correcting value에 문자 미포함 : resrv17/c
FEV를 구성하는 숫자가 correcting value를 구성하는 숫자에 일부만 포함되어 있는 경우	경계	correcting value에 문자 포함 : cldn35/c correcting value에 문자 미포함 : cldn35
FEV를 구성하는 숫자가 correcting value를 구성하는 숫자에 전혀 포함되어 있지 않은 경우	위험	shdnsys

〈시스템 관리 예시〉

```
Checking system on R_
File system type is COP.
Label backup @ D:
Checking...
error founded in index $2$ for factor 878.
error founded in index $7$ for factor 27.
sorting index...
error founded in index $13$ for factor 320.
Correcting value 527A. ③
Input code? ¶ __________
```

② error value 1, 7, 3 중 가장 큰 값인 7을 FEV로 지정

③ 기존 correcting value 527A의 두 배인 1054A를 correcting value로 사용하고, 문자 A는 없는 것으로 취급

① 오류 발생 위치"2"가 오류 유형"878"에 포함되어 있지 않으므로 error value = 1

① 오류 발생 위치"7"이 오류 유형"27"에 포함되어 있으므로 error value = 7

① 오류 발생 위치"13"의 "3"이 오류 유형 "320"에 포함되어 있으므로 error value = 3

⇩

FEV와 correcting value 대조
FEV=007(FEV는 세 자릿수로 이뤄짐)
correcting value=1054A(문자는 없는 것으로 취급)
→ FEV를 구성하는 숫자 0, 7 중 일부만("0") correcting value 1054A에 포함됨

⇩

종합 판단 및 조치
FEV=007
correcting value=1054A
시스템 상태=경계
correcting value에 문자 미포함
입력 코드 : cldn35

➡ 입력 코드 : cldn35

12

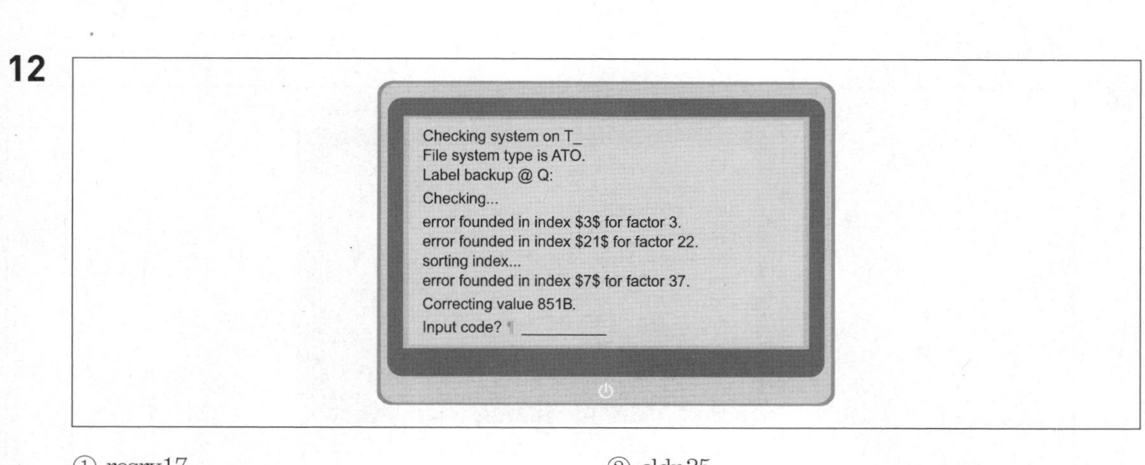
Checking system on T_
File system type is ATO.
Label backup @ Q:
Checking...
error founded in index 3 for factor 3.
error founded in index 21 for factor 22.
sorting index...
error founded in index 7 for factor 37.
Correcting value 851B.
Input code? ¶

① resrv17 ② cldn35

③ cldn35/c ④ shdnsys

13

```
Checking system on K_
File system type is COP.
Label backup @ D:
Checking...
error founded in index $5$ for factor 12.
error founded in index $2$ for factor 20.
sorting index...
error founded in index $7$ for factor 91.
Correcting value 802CT.
Input code? ¶ __________
```

① resrv17　　② cldn35

③ cldn35/c　　④ shdnsys

14

```
Checking system on L_
File system type is ATO.
Label backup @ D:
Checking...
error founded in index $3$ for factor 13.
error founded in index $7$ for factor 29.
sorting index...
error founded in index $5$ for factor 45.
Correcting value 7412.
Input code? ¶ __________
```

① resrv17　　② cldn35

③ cldn35/c　　④ shdnsys

15 K대리는 비밀번호 자동 저장으로 인한 사내 정보 유출을 막기 위해 관련 공문을 보내려고 한다. 다음 중 공문에 첨부할 스크린샷 화면으로 옳은 것은?

①
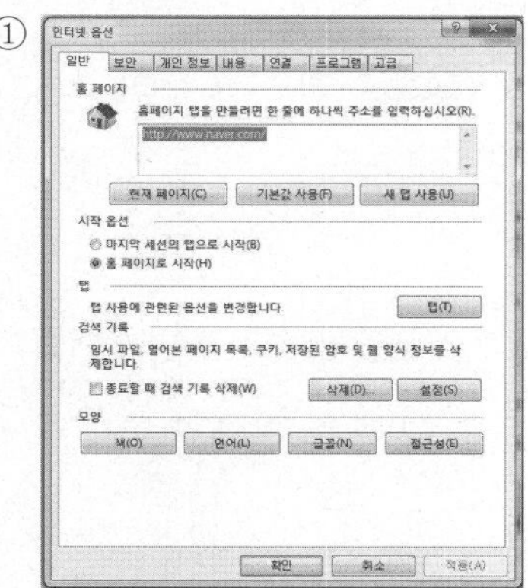

②
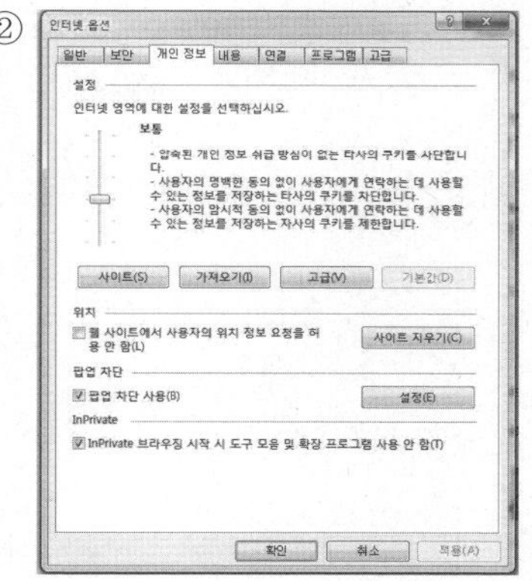

③
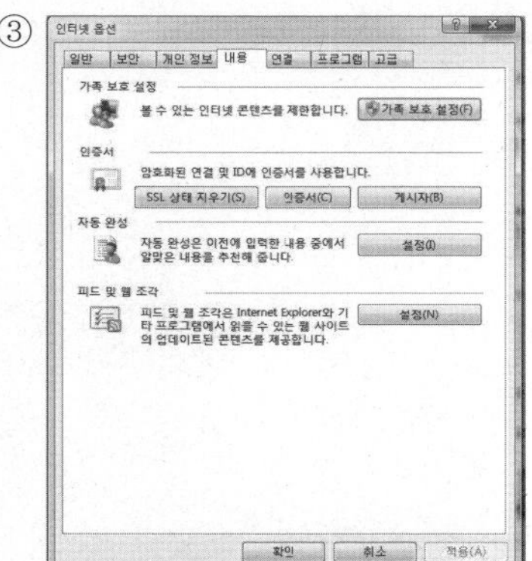

④
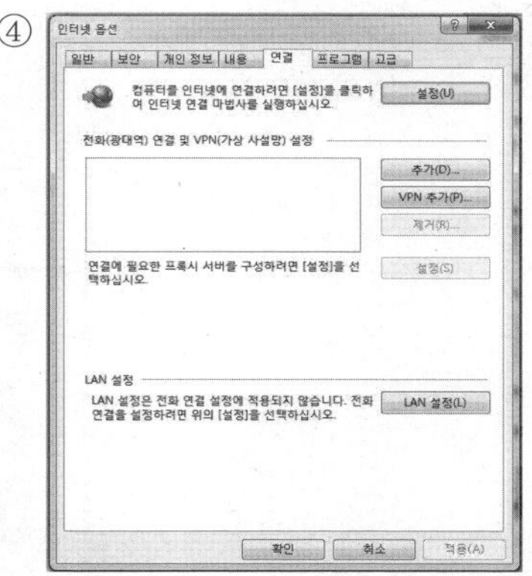

www.sdedu.co.kr

제2회 KDB산업은행 필기시험

NCS 직업기초능력평가 모의고사

〈문항 수 및 시험시간〉

영역	문항 수	시험시간	모바일 OMR 답안채점 / 성적분석
의사소통능력	15문항	60분	
수리능력	15문항		
문제해결능력	15문항		
정보능력	15문항		

www.sdedu.co.kr

KDB산업은행 필기시험

제2회 모의고사

문항 수 : 60문항
시험시간 : 60분

제1영역 의사소통능력

01 다음 밑줄 친 부분의 맞춤법이 옳지 않은 것은?

① 얼굴이 햇볕에 가무잡잡하게 그을렸다.
② 아버지는 그 사람을 사윗감으로 마뜩잖게 생각하였다.
③ 딸의 뺨이 불그스름하게 부어 있었다.
④ 아무도 그의 과거를 괘념하지 않았다.

02 다음 글을 읽고 추론한 내용으로 적절하지 않은 것은?

> 1994년 미국의 한 과학자는 흥미로운 실험 결과를 발표하였다. 정상 유전자를 가진 쥐에게 콜레라 독소를 주입하자 심한 설사로 죽었다. 그러나 낭포성 섬유증 유전자를 한 개 가진 쥐에게 독소를 주입하자 설사 증상은 보였지만 그 정도는 반감했다. 낭포성 섬유증 유전자를 두 개 가진 쥐는 독소를 주입해도 전혀 증상을 보이지 않았다.
> 낭포성 섬유증 유전자를 가진 사람은 장과 폐로부터 염소 이온을 밖으로 퍼내는 작용을 정상적으로 하지 못한다. 그 과학자는 이에 따라 1800년대 유럽을 강타했던 콜레라의 대유행에서 살아남은 사람은 낭포성 섬유증 유전자를 가졌을 것이라고 추측하였다.

① 장과 폐에서 염소 이온을 밖으로 퍼내는 작용을 하지 못하면 생명이 위험하다.
② 콜레라 독소는 장으로부터 염소 이온을 비롯한 염분을 과다하게 분비하게 한다.
③ 염소 이온을 과다하게 분비하게 하면 설사를 일으킨다.
④ 낭포성 섬유증 유전자는 콜레라 독소가 과도한 설사를 일으키는 것을 방지한다.

03 다음 글의 내용으로 적절하지 않은 것은?

경제학에서는 가격이 한계 비용과 일치할 때를 가장 이상적인 상태라고 본다. '한계 비용'이란 재화의 생산량을 한 단위 증가시킬 때 추가되는 비용을 말한다. 한계 비용 곡선과 수요 곡선이 만나는 점에서 가격이 정해지면 재화의 생산 과정에 들어가는 자원이 낭비 없이 효율적으로 배분되며, 이때 사회 전체의 만족도가 가장 커진다. 가격이 한계 비용보다 높아지면 상대적으로 높은 가격으로 인해 수요량이 줄면서 거래량이 따라 줄고, 결과적으로 생산량도 감소한다. 이는 사회 전체의 관점에서 볼 때 자원이 효율적으로 배분되지 못하는 상황이므로 사회 전체의 만족도가 떨어지는 결과를 낳는다.

위에서 설명한 일반 재화와 마찬가지로 수도, 전기, 철도와 같은 공익 서비스도 자원배분의 효율성을 생각하면 한계 비용 수준으로 가격(=공공요금)을 결정하는 것이 바람직하다. 대부분의 공익 서비스는 초기 시설 투자 비용은 막대한 반면, 한계 비용은 매우 적다. 이러한 경우, 한계 비용으로 공공요금을 결정하면 공익 서비스를 제공하는 기업은 손실을 볼 수 있다.

예컨대 초기 시설 투자 비용이 6억 달러이고, 톤당 1달러의 한계 비용으로 수돗물을 생산하는 상수도 서비스를 가정해보자. 이때 수돗물 생산량을 '1톤, 2톤, 3톤, …'으로 늘리면 총비용은 '6억 1달러, 6억 2달러, 6억 3달러, …'로 늘어나고, 톤당 평균 비용은 '6억 1달러, 3억 1달러, 2억 1달러, …'로 지속적으로 줄어든다. 그렇지만 평균 비용이 계속 줄어들더라도 한계 비용 아래로는 결코 내려가지 않는다. 따라서 한계 비용으로 수도 요금을 결정하면 총비용보다 총수입이 적으므로 수도 사업자는 손실을 보게 된다.

이를 해결하는 방법에는 크게 두 가지가 있다. 하나는 정부가 공익 서비스 제공 기업에 손실분만큼 보조금을 주는 것이고, 다른 하나는 공공요금을 평균 비용 수준으로 정하는 것이다. 전자의 경우 보조금을 세금으로 충당한다면 다른 부문에 들어갈 재원이 줄어드는 문제가 있다. 평균 비용 곡선과 수요 곡선이 교차하는 점에서 요금을 정하는 후자의 경우에는 총수입과 총비용이 같아져 기업이 손실을 보지는 않는다. 그러나 요금이 한계 비용보다 높기 때문에 사회 전체의 관점에서 자원의 효율적 배분에 문제가 생긴다.

① 자원이 효율적으로 배분될 때 사회 전체의 만족도가 극대화된다.

② 정부는 공공요금을 한계 비용 수준으로 유지하기 위하여 보조금 정책을 펼 수 있다.

③ 공익 서비스와 일반 재화의 생산 과정에서 자원을 효율적으로 배분하기 위한 조건은 서로 같다.

④ 평균 비용이 한계 비용보다 큰 경우, 공공요금을 평균 비용 수준에서 결정하면 자원의 낭비를 방지할 수 있다.

04 다음 글에서 답을 찾을 수 없는 질문은?

> 생물학에서 반사란 '특정 자극에 대해 기계적으로 일어난 국소적인 반응'을 의미한다. 파블로프는 '벨과 먹이' 실험을 통해 동물의 행동에는 두 종류의 반사 행동, 즉 무조건 반사와 조건 반사가 존재한다는 결론을 내렸다. 뜨거운 것에 닿으면 손을 빼내는 것이나, 고깃덩이를 씹는 순간 침이 흘러나오는 것은 자극에 의한 무조건 반사다. 하지만 모든 자극이 반사 행동을 일으키는 것은 아니다. 생명체의 반사 행동을 유발하지 않는 자극을 중립 자극이라고 한다.
>
> 중립 자극도 무조건 자극과 짝지어지게 되면 생명체에게 반사 행동을 일으키는 조건 자극이 될 수 있다. 그것이 바로 조건 반사인 것이다. 예를 들어 벨 소리는 개에게 중립 자극이기 때문에 처음에 개는 벨 소리에 반응하지 않는다. 개는 오직 벨 소리 뒤에 주어지는 먹이를 보며 침을 흘릴 뿐이다. 하지만 벨 소리 뒤에 먹이를 주는 행동을 반복하다 보면 벨 소리는 먹이가 나온다는 신호로 인식되며 이에 대한 반응을 일으키는 조건 자극이 되는 것이다. 이처럼 중립 자극을 무조건 자극과 연결시켜 조건 반사를 일으키는 과정을 '고전적 조건 형성'이라 한다. 그렇다면 이러한 조건 형성 반응은 왜 생겨나는 것일까? 이는 대뇌 피질이 '학습'을 할 수 있기 때문이다.
>
> 어떠한 의미 없는 자극이라 할지라도 그것이 의미 있는 자극과 결합되어 제시되면 대뇌 피질은 둘 사이에 연관성이 있다는 것을 파악하고 이를 기억하여 반응을 일으킨다. 하지만 대뇌 피질은 한번 연결되었다고 항상 유지되지는 않는다. 예를 들어 '벨 소리 – 먹이' 조건 반사가 수립된 개에게 벨 소리만 들려주고 먹이를 주지 않는 실험을 계속하다 보면 개는 벨 소리에 더 이상 반응하지 않게 되는 조건 반사의 '소거' 현상이 일어난다.
>
> 소거는 조건 자극이 무조건 자극 없이 충분히 자주 제시될 경우 조건 반사가 사라지는 현상을 말한다. 때문에 소거는 바람직하지 않은 조건 반사를 수정하는 방법으로 사용된다. 하지만 조건 반사는 통제할 수 있는 것이 아니기 때문에, 제거 역시 자연스럽게 이루어지지 않는다. 또한 소거가 일어나는 속도가 예측 불가능하고, 소거되었을 때조차도 자발적 회복을 통해 조건 반사가 다시 나타날 수 있다는 점에서 소거는 조건 반사를 제거하기 위한 수단으로 한계가 있다.
>
> 이때 바람직하지 않은 조건 반사를 수정하는 또 다른 방법으로 사용되는 것이 '역조건 형성'이다. 이는 기존의 조건 반사와 양립할 수 없는 새로운 반응을 유발하여 이전 조건 형성의 원치 않는 효과를 제거하는 것으로 자발적 회복이 잘 일어나지 않는다. 예를 들어, 토끼를 무서워하는 아이가 사탕을 먹을 때 처음에는 토끼가 아이로부터 멀리 위치하게 한다. 아이는 사탕을 먹는 즐거움 때문에 토끼에 대한 공포를 덜 느끼게 된다. 다음 날에도 마찬가지로 아이에게 사탕을 먹게 한 후 토끼가 전날보다 좀 더 가까이 오게 한다. 이러한 절차를 여러 번 반복하면 토끼가 아주 가까이에 있어도 아이는 더 이상 토끼를 무서워하지 않게 된다.

① 소거에는 어떤 것들이 있는가?
② 고전적 조건 형성이란 무엇인가?
③ 동물의 반사 행동에는 어떤 것이 있는가?
④ 조건 형성 반응이 일어나는 이유는 무엇인가?

05 다음 글의 밑줄 친 ㉠의 관점에서 ㉡의 관점을 비판한 내용으로 가장 적절한 것은?

> 사람들은 누구나 정의로운 사회에 살기를 원한다. 그렇다면 정의로운 사회란 무엇일까?
> ㉠ 롤스는 개인의 자유를 보장하면서도 사회적 약자를 배려하는 사회가 정의로운 사회라고 말한다. 롤스는 정의로운 사회가 되기 위해서는 세 가지 조건을 만족해야 한다고 주장한다. 첫 번째 조건은 사회 원칙을 정하는 데 있어서 사회 구성원 간의 합의 과정이 있어야 한다는 것이다. 이러한 합의를 통해 정의로운 세계의 규칙 또는 기준이 만들어진다고 보았다. 두 번째 조건은 사회적 약자의 입장을 고려해야 한다는 것이다. 롤스는 인간의 출생, 신체, 지위 등에는 우연의 요소가 많은 영향을 미칠 수 있다고 본다. 따라서 누구나 우연에 의해 사회적 약자가 될 수 있기 때문에 사회적 약자를 차별하는 것은 정당하지 못한 것이 된다. 마지막 조건은 개인이 정당하게 얻은 소유일지라도 그 이익의 일부는 사회적 약자에게 돌아가야 한다는 것이다. 왜냐하면 사회적 약자가 될 가능성은 누구에게나 있으므로 자발적 기부나 사회적 제도를 통해 사회적 약자의 처지를 최대한 배려하는 것이 사회 전체로 볼 때 공정하고 정의로운 것이기 때문이다. 롤스는 개인의 자유를 중시하는 한편 사람들이 공정한 규칙에 합의하는 과정도 중시하며, 자연적·사회적 불평등을 복지를 통해 보완해야 한다고 주장한다.
> 공리주의자인 ㉡ 벤담은 최대 다수의 최대 행복이 정의로운 것이라 주장했다. 따라서 다수의 최대 행복이 보장된다면 소수의 불행은 정당한 것이 되고, 반대로 다수의 불행이 나타나는 상황은 정의롭지 못한 것이 된다. 벤담은 걸인과 마주치는 대다수의 사람들은 부정적 감정을 느끼기 때문에 거리에서 걸인을 사라지게 해야 한다며, 걸인들을 모두 모아 한곳에서 생활시키는 강제 수용소 설치를 제안했다.

① 다수의 처지를 배려할 때 사회 전체의 행복이 증가한다.
② 개인을 위해 다수가 희생하는 것은 정의롭지 않다.
③ 개인의 이익만을 중시하는 것은 정의롭지 않다.
④ 개인의 자유를 침해하는 것은 정의롭지 않다.

06 다음 글의 주제로 가장 적절한 것은?

맹자는 다음과 같은 이야기를 전한다. 송나라의 한 농부가 밭에 나갔다 돌아오면서 처자에게 말한다. "오늘 일을 너무 많이 했다. 밭의 싹들이 빨리 자라도록 하나하나 잡아당겨줬더니 피곤하구나." 아내와 아이가 밭에 나가보았더니 싹들이 모두 말라 죽어 있었다. 이렇게 자라는 것을 억지로 돕는 일, 즉 조장(助長)을 하지 말라고 맹자는 말한다. 싹이 빨리 자라기를 바란다고 싹을 억지로 잡아 올려서는 안 된다. 목적을 이루기 위해 가장 빠른 효과를 얻고 싶겠지만 이는 도리어 효과를 놓치는 길이다. 억지로 효과를 내려고 했기 때문이다. 싹이 자라기를 바라 싹을 잡아당기는 것은 이미 시작된 과정을 거스르는 일이다. 효과가 자연스럽게 나타날 가능성을 방해하고 막는 일이기 때문이다. 당연히 싹의 성장 가능성은 땅속의 씨앗에 들어있는 것이다. 개입하고 힘을 쏟고자 하는 대신에 이 잠재력을 발휘할 수 있도록 하는 것이 중요하다.

피해야 할 두 개의 암초가 있다. 첫째는 싹을 잡아당겨서 직접적으로 성장을 이루려는 것이다. 이는 목적성이 있는 적극적 행동주의로써 성장의 자연스러운 과정을 존중하지 않는 것이다. 달리 말하면 효과가 숙성되도록 놔두지 않는 것이다. 둘째는 밭의 가장자리에 서서 자라는 것을 지켜보는 것이다. 싹을 잡아당겨서도 안 되고 그렇다고 단지 싹이 자라는 것을 지켜만 봐서도 안 된다. 그렇다면 무엇을 해야 하는가? 싹 밑의 잡초를 뽑고 김을 매주는 일을 해야 하는 것이다. 경작이 용이한 땅을 조성하고 공기를 통하게 함으로써 성장을 보조해야 한다. 기다리지 못함도 삼가고 아무것도 안 함도 삼가야 한다. 작동 중에 있는 자연스런 성향이 발휘되도록 기다리면서도 전력을 다할 수 있도록 돕는 노력도 멈추지 말아야 한다.

① 인류사회는 자연의 한계를 극복하려는 인위적 노력에 의해 발전해 왔다.
② 싹이 스스로 성장하도록 그대로 두는 것이 수확량을 극대화하는 방법이다.
③ 어떤 일을 진행할 때 가장 중요한 것은 명확한 목적성을 설정하는 것이다.
④ 잠재력을 발휘하도록 하려면 의도적 개입과 방관적 태도 모두를 경계해야 한다.

07 다음 글의 내용으로 적절하지 않은 것을 〈보기〉에서 모두 고르면?

> 추상표현주의는 1940 ~ 1950년대 나치를 피해 유럽에서 미국으로 건너온 화가들의 영향을 받아 성립된 회화 사조이다. 추상표현주의 작가들은 세계 대전의 참혹한 전쟁을 일으키게 한 이성에 대한 회의를 바탕으로 화가의 감정과 본능을 추상의 방법으로 표현했다. 그들은 자유로운 기법과 행위 자체에 중점을 둔 제작 방법을 통해 화가 개인의 감정을 나타내고자 했다. 이러한 추상표현주의를 대표하는 화가로 잭슨 폴록을 들 수 있다. 폴록은 새로운 재료를 통한 실험적 기법 창조 행위의 중요성 등을 강조하여 화가가 의도된 계획에 따라 그림을 그려나가는 회화 방식을 벗어나려고 했다. 폴록으로 대표되는 추상표현주의는 과거 회화의 틀을 벗어나게 하는 계기를 마련하면서 회화적 다양성을 추구하는 현대 회화의 특성을 정립하는 데 중요한 역할을 했다.

〈보기〉

㉠ 추상표현주의는 유럽 화가들의 영향을 받아 성립됐다.
㉡ 추상표현주의 작가들은 이성에 대한 신뢰가 있다.
㉢ 추상표현주의 작가들은 개인의 감정을 표현하는 것을 극도로 자제했다.
㉣ 추상표현주의는 의도된 계획에 따라 그림을 그려나가는 회화 방식이다.

① ㉠, ㉡
② ㉢, ㉣
③ ㉠, ㉡, ㉣
④ ㉡, ㉢, ㉣

08 다음 글의 빈칸에 들어갈 내용으로 가장 적절한 것은?

> 글은 회사에서 쓰는 보고서, 제안서, 품의서, 기획안, 발표문, 홍보문과 학창시절 써야 하는 자기소개서, 과제 리포트 그리고 서평, 기행문 등 종류가 많다.
> 글을 쓸 때 가장 중요한 것은 독자가 무엇을 기대하는지 파악하는 것이다. 따라서 글에서 무엇을 알고 싶어 하는지, 무엇을 줘야 독자가 만족할 것인지를 파악하는 것이 중요하다. 그러나 대부분 이를 소홀히 한다. 글에 있어서 무게중심은 읽는 사람이 아니라, 쓰는 사람에게 있다. '내가 많이 알고 있는 것처럼 보여야겠다, 내가 글을 잘 쓰는 것처럼 보여야겠다.'는 생각이 앞설수록 중언부언하게 되고, 불필요한 수식어와 수사법을 남발한다. 이때 독자는 헷갈리고 화가 나게 된다.
> 독자에게 필요한 것은 글이 자신에게 전하고자 하는 내용이 무엇인가 하는 것이다. 그리고 그 전하고자 하는 내용이 자신에게 어떤 도움을 주는가 하는 것이다. 모르던 것을 알게 해주는지, 새로운 관점과 해석을 제공해 주는지, 통찰을 주는지, 감동을 주는지, 하다못해 웃음을 주는지 하는 것이다. 예를 들어 자기소개서를 읽었는데, 그 사람이 어떤 사람인지 확연히 그려지면 합격이다. 제안서를 읽고 제안한 내용에 관해 확신이 들면 성공이다.
> 그렇다면 글은 어떻게 써야 할까? 방법은 간단하다. 먼저 구어체로 쓰는 것이다. 그래야 읽는 사람이 말을 듣듯이 편하게 읽는다. 눈으로 읽는 것 같지만 독자는 스스로 소리 내 귀로 듣는다. 구어체로 쓰기 위해서는 누군가를 만나 먼저 말해보는 것이 중요하다. "내가 무슨 글을 써야 하는데, 주로 이런 내용이야." 이렇게 말하다 쓸거리가 정리될 뿐만 아니라 없던 생각도 새롭게 생겨난다. 그리고 말할 때 느낌이 글에서 살아난다.
> 글을 쓸 때도 독자를 앞에 앉혀놓고 써야 한다. 독자는 구체적으로 한 사람을 정해놓고 쓰는 게 좋다. 연애편지를 쓰는 것처럼. 그러면 그 사람의 목소리를 들으며 쓸 수 있다. '아, 됐고 결론이 뭐야?' 또는 '다짜고짜 무슨 말이야, 좀 쉽게 설명해봐.' 뭐 이런 소리 말이다.
> ______________________ 대상이 막연하지 않기 때문에 읽는 사람이 공감할 확률이 높아진다. 나를 위해 무언가를 전해주려고 노력한다는 것을 느끼면서 고마워한다. 말을 심하게 더듬는 사람이 내게 무엇인가를 전해주려고 노력하는 모습을 상상해보라. 그런 진심이 전해지면 된다. 글을 유려하게 잘 쓰고 박식한 것보다 더 독자의 심금을 울린다. 글에도 표정과 느낌이 있다. 독자를 위하는 마음으로 쓰면 그 마음이 전해진다.

① 무엇이 틀렸는지 알고 잘 고쳐 쓰면 된다.
② 독자를 정해놓고 쓰면 진정성이 살아난다.
③ 독자에게 주는 것이 없으면 백전백패다.
④ 글을 일정한 시간, 장소에서 습관적으로 쓰라.

※ 다음 글을 읽고, 이어지는 질문에 답하시오. [9~10]

정부가 '열린혁신'을 국정과제로 선정하고, 공공부문의 선도적인 역할을 당부함에 따라 많은 공공기관에서 열린혁신 추진을 위한 조직 및 전담인력을 구성하고 있으며, 경영기획실 내 혁신기획팀을 조직하여 전사 차원의 열린혁신을 ㉠ <u>도모</u>하고 있다. 다만, 아직까지 열린혁신은 도입 단계이며, 다소 생소한 개념이므로 이에 대한 이해가 필요하다.

(가) 그렇다면 '열린혁신'을 보다 체계적이고 성공적으로 추진하기 위한 선행조건은 무엇일까? 먼저 구성원들이 열린혁신을 명확히 이해하고, 수요자의 입장에서 사업을 바라보는 마인드 형성이 필요하다. 공공기관이 혁신을 추진하는 목적은 결국 ㉡ <u>본연</u>의 사업을 잘 수행하기 위함이다. 이를 위해서는 수요자인 고객을 먼저 생각해야 한다. 제공받는 서비스에 만족하지 못하는 고객을 생각한다면 사업에 대한 변화와 혁신은 자연스럽게 따라올 수밖에 없다.

(나) 위에서 언급한 정의의 측면에서 볼 때 열린혁신의 성공을 위한 ㉢ <u>초석</u>은 시민사회(혹은 고객)를 포함한 다양한 이해관계자의 적극적인 참여와 협업이다. 어린이 – 시민 – 전문가 – 공무원이 모여 자연을 이용해 기획하고 디자인한 순천시의 '기적의 놀이터', 청년들이 직접 제안한 아이디어를 정부가 정식사업으로 채택하여 발전시킨 '공유기숙사' 등은 열린혁신의 추진방향을 보여주는 대표적인 사례이다. 특히 시민을 공공서비스의 ㉣ <u>수혜</u> 대상에서 함께 사업을 만들어가는 파트너로 격상시킨 것이 큰 변화이며, 바로 이 지점이 열린혁신의 출발점이라 할 수 있다.

(다) 둘째, 다양한 아이디어가 존중받고 추진될 수 있는 조직문화를 만들어야 한다. 나이 · 직급과 관계없이 새로운 아이디어를 마음껏 표현할 수 있는 환경을 조성하는 한편, 참신하고 완성도 높은 아이디어에 대해 인센티브를 제공하는 등 조직 차원의 동기부여가 필요하다. 행정안전부에서 주관하는 정부 열린혁신 평가에서 기관장의 의지와 함께 전사 차원의 지원체계 마련을 주문하는 것도 이러한 연유에서다.

(라) '혁신'이라는 용어는 이미 경영 · 기술 분야에서 널리 사용되고 있다. 미국의 경제학자 슘페터는 혁신을 새로운 제품소개, 생산방법의 도입, 시장개척, 조직방식 등의 새로운 결합으로 발생하는 창조적 파괴라고 정의내린 바 있다. 이를 '열린혁신'의 개념으로 확장해 보면 기관 자체의 역량뿐만 아니라 외부의 아이디어를 받아들이고 결합함으로써 당면한 문제를 해결하고, 사회적 가치를 창출하는 일련의 활동이라 말할 수 있을 것이다.

(마) 마지막으로 지속가능한 혁신을 위해 이를 뒷받침할 수 있는 열정적인 혁신 조력자가 필요하다. 수요자의 니즈를 발굴하여 사업에 반영하는 제안 – 설계 – 집행 – 평가 전 과정을 살피고 지원할 수 있는 조력자의 역할은 필수적이다. 따라서 역량 있는 혁신 조력자를 육성하기 위한 체계적인 교육이 수반되어야 할 것이다. 덧붙여 전 과정에 다양한 이해관계자의 참여가 필요한 만큼 담당부서와 사업부서 간의 긴밀한 협조가 이루어진다면 혁신의 성과는 더욱 커질 것이다.

09 윗글의 (가) ~ (마) 문단을 논리적 순서대로 바르게 나열한 것은?

① (가) – (다) – (마) – (라) – (나)
② (나) – (가) – (다) – (마) – (라)
③ (나) – (라) – (가) – (다) – (마)
④ (라) – (나) – (가) – (다) – (마)

10 윗글의 밑줄 친 ㉠ ~ ㉣을 바꾸어 쓸 수 있는 단어로 적절하지 않은 것은?

① ㉠ – 계획
② ㉡ – 본래
③ ㉢ – 기반
④ ㉣ – 수효

※ 다음은 '블라인드 채용'에 대한 글이다. 이어지는 질문에 답하시오. [11~13]

인사 담당자 또는 면접관이 지원자의 학벌, 출신 지역, 스펙 등을 평가하는 기존 채용 방식에서는 기업 성과에 필요한 직무 능력 외 기타 요인에 의한 불공정한 채용이 만연했다. 한 설문조사에서 구직자의 77%가 불공정한 채용 평가를 경험한 적이 있다고 답했으며, 그에 따라 대다수의 구직자들은 기업의 채용 공정성을 신뢰하지 않는다고 응답했다. 이러한 스펙 위주의 채용으로 기업, 취업 준비생 모두에게 시간적·금전적 비용이 과잉 발생하게 되었고, 직무에 적합한 인성·역량을 보여줄 수 있는 채용 제도인 블라인드 채용이 대두되기 시작했다.

블라인드 채용이란 입사지원서, 면접 등의 채용 과정에서 편견이 개입돼 불합리한 차별을 초래할 수 있는 출신지, 가족관계, 학력, 외모 등의 항목을 걷어내고 실력, 즉 직무 능력만으로 인재를 평가해 채용하는 방식이다. 서류 전형은 없애거나 블라인드 지원서로 대체하고, 면접 전형은 블라인드 오디션 또는 면접으로 진행함으로써 실제 지원자가 가진 직무 능력을 가릴 수 있는 요소들을 배제하고 직무에 적합한 지식, 기술, 태도 등을 종합적으로 평가한다. 서류 전형에서는 모든 지원자에게 공정한 기회를 제공하고, 필기 및 면접 전형에서는 기존에 열심히 쌓아온 실력을 검증한다. 또한 지원자가 쌓은 경험과 능력, 학교생활을 하며 양성한 지식, 경험, 능력 등이 모두 평가 요소이기에 그간의 노력이 저평가되거나 역차별 요소로 작용하지 않는다.

블라인드 채용의 서류 전형은 무서류 전형과 블라인드 지원서 전형으로 구분된다. 무서류 전형은 채용 절차 진행을 위한 최소한의 정보만을 포함한 입사지원서를 접수하되 이를 선발 기준으로 활용하지 않는 방식이다. 블라인드 지원서 전형에는 입사지원서에 최소한의 정보만 수집하여 선발 기준으로 활용하는 방식과 블라인드 처리되어야 할 정보까지 수집하되 온라인 지원서상 개인정보를 암호화하거나 서면 이력서상 마스킹 처리를 하는 등 채용담당자는 볼 수 없도록 기술적으로 처리하는 방식이 있다. 면접 전형의 블라인드 면접에는 입사지원서, 인·적성검사 결과 등의 자료 없이 면접을 진행하는 무자료 면접 방식과 면접관의 인지적 편향을 유발할 수 있는 항목을 제거한 자료를 기반으로 면접을 진행하는 방식이 있다. 이와 달리 블라인드 오디션은 오디션으로 작업 표본, 시뮬레이션 등을 수행하도록 함으로써 지원자의 능력과 기술을 평가하는 방식이다.

한편 ㉠ <u>기존 채용</u>, ㉡ <u>국가직무능력표준(NCS) 기반 채용</u>, ㉢ <u>블라인드 채용</u>의 3가지 채용 모두 채용 공고, 서류 전형, 필기 전형, 면접 전형 등으로 채용 프로세스는 같지만 전형별 세부 사항과 취지에 차이가 있다. 기존의 채용은 기업이 지원자에게 자신이 인재임을 스스로 증명하도록 요구해 무분별한 스펙 경쟁을 유발했던 반면, NCS 기반 채용은 기업이 직무별로 원하는 요건을 제시하고 지원자가 자신의 준비 정도를 증명해 목표 지향적인 능력·역량 개발을 촉진한다. 블라인드 채용은 선입견을 품을 수 있는 요소들을 전면 배제해 실력과 인성만으로 평가받도록 구성한 것이다.

11 윗글에 나타난 블라인드 채용의 등장 배경으로 적절하지 않은 것은?

① 대다수의 구직자들은 기존 채용 방식의 공정성을 신뢰하지 못했다.

② 기존 채용 방식으로는 지원자의 직무에 적합한 인성·역량 등을 제대로 평가할 수 없었다.

③ 지원자의 직무 능력을 가릴 수 있는 요소들을 배제하는 기존의 방식이 불합리한 차별을 초래했다.

④ 스펙 위주의 채용으로 인해 취업 준비생에게 시간적·금전적 비용이 과도하게 발생하였다.

12 **윗글을 읽고 블라인드 채용을 이해한 내용으로 가장 적절한 것은?**

① 무서류 전형에서는 입사지원서를 제출할 필요가 없다.

② 블라인드 온라인 지원서의 암호화된 지원자의 개인정보는 채용담당자만 볼 수 있다.

③ 별다른 자료 없이 진행되는 무자료 면접의 경우에도 인·적성검사 결과는 필요하다.

④ 블라인드 면접관은 선입견을 유발하는 항목이 제거된 자료를 기반으로 면접을 진행하기도 한다.

13 **윗글의 밑줄 친 ㉠ ~ ㉢에 대한 설명으로 적절하지 않은 것은?**

① ㉠의 경우 기업은 지원자에게 자신이 적합한 인재임을 스스로 증명하도록 요구한다.

② ㉠과 ㉡은 지원자가 자신의 능력을 증명해야 하므로 지원자들의 무분별한 스펙 경쟁을 유발한다.

③ ㉡은 ㉠과 달리 기업이 직무별로 필요한 조건을 제시하면 지원자는 이에 맞춰 자신의 준비 정도를 증명해야 한다.

④ ㉢은 선입견을 유발할 수 있는 요소들을 모두 배제하여 지원자의 실력과 인성만을 평가한다.

※ 다음은 K기관의 청탁금지법 위반행위에 대한 제재이다. 이어지는 질문에 답하시오. **[14~15]**

〈청탁금지법 위반행위에 대한 제재〉

적용법조	위반행위에 대한 제재	
제5조 (부정청탁 금지)	징계	• 처음 부정청탁을 받고 거절하는 의사를 명확히 표시하지 않은 경우 • 거절의사를 명확히 표시하였음에도 다시 동일한 부정청탁을 받았으나, 이를 신고하지 않은 경우 • 직접 자신을 위하여 하는 부정청탁을 한 경우
	과태료	• 제3자를 통하여 부정청탁을 한 경우
	형사 처벌	• 부정청탁을 받고 그에 따른 직무를 수행한 경우
제8 ~ 9조 (금품 등 수수 금지)	징계	• 신고 또는 반환・인도 의무 중 어느 하나라도 이행하지 않을 경우(단, 신고 및 반환・인도하면 징계대상에서 제외)
	과태료	• 직무와 관련하여 1회 100만 원 이하의 금품 등을 받거나 요구 또는 약속한 경우 • 자신의 배우자가 공직자의 직무와 관련하여 1회 100만 원 이하의 금품 등을 받거나 요구 또는 제공받기로 약속한 사실을 알고도 신고하지 아니한 경우 • 직무와 관련하여 1회 100만 원 이하의 금품 등을 공직자나 그 배우자에게 제공하거나 약속 또는 의사표시를 한 경우
	형사 처벌	• 동일인으로부터 1회 100만 원을 초과하여 받거나 요구 또는 약속한 경우 • 자신의 배우자가 직무와 관련하여 1회 100만 원을 초과하여 받거나 요구 또는 제공받기로 약속한 사실을 알고도 신고하지 아니한 경우 • 1회 100만 원을 초과하는 수수 금지 금품 등을 공직자 또는 그 배우자에게 제공하거나 약속 또는 의사표시를 한 경우
제10조 (외부강의 등)	징계	• 사전 신고 의무를 불이행한 경우(단, 국가 또는 지자체 요청 강의는 신고대상이 아님) • 초과사례금을 받고 반환했으나 신고 의무는 불이행한 경우 • 초과사례금을 받고 신고했으나 제공자에게 반환하지 않은 경우
	과태료	• 초과사례금을 받은 후 신고 및 반환 조치를 모두 하지 않은 경우
	형사 처벌	• 부정청탁을 받고 그에 따른 직무를 수행한 경우
제20조 (청탁방지담당관)	징계	• 준법관리인이 법에 따른 신고・신청의 접수, 처리 및 내용의 조사 업무를 부당하게 처리하거나 임직원의 위반행위를 발견했음에도 조치를 취하지 않은 경우
제22조 (벌칙)	형사 처벌	• 신고자의 인적사항 등을 다른 사람에게 알려주거나 공개한 자 • 위반행위 신고・조치 업무 담당 임직원이 업무처리 과정에서 알게 된 비밀을 누설한 경우 • 신고자에게 신고 등을 이유로 신분상 불이익조치를 한 자 • 신고 등을 방해하거나 신고 등을 취소하도록 강요한 자

14 **M사원은 K기관의 청탁금지법 위반행위에 대한 제재를 보고 청탁금지법을 준수하기 위한 직원의 의무에 대해 다음과 같은 추론을 하였다. 추론한 내용으로 옳지 않은 것은?**

① 직원이 동일한 부정청탁을 2번 이상 받은 경우 이를 신고해야 한다.

② 100만 원 이하의 금품을 받았더라도 직무와 관련된 것은 제재를 받게 된다.

③ 준법관리인이 청탁금지법을 위반하는 행위를 한 경우 반드시 형사처벌받는다.

④ 초과사례금을 받은 경우 신고와 반환을 모두 하여야 한다.

15 **A주임, B주임, C대리, D과장은 K기관의 직원이다. 각 직원이 다음과 같은 행위를 하였다고 할 때, 제재 대상인 직원과 제재의 내용이 바르게 연결된 것은?**

- K기관의 경쟁입찰에 참여한 P건설업체 직원이 건설계약과 A주임의 아내에게 A주임이 P업체에 대해 긍정적으로 평가하도록 설득할 것을 요구하며 200만 원의 현금을 1회 제공하였고, A주임은 이 사실을 알지 못했다.
- 인사관리과 B주임은 사업 관련 업체 직원인 K씨로부터 K씨의 동생인 L씨를 취직시켜달라는 청탁을 받고 L씨의 면접점수를 조작하였다.
- 기획재정부와 협력 사업을 진행 중인 C대리는 해당 사업의 원활한 진행을 부탁하며 사업 담당관인 기획재정부의 S주무관에게 150만 원 상당의 보석을 1회 제공하였다.
- D과장은 Y구청에서 요청한 강의를 사전에 신고하지 않고 진행하였으며, 초과사례금을 받아 반환하였으나, 이에 대해 신고는 하지 않았다.

	제재 대상 직원	제재 내용
①	A주임	형사처벌
②	B주임	과태료
③	C대리	징계
④	D과장	징계

제2영역 수리능력

01 K은행의 마케팅부, 영업부, 영업지원부에서 2명씩 대표로 회의에 참석하기로 하였다. 원탁에 같은 부서 사람이 옆자리에 앉는 방식으로 자리배치를 한다고 할 때, 6명이 앉을 수 있는 경우의 수는 모두 몇 가지인가?

① 15가지　　② 16가지
③ 17가지　　④ 18가지

02 K은행에 100만 원을 맡기면 다음 달에 104만 원을 받을 수 있다. 이번 달에 50만 원을 입금하여 다음 달에 30만 원을 출금했다면 그 다음 달 찾을 수 있는 최대 금액은 얼마인가?

① 218,800원　　② 228,800원
③ 238,800원　　④ 248,800원

03 백화점에서 60만 원짜리 코트를 구매한 갑순이는 결제 시 7개월 할부를 이용하였다. 할부요율 및 조건이 다음과 같을 때, 갑순이의 할부 수수료 총액은 얼마인가?(단, 매월 내는 할부 금액은 동일한 것으로 가정한다)

〈신용카드 할부 수수료〉

(단위 : %)

할부기간	3개월 미만	3 ~ 5개월	6 ~ 9개월	10 ~ 12개월
수수료율(연)	11	13	15	16

※ (할부 수수료)=(할부잔액)×(할부 수수료율)÷12

※ (할부잔액)=(이용원금)−(기결제원금)

※ (총 할부 수수료 산출식)=(할부원금)×(수수료율)× $\left\{\frac{(\text{할부 개월 수})+1}{2}\right\}$ ÷12

① 20,000원　　② 25,000원
③ 30,000원　　④ 35,000원

04 다음 대화 내용과 원/100엔 환율 정보를 참고하였을 때, A사원의 대답으로 가장 적절한 것은?

A사원 : 팀장님, 한 달 뒤에 2박 3일간 일본에서 해외교육연수가 있다는 것을 알고 있으시죠? 그런데 숙박 요금이 어떻게 될지 ⋯.
팀 장 : 무엇이 문제지? 예전에 1박당 13,000엔으로 숙박 당일에 현찰로 지불한다고 예약해두지 않았나?
A사원 : 네, 맞습니다. 그런데 그곳에 다시 전화해 보니 오늘까지 전액을 송금하면 10% 할인을 해준다고 합니다. 하지만 문제는 환율입니다. 오늘 뉴스에서 원/100엔 환율이 하락하는 추세로 향후 지속된다고 합니다.
팀 장 : 그럼 서로 비교해 보면 되지 않은가? 어떤 방안이 얼마나 더 절약할 수 있지?
A사원 : ________________________

〈원/100엔 환율 정보〉

구분	매매기준율(원)	현찰(원)		송금(원)	
		살 때	팔 때	보낼 때	받을 때
오늘	1,110	1,130	1,090	1,120	1,100
한 달 뒤	990	1,010	970	1,000	980

※ 환전 시 소수점 이하 금액은 절사함

① 비교해 보니 오늘 결제하는 것이 260원 더 저렴합니다.
② 비교해 보니 오늘 결제하는 것이 520원 더 저렴합니다.
③ 비교해 보니 한 달 뒤에 결제하는 것이 260원 더 저렴합니다.
④ 비교해 보니 한 달 뒤에 결제하는 것이 520원 더 저렴합니다.

05 다음은 6,000가구에 대하여 가구별 보험가입 동기 및 보험가입 목적에 대해 조사한 자료이다. 이에 대한 〈보기〉의 설명 중 옳은 것을 모두 고르면?

〈가구별 보험가입 동기〉

(단위 : %)

항목	비율
설계사 권유	34.2
주변 환경 / 특정사건에 자극	29.1
평소 필요성 인식	15.9
신문 / TV / 인터넷 광고를 보고	11.4
전화 / 우편을 통한 권유	4.9
기타 / 모름	4.5

〈가구별 보험가입 목적〉

(단위 : %)

항목	비율
만일의 경우에 대비한 가족의 생활보장	70.1
사고나 질병 시 본인의 의료비 보장	59.3
재해 교통사고 시 일시적인 소득상실에 대비	45.1
노후의 생활자금	17.0
자녀의 교육·결혼자금	6.7
재산상속의 편의를 위하여	4.1
세금혜택을 받기 위하여	5.0
목돈마련	2.7

※ 조사대상인 가구는 가구별 보험가입 목적에 대하여 최대 3개까지 복수응답이 가능함

※ 비율은 전체 조사자 중 해당 항목에 대해 응답한 사람의 수를 비율로 나타낸 것임

〈보기〉

ㄱ. 조사대상 가구 중 보험가입 목적에 대하여 3개의 항목에 복수 응답한 가구 수는 적어도 600가구이다.

ㄴ. 설계사의 권유로 보험에 가입한 가구 수 대비 평소 필요성을 인식하여 보험에 가입한 가구의 수의 비율은 40% 미만이다.

ㄷ. 노후의 생활자금 혹은 자녀의 교육·결혼자금을 목적으로 보험에 가입한 가구는 조사대상 가구 중 10.8%를 차지한다.

ㄹ. 사고나 질병 시 본인의 의료비 보장을 위해 보험에 가입한 가구의 수는 세금혜택을 받기 위해 보험에 가입한 가구의 수의 11배 이상이다.

① ㄱ, ㄴ ② ㄱ, ㄹ

③ ㄴ, ㄷ ④ ㄷ, ㄹ

06 이탈리안 음식을 판매하는 B레스토랑에서는 두 가지 음식을 묶은 런치세트를 구성해 판매한다. 런치세트 메뉴와 금액이 다음과 같을 때, 아라비아타의 할인 전 가격은?

〈런치세트 메뉴〉

세트 메뉴	구성 음식	금액(원)
A세트	카르보나라, 알리오올리오	24,000
B세트	마르게리타피자, 아라비아타	31,000
C세트	카르보나라, 고르곤졸라피자	31,000
D세트	마르게리타피자, 알리오올리오	28,000
E세트	고르곤졸라피자, 아라비아타	32,000

※ 런치세트 메뉴의 가격은 파스타 종류는 500원, 피자 종류는 1,000원을 할인한 뒤 합하여 책정함
※ 파스타 : 카르보나라, 알리오올리오, 아라비아타
※ 피자 : 마르게리타피자, 고르곤졸라피자

① 14,000원 ② 14,500원
③ 15,000원 ④ 15,500원

07 국토교통부는 탄소절감 정책의 일환으로 자동차의 공회전 시 연료소모량이 적은 차량 운전자에게 현금처럼 쓸 수 있는 탄소포인트를 제공하는 정책을 구상하였으며, 동일 차량 운전자 A ~ E를 대상으로 이 정책을 시범 시행하였다. 다음 자료를 근거로 할 때, 공회전 발생률과 공회전 시 연료소모량에 따라 A ~ E운전자가 받을 수 있는 탄소포인트의 총합이 큰 순서대로 나열하면?(단, 주어진 자료 이외의 다른 조건은 고려하지 않는다)

〈차량 시범 시행 결과〉

구분	A	B	C	D	E
주행시간(분)	200	30	50	25	50
총공회전시간(분)	20	15	10	5	25

〈공회전 발생률에 대한 탄소포인트〉

구분	19% 이하	20 ~ 39%	40 ~ 59%	60 ~ 79%	80% 이상
탄소포인트(P)	100	80	50	20	10

〈공회전 시 연료소모량에 대한 구간별 탄소포인트〉

구분	99cc 이하	100 ~ 199cc	200 ~ 299cc	300 ~ 399cc	400cc 이상
탄소포인트(P)	100	75	50	25	0

※ [공회전 발생률(%)] $= \frac{(\text{총공회전시간})}{(\text{주행시간})} \times 100$

※ [공회전 시 연료소모량(cc)] = (총공회전시간) × 20

① A > D > B > E > C

② D > A > C > B > E

③ D > C > A > B > E

④ D > C > A > E > B

08 다음은 어린이집의 시설 및 교직원 현황에 대한 자료이다. 2020년 대비 2023년 직장 어린이집의 교직원 증가율은 얼마인가?(단, 증가율은 소수점 첫째 자리에서 반올림한다)

〈어린이집 교직원 현황〉

(단위 : 명)

구분	국·공립 어린이집	법인 어린이집	민간 어린이집	가정 어린이집	부모협동 어린이집	직장 어린이집
2020년	17,853	16,572	97,964	55,169	331	3,214
2021년	19,397	17,042	103,656	62,863	348	3,606
2022년	20,980	17,368	112,239	73,895	398	4,204
2023년	22,229	17,491	120,503	82,911	485	5,016

① 47%
② 51%
③ 56%
④ 61%

09 다음은 A, B상품의 일 년 동안의 계절별 판매량을 나타낸 그래프이다. 이에 대한 설명으로 옳지 않은 것은?

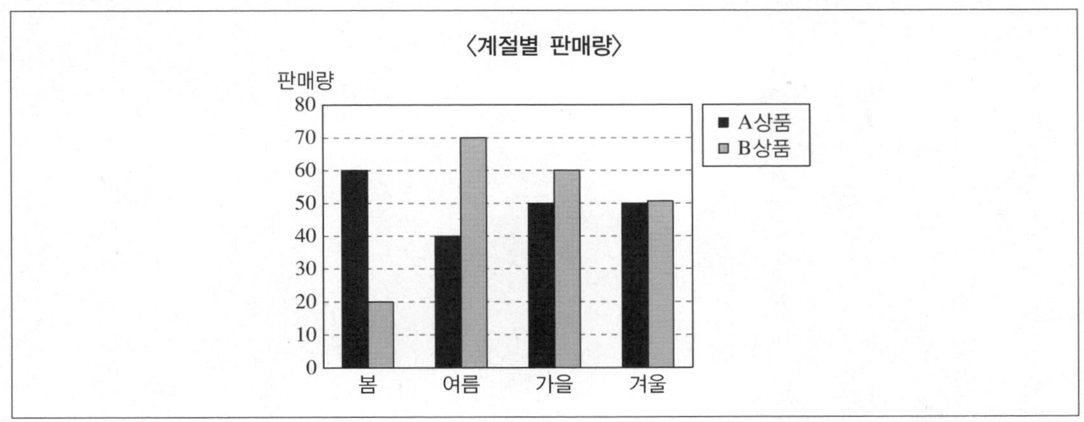

① A상품 판매량의 표준편차가 B상품보다 크다.
② A상품과 B상품의 연간 판매량은 모두 200 이상이다.
③ A상품과 B상품의 판매량의 합이 가장 적은 계절은 봄이다.
④ 두 상품의 판매량의 차는 봄에서부터 시간이 지남에 따라 감소한다.

10 다음은 인허가보증상품에 대한 설명이다. 이를 참고할 때, 보증료를 가장 많이 내는 회사는?

〈인허가보증상품〉

- 개요

  주택 사업과 관련하여 국가, 지방자치단체 등으로부터 인·허가를 받을 경우에 부담하여야 할 시설물 설치 등 인·허가 조건의 이행을 책임지는 보증상품이다.

- 보증료

  (보증료)=(보증금액)×(보증료율)×(보증기간에 해당하는 일수/365)

  - 신용평가등급별 보증료율 : 최저 연 0.122%～최고 연 0.908%
  - 신용평가등급은 1등급부터 4등급까지 있으며 등급당 보증료율은 1등급 0.122%, 2등급 0.244%, 3등급 0.488%, 4등급 0.908%이다.

	회사명	보증금액	신용등급	보증기간
①	A	1.5억 원	1	1년
②	B	3억 원	2	2년
③	C	3억 원	4	3년
④	D	5억 원	3	4년

11 다음은 은행마다 타은행으로 100,000원을 송금할 때 부과되는 수수료를 비교한 자료이다. 이에 대한 설명으로 옳은 것은?

〈은행별 송금 수수료〉

(단위 : 원)

은행	창구이용	자동화기기		인터넷뱅킹	텔레뱅킹 (ARS 이용 시)	모바일뱅킹
		마감 전	마감 후			
A은행	1,000	700	1,000	500	500	500
B은행	1,000	800	1,000	500	500	500
C은행	1,000	500	750	500	500	500
D은행	500	500	500	500	500	500
E은행	500	500	500	500	500	500
F은행	600	600	650	면제	면제	면제
G은행	600	500	650	500	500	500
H은행	500	500	800	500	500	500
I은행	1,000	700	950	500	500	500
J은행	1,000	500	700	500	600	500
K은행	600	800	1,000	500	500	500
L은행	600	500	600	500	500	500
M은행	600	500	750	500	500	500
N은행	800	800	1,000	500	500	500
O은행	800	600	700	500	500	500
P은행 (인터넷뱅크)	운영하지 않음	면제	면제	면제	운영하지 않음	면제
Q은행	1,000	면제	면제	면제	500	면제
R은행 (인터넷뱅크)	운영하지 않음	면제	면제	운영하지 않음	운영하지 않음	면제

① 자동화기기의 마감 전 수수료가 700원 이상인 은행은 총 6곳이다.

② '운영하지 않음'을 제외한 A～R은행의 창구이용 수수료의 평균은 800원보다 크다.

③ '면제'를 제외한 A～R은행의 자동화기기의 마감 전 수수료 평균이 마감 후 수수료 평균보다 크다.

④ A～O은행 중 창구이용, 자동화기기(마감 전과 후 모두)의 총수수료 평균이 가장 큰 은행은 B은행이다.

※ 다음은 2023년 국내 차종 및 운행연수별 자동차검사 현황이다. 이어지는 질문에 답하시오. **[12~13]**

〈2023년 국내 차종 및 운행연수별 자동차검사 부적합률〉

(단위 : %)

구분	4년 이하	5 ~ 6년	7 ~ 8년	9 ~ 10년	11 ~ 12년	13 ~ 14년	15년 이상	전체
승용차	5.2	7.2	9.9	13.0	16.4	19.3	23.9	13.8
승합차	6.6	12.2	12.7	15.1	17.1	17.7	20.4	14.0
화물차	6.8	15.3	20.3	21.6	21.6	23.5	22.9	18.2
특수차	8.3	14.0	13.2	13.5	14.0	16.2	18.7	14.3
전체	6.3	9.5	12.5	15.3	17.7	20.5	23.2	15.2

12 자료에 대한 설명으로 옳지 않은 것을 〈보기〉에서 모두 고르면?

〈보기〉

㉠ 운행연수가 4년 이하인 차량 중 부적합률이 가장 높은 차종은 화물차이다.
㉡ 승용차의 경우, 운행연수가 11 ~ 12년인 차량의 부적합률은 5 ~ 6년인 차량의 부적합률의 2배 이상이다.
㉢ 승합차의 경우, 운행연수가 높을수록 부적합률도 높다.
㉣ 운행연수가 13 ~ 14년인 차량 중 화물차의 부적합률 대비 특수차의 부적합률의 비율은 80% 이상이다.

① ㉡ ② ㉠, ㉢
③ ㉡, ㉣ ④ ㉠, ㉢, ㉣

13 다음은 자료에 기반해 작성한 보고서의 일부이다. 밑줄 친 보고서의 내용 중 옳지 않은 것을 모두 고르면?

2023년 국내 차종 및 운행연수별 자동차검사 현황에 대한 발표 자료에 따르면, ㉠ 모든 차종은 2년 단위의 운행연수가 길어질수록 자동차 검사 부적합률이 높았다.
㉡ 모든 운행연수의 차량을 합한 전체 차량의 부적합률은 15% 이상이었다. 차종별로 보면, 모든 운행연수의 차량을 합한 부적합률이 가장 높은 차종은 화물차였으며, ㉢ 이는 모든 운행연수의 차량을 합한 부적합률이 가장 낮은 차종의 부적합률과 4.2%p의 차이를 보였다. 특수차의 경우, 모든 운행연수의 차량을 합하였을 때 승합차보다 높은 부적합률을 보였다.
운행연수별로 보면, 화물차의 경우 '15년 이상'인 차량의 부적합률은 '4년 이하'인 차량의 부적합률의 3배 이상이었다. ㉣ 특수차의 경우 '15년 이상'인 차량의 부적합률은 '4년 이하'인 차량의 부적합률의 2.5배 미만이었다. 운행연수가 '4년 이하'인 차량의 경우에는 승용차가 가장 부적합률이 낮았으나, '15년 이상'인 차량의 경우에는 승용차가 가장 높은 부적합률을 보였다.

① ㉠, ㉡ ② ㉠, ㉢
③ ㉡, ㉢ ④ ㉢, ㉣

※ 다음은 2018 ~ 2023년 5개 프로 스포츠 종목의 연간 경기장 수용규모 및 관중수용률을 나타낸 자료이다. 이어지는 질문에 답하시오. **[14~15]**

〈프로 스포츠 종목의 연간 경기장 수용규모 및 관중수용률〉

(단위 : 천 명, %)

종목	구분 \ 연도	2018년	2019년	2020년	2021년	2022년	2023년
야구	수용규모	20,429	20,429	20,429	20,429	19,675	19,450
	관중수용률	30.6	41.7	53.3	56.6	58.0	65.7
축구	수용규모	40,255	40,574	40,574	37,865	36,952	33,320
	관중수용률	21.9	26.7	28.7	29.0	29.4	34.9
농구	수용규모	5,899	6,347	6,354	6,354	6,354	6,653
	관중수용률	65.0	62.8	66.2	65.2	60.9	59.5
핸드볼	수용규모	3,230	2,756	2,756	2,756	2,066	2,732
	관중수용률	26.9	23.5	48.2	43.8	34.1	52.9
배구	수용규모	5,129	5,129	5,089	4,843	4,409	4,598
	관중수용률	16.3	27.3	24.6	30.4	33.4	38.6

14 다음 중 자료에 대한 설명으로 옳은 것은?

① 농구의 관중수용률은 매년 감소한다.
② 관중수용률은 농구가 야구보다 매년 높다.
③ 관중수용률이 매년 증가한 종목은 3개이다.
④ 2021년 관중 수는 배구가 핸드볼보다 많다.

15 2023년 야구 관중 수와 축구 관중 수를 비교할 때, 어느 종목이 몇 명 더 많은가?(단, 관중수용률은 소수점 첫째 자리에서 반올림한다)

① 야구, 614천 명
② 축구, 293천 명
③ 축구, 573천 명
④ 야구, 1,175천 명

01 제시된 명제가 모두 참일 때, 빈칸에 들어갈 명제로 가장 적절한 것은?

- A세포가 있는 동물은 물체의 상을 감지할 수 없다.
- B세포가 없는 동물은 물체의 상을 감지할 수 있다.
- ______________________
- A세포가 있는 동물은 빛의 유무를 감지할 수 있다.

① 빛의 유무를 감지할 수 있는 동물은 B세포가 있다.
② B세포가 없는 동물은 빛의 유무를 감지할 수 없다.
③ B세포가 있는 동물은 빛의 유무를 감지할 수 있다.
④ 물체의 상을 감지할 수 있는 동물은 빛의 유무를 감지할 수 있다.

02 다음 〈조건〉을 통해 추론할 때, 항상 거짓이 되는 것은?

〈조건〉

- A ~ E 5명의 이름을 입사한 지 오래된 순서로 이름을 적었다.
- A와 B의 이름은 바로 연달아서 적혔다.
- C와 D의 이름은 연달아서 적히지 않았다.
- E는 C보다 먼저 입사하였다.
- 가장 최근에 입사한 사람은 입사한 지 2년 된 D이다.

① B는 E보다 먼저 입사하였다.
② C의 이름은 A의 이름보다 먼저 적혔다.
③ E의 이름 바로 다음에 C의 이름이 적혔다.
④ A의 이름은 B의 이름보다 나중에 적혔다.

03 K사는 공개 채용을 통해 4명의 남자 사원과 2명의 여자 사원을 최종 선발하였고, 선발된 6명의 신입 사원을 기획부, 인사부, 구매부 세 부서에 배치하려고 한다. 다음 〈조건〉에 따라 신입 사원을 배치할 때, 옳지 않은 것은?

〈조건〉

- 기획부, 인사부, 구매부 각 부서에 적어도 1명의 신입 사원을 배치한다.
- 기획부, 인사부, 구매부에 배치되는 신입 사원의 수는 서로 다르다.
- 부서별로 배치되는 신입 사원의 수는 구매부가 가장 적고, 기획부가 가장 많다.
- 여자 신입 사원만 배치되는 부서는 없다.

① 인사부에는 2명의 신입 사원이 배치된다.
② 구매부에는 1명의 남자 신입 사원이 배치된다.
③ 기획부에는 반드시 여자 신입 사원이 배치된다.
④ 인사부에는 반드시 여자 신입 사원이 배치된다.

04 A빵집과 B빵집은 서로 마주보고 있는 경쟁업체이다. 인근 상권에는 두 업체만 있으며, 각 매장에 하루 평균 100명의 고객이 방문한다. 고객은 가격변동에 따라 다른 매장으로 이동할 수 있으나 이탈은 없다. 두 빵집이 서로 협상할 수 없는 조건이라고 할 때, 다음 중 적절하지 않은 것은?

B빵집 \ A빵집	인상	유지	인하
인상	20%, 20%	30%, −20%	45%, −70%
유지	−20%, 30%	0%, 0%	10%, −30%
인하	−70%, 45%	−30%, 10%	−20%, −20%

※ 각 숫자는 A빵집과 B빵집의 매출증감률을 의미함(단, A빵집 매출증감률, B빵집 매출증감률 순서이다)
※ 가격의 인상폭과 인하폭은 동일함

① A빵집과 B빵집 모두 가격을 유지할 가능성이 높다.
② A빵집이 가격을 인상할 때, B빵집이 가격을 유지한다면 A빵집은 손해를 입게 된다.
③ A빵집이 가격을 유지할 때, B빵집이 가격을 인상한다면 B빵집은 손해를 입게 된다.
④ A빵집이 가격을 인상할 때, B빵집은 가격을 유지하는 것보다 인하하는 것이 더 큰 이익을 얻을 수 있다.

05 다음은 건강생활실천지원금제에 대한 자료이다. 〈보기〉의 신청자 중 예방형과 관리형에 해당하는 사람을 바르게 분류한 것은?

〈건강생활실천지원금제〉

- 사업설명 : 참여자 스스로 실천한 건강생활 노력 및 건강개선 결과에 따라 지원금을 지급하는 제도
- 시범지역

지역	예방형	관리형
서울	노원구	중랑구
경기 · 인천	안산시, 부천시	인천 부평구, 남양주시, 고양일산(동구, 서구)
충청권	대전 대덕구, 충주시, 충남 청양군(부여군)	대전 동구
전라권	광주 광산구, 전남 완도군, 전주시(완주군)	광주 서구, 순천시
경상권	부산 중구, 대구 남구, 김해시, 대구 달성군	대구 동구, 부산 북구
강원 · 제주권	원주시, 제주시	원주시

- 참여대상 : 주민등록상 주소지가 시범지역에 해당되는 사람 중 아래에 해당하는 사람

구분	조건
예방형	만 20 ~ 64세인 건강보험 가입자(피부양자 포함) 중 국민건강보험공단에서 주관하는 일반건강검진 결과 건강관리가 필요한 사람*
관리형	고혈압 · 당뇨병 환자

*건강관리가 필요한 사람 : 다음에 모두 해당하거나 ①, ② 또는 ①, ③에 해당하는 사람

① 체질량지수(BMI) 25kg/m^2 이상
② 수축기 혈압 120mmHg 이상 또는 이완기 혈압 80mmHg 이상
③ 공복혈당 100mg/dL 이상

〈보기〉

신청자	주민등록상 주소지	체질량지수	수축기 혈압 / 이완기 혈압	공복혈당	기저질환
A	서울 강북구	22kg/m^2	117mmHg / 78mmHg	128mg/dL	–
B	서울 중랑구	28kg/m^2	125mmHg / 85mmHg	95mg/dL	–
C	경기 안산시	26kg/m^2	142mmHg / 92mmHg	99mg/dL	고혈압
D	인천 부평구	23kg/m^2	145mmHg / 95mmHg	107mg/dL	고혈압
E	광주 광산구	28kg/m^2	119mmHg / 78mmHg	135mg/dL	당뇨병
F	광주 북구	26kg/m^2	116mmHg / 89mmHg	144mg/dL	당뇨병
G	부산 북구	27kg/m^2	118mmHg / 75mmHg	132mg/dL	당뇨병
H	강원 철원군	28kg/m^2	143mmHg / 96mmHg	115mg/dL	고혈압
I	제주 제주시	24kg/m^2	129mmHg / 83mmHg	108mg/dL	–

※ 단, 모든 신청자는 만 20 ~ 64세이며, 건강보험에 가입하였음

	예방형	관리형		예방형	관리형
①	A, E	C, D	②	B, E	F, I
③	C, E	D, G	④	F, I	C, H

06 K은행의 S직원은 회식을 위해 회식장소를 예약하고자 한다. 제시된 회식장소 정보와 〈조건〉을 참고할 때, 가장 적절한 회식장소는?

〈회식장소 정보〉

구분	상세정보
A수산	• 예상비용 : 총 377,200원 • 영업시간 : 11:00 ~ 23:00 • 특이사항 : 하루 전 예약 필요
B치킨	• 예상비용 : 총 292,000원 • 영업시간 : 19:00 ~ 02:00 • 특이사항 : 예약 필요 없음
C갈비	• 예상비용 : 총 375,300원 • 영업시간 : 11:00 ~ 23:00 • 특이사항 : 하루 전 예약 필요
D뷔페	• 예상비용 : 총 388,700원 • 영업시간 : 17:30 ~ 21:00 • 특이사항 : 일주일 전 예약 필요

〈조건〉

- 회식은 팀의 모든 직원(13명)이 참여한다.
- 책정된 회식비는 1인당 3만 원이다.
- 회식은 3일 뒤인 9월 22일 18시에 진행한다.
- 팀원 중 해산물을 먹지 못하는 사람이 있다.

① A수산　　② B치킨
③ C갈비　　④ D뷔페

07 K회사에 근무하는 귀하는 12월 주말근무표 초안을 작성하였으며, 이를 토대로 대체근무자를 미리 반영하려고 한다. 다음 중 귀하가 배정한 인원으로 적절하지 않은 것은?

• **주말근무 규정**

① 1 ~ 3팀은 순차적으로 주말근무를 실시한다.
② 주말근무 후에는 차주 월요일(토요일 근무자) 및 화요일(일요일 근무자)을 휴무일로 한다.
③ 주말 이틀 연속 근무는 금한다.
④ 주말근무 예정자가 개인사정으로 인하여 근무가 어렵다면, 해당 주 휴무이거나 혹은 근무가 없는 팀의 일원 1명과 대체한다.

• **12월 주말근무표**

구분	1주 차		2주 차		3주 차		4주 차	
	5일(토)	6일(일)	12일(토)	13일(일)	19일(토)	20일(일)	26일(토)	27일(일)
근무자	1팀	2팀	3팀	1팀	2팀	3팀	1팀	2팀

• **명단**

1팀 : 강단해(팀장), 마징가, 차도선, 이방원, 황이성, 강의찬
2팀 : 사차원(팀장), 박정훈, 이도균, 김선우, 정선동, 박아천
3팀 : 마강수(팀장), 이정래, 하선오, 이광수, 김동수, 김대호

	휴무예정일	휴무예정자	사유	대체근무자	대체근무일
①	12/5(토)	차도선	가족여행	하선오	12/12(토)
②	12/12(토)	이정래	지인 결혼식	박정훈	12/27(일)
③	12/19(토)	이도균	건강검진	이방원	12/13(일)
④	12/20(일)	이광수	가족여행	강의찬	12/26(토)

08 K연구소 연구원인 A씨는 휴가철을 맞아 가족여행을 가고자 한다. K연구소는 직원들의 복지증진을 위하여 휴가철 항공료를 일부 지원해주고 있으며, 여행지별 항공료와 지원율은 다음과 같다. 이를 토대로 〈조건〉에 따라 A씨가 선택할 여행지와 여행기간이 바르게 연결된 것은?

〈여행지별 항공료와 지원율〉

여행지	1인당 편도 항공료	항공료 지원율
중국	130,000원	10%
일본	125,000원	30%
싱가포르	180,000원	35%

※ 갈 때와 올 때 편도 항공료는 동일함

〈8월〉

일	월	화	수	목	금	토
			1	2	3	4
5	6	7	8	9	10	11
12	13	14	15	16	17	18
19	20	21	22	23	24	25
26	27	28	29	30	31	

※ 8월 3 ~ 4일은 현장부지답사로 휴가가 불가능함
※ 8월 15일은 광복절, 24일은 회사 창립기념일로 휴일임

〈조건〉

- A연구원은 아내와 단 둘이 여행할 예정이다.
- A연구원은 여행경비 중 항공료로 최대 450,000원을 쓸 수 있다.
- 회사의 항공료 지원은 동반한 직계가족까지 모두 적용된다.

① 중국 – 8월 9 ~ 11일
② 일본 – 8월 3 ~ 6일
③ 싱가포르 – 8월 15 ~ 18일
④ 일본 – 8월 16 ~ 19일

※ 김대리는 도서구매 사이트별 정보를 고려하여 〈조건〉에 따른 도서를 구입하고자 한다. 이어지는 질문에 답하시오. **[9~10]**

〈도서구매 사이트별 정보〉

구분	할인 정보	배송 정보
다보자	모든 서적 5% 할인	주문 당일배송, 익일 도착 (주말, 공휴일 제외)
해피북스	동일 서적 2권 이상 구매 시 해당 서적 각 15% 할인	주문 익일배송, 배송 후 도착일까지 3일 소요 (주말, 공휴일 포함)
북스킹덤	한 번에 5권 이상 구매 시 모든 서적 10% 할인	주문 후 도착까지 3일 소요 (주말, 공휴일 제외)
다시책방	동일 서적 3권 이상 구매 시 해당 서적 각 10% 할인	주문 당일배송, 배송 후 도착일까지 2일 소요 (주말, 공휴일 제외)
살찌는 서점	스테디셀러 '나만 아는 부동산경제학' 15% 할인	주문 당일배송, 배송 후 도착일까지 4일 소요 (주말, 공휴일 포함) *배송비 3,000원 추가 시 익일 도착 가능

※ 모든 도서구매 사이트는 구매 금액 5만 원 이상 시 배송비 무료

〈조건〉

- 김대리는 '나만 아는 부동산경제학' 1권, '한 해를 보내며' 3권을 구입하고자 한다.
- 각 도서의 정가는 다음과 같다.

구분	나만 아는 부동산경제학	한 해를 보내며
정가	42,000원	31,000원

- 김대리는 구입 금액을 최소화하기 위해 노력한다.
- 김대리가 배송비를 포함하여 도서구입에 사용할 수 있는 예산은 130,000원이다.

09 **김대리가 배송일 및 배송비는 고려하지 않고, 할인 적용 후 도서구입 비용만 최소화할 수 있는 사이트를 선택한다고 할 때, 김대리가 선택한 사이트와 도서구입 금액이 바르게 연결된 것은?**

	도서구매 사이트	구입 금액
①	다보자	123,800원
②	해피북스	121,050원
③	해피북스	123,800원
④	살찌는 서점	125,700원

10 김대리가 도서를 구입할 때 고려해야 할 배송 조건은 다음과 같다. 도서구매 할인 정보와 배송 조건을 고려할 때, 김대리가 도서구입을 위해 선택할 사이트와 예상도착일이 바르게 연결된 것은?

〈배송 조건〉

- 김대리는 2023년 11월 2일(목)에 '나만 아는 부동산경제학' 1권, '한 해를 보내며' 3권을 주문하고자 한다.
- 모든 사이트는 도서별 개별 배송이 불가능하며, 일괄 배송한다.
- 김대리는 '한 해를 보내며' 3권을 모두 늦어도 2023년 11월 4일(토)까지는 수령하여야 한다.

	도서구매 사이트	예상도착일
①	다보자	11월 3일
②	다보자	11월 4일
③	해피북스	11월 3일
④	살찌는 서점	11월 3일

11 K은행은 사원들의 복지 증진을 위해 안마의자를 구매할 계획이다. 안마의자 구입 시 고려해야 할 평가기준이 다음과 같을 때, 〈보기〉 중 구매해야 할 안마의자는 무엇인가?

〈K은행의 안마의자 구입 시 평가기준〉

- 사원들이 자주 사용할 것으로 생각되니 A/S 기간이 2년 이상이어야 한다.
- 사무실 인테리어를 고려할 때 안마의자의 컬러는 레드보다는 블랙이 적절한 것으로 보인다.
- 겨울철에도 이용할 경우를 위해 안마의자에 온열기능이 있어야 한다.
- 안마의자의 구입 예산은 최대 2,500만 원까지며, 가격이 예산 안에만 해당하면 모두 구매 가능하다.
- 안마의자의 프로그램 개수는 최소 10개 이상은 되어야 하며, 많을수록 좋다.

〈보기〉

구분	가격	컬러	A/S 기간	프로그램	옵션
A안마의자	2,200만 원	블랙	2년	12개	온열기능
B안마의자	2,100만 원	레드	2년	13개	온열기능
C안마의자	2,600만 원	블랙	3년	15개	–
D안마의자	2,400만 원	블랙	2년	13개	온열기능

① A안마의자
② B안마의자
③ C안마의자
④ D안마의자

※ K주임은 신입사원 선발을 위해 면접자들의 면접순서를 배정하는 업무를 담당하게 되었고, 면접자 정보와 면접순서 지정 규칙은 다음과 같다. 이어지는 질문에 답하시오. **[12~13]**

〈면접자 정보〉

구분	성별	인턴경력	유학경험	해외봉사	지원직무	최종학력
A	남	○	×	×	마케팅	석사
B	여	×	×	○	인사	석사
C	남	○	×	○	인사	박사
D	여	×	×	○	생산관리	학사
E	남	○	○	×	재무	학사
F	여	×	○	×	마케팅	석사

〈면접순서 지정 규칙〉

- 면접은 4월 5일과 6일에 걸쳐 2일간 진행된다.
- 다음 표에 따라 각 면접자가 해당되는 항목의 질의시간만큼 면접을 진행한다.

구분	공통사항	인턴경력	유학경험	해외봉사	석·박사학위
질의시간	5분	8분	6분	3분	10분

- 모든 면접자는 공통사항에 대한 질의를 받는다.
- 같은 직무에 지원한 면접자들끼리 연달아 면접을 실시한다.
- 같은 성별인 면접자들끼리 연달아 면접을 실시할 수 없다.
- 인턴경력이 있는 면접자들끼리 연달아 면접을 실시할 수 없다.
- 최종학력이 학사인 면접자는 석사인 면접자보다 먼저 면접을 본다.
- 유학경험이 있는 면접자들끼리 연달아 면접을 실시한다.
- 면접은 4월 5일 오전 10시에 시작하여 오전 11시까지 진행한다.
- 첫날 면접을 완료하지 못한 면접자는 다음 날 면접을 보게 된다.
- 4월 5일 오전 11시 이후에 면접이 종료되는 면접자들만 5일에 면접을 실시한다.
- 앞선 면접자의 면접이 끝난 직후, 바로 다음 순번의 면접자의 면접이 시작된다.

12 K주임이 면접자 정보와 면접순서 지정 규칙에 따라 면접자들의 면접에 소요되는 시간을 계산할 때, 면접을 오래 진행하는 면접자부터 순서대로 나열한 것은?

① A－C－F－E－B－D
② A－F－C－E－B－D
③ B－A－C－F－E－D
④ C－A－F－E－B－D

13 면접순서 지정 규칙에 따를 때, 4월 5일에 면접을 실시할 사람과 4월 6일에 면접을 실시할 사람이 바르게 연결된 것은?

	4월 5일	4월 6일
①	A, D, C	B, E, F
②	A, D, C, F	B, E
③	B, C, F	A, D, E
④	D, E, F	A, B, C

※ 다음은 K은행 사업의 일환인 생활안정자금 중 혼례비에 대한 안내문이다. 이어지는 질문에 답하시오. **[14~15]**

〈혼례비 지원 안내문〉

- 신청대상 : 융자 신청일 현재 소속 사업장에 3개월 이상 근로 중(다만, 일용근로자는 신청일 이전 90일 이내에 고용보험법 시행규칙 별지 제7호 서식의 고용보험 근로내용 확인신고서에 따른 근로일수가 45일 이상인 경우)인 월평균소득 246만 원(세금 공제 전) 이하일 것. 다만, 비정규직 근로자는 소득요건을 적용하지 않음
- 융자요건 : 근로자 본인 또는 자녀의 혼례에 소요되는 모든 비용
- 융자한도 : 1,250만 원 범위 내
- 융자조건 : 연리 2.5% / 1년 거치 3년 매월 원금균등분할상환
  ※ 거치기간 및 상환기간 변경 불가, 조기상환 가능, 조기상환 수수료 없음
- 보증방법 : 우리 은행 신용보증지원제도 이용(보증료 연 0.9% 선공제)
  ※ 단, 지원기간 내 예산 소진 시 지원 중단될 수 있음
- 융자 신청기한 : 결혼일 전후 90일 이내 또는 혼인신고일로부터 90일 이내

14 다음 중 혼례비를 지원받을 수 없는 사람은?

① A건설회사에 3년째 근로 중이며, 월평균소득이 230만 원인 김씨
② 일용근로자로 6개월 이내 근로일수가 150일이며, 월평균소득이 250만 원인 박씨
③ D회사에서 5개월째 근로 중이며, 월평균소득 200만 원, 결혼 후 1달 뒤에 신청한 이씨
④ B회사에서 1년째 근로 중이며, 월평균소득 150만 원, 혼인신고 후 4달 뒤에 신청한 정씨

15 강씨는 결혼 시 K은행의 혼례비 지원으로 900만 원을 대출받았으며, 신용보증료를 50% 감면받았다. 이때, 강씨가 지불한 보증료는?

① 40,000원
② 40,500원
③ 41,000원
④ 41,500원

제4영역 정보능력

01 **다음 중 데이터가 입력된 셀에서 〈Delete〉 키를 눌렀을 때의 상황으로 옳지 않은 것은?**

① [홈] – [편집] – [지우기] – [내용 지우기]를 실행한 결과와 같다.

② 바로 가기 메뉴에서 [내용 지우기]를 실행한 결과와 같다.

③ 셀에 설정된 메모는 지워지지 않는다.

④ 셀의 내용과 서식이 함께 지워진다.

02 **다음 워크시트에서 [A1:B1] 영역을 선택한 후 채우기 핸들을 이용하여 [B3] 셀까지 드래그 했을 때, [A3] 셀과 [B3] 셀의 값으로 옳은 것은?**

	A	B
1	가-011	01월15일
2		
3		
4		

	[A3]	[B3]
①	다-011	01월17일
②	가-013	01월17일
③	가-013	03월15일
④	다-011	03월15일

03 다음 시트에서 [B9] 셀에 [B2:C8] 영역의 평균을 계산하고 자리올림을 하여 천의 자리까지 표시하는 함수식으로 옳은 것은?

	A	B	C
1	1분기	2분기	3분기
2	91,000	91,000	91,000
3	81,000	82,000	83,000
4	71,000	72,000	73,000
5	61,000	62,000	63,000
6	51,000	52,000	53,000
7	41,000	42,000	43,000
8	91,000	91,000	91,000
9			

① =ROUNDUP(AVERAGE(B2:C8), −3)

② =ROUND(AVERAGE(B2:C8), −3)

③ =ROUNDUP(AVERAGE(B2:C8),3)

④ =ROUND(AVERAGE(B2:C8),3)

04 K교사는 학생들의 상·벌점을 관리하고 있다. 학생들에 대한 상·벌점 영역인 [B3:B9]에 대해 [셀 서식]-[사용자 지정 형식] 기능을 이용하여 양수는 파란색으로, 음수는 빨간색으로 표현하고자 할 때, 표시 형식의 내용으로 옳은 것은?(단, [B3:B9]의 영역의 표시 결과는 그대로 나타나야 한다)

	A	B
1	〈상·벌점 현황〉	
2	이름	상·벌점
3	감우성	10
4	김지훈	8
5	김채연	−12
6	나선정	−5
7	도지환	15
8	도현수	7
9	모수빈	13

① [파랑]#;[빨강]−#

② [파랑]#;[빨강]

③ [파랑]+#;[빨강]−#

④ [파랑]#;[빨강]#

※ 다음은 자료, 정보, 지식을 구분해 놓은 것이며, 자료는 다음과 같은 과정을 거쳐 정보가 되고 지식이 된다고 한다. 이어지는 질문에 답하시오. **[5~6]**

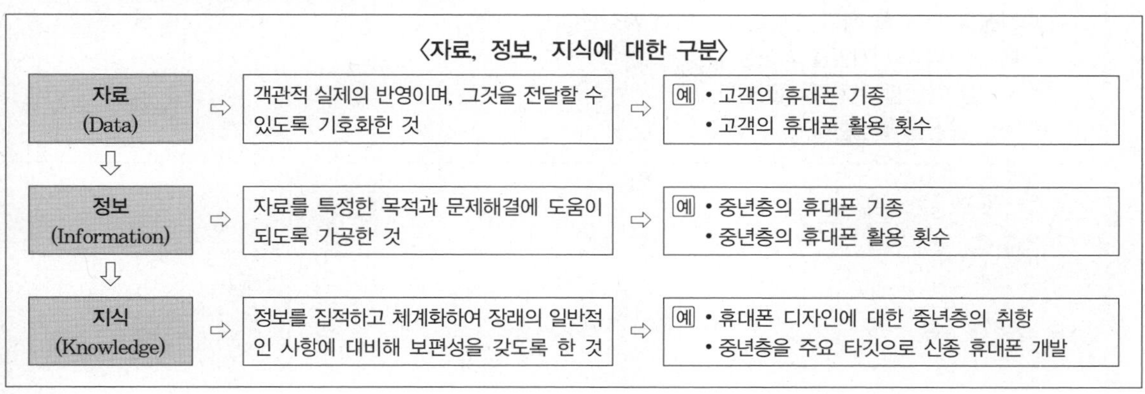

〈자료, 정보, 지식에 대한 구분〉
자료 (Data)
객관적 실제의 반영이며, 그것을 전달할 수 있도록 기호화한 것
예 • 고객의 휴대폰 기종
• 고객의 휴대폰 활용 횟수
정보 (Information)
자료를 특정한 목적과 문제해결에 도움이 되도록 가공한 것
예 • 중년층의 휴대폰 기종
• 중년층의 휴대폰 활용 횟수
지식 (Knowledge)
정보를 집적하고 체계화하여 장래의 일반적인 사항에 대비해 보편성을 갖도록 한 것
예 • 휴대폰 디자인에 대한 중년층의 취향
• 중년층을 주요 타깃으로 신종 휴대폰 개발

05 다음 〈보기〉 중 정보(Information)에 대한 사례를 모두 고르면?

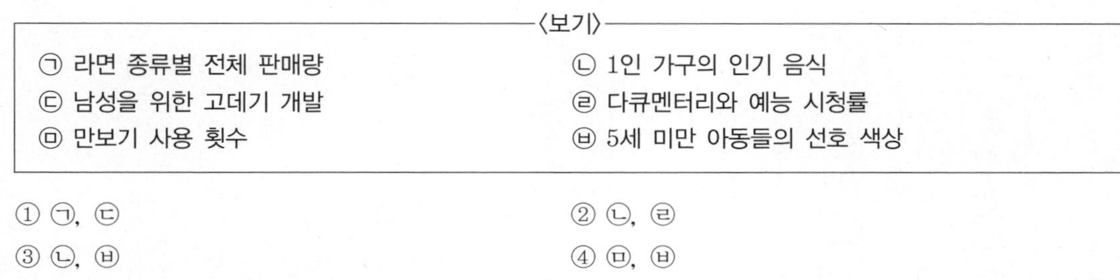
〈보기〉

㉠ 라면 종류별 전체 판매량
㉡ 1인 가구의 인기 음식
㉢ 남성을 위한 고데기 개발
㉣ 다큐멘터리와 예능 시청률
㉤ 만보기 사용 횟수
㉥ 5세 미만 아동들의 선호 색상

① ㉠, ㉢
② ㉡, ㉣
③ ㉡, ㉥
④ ㉤, ㉥

06 제시된 자료(Data)를 통해 추론할 수 있는 지식(Knowledge)으로 적절하지 않은 것은?

- 연령대별 선호 운동
- 직장인 평균 퇴근 시간
- 실내운동과 실외운동의 성별 비율
- 운동의 목적에 대한 설문조사 자료
- 선호하는 운동 부위의 성별 비율
- 운동의 실패 원인에 대한 설문조사 자료

① 다이어트에 효과적인 식이요법 자료 발행
② 퇴근 후 부담없이 운동 가능한 운동기구 개발
③ 20·30대 남성들을 위한 실내체육관 개설 계획
④ 요일마다 특정 운동 부위 발달을 위한 운동 가이드 채널 편성

07 엑셀에서 [차트 마법사]를 이용하여 차트를 작성할 때, 차트 작성 순서를 바르게 나열한 것은?

> ㉠ 작성할 차트 중 차트 종류를 선택하여 지정한다.
> ㉡ 데이터 범위와 계열을 지정한다.
> ㉢ 차트를 삽입할 위치를 지정한다.
> ㉣ 차트 옵션을 설정한다.

① ㉠-㉡-㉢-㉣
② ㉠-㉡-㉣-㉢
③ ㉠-㉢-㉡-㉣
④ ㉡-㉠-㉢-㉣

08 K은행의 A사원이 윈도우 바탕화면에서 마우스 오른쪽 버튼을 클릭하였더니 그림과 같은 설정 창이 나타났다. 다음 설정 창에서 할 수 있는 기능이 아닌 것은?

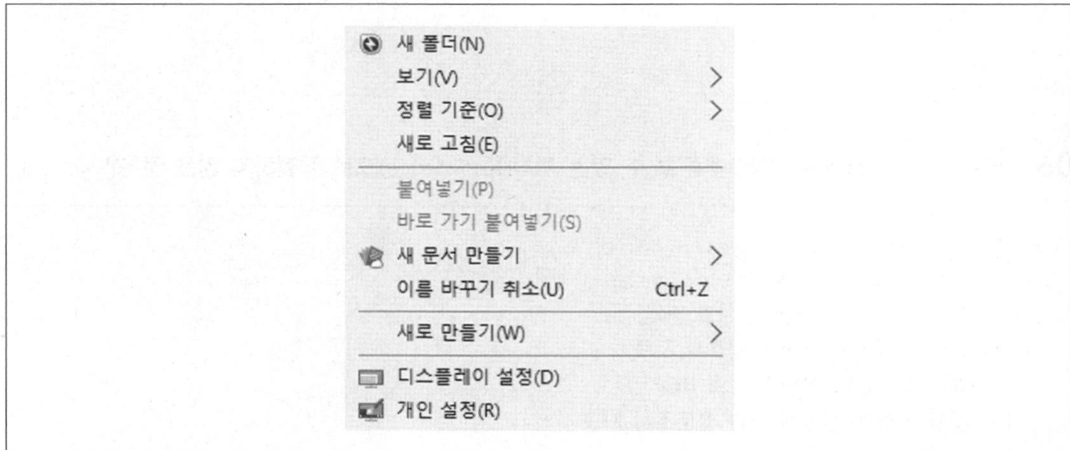

① 디스플레이 설정에 들어가서 야간 모드를 설정할 수 있다.
② 디스플레이 설정에 들어가서 잠금 화면을 설정할 수 있다.
③ 개인 설정에 들어가서 배경화면 색을 바꿀 수 있다.
④ 개인 설정에 들어가서 작업표시줄 기능을 바꿀 수 있다.

09 **다음 중 Windows의 [폴더 옵션]에서 설정할 수 있는 작업에 해당하지 않는 것은?**

① 숨김 파일 및 폴더를 표시할 수 있다.
② 숨김 파일 및 폴더의 숨김 속성을 일괄 해제할 수 있다.
③ 색인된 위치에서는 파일 이름뿐만 아니라 내용도 검색하도록 설정할 수 있다.
④ 파일이나 폴더를 한 번 클릭해서 열 것인지, 두 번 클릭해서 열 것인지를 설정할 수 있다.

10 **다음 중 입력자료에 주어진 표시형식으로 지정한 경우, 그 결과가 옳지 않은 것은?**

	표시형식	입력자료	표시결과
①	#,##0,	12345	12
②	0.00	12345	12345.00
③	dd-mmm-yy	2023/06/25	25-June-23
④	@@"**"	컴활	컴활컴활**

11 **다음 중 워드프로세서의 커서 이동키에 대한 설명으로 옳은 것은?**

① 〈Home〉 : 커서를 현재 문서의 맨 처음으로 이동시킨다.
② 〈End〉 : 커서를 현재 문단의 맨 마지막으로 이동시킨다.
③ 〈Back Space〉 : 커서를 화면의 맨 마지막으로 이동시킨다.
④ 〈Page Down〉 : 커서를 한 화면 단위로 하여 아래로 이동시킨다.

12 **다음 중 레지스터에 대한 설명으로 옳은 것은?**

① 하드디스크의 부트 레코드에 위치한다.

② 하드웨어 입출력을 전담하는 장치로 속도가 빠르다.

③ 주기억장치보다 큰 프로그램을 실행시켜야 할 때 유용한 메모리이다.

④ 중앙처리장치에서 사용하는 임시기억장치로 메모리 중 가장 빠른 속도로 접근할 수 있다.

13 **다음 중 데이터 유효성 검사에 대한 설명으로 옳지 않은 것은?**

① 입력할 수 있는 정수의 범위를 제한할 수 있다.

② 목록의 값들을 미리 지정하여 데이터 입력을 제한할 수 있다.

③ 목록으로 값을 제한하는 경우 드롭다운 목록의 너비를 지정할 수 있다.

④ 유효성 조건 변경 시 변경 내용을 범위로 지정된 모든 셀에 적용할 수 있다.

14 **다음 중 스프레드 시트의 [창] - [틀 고정]에 대한 설명으로 옳지 않은 것은?**

① 셀 포인터의 이동에 상관없이 항상 제목 행이나 제목 열을 표시하고자 할 때 설정한다.

② 제목 행으로 설정된 행은 셀 포인터를 화면의 아래쪽으로 이동해도 항상 화면에 표시된다.

③ 제목 열로 설정된 열은 셀 포인터를 화면의 오른쪽으로 이동해도 항상 화면에 표시된다.

④ 틀 고정을 취소할 때는 반드시 셀 포인터를 고정된 틀의 우측 하단에 위치시키고 [창] - [틀 고정 취소]를 클릭해야 한다.

15 **다음 중 Windows 환경에서의 키 조합과 기능이 잘못 연결된 것은?**

① 〈Ctrl〉+〈X〉 : 선택한 항목을 잘라낸다.

② 〈Ctrl〉+〈insert〉 : 선택한 항목을 복사한다.

③ 〈Shift〉+〈Insert〉 : 작업을 실행 취소한다.

④ 〈Alt〉+〈Page Up〉 : 한 화면 위로 이동한다.

제3회 KDB산업은행 필기시험

NCS 직업기초능력평가 모의고사

www.sdedu.co.kr

〈문항 수 및 시험시간〉

영역	문항 수	시험시간	모바일 OMR 답안채점 / 성적분석
의사소통능력	15문항	60분	
수리능력	15문항		
문제해결능력	15문항		
정보능력	15문항		

KDB산업은행 필기시험

제3회 모의고사

문항 수 : 60문항
시험시간 : 60분

제1영역 의사소통능력

01 다음 밑줄 친 부분의 띄어쓰기가 옳은 것은?

① 이 가방은 저희 매장에 하나 밖에 남지 않은 마지막 상품입니다.
② 이번 휴가에는 올해 열살이 된 조카와 놀이공원에 가려고 한다.
③ 실제로 본 백두산의 모습은 사진에서 본 바와 같이 아름다웠다.
④ 화가 머리끝까지 차오른 주인은 손님을 쫓아내버렸다.

02 다음 글에 이어질 내용으로 가장 적절한 것은?

> 나노선과 나노점을 만들기 위해 하향식과 상향식의 두 가지 방법이 시도되고 있다. 하향식 방법은 원료 물질을 전자빔 등을 이용하여 작게 쪼개는 방법인데, 현재 7나노미터 수준까지 제조가 가능하지만 생산성과 경제적 효용성이 문제가 되고 있다. 이러한 문제점을 해결하기 위해 시도되고 있는 상향식 방법에서는 물질을 작게 쪼개는 대신 원자나 분자의 결합력에 따른 자기 조립 현상을 이용하여 나노 입자를 제조하려 한다.

① 나노 기술은 여러 가지 분야에서 활용되고 있다.
② 하향식 방법의 기술적인 문제만 해결된다면 상향식 방법은 효용성이 없다.
③ 나노 기술 구현의 최대 난제는 나노 물질의 인위적 제조이다. 나노 물질은 나노점, 나노선, 나노박막의 형태로 구분된다.
④ 상향식 방법은 경제적 측면에서는 하향식에 비해 훨씬 유리하나, 기술적으로 해결해야 할 난점들이 많다는 데 문제가 있다.

03 다음 글의 주제로 가장 적절한 것은?

> 현재 우리나라의 진료비 지불제도 중 가장 주도적으로 시행되는 지불제도는 행위별수가제이다. 행위별수가제는 의료기관에서 의료인이 제공한 의료서비스(행위, 약제, 치료 재료 등)에 대해 서비스별로 가격(수가)을 정하여 사용량과 가격에 의해 진료비를 지불하는 제도로, 의료보험 도입 당시부터 채택하고 있는 지불제도이다. 그러나 최근 관련 전문가들로부터 이러한 지불제도를 개선해야 한다는 목소리가 많이 나오고 있다.
> 조사에 의하면 우리나라의 국민의료비를 증대시키는 주요 원인은 고령화로 인한 진료비 증가와 행위별수가제로 인한 비용의 무한 증식이다. 현재 우리나라의 국민의료비는 OECD 회원국 중 최상위를 기록하고 있으며 앞으로 더욱 심화될 것으로 예측된다. 특히 행위별수가제는 의료행위를 할수록 지불되는 진료비가 증가하므로 CT, MRI 등 영상검사를 중심으로 의료 남용이나 과다 이용 문제가 발생하고 있고, 병원의 이익 증대를 위하여 환자에게는 의료비 부담을, 의사에게는 업무 부담을, 건강보험에는 재정 부담을 증대시키고 있다.
> 이러한 행위별수가제의 문제점을 개선하기 위해 일부 질병군에서는 환자가 입원해서 퇴원할 때까지 발생하는 진료에 대하여 질병마다 미리 정해진 금액을 내는 제도인 포괄수가제를 시행 중이며, 요양병원, 보건기관에서는 입원 환자의 질병, 기능 상태에 따라 입원 1일당 정액수가를 적용하는 정액수가제를 병행하여 실시하고 있지만 비용 산정의 경직성, 의사 비용과 병원 비용의 비분리 등 여러 가지 문제점이 있어 현실적으로 효과를 내지 못하고 있다는 지적이 나오고 있다.
> 기획재정부와 보건복지부는 시간이 지날수록 건강보험 적자가 계속 증대되어 머지않아 고갈될 위기에 있다고 발표하였다. 당장 행위별수가제를 전면적으로 폐지할 수는 없으므로 기존의 다른 수가제의 문제점을 개선하여 확대하는 등 의료비 지불방식의 다변화가 구조적으로 진행되어야 할 것이다.

① 신포괄수가제의 정의
② 행위별수가제의 한계점
③ 의료비 지불제도의 역할
④ 건강보험의 재정 상황

04 다음 글의 주장에 대한 반박으로 가장 적절한 것은?

> 스피노자의 윤리학을 이해하기 위해서는 코나투스(Conatus)라는 개념이 필요하다. 스피노자에 따르면 실존하는 모든 사물은 자신의 존재를 유지하기 위해 노력하는데, 이것이 바로 그 사물의 본질인 코나투스라는 것이다. 정신과 신체를 서로 다른 것이 아니라 하나로 보았던 그는 정신과 신체에 관계되는 코나투스를 충동이라 부르고, 다른 사물들과 같이 인간도 자신을 보존하고자 하는 충동을 갖고 있다고 보았다. 특히 인간은 자신의 충동을 의식할 수 있다는 점에서 동물과 차이가 있다며 인간의 충동을 욕망이라고 하였다. 즉, 인간에게 코나투스란 삶을 지속하고자 하는 욕망을 의미한다.
> 스피노자는 선악의 개념도 코나투스와 연결 짓는다. 그는 사물이 다른 사물과 어떤 관계를 맺느냐에 따라 선이 되기도 하고 악이 되기도 한다고 말한다. 코나투스의 관점에서 보면 선이란 자신의 신체적 활동 능력을 증가시키는 것이며, 악은 자신의 신체적 활동 능력을 감소시키는 것이다. 이를 정서의 차원에서 설명하면 선은 자신에게 기쁨을 주는 모든 것이며, 악은 자신에게 슬픔을 주는 모든 것이다. 한마디로 인간의 선악에 대한 판단은 자신의 감정에 따라 결정된다는 것을 의미한다.
> 이러한 생각을 토대로 스피노자는 코나투스인 욕망을 긍정하고 욕망에 따라 행동하라고 이야기한다. 슬픔은 거부하고 기쁨을 지향하라는 것, 그것이 곧 선의 추구라는 것이다. 그리고 코나투스는 타자와의 관계에 영향을 받으므로 인간에게는 타자와 함께 자신의 기쁨을 증가시킬 수 있는 공동체가 필요하다고 말한다. 그 안에서 자신과 타자 모두의 코나투스를 증가시킬 수 있는 기쁨의 관계를 형성하라는 것이 스피노자의 윤리학이 우리에게 하는 당부이다.

① 인간을 포함한 모든 동물은 삶에 대한 본능적 의지인 코나투스를 가지고 있다.
② 인간의 모든 행동은 욕망에 의해 생겨나며, 욕망이 없다면 무기력한 존재가 될 수밖에 없다.
③ 자신의 힘을 능동적으로 발휘하여 욕망을 성취할 수 있을 때 비로소 진정한 자유의 기쁨을 누릴 수 있다.
④ 욕망은 채우고 채워도 완전히 충족될 수 없으므로 욕망의 결핍이 주는 고통으로부터 벗어나기 위해 욕망을 절제해야 한다.

05 다음 글의 요지로 가장 적절한 것은?

대부분의 동물에게 후각은 생존에 필수적인 본능으로 진화되었다. 수컷 나비는 몇 km 떨어진 곳에 있는 암컷 나비의 냄새를 맡을 수 있고, 돼지는 15cm 깊이의 땅속에 숨어있는 송로버섯의 냄새를 맡을 수 있다. 그중에서도 가장 예민한 후각을 가진 동물은 개나 다람쥐처럼 냄새분자가 가라앉은 땅에 코를 바짝 댄 채 기어 다니는 짐승이다. 때문에 지구상의 거의 모든 포유류의 공통점은 '후각'의 발달이라고 할 수 있다.
여기서 주목할 만한 점은 만물의 영장이라 하는 인간이 후각 기능만큼은 대부분의 포유류보다 한참 뒤떨어진 수준이라는 사실이다. 개는 2억 2,000만 개의 후각 세포를 갖고 있고, 토끼는 1억 개를 갖고 있는 반면, 인간은 500만 개의 후각 세포를 갖고 있을 뿐이며, 그마저도 실제로 기능하는 것은 평균 375개 정도라고 알려져 있다.
이처럼 인간의 진화과정에서 유독 후각이 퇴화한 이유는 무엇일까? 새는 지면에서 멀리 떨어진 곳에 활동 영역이 있기 때문에 맡을 수 있는 냄새가 제한적이다. 자연스레 그들은 후각기관을 퇴화시키는 대신 시각기관을 발달시켰다. 인간 역시 직립보행 이후에는 냄새를 맡고 구별하는 능력보다는 시야의 확보가 생존에 더 중요해졌고, 점차 시각정보에 의존하기 시작하면서 후각은 자연스레 퇴화한 것이다.
따라서 인간의 후각정보를 관장하는 후각 중추는 이처럼 대폭 축소된 후각 기능을 반영이라도 하듯 아주 작다. 뇌 전체의 0.1% 정도에 지나지 않는 후각 중추는 감정을 관장하는 변연계의 일부이고, 언어 중추가 있는 대뇌 지역과는 직접적인 연결이 없다. 따라서 후각은 시각이나 청각을 통해 감지한 요소에 비해 언어로 분석해서 묘사하기가 어려우며, 감정이 논리적 사고와 같이 정밀하고 체계적이지 못한 것처럼, 후각도 체계적이지 않다. 인간이 후각을 언어로 표현하는 것은 시각을 언어로 표현하는 것보다 세밀하지 못하며, 동일한 냄새에 대한 인지도 현저히 떨어진다는 사실은 이미 다양한 연구를 통해 증명되었다.
그러나 후각과 뇌변연계의 연결고리는 여전히 제법 강력하다. 냄새는 감정과 욕망을 넌지시 암시하고 불러일으킨다. 또한 냄새는 일단 우리의 뇌 속에 각인되면 상당히 오랫동안 지속되고, 이와 관련된 기억들을 상기시킨다. 언어로 된 기억은 기록의 힘을 빌리지 않고는 오래 남겨두기 어렵지만, 냄새로 이루어진 기억은 작은 단서만 있으면 언제든 다시 꺼낼 수 있다. 뿐만 아니라 후각은 청각이나 시각과 달리 차단할 수 없는 유일한 감각이기도 하다. 하루에 2만 번씩 숨을 쉴 때마다 후각은 계속해서 작동하고 있고, 지금도 우리에게 영향을 끼치고 있다.

① 후각은 다른 모든 감각을 지배하는 상위 기능을 담당한다.
② 인간은 선천적인 뇌구조로 인해 후각이 발달하지 못했다.
③ 모든 동물은 정밀한 감각을 두 가지 이상 갖기 어렵다.
④ 인간은 진화하면서 필요에 따라 후각을 장식처럼 남겨두었다.

06 다음은 A국에 대한 정치 및 경제 동향 자료이다. 이에 대한 추론으로 적절하지 않은 것은?

> • 작년 말 실시된 대선에서 여당 후보가 67%의 득표율로 당선되었고, 집권 여당이 250석 중 162석의 과반 의석을 차지해 재집권에 성공하면서 집권당 분열 사태는 발생하지 않을 것으로 전망됨
> • 불확실한 선거 결과 및 선거 이후 행정부의 정책 방향 미정으로 해외 투자자들은 A국에 대한 투자를 계속 미뤄왔으며, 최근 세계 천연가스의 공급 초과 우려가 제기되면서 관망을 지속하는 중임
> • 2000년대 초반까지는 종교 및 종족 간의 갈등이 심각했지만, 현재는 거의 종식된 상태. 또한 민주주의 정착으로 안정적인 사회 체제를 갖추는 중이지만, 빈부 격차의 심화로 인한 불안 요인은 잠재되어 있는 편임
> • 주요 사업 분야인 석유와 천연가스 개발 붐이 몇 년간 지속되면서 인프라 확충에도 투자가 많이 이루어져 경제 성장이 지속되어 왔음
> • A국 중앙은행의 적절한 대처로 A국 통화 가치의 급격한 하락은 나타나지 않을 것으로 전망됨
> • 지난 3년 동안의 경제 지표는 아래와 같음(뒤의 숫자일수록 최근 연도를 나타내며, Tm은 A국의 통화 단위)
> − 경제성장률(%) : 6.1, 5.8, 6.6
> − 물가상승률(%) : 3.2, 2.8, 3.4
> − 달러당 환율(Tm/USD) : 31.7, 32.5, 33.0
> − 외채 잔액(억 달러) : 100, 104, 107
> − 외채 상환 비율(%) : 4.9, 5.1, 5.0

① 외채 상환 비율이 엇비슷한데도 외채 잔액이 증가한 것은 인프라 확충을 위한 설비 투자 때문일 수도 있다.

② 집권 여당의 재집권으로 정치적 안정이 기대되지만, 빈부 격차가 심화된다면 사회적 갈등이 커질 수도 있다.

③ A국의 경제성장률에 비하면 물가상승률은 낮은 편이므로, 중앙은행이 물가 관리를 비교적 잘하고 있는 것으로 보인다.

④ 지난 3년 동안 A국의 달러당 환율을 보면 A국에서 외국으로 수출하는 기업들은 대부분 환차손을 피하기 어려웠을 것이다.

07 **다음 글은 동물의 공간을 침해하는 로드킬(Road Kill)에 대한 내용이다. 글을 읽고 로드킬의 해결방안으로 적절하지 않은 것은?**

> 로드킬(Road Kill)은 곤충을 비롯한 야생동물이 도로로 나와 자동차 등의 운송수단에 치여서 사망하는 것을 말한다. 인간의 편의를 위해 각종 시설물이 계속 만들어질수록 야생동물은 삶의 터전을 잃고 고립되어 죽거나, 동족들을 찾아 헤매다 인간이 만든 길 위에서 죽임을 당하고 있는 것이다. 국토개발로 생태축을 관통하는 여러 도로들이 생겨남에 따라 전국적으로 로드킬의 발생이 증가하고 있으나, 실제 그 발생지점 파악과 이를 예방하기 위한 생태통로 등의 설치는 매우 미흡한 상황이다.
>
> 따라서 지구상의 모든 생명이 함께 거닐 수 있는 국토환경 조성을 위해 로드킬 현황을 제대로 파악하고, 적재적소에 야생동물 보호를 위한 생태통로 설치가 필요하다. 그리고 이제부터라도 야생동물의 생명을 보호하여 인간과 하나의 공간에서 함께 할 수 있도록 하는 배려심이 발휘되어야 한다. 야생동물은 계절과 종별로 활동 시기가 다르므로, 생태통로의 배치는 로드킬 발생지점의 야생동물 종을 비롯한 그 주변 생태환경을 고려해야만 큰 효과를 볼 수 있다. 그리고 야생동물의 이동을 통제하거나 고립시키는 생태통로 정책이 아닌, 본래 서식지를 자유롭게 이동할 수 있도록 도와줄 수 있어야 한다. 또한 로드킬 발생이 특정 도로에 집중하여 발생하므로 그 유형과 지점에 대한 충분한 검토 작업이 이루어져야 하며, 로드킬에 관한 자료를 신속・정확하게 확보하여 통합・운영하는 체계가 이루어져야 할 것이다.

① 로드킬을 예방하기 위해 로드킬에 관한 자료를 확보하여 이를 통합・운영한다.

② 로드킬 발생이 특정 도로에 집중하여 발생하므로 그 유형과 지점에 대해 충분히 검토한다.

③ 야생동물은 계절과 종별로 활동 시기가 다르므로 야생동물의 종을 고려하여 생태통로를 설치한다.

④ 도로 신설 시 인간의 편의를 우선하여 도로를 설치한 다음, 야생동물의 이동을 위한 생태도로를 설치한다.

08 다음 글의 주장을 비판하기 위한 탐구 활동으로 가장 적절한 것은?

> 기술은 그 내부적인 발전 경로를 이미 가지고 있기 때문에 어떤 특정한 기술(혹은 인공물)이 출현하는 것은 '필연적'인 결과라고 생각하는 사람들이 많다. 이러한 통념을 약간 다르게 표현하자면, 기술의 발전 경로는 이전의 인공물보다 '기술적으로 보다 우수한' 인공물들이 차례차례 등장하는 인공물들의 연쇄로 파악할 수 있다는 것이다. 그리고 기술의 발전 경로를 '단일한' 것으로 보고, 어떤 특정한 기능을 갖는 인공물을 만들어 내는 데 있어서 '유일하게 가장 좋은' 설계 방식이나 생산 방식이 있을 수 있다고 가정한다. 이와 같은 생각을 종합하면 기술의 발전은 결코 사회적인 힘이 가로막을 수 없는 것일 뿐 아니라 단일한 경로를 따르는 것이므로, 사람들이 할 수 있는 일은 이미 정해져 있는 기술의 발전 경로를 열심히 추적해 가는 것밖에 남지 않게 된다는 결론이 나온다.
>
> 그러나 다양한 사례 연구에 의하면 어떤 특정 기술이나 인공물을 만들어 낼 때, 그것이 특정한 형태가 되도록 하는 데 중요한 역할을 하는 것은 그 과정에 참여하고 있는 엔지니어, 자본가, 소비자, 은행, 정부 등의 이해관계나 가치체계임이 밝혀졌다. 이렇게 보면 기술은 사회적으로 형성된 것이며, 이미 그 속에 사회적 가치를 반영하고 있는 셈이 된다. 뿐만 아니라 복수의 기술이 서로 경쟁하여 그중 하나가 사회에서 주도권을 잡는 과정을 분석해 본 결과, 이 과정에서 중요한 역할을 하는 것은 기술적 우수성이나 사회적 유용성이 아닌 관련된 사회집단들의 정치적·경제적 영향력인 것으로 드러났다고 한다. 결국 현재에 이르는 기술 발전의 궤적은 결코 필연적이고 단일한 것이 아니었으며, '다르게' 될 수도 있었음을 암시하고 있는 것이다.

① 논거가 되는 연구 결과를 반박할 수 있는 다른 연구 자료를 조사한다.
② 사회 변화에 따라 가치 체계의 변동이 일어나게 되는 원인을 분석한다.
③ 기술 개발에 관계자들의 이해관계나 가치가 작용한 실제 사례를 조사한다.
④ 글쓴이가 문제 삼고 있는 통념에 변화가 생기게 된 계기를 분석한다.

09 다음 글을 통해 알 수 있는 내용으로 적절하지 않은 것은?

> 정부는 '12·16 대책'을 통해 기존에 제출하던 자금조달계획서의 항목을 상세하게 나누고, 투기과열지구에서 9억 원을 초과하는 주택을 구매한 경우 증빙서류를 함께 제출하도록 하는 등의 규제를 강화한다는 방침을 밝혔다.
> 증여나 상속을 받은 경우 기존에는 단순히 증여금액이나 상속금액만 밝히도록 했으나, 앞으로는 부부나 직계존비속 등 누구로부터 받았는지도 상세히 밝혀야 한다. 부부나 직계존비속 등의 대상 구분은 납부해야 할 세금에서 상당한 차이로 이어진다. 예를 들어 증여를 받았을 때 부부와 직계존비속 중 누구에게 얼마를 받았는지에 따라 증여세 부과 대상인지, 면제 대상인지의 정도가 계획서상에서 바로 드러난다. 부부간 증여인 경우 6억 원까지는 면제를 받을 수 있으나, 직계존비속의 증여라면 5,000만 원까지만 가능하다.
> 또 기존에는 주택 구매 자금 중 현금과 그와 비슷한 자산은 '현금 등'으로 뭉뚱그려 기재했으나, 앞으로는 현금과 기타자산을 나누고 기타자산은 무엇인지 구체적으로 밝혀야 한다. 이와 함께 계획서에 조달한 자금을 어떻게 지급할지 구체적인 계획도 계좌이체, 보증금·대출 승계, 현금 지급 등으로 나누어 상세히 밝혀야 한다.
> 이에 따라 투기과열지구에서 9억 원이 넘는 집을 살 때, 자금조달계획서의 내용을 입증하기 위해 매수자가 제출해야 하는 증빙서류의 종류는 총 15종에 달한다. 보유한 예금과 처분한 주식, 대출, 증여를 통해 집을 산다면 떼야 할 서류는 모두 10개에 육박할 전망이다.

① A가 부인 B에게 9억 원을 증여할 경우 6억 원까지 증여세를 면제받을 수 있다.

② C가 아들 D에게 6억 원을 증여할 경우 증여세를 모두 면제받을 수 있다.

③ E가 투기과열지구에서 10억 원 상당의 주택을 구매할 경우 자금조달계획서와 함께 증빙서류를 제출해야 한다.

④ F가 새로 자금조달계획서를 작성해야 할 경우 기존에 '현금 등'으로 기재한 내역을 현금과 기타자산으로 나누어 구체적으로 작성해야 한다.

※ 다음 글을 읽고, 이어지는 질문에 답하시오. [10~11]

남극의 빙하는 과거 지구의 대기 성분과 기온 변화에 관한 기초 자료를 생생하게 보존하고 있다. 과학자들은 빙하를 분석함으로써 지구 온난화 등 지구가 겪고 있는 여러 문제에 대하여 중요한 정보를 얻고 있다.

남극의 표층에 쌓인 눈은 계속 내리는 눈에 덮이면서 점점 깊이 매몰되고 그에 따라 눈의 밀도는 점차 증가한다. 일정한 깊이에 이르면 상부에 쌓인 눈이 가하는 압력 때문에 하부의 눈은 얼음으로 변형된다. 이때 눈 입자들 사이에 들어 있는 공기가 얼음 속에 갇히게 되고, 얼음이 두꺼워지면서 상부의 얼음이 가하는 압력이 증가하게 되면 클라트레이트 수화물*이 형성된다. 이 속의 기포들은 당시 대기의 기체 성분을 그대로 가지게 된다. 기포가 포함된 얼음을 시추하여 녹이면 원래의 상태로 바뀌고, 이때 기체 크로마토그래피 같은 정밀 기기를 사용하여 그 속의 기체 성분을 분석한다. 이러한 과정을 통해 이산화탄소나 메탄 등 과거 지구의 대기 성분과 농도를 알아낼 수 있다.

그러나 빙하 속 기포 내의 대기 성분 정보를 통해 그 당시의 기온을 알아내는 데에는 한계가 있다. 과거의 기온을 조사하는 대표적인 방법은 빙하를 구성하는 물 분자의 산소나 수소의 동위원소비를 이용하는 것이다. 동위원소란 원자 번호는 같지만 원자량이 서로 다른 원소를 말하는데, 산소의 동위원소로는 원자량이 16인 산소(^{16}O)와 원자량이 18인 산소(^{18}O)가 있다. 남극 빙하를 구성하는 물 분자들의 산소 동위원소비(^{16}O / ^{18}O)는 눈으로 내릴 당시의 기온 변화에 따라 증가하거나 감소하며 여름과 겨울 사이에 뚜렷한 차이를 보이는데, 그 증감은 1년의 주기를 이룬다. 오늘날의 실험 결과에 따르면 산소 동위원소비의 증감은 기온 변화와 거의 정비례 관계를 이루고 있다. 이러한 관계를 적용하여 빙하가 만들어진 당시의 기온을 알아낼 수 있는 것이다.

빙하에 대한 최근 연구는 산소의 동위원소비뿐만 아니라 이산화탄소나 메탄의 농도 변화도 기온 변화와 밀접한 관계가 있음을 보여준다. 이 기체들의 농도가 증가하면 기온이 올라가고 반대로 농도가 감소하면 기온이 내려간다는 사실이 밝혀진 것이다. 빙하로부터 알게 된 과거 이산화탄소와 메탄의 농도 변화 폭과 비교해 볼 때, 오늘날 이들의 농도는 우려할 만큼 급증하는 추세를 보이고 있다.

*클라트레이트 수화물 : 고압과 저온의 조건에서 물 분자가 결합하여 생성된 빈 공간에 메탄, 이산화탄소, 질소 등 분자량이 적은 기체가 들어 있는 결정체

10 **윗글의 표제와 부제로 가장 적절한 것은?**

① 남극, 거대한 실험실 – 동위원소 연구의 현황
② 남극 빙하의 과거와 미래 – 새로운 자원의 보고
③ 남극 빙하의 가치 – 기후 변화의 기록 보관소
④ 빙하 연구의 현주소 – 과학적 연구 성과와 전망

11 **윗글을 바탕으로 〈보기〉와 같은 과제를 수행할 때, ㉠에 들어갈 내용으로 가장 적절한 것은?**

〈보기〉

• 과제명 : 1만 년 전부터 현재까지의 이산화탄소 농도와 기온 변화 양상
• 조사 대상 : 남극에서 시추한 빙하
• 조사 방법 및 내용
  – 기체 크로마토그래피를 이용한 기체 성분 조사
  – 산소 동위원소비를 이용한 기온 측정
  – 산소 동위원소비 증감의 주기성을 이용한 ___㉠___ 조사

① 전체 부피　　② 결정 구조
③ 오염 정도　　④ 생성 연대

※ 다음 글을 읽고, 이어지는 질문에 답하시오. [12~13]

개인의 자아실현은 사회·문화적 환경의 영향에서 자유로울 수 없다. 정도의 차이는 있겠지만, 모든 사회는 개인의 자아실현을 쉽게 이룰 수 없게 하는 여러 장애 요인들을 안고 있다. 우리가 살고 있는 시대도 마찬가지이다. 그중에서도 모든 사람들에게 커다란 영향을 미치면서 그 전모가 쉽게 드러나지 않는 것이 있다. 그것은 바로 남성과 여성에 대한 편견 그리고 그에 근거한 차별이라 할 수 있다. 이 오래된 편견은 사람들의 마음속에 고정관념으로 자리 잡고 있으면서 수많은 남성과 여성의 삶을 제약하고 자아실현을 방해하고 있다.
성에 대한 고정관념을 지닌 사회에서 태어난 사람은 태어나는 순간부터 성별에 따라 다른 대우를 받게 된다. 여자 아기에게는 분홍색, 남자 아기에게는 파란색을 주로 입히거나 아기의 성별에 따라 부모가 서로 다른 행동을 하는 것 등이 대표적인 예가 될 수 있다. 아기가 커 가면서 이러한 구별은 더욱 엄격해져서 아동은 성별에 따라 해도 되는 행동과 해서는 안 되는 행동의 내용이 다르다는 것을 알게 된다. 타고난 호기심으로 성별과 무관하게 새로운 행동을 탐색해 나가는 과정에서 아동은 자신의 성별에 적합한 행동을 할 때 칭찬, 상, 은근한 미소 등으로 격려를 받는 반면, 부적합한 행동을 할 때에는 꾸중, 벌, 무관심 등의 제지를 당하면서 자신의 풍성한 잠재력의 한 부분을 일찍이 잠재워 버리게 된다.
아동이 이러한 성 역할과 성적 고정관념을 보상과 처벌 그리고 일정한 역할 모델을 통하여 습득하면 이는 아동의 자아개념의 중요한 일부분을 형성하게 된다. 그리고 이렇게 자아개념이 형성되면, 그 이후에는 외부로부터의 보상과 처벌에 관계없이도 자아개념에 부합하도록 행동함으로써 스스로 심리적 보상을 받게 된다. 이는 초기에 형성된 고정관념을 계속 유지·강화하는 역할을 하게 된다. 이렇게 되면 아동은 자신이 가진 무한한 잠재력을 다 발휘할 기회를 갖지 못하고 성별에 따라 제한된 영역에서만 활동하고 그에 만족을 느끼는 것이 옳다고 생각하게 된다.
최근에는 이러한 장벽을 무너뜨려 모든 사람들이 좀 더 자유롭게 살 수 있게 하기 위한 노력이 다방면에서 이루어지고 있다. 그러한 노력의 하나로 심리학에서 제안한 것이 양성성(兩性性)이라는 개념이다. 이것은 모든 여성은 '여성답고' 모든 남성은 '남성다운' 것이 바람직하다고 여겼던 고정관념과는 달리, 모든 인간은 각자의 고유한 특성에 따라 지금까지 여성적이라고 규정되어 왔던 바람직한 특성과 남성적이라고 규정되어 왔던 바람직한 특성을 동시에 지닐 수 있다고 보는 것이다.
미래 사회는 어떤 모습이 될 것인가? 생활양식과 가족 구조에 급격한 변화가 올 것은 자명하다. 사람들이 지향하는 가치관에도 변화가 올 것이다. 이런 사회가 도래했을 때, 지금도 유지되고 있는 전통적 성 역할 규범은 골동품이 되고 말 것이다. 남녀 모두가 집에서도 업무를 볼 수 있게 되고 함께 자녀를 돌보고 키우게 됨으로써 '남자는 일터에, 여자는 가정에'라는 케케묵은 공식은 더 이상 성립하지 않게 될 것이다. 여성다움이나 남성다움을 넘어 모든 인간이 자신이 가지고 있는 고유한 특성에 따라 자아를 실현할 수 있는 사회를 기대해 본다.

12 **윗글의 내용으로 적절하지 않은 것은?**

① 사회·문화적 환경의 영향 중 커다란 영향력을 미치지만 전모가 쉽게 드러나지 않는 것은 성 차별이다.
② 미래에도 전통적 성 역할 규범이 여전히 생활양식과 가족 구조에 큰 영향을 끼칠 것이다.
③ 성 역할의 규범은 성에 대한 고정관념을 지닌 사회에서 더 뚜렷이 나타난다.
④ 아동의 자아개념 형성에 성 역할과 성적 고정관념이 중요한 역할을 한다.

13 **윗글의 제목으로 가장 적절한 것은?**

① 편견, 자아실현의 방해 요소
② 성(性), 인간 행동의 결과
③ 미래 사회의 가치관 변화
④ 양성성, 남성다움과 여성다움을 넘어

※ 다음 글을 읽고, 이어지는 질문에 답하시오. [14~15]

인간의 손가락처럼 움직이는 로봇 H가 개발되었다. 공압식 손가락 로봇인 H에는 정교한 촉각과 미끄러짐을 감지하는 감각 시스템이 내장돼 있어 물건을 적절한 압력으로 섬세하게 쥐는 인간의 능력을 모방할 수 있다. H는 크기와 모양이 불규칙하거나 작고 연약한 물체를 다루는 데 어려움을 겪는 농업 및 물류 자동화 분야에서 가치를 발휘할 것으로 예상된다.
물류 자동화에 보편적으로 사용되는 관절 로봇은 복합적인 '움켜쥐기 알고리즘' 및 엔드 이펙터(손가락)의 정확한 배치와 물건을 쥐기 위한 고가의 센서 기기 및 시각 센서 등을 필요로 한다. 공기압을 통해 제어되는 H의 손가락은 구부리거나 힘을 가할 수 있으며, 각 손가락의 촉각 센서에 따라 개별적으로 제어된다. 따라서 H의 손가락은 ______ ______________________________ 인간의 손이 물건을 쥘 때와 마찬가지로 우선 손가락이 물건에 닿을 때까지 다가가 위치를 파악하고 해당 위치에 맞게 손가락 위치를 조정하여 물건을 쥐는 것이다. 이때 물건이 떨어지면 이를 즉각적으로 인식할 수 있으며, 물건이 미끄러지는 것을 감지하면 스스로 손가락의 힘을 더 높일 수 있다. 여기서 한걸음 더 나아가 기존 로봇이 쥐거나 포장할 수 있었던 물건의 종류와 수도 확대되었다.
실리콘 재질로 만들어진 H의 내부는 비어있으며, 새롭게 적용된 센서들이 손가락 모양의 실리콘 성형 과정에서 내장되어 공기 실(Air Chamber)이 중심을 지나간다. H의 유연한 손가락 표면은 식품을 만져도 안전하며, 쉽게 세척이 가능하다. 또한 손가락이 손상되거나 마모되더라도 저렴한 비용으로 교체할 수 있도록 개발됐다.
로봇 개발 업체 관계자는 "집품 및 포장 작업으로 인력에 크게 의존하는 물류 산업은 항상 직원의 고용 및 부족 문제를 겪고 있다. 물류 체인의 집품 및 포장 자동화가 대규모 자동화보다 뒤떨어진 상황에서 H의 감각 시스템은 물체 선별 작업이나 자동화 주문을 처음부터 끝까지 이행할 수 있도록 하는 물류 산업 분야의 혁명이 될 것이다."라고 말했다.

14 윗글의 로봇 H에 대한 설명으로 적절하지 않은 것은?

① 손가락 표면의 교체 비용은 비교적 저렴한 편이다.
② 손가락의 촉각 센서를 통해 물건의 위치를 정확히 파악한다.
③ 내장된 감각 시스템을 통해 작고 연약한 물체도 섬세하게 쥘 수 있다.
④ 손가락의 센서들은 물건이 미끄러지는 것을 감지하여 손가락의 힘을 뺀다.

15 윗글의 빈칸에 들어갈 내용으로 가장 적절한 것은?

① 고가의 센서 기기를 필요로 한다.
② 기존 관절 로봇보다 쉽게 구부러질 수 있다.
③ 밀리미터 단위의 정확한 위치 지정을 필요로 하지 않는다.
④ 가까운 곳에 위치한 물건을 멀리 있는 물건보다 더 쉽게 잡을 수 있다.

제2영역 수리능력

01 농도가 8%인 600g의 소금물에서 일정량의 소금물을 퍼내고, 80g의 물을 붓고 소금을 20g 넣었다. 소금물의 농도가 10%가 되었다면 처음 퍼낸 소금물의 양은 얼마인가?

① 50g
② 100g
③ 150g
④ 200g

02 이자를 포함해 4년 후 2,000만 원을 갚기로 하고 돈을 빌리고자 한다. 연이율 8%가 적용된다면 단리를 적용할 때와 연 복리를 적용할 때 빌릴 수 있는 금액의 차이는 얼마인가?(단, $1.08^4=1.36$으로 계산하고, 금액은 천의 자리에서 반올림한다)

① 43만 원
② 44만 원
③ 45만 원
④ 46만 원

03 K사원이 처리해야 할 업무는 발송업무, 비용정산업무 외에 5가지가 있다. 이 중에서 발송업무, 비용정산업무를 포함한 5가지의 업무를 오늘 처리하려고 하는데 상사의 지시로 발송업무를 비용정산업무보다 먼저 처리해야 한다. 오늘 처리할 업무를 택하고, 택한 업무의 처리 순서를 정하는 경우의 수는?

① 600가지
② 720가지
③ 840가지
④ 960가지

04 다음은 2020년부터 2024년까지 전국 주택보급률을 나타낸 통계자료이다. 이에 대한 설명으로 옳지 않은 것은?

〈전국 주택보급률〉

(단위 : 천 호, 천 가구, %)

구분		2020년	2021년	2022년	2023년	2024년
전국	가구 수	19,111	19,368	19,674	19,979	20,343
	주택 수	19,559	19,877	20,313	20,818	21,310
	주택보급률	102.3	102.6	103.3	104.2	104.8
서울	가구 수	3,785	3,785	3,813	3,840	3,896
	주택 수	3,633	3,644	3,672	3,682	3,739
	주택보급률	96	96.3	96.3	95.9	96
부산	가구 수	1,336	1,344	1,354	1,364	1,377
	주택 수	1,370	1,376	1,396	1,413	1,439
	주택보급률	102.6	102.3	103.1	103.6	104.5
대구	가구 수	929	936	948	958	969
	주택 수	943	966	988	996	1,001
	주택보급률	101.6	103.3	104.3	104	103.3
인천	가구 수	1,045	1,063	1,080	1,095	1,121
	주택 수	1,055	1,073	1,084	1,108	1,123
	주택보급률	101	100.9	100.4	101.2	100.2
광주	가구 수	567	569	576	579	587
	주택 수	587	595	606	617	628
	주택보급률	103.5	104.5	105.3	106.6	107
대전	가구 수	583	591	598	602	609
	주택 수	595	601	605	612	618
	주택보급률	102.2	101.7	101.2	101.6	101.4

① 5년간 서울을 제외한 5개 도시 중 가구 수가 가장 많이 증가한 도시는 인천이다.

② 5년간 가구 수보다 주택 수가 더 많이 늘어난 도시는 부산, 광주이다.

③ 2022년 서울의 가구 수는 대구, 인천, 광주, 대전 가구 수를 합친 것보다 많다.

④ 2023년 서울과 부산 그리고 대구의 가구 수는 전국 가구 수의 30% 이상이다.

05 다음은 K사의 금융 구조조정 자금 총지원 현황이다. 〈보기〉 중 이에 대한 설명으로 옳은 것을 모두 고르면?

〈금융 구조조정 자금 총지원 현황〉

(단위 : 억 원)

구분	은행	증권사	보험사	제2금융	저축은행	농협	소계
출자	222,039	99,769	159,198	26,931	1	0	507,938
출연	139,189	4,143	31,192	7,431	4,161	0	186,116
부실자산 매입	81,064	21,239	3,495	0	0	0	105,798
보험금 지급	0	113	0	182,718	72,892	47,402	303,125
대출	0	0	0	0	5,969	0	5,969
총계	442,292	125,264	193,885	217,080	83,023	47,402	1,108,946

〈보기〉

㉠ 출자 부문에서 은행이 지원받은 금융 구조조정 자금은 증권사가 지원받은 금융 구조조정 자금의 3배 이상이다.

㉡ 보험금 지급 부문에서 지원된 금융 구조조정 자금 중 저축은행이 지원받은 금액의 비중은 20%를 초과한다.

㉢ 제2금융에서 지원받은 금융 구조조정 자금 중 보험금 지급 부문으로 지원받은 금액이 차지하는 비중은 80% 이상이다.

㉣ 부실자산 매입 부문에서 지원된 금융 구조조정 자금 중 은행이 지급받은 금액의 비중은 보험사가 지급받은 금액 비중의 20배 이상이다.

① ㉠
② ㉡, ㉣
③ ㉠, ㉡, ㉢
④ ㉡, ㉢, ㉣

06 다음은 산업 및 가계별 대기배출량과 기체별 지구온난화 유발 확률에 대한 자료이다. 어느 부문의 대기배출량을 우선적으로 줄여야 지구온난화 예방에 가장 효과적인가?

〈산업 및 가계별 대기배출량〉

(단위 : 천 톤 CO_2eq)

구분		이산화탄소	아산화질소	메탄	수소불화탄소
산업부문	전체	45,950	3,723	17,164	0.03
	농업, 임업 및 어업	10,400	810	12,000	0
	석유, 화학 및 관련제품	6,350	600	4,800	0.03
	전기, 가스, 증기 및 수도사업	25,700	2,300	340	0
	건설업	3,500	13	24	0
가계부문		5,400	100	390	0

〈기체별 지구온난화 유발 확률〉

(단위 : %)

구분	이산화탄소	아산화질소	메탄	수소불화탄소
유발 확률	30	20	40	10

① 건설업
② 농업, 임업 및 어업
③ 석유, 화학 및 관련제품
④ 전기, 가스, 증기 및 수도사업

07 다음은 2024년 9개 국가의 실질세부담률에 대한 자료이다. 〈조건〉에 근거하여 A ~ D에 해당하는 국가를 바르게 나열한 것은?

〈2024년 국가별 실질세부담률〉

구분 국가	독신 가구 실질세부담률(%)			다자녀 가구 실질세부담률(%)	독신 가구와 다자녀 가구의 실질세부담률 차이(%p)
		2014년 대비 증감(%p)	전년 대비 증감(%p)		
A	55.3	−0.20	−0.28	40.5	14.8
일본	32.2	4.49	0.26	26.8	5.4
B	39.0	−2.00	−1.27	38.1	0.9
C	42.1	5.26	0.86	30.7	11.4
한국	21.9	4.59	0.19	19.6	2.3
D	31.6	−0.23	0.05	18.8	12.8
멕시코	19.7	4.98	0.20	19.7	0.0
E	39.6	0.59	−1.16	33.8	5.8
덴마크	36.4	−2.36	0.21	26.0	10.4

〈조건〉

- 2024년 독신 가구와 다자녀 가구의 실질세부담률 차이가 덴마크보다 큰 국가는 캐나다, 벨기에, 포르투갈이다.
- 2024년 독신 가구 실질세부담률이 전년 대비 감소한 국가는 벨기에, 그리스, 스페인이다.
- 스페인의 2024년 독신 가구 실질세부담률은 그리스의 2024년 독신 가구 실질세부담률보다 높다.
- 2014년 대비 2024년 독신 가구 실질세부담률이 가장 큰 폭으로 증가한 국가는 포르투갈이다.

	A	B	C	D
①	벨기에	그리스	포르투갈	캐나다
②	벨기에	스페인	캐나다	포르투갈
③	캐나다	스페인	포르투갈	벨기에
④	캐나다	그리스	스페인	포르투갈

08 다음은 지역개발사업에 대한 신문과 방송의 보도내용을 사업 착공 전후로 나누어 분석하고, 이 중 주요 분야 6개를 선택하여 작성한 자료이다. 이에 대한 설명으로 옳은 것을 〈보기〉에서 모두 고르면?

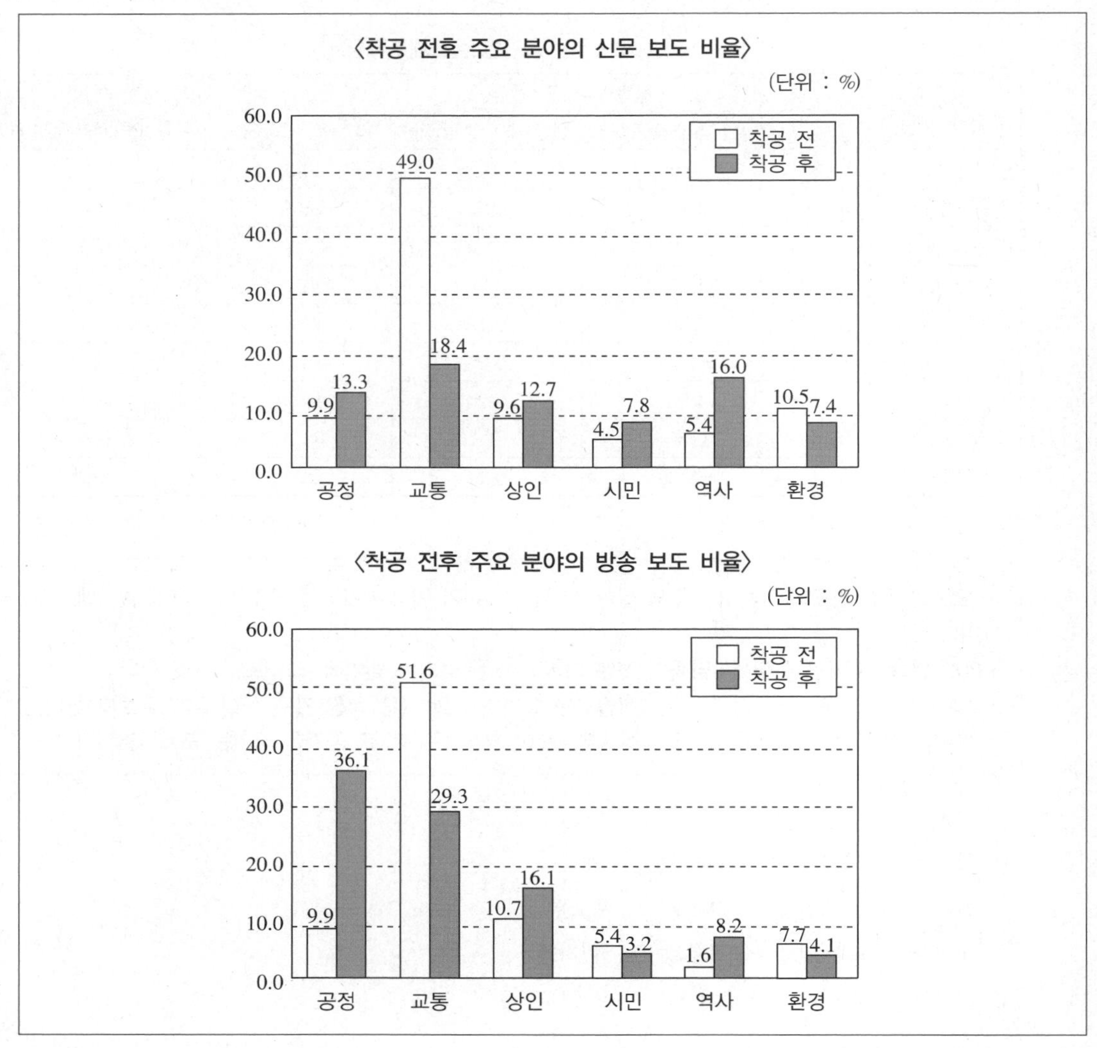

〈보기〉

㉠ 신문 보도에서 착공 전에 가장 높은 보도 비율을 보인 두 분야 모두 착공 후 보도 비율이 감소했다.
㉡ 교통은 착공 후에도 신문과 방송 모두에서 가장 많이 보도된 분야이다.
㉢ 착공 전에 비해 착공 후 교통에 대한 보도 비율의 감소폭은 방송보다 신문에서 더 큰 것으로 나타났다.
㉣ 신문 보도에서 착공 전 대비 착공 후 보도 비율의 증가율이 가장 큰 분야는 역사이다.
㉤ 착공 전 교통에 대한 보도 비율은 신문보다는 방송에서 더 높은 것으로 나타났다.

① ㉠, ㉡, ㉤　　② ㉠, ㉢, ㉣
③ ㉡, ㉢, ㉣　　④ ㉠, ㉢, ㉣, ㉤

09 다음은 2023년 1 ~ 4월 주요국에 대한 한국의 수 · 출입 현황을 나타낸 그래프이다. 이에 대한 설명으로 옳지 않은 것은?

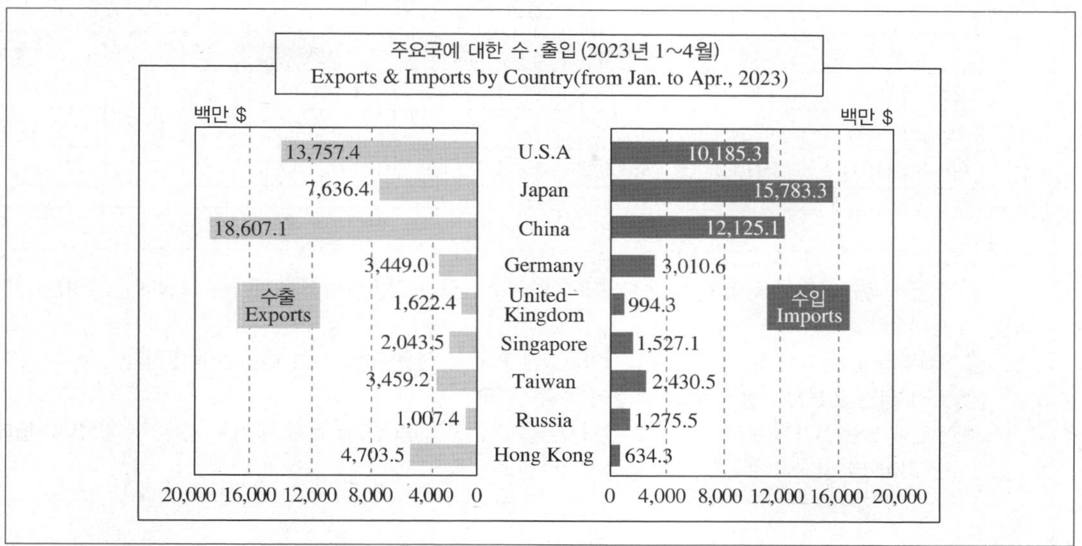

① 한국이 무역을 통해 가장 큰 흑자를 보고 있는 나라는 중국이다.

② 일본과 러시아는 수출이 수입보다 많은 나라에 속한다.

③ 한국이 무역을 통해 가장 큰 적자를 보고 있는 나라는 일본이다.

④ 한국의 가장 큰 교역상대국은 중국이다.

10 다음은 월별 환율 현황을 나타낸 표이다. 이에 대한 설명으로 옳은 것을 〈보기〉에서 모두 고르면?

〈월별 환율 현황〉

구분	7월	8월	9월	10월	11월	12월
원/달러(USD)	1,140.30	1,138.25	1,140.50	1,141.40	1,141.55	1,141.20
원/위안(CNY)	163.50	163.30	163.25	162.90	163.10	163.05
원/100엔(JPY)	1,011.70	1,009.20	1,011.55	1,011.90	1,012.20	1,011.60

〈보기〉

㉠ 중국에 있는 A가 한국에 있는 동생에게 위안화로 돈을 송금할 때, 10월보다는 11월에 송금하는 것이 더 경제적이다.
㉡ 8월부터 12월까지 원/달러 환율과 원/100엔 환율의 전월 대비 증감 추이는 동일하다.
㉢ 달러/위안 환율은 7월에 비해 11월에 하락하였다.
㉣ 일본에 있는 B가 일본에서 엔화로 유학자금을 마련하여 중국으로 유학을 가는 경우, 12월보다 8월에 가는 것이 더 경제적이다.

① ㉠, ㉡　　② ㉢, ㉣
③ ㉠, ㉡, ㉢　　④ ㉡, ㉢, ㉣

11 다음은 국민연금 수급자 급여실적을 나타낸 그래프이다. 이에 대한 설명으로 옳은 것은?

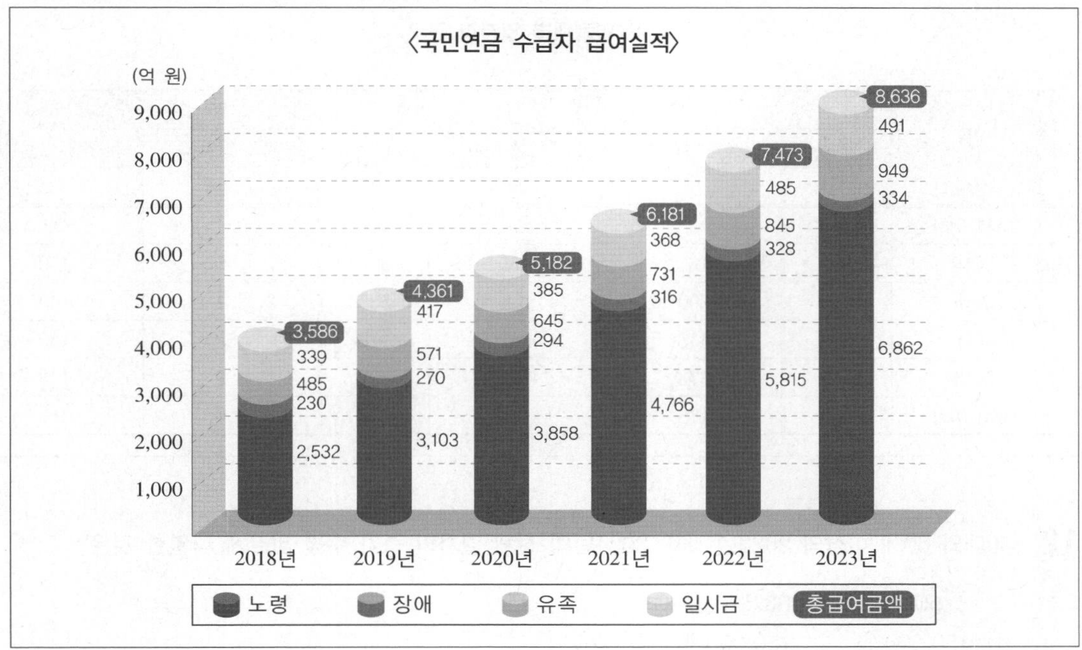

① 유족연금 지급액은 매년 가장 낮다.

② 2019 ~ 2023년까지 모든 항목의 연금 지급액은 매년 증가하고 있다.

③ 2018년 대비 지급총액이 처음으로 2배를 넘어선 해는 2020년이다.

④ 노령연금 대비 유족연금 비율은 2019년보다 2018년이 높다.

※ 다음은 연령대별 일자리 규모에 대한 자료이다. 이어지는 질문에 답하시오. **[12~13]**

〈연령대별 일자리 규모〉

(단위 : 만 개)

구분	2023년			2024년		
	합계	지속 일자리	신규채용 일자리	합계	지속 일자리	신규채용 일자리
전체	2,301	1,563	738	2,323	1,588	735
19세 이하	26	3	23	25	3	22
20대	332	161	171	330	160	170
30대	545	390	155	530	381	149
40대	623	458	165	618	459	159
50대	515	373	142	532	389	143
60세 이상	260	178	82	288	196	92

12 50대와 60세 이상의 2023년 대비 2024년의 전체 일자리 증가 수를 바르게 나열한 것은?

	50대	60세 이상
①	150,000개	150,000개
②	150,000개	170,000개
③	170,000개	280,000개
④	170,000개	310,000개

13 다음 중 자료에 대한 설명으로 옳지 않은 것은?(단, 비중은 소수점 둘째 자리에서 반올림한다)

① 2024년 전체 일자리 규모에서 20대가 차지하는 비중은 2023년보다 약 0.2%p 감소했다.
② 2024년 전체 일자리 규모 중 30대의 전체 일자리 규모 비중은 20% 이상이다.
③ 2023년 40대의 지속 일자리 규모는 신규채용 일자리 규모의 2.5배 이상이다.
④ 2024년 연령대별 전체 일자리 규모는 2023년보다 모두 증가했다.

※ 다음은 산업별 취업자 수에 대한 자료이다. 이어지는 질문에 답하시오. **[14~15]**

〈2015 ~ 2023년 **산업별 취업자 수**〉

(단위 : 천 명)

연도	총계	농·임·어업		광공업		사회간접자본 및 기타·서비스업				
		합계	농·임업	합계	제조업	합계	건설업	도소매·음식·숙박업	전기·운수·통신·금융업	사업·개인·공공서비스 및 기타
2015년	21,156	2,243	2,162	4,311	4,294	14,602	1,583	5,966	2,074	4,979
2016년	21,572	2,148	2,065	4,285	4,267	15,139	1,585	5,874	2,140	5,540
2017년	22,169	2,069	1,999	4,259	4,241	15,841	1,746	5,998	2,157	5,940
2018년	22,139	1,950	1,877	4,222	4,205	15,967	1,816	5,852	2,160	6,139
2019년	22,558	1,825	1,749	4,306	4,290	16,427	1,820	5,862	2,187	6,558
2020년	22,855	1,815	1,747	4,251	4,234	16,789	1,814	5,806	2,246	6,923
2021년	23,151	1,785	1,721	4,185	4,167	17,181	1,835	5,762	2,333	7,251
2022년	23,432	1,726	1,670	4,137	4,119	17,569	1,850	5,726	7,600	2,393
2023년	23,577	1,686	–	3,985	3,963	17,906	1,812	5,675	2,786	7,633

14 다음 중 자료에 대한 설명으로 옳지 않은 것은?

① 조사 기간 동안 건설업 분야의 취업자 수는 꾸준히 증가하고 있다.

② 조사 기간 동안 농·임·어업 분야의 취업자 수는 꾸준히 감소하고 있다.

③ 2015년 도소매·음식·숙박업 분야에 종사하는 사람의 수는 총취업자 수의 30% 미만이다.

④ 2023년 취업자 수가 2015년 대비 가장 많이 증가한 분야는 사업·개인·공공서비스 및 기타이다.

15 다음 〈보기〉 중 자료에 대한 설명으로 옳은 것을 모두 고르면?

〈보기〉

㉠ 2018년 어업 분야의 취업자 수는 73천 명이다.

㉡ 2022년 취업자 수가 가장 많은 분야는 전기·운수·통신·금융업이다.

㉢ 2023년 이후 농·임업 분야의 종사자는 계속 줄어들 것이지만, 어업 분야의 종사자는 현상을 유지하거나 늘어날 것이라고 볼 수 있다.

① ㉠　　② ㉡

③ ㉠, ㉡　　④ ㉠, ㉡, ㉢

01 **제시된 명제가 모두 참일 때, 반드시 참인 명제는?**

- A카페에 가면 타르트를 주문한다.
- 빙수를 주문하면 타르트를 주문하지 않는다.
- 타르트를 주문하면 아메리카노를 주문한다.

① 타르트를 주문하지 않으면 빙수를 주문한다.
② 아메리카노를 주문하면 빙수를 주문하지 않는다.
③ 빙수를 주문하지 않으면 A카페를 가지 않았다는 것이다.
④ 아메리카노를 주문하지 않으면 A카페를 가지 않았다는 것이다.

02 **테니스공, 축구공, 농구공, 배구공, 야구공, 럭비공을 각각 A, B, C상자에 넣으려고 한다. 한 상자에 공을 두 개까지 넣을 수 있고, 다음 〈조건〉을 따른다고 할 때 항상 참이 될 수 없는 것은?**

〈조건〉

- 테니스공과 축구공은 같은 상자에 넣는다.
- 럭비공은 B상자에 넣는다.
- 야구공은 C상자에 넣는다.

① 농구공을 C상자에 넣으면 배구공은 B상자에 들어가게 된다.
② 테니스공과 축구공은 반드시 A상자에 들어간다.
③ 배구공과 농구공은 같은 상자에 들어갈 수 없다.
④ 럭비공은 반드시 배구공과 같은 상자에 들어간다.

03 K은행 마케팅부 직원 A ~ J 10명이 점심식사를 하러 갔다. 다음 〈조건〉에 따라 6인용 원형테이블 2개에 각각 4명, 6명씩 나눠 앉았을 때, 항상 거짓인 것은?

〈조건〉

- A와 I는 빈자리 하나만 사이에 두고 앉아 있다.
- C와 D는 1명을 사이에 두고 앉아 있다.
- F의 양옆 중 오른쪽 자리만 비어 있다.
- E는 C나 D의 옆자리가 아니다.
- H의 바로 옆에 G가 앉아 있다.
- H는 J와 마주보고 앉아 있다.

① A와 B는 같은 테이블이다.
② H와 I는 다른 테이블이다.
③ C와 G는 마주보고 앉아 있다.
④ A의 양옆은 모두 빈자리이다.

04 K씨는 인터넷뱅킹에 가입하기 위해 가입절차에 따라 정보를 입력하고 있는데, 패스워드 만드는 과정이 까다로워 계속 실패 중이다. 가입 시 패스워드 〈조건〉이 다음과 같을 때, 적절한 패스워드는 무엇인가?

〈조건〉

- 패스워드는 7자리이다.
- 영어 대문자와 소문자, 숫자, 특수기호를 적어도 하나씩 포함해야 한다.
- 숫자 0은 다른 숫자와 연속해서 나열할 수 없다.
- 영어 대문자는 다른 영어 대문자와 연속해서 나열할 수 없다.
- 특수기호를 첫 번째로 사용할 수 없다.

① a?102CB
② 7!z0bT4
③ #38Yup0
④ ssng99&

05 K은행은 직원 A ~ E 5명 중 일부를 지방으로 발령하기로 결정하였다. 다음 〈조건〉에 따라 A의 지방 발령이 결정되었다고 할 때, 지방으로 발령되지 않는 직원은 총 몇 명인가?

〈조건〉

- K은행은 B와 D의 지방 발령에 대하여 같은 결정을 한다.
- K은행은 C와 E의 지방 발령에 대하여 다른 결정을 한다.
- D를 지방으로 발령한다면, E는 지방으로 발령하지 않는다.
- E를 지방으로 발령하지 않는다면, A도 지방으로 발령하지 않는다.

① 1명
② 2명
③ 3명
④ 4명

06 K은행의 사원 수와 월급에 대한 정보가 다음과 같을 때, K은행의 사원 수와 사원들의 월급 총액이 바르게 연결된 것은?(단, 월급 총액은 K은행이 사원 모두에게 지급하는 한 달 월급의 합을 말한다)

〈정보〉

- 사원은 모두 동일한 월급을 받는다.
- 사원이 10명 더 늘어났을 때, 월급은 기존보다 100만 원이 적어졌고, 월급 총액은 기존의 80%가 되었다.
- 사원이 20명 줄어들었을 때, 월급은 기존과 동일하지만, 월급 총액은 기존의 60%가 되었다.

	사원 수	월급 총액
①	45명	1억 원
②	45명	1억 2천만 원
③	50명	1억 2천만 원
④	50명	1억 5천만 원

07 김대리는 이번 휴가에 여행을 갈 장소를 고르고 있다. 각 관광 코스에 대한 정보가 다음과 같을 때, 〈조건〉에 따라 김대리가 선택하기에 가장 적절한 관광 코스는?

〈관광 코스별 정보〉

구분	A코스	B코스	C코스	D코스
기간	3박 4일	2박 3일	4박 5일	4박 5일
비용	245,000원	175,000원	401,000원	332,000원
경유지	3곳	2곳	5곳	5곳
참여인원	25명	18명	31명	28명
할인	K카드로 결제 시 5% 할인	–	I카드로 결제 시 귀가셔틀버스 무료 제공	I카드로 결제 시 10% 할인
비고	공항 내 수화물 보관서비스 제공	–	경유지별 수화물 운송서비스 제공	–

〈조건〉

- 휴가기간에 맞추어 4일 이상 관광하되 5일을 초과하지 않아야 한다.
- 비용은 결제금액이 30만 원을 초과하지 않아야 한다.
- 모든 비용은 I카드로 결제한다.
- 참여인원이 30명을 넘지 않는 코스를 선호한다.
- 되도록 경유지가 많은 코스를 고른다.

① A코스　　② B코스
③ C코스　　④ D코스

08 다음은 환경기초조사에 대한 정보이다. 이와 〈보기〉를 근거로 할 때 가장 적절한 것은?

> **제○○조 환경오염 및 예방 대책의 추진**
> 환경부장관 및 시장·군수·구청장 등은 국가산업단지의 주변지역에 대한 환경기초조사를 정기적으로 실시하여야 하며 이를 기초로 하여 환경오염 및 예방 대책을 수립·시행하여야 한다.
>
> **제○○조 환경기초조사의 방법·시기 등**
> 전조(前條)에 따른 환경기초조사의 방법과 시기 등은 다음 각호와 같다.
> 1. 환경기초조사의 범위는 지하수 및 지표수의 수질, 대기, 토양 등에 대한 계획·조사 및 치유대책을 포함한다.
> 2. 환경기초조사는 당해 기초지방자치단체장이 1단계 조사를 하고 환경부장관이 2단계 조사를 한다. 다만 1단계 조사결과에 의하여 정상지역으로 판정된 때는 2단계 조사를 하지 아니한다.
> 3. 제2호에 따른 1단계 조사는 그 조사 시행일 기준으로 매 3년마다 실시하고, 2단계 조사는 1단계 조사 판정일 이후 1개월 이내에 실시하여야 한다.

〈보기〉

- A시에는 갑, 을, 병 세 곳의 국가산업단지가 있다.
- A시 시장은 다음과 같이 세 개 단지의 주변지역에 대한 1단계 환경기초조사를 하였다. 2025년 1월 1일 현재, 기록되어 있는 시행일, 판정일 및 판정 결과는 다음과 같다.

구분	1단계 조사 시행일	1단계 조사 판정일	결과
갑단지 주변지역	2024년 7월 1일	2024년 11월 30일	오염지역
을단지 주변지역	2022년 3월 1일	2022년 9월 1일	오염지역
병단지 주변지역	2023년 10월 1일	2024년 7월 1일	정상지역

① 갑단지 주변지역에 대하여 2025년에 환경부장관은 2단계 조사를 해야 한다.
② 을단지 주변지역에 대하여 2025년에 A시 시장은 1단계 조사를 해야 한다.
③ 을단지 주변지역에 대하여 A시 시장은 2022년 9월 중에 2단계 조사를 하였다.
④ 병단지 주변지역에 대하여 환경부장관은 2024년 7월 중에 2단계 조사를 하였다.

09 다음은 아이돌봄 서비스 종류 중 하나인 시간제 돌봄(일반형) 서비스에 대한 내용이다. 자료를 참고할 때, 〈보기〉 중 가장 많은 본인부담금을 납부하는 사람은?(단, 서비스 이용요금은 하루를 기준으로 하며, 갑~정은 모두 정부지원 대상이다)

〈시간제 돌봄(일반형) 서비스〉

- 이용대상 : 만 3개월 이상 만 12세 이하 아동
- 이용시간 : 1회 2시간 이상 사용
  - 양육공백이 발생하는 가정(취업한부모, 장애부모, 맞벌이 가정, 다자녀 가정, 기타 양육부담 가정)은 연 600시간 내에서 정부지원
  - 양육공백이 발생하지 않은 정부미지원 가정(전업주부 등) 및 정부지원시간을 다 사용한 가정은 전액 본인부담으로 서비스 이용 가능
- 서비스 내용(가사활동은 제외)
  - 부모가 올 때까지 임시 보육, 놀이활동, 준비된 식사 및 간식 챙겨주기, 보육시설 및 학교 등·하원, 준비물 보조 등(영아를 대상으로 시간제 돌봄을 제공할 경우 영아종일제 업무 병행)
- 서비스 이용요금 : 시간당 7,800원
  - 야간(오후 10시~오전 6시)·휴일에는 시간당 3,900원의 본인부담금 추가
  - 한 가정에 돌봄 아동이 2명일 경우 총 금액의 15% 할인, 돌봄 아동이 3명일 경우 총 금액의 33.3% 할인

구분	소득기준 (4인 가족 기준 중위소득)	시간제(시간당 7,800원)			
		A형(2015. 01. 01. 이후 출생 아동)		B형(2014. 12. 31. 이전 출생 아동)	
		정부지원	본인부담	정부지원	본인부담
가형	60% 이하	6,240원 (80%)	1,560원 (20%)	5,460원 (70%)	2,340원 (30%)
나형	85% 이하	3,900원 (50%)	3,900원 (50%)	–	7,800원
다형	120% 이하	2,340원 (30%)	5,460원 (70%)	–	7,800원
라형	120% 초과	–	7,800원	–	7,800원

※ 본인부담금 계산 시 원 단위 이하는 절사함

〈보기〉

신청자	소득기준	신청시간	돌봄대상
갑	130%	오전 10시~오후 4시	2015년생 남아 1명
을	84%	오후 4시~오후 9시	2016년생 여아 1명, 2018년생 남아 2명
병	100%	오후 6시~오후 11시	2013년생 여아 1명
정	50%	오후 3시~자정	2012년생 남아 1명, 2015년생 여아 1명

① 갑　　② 을
③ 병　　④ 정

※ 다음은 K은행 근처에서 이용할 수 있는 교통수단 목록이다. 이어지는 질문에 답하시오. **[10~11]**

〈K은행 → B지점 교통수단〉

구분	출발시간	소요시간	비용
버스	정시부터 10분 간격	46분	1,300원(1km마다 추가요금 300원 부과)
지하철	매시 20분, 40분	28분	1,250원(2km마다 추가요금 200원 부과)
택시	제한 없음	13분	4,200원

※ K은행에서 B지점까지 거리는 4km임

〈B지점 → S지점 교통수단〉

구분	출발시간	소요시간	비용
버스	매시 정각, 30분	23분	1,200원(1km마다 추가요금 100원 부과)
지하철	매시 10분, 30분, 50분	12분	1,000원(1km마다 추가요금 200원 부과)
택시	제한 없음	9분	3,600원

※ B지점에서 S지점까지 거리는 3km임

10 A사원은 K은행에서 출발하여 B지점에 들러 일을 처리한 뒤, S지점으로 이동하려고 한다. 다음 중 가장 저렴하게 이용할 수 있는 교통수단 방법은 무엇인가?

① 버스+버스
② 버스+지하철
③ 지하철+버스
④ 지하철+지하철

11 A사원은 K은행으로 돌아온 뒤 S지점에 서류를 두고 왔다는 것을 알아차렸다. S지점의 퇴근시간이 오후 6시라고 할 때, 5시에 K은행을 출발하여 퇴근시간 전까지 S지점에 도착하려면 다음 중 어떤 교통수단을 이용해야 하는가?(단, 환승 및 기타 이동시간은 무시한다)

① 버스+버스
② 버스+지하철
③ 지하철+버스
④ 택시+버스

※ 다음 글을 읽고, 이어지는 질문에 답하시오. [12~13]

> • 사업자는 30만 원 이상 거래금액에 대하여 그 대금을 현금(대금 일부를 현금으로 지급한 경우도 포함)으로 받은 경우, 세금계산서를 발급하는 경우를 제외하고는 소비자가 요청하지 않아도 현금영수증을 발급하여야 한다. 물론 30만 원 미만의 거래금액도 소비자의 요청이 있으면, 현금영수증을 발급하여야 한다.
> • 사업자가 현금영수증 발급 의무를 위반하였을 경우에는 미발급금액의 50%를 과태료로 부과한다. 사업자가 현금영수증을 발급하지 않은 경우, 소비자가 거래사실과 거래금액이 확인되는 계약서 등 증빙서류를 첨부하여 현금 지급일로부터 1개월 이내에 신고하면, 미발급금액에 대한 과태료의 20%를 포상금으로 지급한다.
> • 소비자가 현금영수증 발급을 원하지 않는 경우에 사업자는 국세청에서 지정한 코드로 발급할 수 있으며, 이 경우 현금영수증 발급으로 인정한다.
>
> ※ 단, 문제에 제시된 업종의 사업자는 현금영수증 발급 의무자임

12 **부동산중개인을 통해 2024년 4월 1일 집을 산 A씨는 중개료 70만 원에 대해 30만 원은 신용카드로, 40만 원은 현금으로 결제하였으나, 부동산중개인은 현금영수증을 발급하지 않았다. A씨는 같은 해 4월 29일 부동산중개인을 현금영수증 발급 의무 위반으로 신고하였다. 이때, 신고 포상금은 얼마인가?**

① 4만 원
② 6만 원
③ 8만 원
④ 10만 원

13 **B씨가 2024년 5월 7일 법무서비스 대금 100만 원을 현금으로 지불하면서 현금영수증 발급을 원하지 않는다고 말하자 업주는 국세청의 지정코드로 자진 발급하였다. 마음이 변한 B씨는 업주가 현금영수증 당연 발급 의무를 위반했다며 2024년 5월 14일 관련 증빙서류를 첨부하여 신고했다. 이때, 신고 포상금은 얼마인가?**

① 받을 수 없다.
② 5만 원
③ 10만 원
④ 20만 원

※ K은행은 임직원들의 체력 증진과 단합행사 장소 개선을 위해 노후된 운동장 및 체육관 개선 공사를 실시하고자 입찰 공고를 하였다. 이어지는 질문에 답하시오. **[14~15]**

〈입찰 참여 건설사 정보〉

업체	최근 3년 이내 시공규모	기술력 평가	친환경 설비 도입비중	경영건전성	입찰가격
A	700억 원	A등급	80%	2등급	85억 원
B	250억 원	B등급	72%	1등급	78억 원
C	420억 원	C등급	55%	3등급	60억 원
D	1,020억 원	A등급	45%	1등급	70억 원
E	720억 원	B등급	82%	2등급	82억 원
F	810억 원	C등급	61%	1등급	65억 원

〈항목별 점수 산정 기준〉

- 기술력 평가 등급, 친환경 설비 도입비중, 경영건전성은 등급 혹은 구간에 따라 점수로 환산하여 반영한다.
- 기술력 평가 등급별 점수(기술점수)

등급	A등급	B등급	C등급
점수	30점	20점	15점

- 친환경 설비 도입비중별 점수(친환경점수)

도입비중	90% 이상 ~ 100% 이하	75% 이상 ~ 90% 미만	60% 이상 ~ 75% 미만	60% 미만
점수	30점	25점	20점	15점

- 경영건전성 등급별 점수(경영점수)

등급	1등급	2등급	3등급	4등급
점수	30점	26점	22점	18점

14 K은행이 다음 선정 기준에 따라 시공업체를 선정하고자 할 때, 선정될 업체는?

〈운동장 및 체육관 개선 공사 시공업체 선정 기준〉

- 최근 3년 이내 시공규모가 500억 원 이상인 업체를 대상으로 선정한다.
- 입찰가격이 80억 원 미만인 업체를 대상으로 선정한다.
- 입찰점수는 기술점수, 친환경점수, 경영점수를 1 : 1 : 1의 가중치로 합산하여 산정한다.
- 입찰점수가 가장 높은 업체 1곳을 선정한다.

① A업체 ② B업체
③ D업체 ④ F업체

15 K은행은 더 많은 업체의 입찰 참여를 위해 시공업체 선정 기준을 다음과 같이 변경하였다. 변경된 기준에 따라 선정될 업체는?

〈운동장 및 체육관 개선 공사 시공업체 선정 기준(개정)〉

- 최근 3년 이내 시공규모가 400억 원 이상인 업체를 대상으로 선정한다.
- 입찰가격을 다음과 같이 가격점수로 환산하여 반영한다.

입찰가격	60억 원 이하	60억 원 초과 70억 원 이하	70억 원 초과 80억 원 이하	80억 원 초과
점수	15점	12점	10점	8점

- 입찰점수는 기술점수, 친환경점수, 경영점수, 가격점수를 1 : 1 : 1 : 2의 가중치로 합산하여 산정한다.
- 입찰점수가 가장 높은 업체 1곳을 선정한다.

① A업체 ② C업체
③ D업체 ④ E업체

제4영역 정보능력

01 다음 중 워크시트에 외부 데이터를 가져오는 방법이 아닌 것은?

① 데이터 연결 마법사 ② Microsoft Query
③ 하이퍼링크 ④ 웹

02 다음 시트에서 [A2:A4] 영역의 데이터를 이용하여 [C2:C4] 영역처럼 표시하려고 할 때, [C2] 셀에 입력할 수식으로 옳은 것은?

	A	B	C
1	주소	사원 수	출신지
2	서귀포시	10	서귀포
3	여의도동	90	여의도
4	김포시	50	김포

① =LEFT(A2,LEN(A2)−1) ② =RIGHT(A2,LENGTH(A2))−1
③ =MID(A2,1,VALUE(A2)) ④ =LEFT(A2,TRIM(A2))−1

03 다음 [A1:A2] 영역을 선택한 후 채우기 핸들을 아래쪽으로 드래그했을 때 [A5] 셀에 입력될 값으로 옳은 것은?

A1 ▾ *fx* 월요일

	A	B	C	D	D	E
1	월요일					
2	수요일					
3						
4						
5						

① 월요일 ② 화요일
③ 수요일 ④ 금요일

04 **다음 엑셀 스프레드시트에서 판매수량과 추가판매의 합계를 구하기 위해 [B6] 셀에 입력해야 할 수식은?**

	A	B	C
1	일자	판매수량	추가판매
2	06월19일	30	8
3	06월20일	48	
4	06월21일	44	
5	06월22일	42	12
6	합계	164	

① =SUM(B2,C2,C5)

② =LEN(B2:B5,3)

③ =COUNTIF(B2:B5,"> =12")

④ =SUM(B2:B5,C2,C5)

05 **다음 중 엑셀의 틀 고정 및 창 나누기에 대한 설명으로 옳지 않은 것은?**

① 화면에 나타나는 창 나누기 형태는 인쇄 시 적용되지 않는다.

② 창 나누기를 수행하면 셀 포인터의 오른쪽과 아래쪽으로 창 구분선이 표시된다.

③ 창 나누기는 셀 포인터의 위치에 따라 수직, 수평, 수직・수평 분할이 가능하다.

④ 첫 행을 고정하려면 셀 포인터의 위치에 상관없이 [틀 고정] – [첫 행 고정]을 선택한다.

06 **워드프로그램으로 문서를 작성하던 중 프로그램 오류로 인하여 작성 중인 문서를 미처 저장하지 못한 채 워드프로그램이 자동으로 종료되었다. 작성 중인 문서를 복구하고자 할 때, 시도해 볼 수 있는 방안으로 옳지 않은 것은?**

① 파일명 확장자가 'wbk'인 워드 백업 파일을 검색한다.

② 파일명 확장자가 'tmp'인 임시 파일을 검색한다.

③ 탐색기를 통해 자동 복구 파일을 검색한다.

④ 시스템 복원을 실행한다.

※ 다음 엑셀 스프레드시트를 보고, 이어지는 질문에 답하시오. **[7~8]**

	A	B	C	D	E	F	G
1							
2		구분	매입처수	매수	공급가액(원)	세액(원)	합계
3		전자세금계산서	12	8	11,096,174	1,109,617	12,205,791
4		수기종이계산서	1	0	69,180		76,098
5		합계	13	8	11,165,354	1,116,535	

07 귀하는 VAT(부가가치세) 신고를 준비하기 위해 엑셀 파일을 정리하고 있다. 세액은 공급가액의 10%일 때, 수기종이계산서의 '세액(원)'인 [F4] 셀을 채우기 위해 필요한 수식은?

① =E3*0.1
② =E3*0.001
③ =E4+0.1
④ =E4*0.1

08 총합계인 [G5] 셀을 채울 때 필요한 함수식과 그에 대한 결괏값은?

	함수식	결괏값
①	=AVERAGE(G3:G4)	12,281,890
②	=SUM(G3:G4)	12,281,889
③	=AVERAGE(E5:F5)	12,281,890
④	=SUM(E3:F5)	12,281,889

09 2025년에 출시될 음료 제품의 블라인드 테스트를 진행한 설문 응답표를 엑셀 프로그램으로 정리하였다. 이를 토대로 다음과 같은 결과표를 만들고 싶을 때 필요한 엑셀의 함수는?

〈설문 응답표〉

문항 1. 음료를 개봉했을 때, 냄새가 바로 느껴지는가?
1. 매우 그렇다. 2. 그렇다. 3. 보통이다. 4. 아니다. 5. 매우 아니다.

문항 2. 음료를 마신 후, 이전에 먹어본 비슷한 음료가 생각나는가?
1. 매우 그렇다. 2. 그렇다. 3. 보통이다. 4. 아니다. 5. 매우 아니다.

⋮

	A	B	C	D	E	F	G
1	〈설문 응답표〉						
2		설문자 A	설문자 B	설문자 C	설문자 D	설문자 E	…
3	문항 1	1	2	3	4	5	…
4	문항 2	5	4	3	2	1	…
5	문항 3	1	1	1	1	1	…
6	문항 4	2	2	2	3	3	…
7	문항 5	4	4	5	1	2	…
8	…	…	…	…	…	…	…

	A	B	C	D	E	F	G
1	〈결과표〉						
2		매우 그렇다(1)	그렇다(2)	보통이다(3)	아니다(4)	매우 아니다(5)	
3	문항 1	1	1	1	1	1	
4	문항 2	1	1	1	1	1	
5	문항 3	5	0	0	0	0	
6	문항 4	0	3	2	0	0	
7	문항 5	1	1	0	2	1	
8	…	…	…	…	…	…	

① COUNTIF
② COUNT
③ COUNTA
④ DSUM

10 G공사에서 근무하고 있는 K사원은 2023년 12월 발전소별 생산실적을 엑셀을 이용해 정리하려고 한다. 다음 (A) ~ (D) 셀에 K사원이 입력해야 할 함수로 옳지 않은 것은?

	A	B	C	D	E	F	G
1							
2		2023년 12월 발전소별 생산실적					
3							
4		구분	열용량(Gcal)	전기용량(MW)	열생산량(Gcal)	발전량(MWH)	발전량의 순위
5		파주	404	516	144,600	288,111	(B)
6		판교	172	146	94,657	86,382	
7		광교	138	145	27,551	17	
8		수원	71	43	42,353	321,519	
9		화성	407	512	141,139	6,496	
10		청주	105	61	32,510	4,598	
11		대구	71	44	46,477	753	
12		삼송	103	99	2,792	4,321	
13		평균		(A)			
14							
15					열용량의 최댓값(Gcal)	열생산량 중 세 번째로 높은 값(Gcal)	
16					(C)	(D)	

① (A) : =AVERAGE(D5:D12)

② (B) : =RANK(F5,$F$5:$F$12,1)

③ (C) : =MAX(C5:C12)

④ (D) : =LARGE(E5:E12,3)

11 다음에서 설명하는 함수로 옳은 것은?

> 주어진 조건에 의해 지정된 셀들의 합계를 구하는 함수로, 특정 문자로 시작하는 셀들의 합계를 구하는 경우, 특정 금액 이상의 셀 합계를 구하는 경우, 구분 항목별 합계를 구하는 경우 등 다양하게 사용할 수 있다.

① SUM

② COUNT

③ AVERAGEA

④ SUMIF

12 다음 〈보기〉 중 개인정보에 해당하는 것을 모두 고르면?

〈보기〉

㉠ 가족의 이름　　㉡ 최종학력
㉢ 보험가입현황　　㉣ 전과기록

① ㉠, ㉢　　② ㉡, ㉢
③ ㉠, ㉢, ㉣　　④ ㉠, ㉡, ㉢, ㉣

13 다음 설명에 따라 2차 자료에 해당하는 것을 고르면?

우리는 흔히 필요한 정보를 수집할 수 있는 원천을 정보원(Sources)이라 부른다. 정보원은 정보를 수집하는 사람의 입장에서 볼 때 공개된 것은 물론이고 비공개된 것도 포함되며 수집자의 주위에 있는 유형의 객체 가운데서 발생시키는 모든 것이 정보원이라 할 수 있다.
이러한 정보원은 크게 1차 자료와 2차 자료로 구분할 수 있다. 1차 자료는 원래의 연구성과가 기록된 자료를 의미한다. 2차 자료는 1차 자료를 효과적으로 찾아보기 위한 자료 혹은 1차 자료에 포함되어 있는 정보를 압축・정리해서 읽기 쉬운 형태로 제공하는 자료를 의미한다.

① 학술회의자료　　② 백과사전
③ 출판 전 배포자료　　④ 학위논문

14 정보는 일정한 절차에 따라 사용되는 것이 효과적이다. 다음 중 정보의 효과적인 사용 절차로 가장 적절한 것은?

① 기획 → 관리 → 수집 → 활용
② 수집 → 관리 → 기획 → 활용
③ 기획 → 수집 → 관리 → 활용
④ 수집 → 기획 → 관리 → 활용

15 엑셀에 다음 자료를 입력할 때, 기본적으로 셀의 왼쪽으로 정렬되지 않는 것은?

① “2023”
② 2023-09-01
③ 2,000원
④ FIFA2026

제4회 KDB산업은행 필기시험

NCS 직업기초능력평가 모의고사

〈문항 수 및 시험시간〉

영역	문항 수	시험시간	모바일 OMR 답안채점 / 성적분석
의사소통능력	15문항	60분	
수리능력	15문항		
문제해결능력	15문항		
정보능력	15문항		

KDB산업은행 필기시험

제4회 모의고사

문항 수 : 60문항
시험시간 : 60분

제 1 영역 의사소통능력

01 다음 밑줄 친 단어 중 맞춤법이 옳지 않은 것은?

① 윗층에 누가 사는지 모르겠다.
② 오뚝이는 아무리 쓰러뜨려도 잘도 일어난다.
③ 새 컴퓨터를 살 생각에 좋아서 깡충깡충 뛰었다.
④ 그의 초라한 모습이 내 호기심에 불을 당겼다.

02 다음 글의 내용으로 적절하지 않은 것은?

> 우리 은하에서 가장 가까이 위치한 은하인 안드로메다 은하까지의 거리는 220만 광년이다. 이처럼 엄청난 거리로 떨어져 있는 천체까지의 거리는 어떻게 측정한 것일까?
> 첫 번째 측정 방법은 삼각 측량법이다. 그러나 피사체가 매우 멀리 있는 경우라면 삼각형의 밑변이 충분히 길 필요가 있다. 지구는 1년에 한 바퀴씩 태양 주변을 공전하는데 우리는 이 공전 궤도 반경을 알고 있기 때문에 이를 밑변으로 삼아 별까지의 거리를 측정할 수 있다. 그러나 가까이 있는 별까지의 거리도 지구 궤도 반지름에 비하면 엄청나게 길어서 연주 시차는 아주 작은 값이 되므로 측정하기가 쉽지 않다. 두 번째 측정 방법은 주기적으로 별의 밝기가 변하는 변광성의 주기와 밝기를 연구하는 과정에서 얻어졌다. 보통 별의 밝기는 거리의 제곱에 반비례해서 어두워지는데, 1등급과 6등급의 별은 100배의 밝기 차이가 있다. 그러나 밝은 별이 반드시 어두운 별보다 가까이 있는 것은 아니다. 별의 거리는 밝기의 절대등급과 겉보기등급의 비교를 통해 확정되기 때문이다. 즉, 모든 별이 같은 거리에 놓여 있다고 가정하고, 밝기 등급을 매긴 것을 절대등급이라 하는데, 만약 이 등급이 낮은(밝은) 별이 겉보기에 어둡다면 이 별은 매우 멀리 있는 것으로 볼 수 있다.

① 절대등급과 겉보기등급은 다를 수 있다.
② 별은 항상 같은 밝기를 가지고 있지 않다.
③ 삼각 측량법은 지구의 궤도 반경을 알아야 측정이 가능하다.
④ 어두운 별은 밝은 별보다 항상 멀리 있기 때문에 밝기에 의한 거리의 차가 있다.

03 다음 글의 주제로 가장 적절한 것은?

유전학자들의 최종 목표는 결함이 있는 유전자를 정상적인 유전자로 대체하는 것이다. 이렇게 가장 기본적인 세포 내 차원에서 유전병을 치료하는 것을 '유전자 치료'라 일컫는다. 유전자 치료를 하기 위해서는 이상이 있는 유전자를 찾아야 한다. 이를 위해 과학자들은 DNA의 특성을 이용한다.
DNA는 두 가닥이 나선형으로 꼬여 있는 이중 나선 구조로 이루어진 분자이다. 그런데 이 두 가닥에 늘어서 있는 염기들은 임의적으로 배열되어 있는 것이 아니다. 한쪽에 늘어선 염기에 따라 다른 쪽 가닥에 늘어선 염기들의 배열이 결정되는 것이다. 즉, 한쪽에 A염기가 존재하면 거기에 연결되는 반대쪽에는 반드시 T염기가 그리고 C염기에 대응해서는 반드시 G염기가 존재하게 된다. 염기들이 짝을 지을 때 나타나는 이러한 선택적 특성을 이용하여 유전병을 일으키는 유전자를 찾아낼 수 있다.
유전자를 찾기 위해 사용하는 첫 번째 도구는 DNA 한 가닥 중 극히 일부이다. '프로브(Probe)'라 불리는 이 DNA 조각은 염색체상의 위치가 알려져 있는 이십여 개의 염기들로 이루어진다. 한 가닥으로 이루어져 있는 특성으로 인해 프로브는 자신의 염기 배열에 대응하는 다른 쪽 가닥의 DNA 부분에 가서 결합할 것이다. 대응하는 두 가닥의 DNA가 이렇게 결합하는 것을 '교잡'이라고 일컫는다. 조사 대상인 염색체로부터 추출한 많은 한 가닥의 염색체 조각들과 프로브를 섞어 놓았을 때 프로브는 신비스러울 정도로 자신의 짝을 정확하게 찾아 교잡한다. 두 번째 도구는 '겔 전기영동'이라는 방법이다. 생물을 구성하고 있는 단백질·핵산 등 많은 분자들은 전하를 띠고 있어서 전기장 속에서 각 분자마다 독특하게 이동을 한다. 이러한 성질을 이용해 생물을 구성하고 있는 물질의 분자량, 각 물질의 전하량이나 형태의 차이를 이용하여 물질을 분리하는 것이 전기영동법이다. 이를 활용하여 DNA를 분리하려면 우선 DNA 조각들을 전기장에서 이동시키고, 이것을 젤라틴 판을 통과하게 함으로써 분리하면 된다.
이러한 조사 도구들을 갖추고서, 유전학자들은 유전병을 일으키는 유전자를 추적하는 데 나섰다. 유전학자들은 먼저 겔 전기영동법으로 유전병을 일으키는 유전자로 의심되는 부분과 동일한 부분에 존재하는 프로브를 건강한 사람에게서 떼어내었다. 그리고 건강한 사람에게서 떼어낸 프로브에 방사성이나 형광성을 띠게 하였다. 그 후에 유전병 환자들에게서 채취한 DNA 조각들과 함께 교잡 실험을 반복하였다. 유전병과 관련된 유전 정보가 담긴 부분의 염기 서열이 정상인과 다르므로 이 부분은 프로브와 교잡하지 않는다는 점을 이용하는 것이다. 교잡이 일어난 후 프로브가 위치하는 곳은 X선 필름을 통해 쉽게 찾아낼 수 있고, 이로써 DNA의 특정 조각은 염색체상에서 프로브와 같은 위치에 존재한다는 것을 알 수 있다.
언뜻 보기에는 대단한 진보를 이룬 것 같지 않지만, 유전자 치료는 최근 들어 공상 과학을 방불케 하는 첨단 의료 기술의 대표적인 주자로 부각되고 있다. DNA 연구 결과로 인해 우리는 지금까지 절망적이라고 여겨온 질병들을 치료할 수 있다는 희망을 갖게 되었다.

① 유전자의 종류와 기능
② 유전자 추적의 도구와 방법
③ 유전자 치료의 의의와 한계
④ 유전자 치료의 상업적 가치

04 다음 문단을 논리적 순서대로 바르게 나열한 것은?

(가) 정책 수단 선택의 사례로 환율과 관련된 경제 현상을 살펴보자. 외국 통화에 대한 자국 통화의 교환 비율을 의미하는 환율은 장기적으로 한 국가의 생산성과 물가 등 기초 경제 여건을 반영하는 수준으로 수렴된다.

(나) 이처럼 환율이나 주가 등 경제 변수가 단기에 지나치게 상승 또는 하락하는 현상을 오버슈팅(Overshooting)이라고 한다.

(다) 이러한 오버슈팅은 물가 경직성 또는 금융 시장 변동에 따른 불안 심리 등에 의해 촉발되는 것으로 알려져 있다. 여기서 물가 경직성은 시장에서 가격이 조정되기 어려운 정도를 의미한다.

(라) 그러나 단기적으로 환율은 이와 괴리되어 움직이는 경우가 있다. 만약 환율이 예상과는 다른 방향으로 움직이거나 또는 비록 예상과 같은 방향으로 움직이더라도 변동 폭이 예상보다 크게 나타날 경우 경제 주체들은 과도한 위험에 노출될 수 있다.

① (가) – (나) – (다) – (라)
② (가) – (라) – (나) – (다)
③ (나) – (다) – (라) – (가)
④ (나) – (라) – (다) – (가)

05 다음 글이 비판의 대상으로 삼는 주장으로 가장 적절한 것은?

경제 문제는 대개 해결이 가능하다. 대부분의 경제 문제에는 몇 개의 해결책이 있지만, 모든 해결책은 누군가가 상당한 손실을 반드시 감수해야 한다는 특징을 갖고 있다. 하지만 누구도 이 손실을 자발적으로 감수하고자 하지 않으며, 우리의 정치제도는 누구에게도 이 짐을 짊어지라고 강요할 수 없다. 우리의 정치적・경제적 구조로는 실질적으로 제로섬(Zero-sum)적인 요소를 지니는 경제 문제에 전혀 대처할 수 없기 때문이다.
대개의 경제적 해결책은 대규모의 제로섬적인 요소를 갖기 때문에 큰 손실을 수반한다. 모든 제로섬 게임에는 승자가 있다면 반드시 패자가 있으며, 패자가 존재해야만 승자가 존재할 수 있다. 경제적 이득이 경제적 손실을 초과할 수도 있지만, 손실의 주체에게 손실의 의미란 상당한 크기의 경제적 이득을 부정할 수 있을 만큼 매우 중요하다. 어떤 해결책으로 인해 평균적으로 사회는 더 잘살게 될 수도 있지만, 이 평균이 훨씬 더 잘살게 된 수많은 사람과 훨씬 더 못살게 된 수많은 사람을 감춘다. 만약 당신이 더 못살게 된 사람 중 하나라면 내 수입이 줄어든 것보다 다른 누군가의 수입이 더 많이 늘었다고 해서 위안을 얻지는 않을 것이다. 결국 우리는 우리 자신의 수입을 보호하기 위해 경제적 변화가 일어나는 것을 막거나 혹은 사회가 우리에게 손해를 입히는 공공정책이 강제로 시행되는 것을 막기 위해 싸울 것이다.

① 빈부격차를 해소하는 것만큼 중요한 정책은 없다.
② 사회의 총생산량이 많아지게 하는 정책이 좋은 정책이다.
③ 경제 문제에서 모두가 만족하는 해결책은 존재하지 않는다.
④ 경제적 변화에 대응하는 정치제도의 기능에는 한계가 존재한다.

06 다음 글의 내용으로 적절하지 않은 것은?

지대는 3가지 생산요소, 즉 토지, 자본, 노동의 소유자인 지주, 자본가, 노동자에게 돌아가는 정상적인 분배몫을 제외하고 남는 잉여 부분을 말한다. 가령 시장에서 인기가 많은 과일이 어느 특정 지역에서만 생산된다면 이곳에 땅을 가진 사람들은 자신들이 정상적으로 땅을 빌려주고 받을 수 있는 소득보다 훨씬 높은 잉여이익을 챙길 수 있을 것이다. 강남에 부동산을 가진 사람들은 그곳에 좋은 학군이 있고 좋은 사설학원들이 있기 때문에 다른 곳보다 훨씬 비싼 값에 부동산을 팔거나 임대할 수 있다. 정상적인 이익을 넘어서는 과도한 이익, 이것이 전통적인 지대 개념이다.

영국의 경제학자 앨프레드 마셜은 경제가 발전하고 복잡해짐에 따라 원래 땅에서 생겨난 이 지대 개념을 다른 산업분야로 확장하고, 땅으로부터의 잉여이익과 차별화하기 위해 '준지대'라는 이름을 붙였다. 즉, 특정 산업부문에 진입 장벽이나 규제가 있어 진입 장벽을 넘은 사람들이 실제보다 더 많은 잉여이익을 얻는 경우를 모두 총괄해서 준지대라고 하는 것이다. 가령 정부가 변호사와 의사 숫자를 대폭 제한하는 법이나 규제를 만들 경우 이미 진입 장벽을 넘은 변호사나 의사들은 자신들이 제공하는 전문적 서비스 이상으로 소득이 늘게 되는데 이것이 준지대가 되는 것이다. 또 특정 IT 기술자에 대한 수요가 급증했는데 자격을 가진 사람이 적어서 노동 공급이 한정된 경우 임금이 정상적 상태를 넘어서 대폭 상승한다. 이때의 임금상승은 생산요소의 한정적 공급에 따른 것으로 역시 준지대적 성격을 가진다.

원래 마셜이 생각했던 준지대는 일시적 현상으로서 시간이 지나면 해소되는 것이었다. 이를테면 특정 IT 기술자에 대한 수요가 오랫동안 꾸준할 경우 이 기술을 배우려는 사람이 늘어나고 노동 공급이 증가해 임금이 하락하게 된다. 시간이 지나면서 준지대가 해소되는 것이다. 그러나 정부가 어떤 이유로든 규제 장치나 법률을 제정해서 장벽을 쌓으면 준지대는 계속 유지될 수 있을 것이다. 이렇게 특정 산업의 로비스트들이 준지대를 유지하기 위하여 정부에 로비하고 정치권에 영향력을 행사하는 행위를 '지대추구'라고 한다.

역사적으로 지대추구의 대표적인 사례는 길드조직이었다. 남들보다 먼저 도시에 자리잡은 수공업자들은 각종 길드를 만들어 업종 칸막이를 했다. 한 길드는 비슷한 품목을 만들어내는 다른 길드의 영역을 침범할 수 없었고 심지어 큰 포도주 통을 만드는 사람은 작은 포도주 통을 만들지 못하도록 금지되었다. 당시 길드의 가장 큰 목적은 새로운 인력의 진입을 봉쇄하는 것이었다.

중세 봉건사회가 해체되면서 도시로 몰려들고 있는 저임금 노동자들이 더 싼 임금으로 수공업에 진출하려고 하자, 기득권을 지닌 도시 수공업자들이 귀족들의 비호 아래 길드조직을 법으로 보호해 저임금 신규인력 진출을 막고 자신들의 높은 이익을 보호하려 한 것이다.

① 지대는 토지와 자본, 노동의 대가를 제외한 나머지 부분을 일컫는다.
② 전통적으로 지대를 통해 비정상적으로 과도한 이익을 얻는 경우가 많았다.
③ 특정 농산물의 수요가 증가한다면, 그 지역의 지대는 평소보다 증가한다.
④ 정부는 규제 장치나 법률 제정으로 지대추구 행위를 해소하려고 노력한다.

※ 다음 글을 읽고, 이어지는 질문에 답하시오. [7~8]

지난 2002년 프랑스의 보케 교수는 물수제비 횟수는 돌의 속도가 빠를수록 증가하며, 최소 한 번 이상 튀게 하려면 시속 1km는 돼야 한다는 실험 결과를 발표하면서 수평으로 걸어준 회전 또한 중요한 변수라고 지적했다. 즉, 팽이가 쓰러지지 않고 균형을 잡는 것처럼 돌에 회전을 걸어주면 돌이 수평을 유지하여 평평한 쪽이 수면과 부딪칠 수 있다. 그러면 돌은 물의 표면장력을 효율적으로 이용해 위로 튕겨 나간다는 것이다.
물수제비 현상에서는 또 다른 물리적 원리를 생각할 수 있다. 단면(斷面)이 원형인 물체를 공기 중에 회전시켜 던지면 물체 표면 주변의 공기가 물체에 끌려 물체와 동일한 방향으로 회전하게 된다. 또한 물체 외부의 공기는 물체의 진행 방향과는 반대 방향으로 흐르게 된다. 이때 베르누이의 원리에 따르면, 물체 표면의 회전하는 공기가 물체 진행 방향과 반대편으로 흐르는 쪽은 공기의 속도가 빨라져 압력이 작아지지만, 물체 진행 방향과 동일한 방향으로 흐르는 쪽의 공기는 속도가 느려 압력이 커지게 되고, 결국 회전하는 물체는 압력이 낮은 쪽으로 휘어 날아가게 된다. 이를 '마그누스 효과'라고 하는데, 돌을 회전시켜 던지면 바로 이런 마그누스 효과로 인해 물수제비가 더 잘 일어날 수 있는 것이다. 또한 보케 교수는 공기의 저항을 줄이기 위해 돌에 구멍을 내는 것도 물수제비 발생에 도움이 될 것이라고 말했다.
최근 프랑스 물리학자 클라네 박사와 보케 교수가 밝혀낸 바에 따르면 물수제비의 핵심은 돌이 수면을 치는 각도에 있었다. 이들은 알루미늄 원반을 자동 발사하는 장치를 만들고 1백 분의 1초 이하의 순간도 잡아내는 고속 비디오카메라로 원반이 수면에 부딪치는 순간을 촬영했다. 그 결과 알루미늄 원반이 물에 빠지지 않고 최대한 많이 수면을 튕겨 가게 하려면 원반과 수면의 각도를 20°에 맞춰야 한다는 사실을 알아냈다. 클라네 박사의 실험에서 20°보다 낮은 각도로 던져진 돌은 일단 수면에서 튕겨 가기는 하지만 그 다음엔 수면에 맞붙어 밀려 가면서 운동에너지를 모두 잃어버리고 물에 빠져 버렸다. 돌이 수면과 부딪치는 각도가 45°보다 크게 되면 곧바로 물에 빠져 들어가 버렸다.
물수제비를 실제로 활용한 예도 있다. 2차 대전이 한창이던 1943년 영국군은 독일 루르 지방의 수력 발전용 댐을 폭파해 군수 산업에 치명타를 가했다. 고공 폭격으로는 댐을 정확하게 맞추기 어렵고, 저공으로 날아가 폭격을 하자니 폭격기마저 폭발할 위험이 있었다. 그래서 영국 공군은 4t 무게의 맥주통 모양 폭탄을 제작하여 18m의 높이로 저공비행을 하다가 댐 약 800m 앞에서 폭탄을 분당 500회 정도의 역회전을 시켜 투하시켰다. 포탄은 수면을 몇 번 튕겨 나간 다음 의도한 대로 정확히 댐 바로 밑에서 폭발했다.
이러한 물수제비 원리가 응용된 것이 성층권 비행기 연구다. 즉, 이륙 후 약 40km 상공의 성층권까지 비행기가 올라가서 엔진을 끈 후 아래로 떨어지다가 밀도가 높은 대기층을 만나면 물수제비처럼 튕겨 오르게 된다. 이때 엔진을 다시 점화해 성층권까지 올라갔다가 또 다시 아래로 떨어지면서 대기층을 튕겨 가는 방식을 되풀이한다. 과학자들은 비행기가 이런 식으로 18번의 물수제비를 뜨면 시카고에서 로마까지 72분에 갈 수 있을 것으로 기대하고 있다. 과학자들은 ㉠ 우리 주변에서 흔히 보는 물수제비를 바탕으로 초고속 비행기까지 생각해냈다. 그 통찰력이 참으로 놀랍다.

07 윗글의 내용으로 가장 적절한 것은?

① 돌이 무거울수록 물수제비 현상은 더 잘 일어난다.
② 돌의 표면이 거칠수록 물의 표면장력은 더 커진다.
③ 돌을 회전시켜 던지면 공기 저항을 최소화할 수 있다.
④ 수면에 부딪친 돌의 운동에너지가 유지되어야 물수제비가 일어난다.

08 다음 중 밑줄 친 ㉠과 유사한 사례로 볼 수 없는 것은?

① 프리즘을 통해 빛이 분리되는 것을 알고 무지개 색을 규명해냈다.

② 새가 날아갈 때 날개에 양력이 생김을 알고 비행기를 발명하게 되었다.

③ 푸른곰팡이에 세균을 죽이는 성분이 있음을 알고 페니실린을 만들어냈다.

④ 물이 넘치는 것을 통해 부력이 존재함을 알고 거대한 유조선을 바다에 띄웠다.

09 다음 기사를 읽고 전선업계를 비판한 내용으로 가장 적절한 것은?

> 국내 전선산업은 구릿값 변동과 밀접하게 맞물려 성장과 침체를 거듭해 왔다. 케이블 원가의 60% 이상을 전기동이 차지하고, 회사의 매출·이익과 연관되다 보니 전선업계는 구리 관련 이슈에 매번 민감한 반응을 보일 수밖에 없는 상황이다. 특히 올해는 전선업계에 그 어느 때보다도 구리 관련 이슈가 많았던 해로 기억될 전망이다. 계속해서 하향곡선을 그리던 국제 구리 시세가 5년 만에 오름세로 반전, 전선산업에 직·간접적으로 영향을 주기 시작했고, 한국전력공사가 지중배전케이블의 구리-알루미늄 도체 성능 비교에 나서는 등 크고 작은 사건들이 일어났기 때문이다.
>
> 전선업계는 지난해 말, 수년간 약세를 보였던 구릿값이 강세로 돌아서자 기대감 섞인 시선을 보냈다. 수년 전의 경험을 바탕으로, 전선업계가 직면해 있던 만성적인 수급 불균형과 경기침체로 인한 위기를 조금이나마 해소할 계기가 될 것이라는 장밋빛 전망이 나왔던 것이다. 2009년부터 2011년까지 구리가 전선업계의 역사적 호황을 이끌었던 사례가 있다. 2008년 톤당 2,700달러대였던 구릿값은 2011년 1만 달러를 돌파하며 끝없이 치솟았고, 전선업체들의 성장을 이끌었다.
>
> 그 이전만 해도 경제위기와 공급과잉 등으로 어려움을 겪었던 전선업계는 구릿값 상승 기류를 타고 분위기를 반전시켰다. 그러나 막상 지난해 말 이후 상승세를 이어가고 있는 구리 시세가 시장에 적용되기 시작한 금년에 들어서자, 이 같은 업계 기대감은 산산조각 났다. 오히려 빠르게 치솟는 구릿값을 시장가격이 따라잡지 못하면서, 기업의 수익성에 부정적 영향을 미치는 등 부작용이 이어지고 있기 때문이다. 지난해 11월 1일 4,862.5달러였던 구리 시세가 올해 10월 27일 7,073.50달러까지 45.5%가량 오르면서, 전선업체들의 매출도 대부분 올랐다. 반면 영업이익은 전년과 비슷한 수준이거나 반대로 줄어든 곳이 많았다.
>
> 무엇보다 불공정계약이 만연한 것도 동값 위기를 키우고 있다. 업계에 따르면 계약 체결 후 제품을 납품하고 수금하는 과정에서 전선업체와 구매자 간 불공정거래 문제가 심각한 상황이다. 전선업계는 구릿값이 상승할 경우 기존 계약금액을 동결한 상태에서 결제를 진행하고, 반대로 구릿값이 떨어지면 그만큼의 차액을 계약금에서 차감해줄 것을 요구하는 등의 불공정거래 행위가 여전히 이어지고 있다고 입을 모으고 있다.

① '개구리 올챙이 적 생각 못 한다'더니 구릿값이 비쌌을 때 생각 못 하고 있네.

② '소 잃고 외양간 고친다'더니 구릿값이 올라가니깐 후회하고 있구나.

③ '등잔 밑이 어둡다'더니 전선업계는 자신들의 문제를 이해하지 못하는군.

④ '달면 삼키고 쓰면 뱉는다'더니 자기의 이익만을 생각하고 있구나.

※ 다음 글을 읽고, 이어지는 질문에 답하시오. [10~12]

'인문적'이라는 말은 '인간다운(Humane)'이라는 뜻으로 해석할 수 있는데, 유교 문화는 이런 관점에서 인문적이다. 유교의 핵심적 본질은 '인간다운' 삶의 탐구이며, 인간을 인간답게 만드는 덕목을 제시하는 데 있다. '인간다운 것'은 인간을 다른 모든 동물과 차별할 수 있는, 그래서 오직 인간에게서만 발견할 수 있는 이상적 본질과 속성을 말한다. 이러한 의도와 노력은 서양에서도 있었다. 그러나 그 본질과 속성을 규정하는 동서의 관점은 다르다. 그 속성은 그리스적 서양에서는 '이성(理性)'으로, 유교적 동양에서는 '인(仁)'으로 각기 달리 규정된다. 이성이 지적 속성인 데 비해서 인은 도덕적 속성이다. 인은 인간으로서 가장 중요한 덕목이며 근본적 가치이다.

'인(仁)'이라는 말은 다양하게 정의되며, 그런 정의에 대한 여러 논의가 있을 수 있기는 하다. 하지만 인의 핵심적 의미는 어쩌면 놀랄 만큼 단순하고 명료하다. 그것은 '사람다운 심성'을 가리키고, 사람다운 심성이란 '남을 측은히 여기고 그의 인격을 존중하여 자신의 욕망과 충동을 자연스럽게 억제하는 착한 마음씨'이다. 이때 '남'은 인간만이 아닌 자연의 모든 생명체로 확대된다. 그러므로 '인'이라는 심성은 곧 ㉠ "낚시질은 하되 그물질은 안 하고, 주살을 쏘되 잠든 새는 잡지 않는다(釣而不網, 弋不射宿)."에서 그 분명한 예를 찾을 수 있다.

유교 문화가 이런 뜻에서 '인문적'이라는 것은 유교 문화가 가치관의 측면에서 외형적이고 물질적이기에 앞서 내면적이고 정신적이며, 태도의 시각에서 자연 정복적이 아니라 자연 친화적이며, 윤리적인 시각에서 인간 중심적이 아니라 생태 중심적임을 말해준다.

여기서 질문이 나올 수 있다. 근대화 이전이라면 어떨지 몰라도 현재의 동양 문화를 위와 같은 뜻에서 정말 '인문적'이라 할 수 있는가?

나의 대답은 부정적이다. 적어도 지난 한 세기 동양의 역사는 스스로 선택한 서양화(西洋化)라는 혼란스러운 격동의 역사였다. 서양화는 그리스적 철학, 기독교적 종교, 근대 민주주의적 정치이념 등으로 나타난 이질적 서양 문화, 특히 너무나 경이로운 근대 과학 기술 문명의 도입과 소화를 의미했다. 이러한 서양화가 전통 문화, 즉 자신의 정체성의 포기 내지는 변모를 뜻하는 만큼 심리적으로 고통스러운 것이었음에도 불구하고, 동양은 서양화가 '발전적 · 진보적'이라는 것을 의심하지 않았다. 모든 것이 급속히 세계화되어 가고 있는 오늘의 동양은 문명과 문화의 면에서 많은 점이 서양과 구별할 수 없을 만큼 서양화되었다. 어느 점에서 오늘의 동양은 서양보다도 더 물질적 가치에 빠져 있으며, 경제적 · 기술적 문제에 관심을 쏟고 있다.

하지만 그런 가운데에서도 동양인의 감성과 사고의 가장 심층에 깔려 있는 것은 역시 동양적 · 유교적, 즉 '인문적'이라고 볼 수 있다. 그만큼 유교는 동양 문화가 한 세기는 물론 몇 세기 그리고 밀레니엄의 거센 비바람으로 변모를 하면서도, 근본적으로 바뀌지 않고 쉽게 흔들리지 않을 만큼 깊고 넓게 그 뿌리를 박고 있는 토양이다. 지난 한 세기 이상 '근대화', '발전'이라는 이름으로 서양의 과학 문화를 어느 정도 성공적으로 추진해 온 동양이 그런 서양화에 어딘가 불편과 갈등을 느끼는 중요한 이유의 하나는 바로 이러한 사실에서 찾을 수 있다.

10 윗글의 내용으로 적절하지 않은 것은?

① 동양 문화는 서양화를 통해 성공적으로 발전했다.

② 유교 문화는 내면적이고 정신적이며 자연 친화적이다.

③ 유교는 동양인의 감성과 사고의 밑바탕에 깔려 있다.

④ '인'은 사람다운 심성으로, 그 대상이 모든 생명체로 확대된다.

11 윗글의 서술 방법으로 적절한 것을 〈보기〉에서 모두 고르면?

〈보기〉

㉠ 개념을 밝혀 논점을 드러낸다.
㉡ 주장을 유사한 이론들과 비교한다.
㉢ 문제점을 지적한 후 견해를 제시한다.
㉣ 여러 각도에서 문제를 분석하여 논지를 강화한다.

① ㉠, ㉡
② ㉠, ㉢
③ ㉡, ㉢
④ ㉡, ㉣

12 밑줄 친 ㉠을 토대로 '인(仁)의 심성'을 이해한 독자들의 반응으로 적절하지 않은 것은?

① 민수 : 몸보신을 위해 낚시하는 사람도 있어.
② 재우 : 산란기에는 물고기를 잡지 않는다고 해.
③ 영희 : 진짜 낚시꾼은 두 치 이하의 새끼를 살려줘.
④ 철수 : 그물눈이나 망의 크기로 치어(稚魚)를 보호한다지.

※ 다음 글을 읽고, 이어지는 질문에 답하시오. [13~15]

미국 프린스턴대의 진화생물학자인 존 타일러 보너 교수는 자신이 쓴『크기의 과학』에서 "지구 역사상 유기체 크기의 상한선은 항상 열려 있고, 대부분의 생물은 몸집을 키우는 방향으로 진화해 왔다."라고 말한다. 거대동물의 큰 몸집은 과학자에게 흥미로운 주제가 된다. 아직까지 확실한 이유가 밝혀지지는 않았지만, 진화의 방향성을 놓고 볼 때 몸집이 커지는 쪽이 당연하다는 것에는 대개의 관련 학자들이 동의하고 있다. 동물은 몸집이 커지면 유리한 점이 많다. 천적이 줄어들고, 다른 경쟁 상대에 비해 먹잇감을 얻기가 쉬워진다. 대형 초식동물이 늘면 포식자들도 효과적으로 사냥하기 위해 몸집을 키우는 방향으로 진화하기 마련이다.

동물의 몸집이 커지는 쪽으로 진화하는 데는 환경적인 요인도 작용한다. 예를 들어 차가운 기후에서 포유류와 같은 온혈동물의 몸집은 더 커져야 한다. 체온을 유지하기 위해서는 큰 몸뚱이가 유리하기 때문이다. 반면 양서류나 파충류와 같은 냉혈동물은 따뜻한 기후에서 몸집이 더 커진다. 몸집이 커지면 외부 열을 차단하기에 더 유리하다. 대기 중 산소 농도가 크기에 영향을 줬다는 주장도 있다. 과학자들은 석탄기에 살던 바퀴벌레가 고양이만했던 까닭이 대기 중 산소 농도가 지금보다 두 배 높았기 때문일 것으로 보고 있다. 거대곤충들은 다리에 산소를 공급하는 기관과 힘줄, 신경 다발이 발달했는데, 이들 기관이 산소를 몸 곳곳에 충분히 공급하면서 몸집이 커졌다는 이야기이다. 서식지 면적도 영향을 줬을 가능성이 높다. 어떤 학자들은 북극해 랭스 섬에 살던 매머드의 크기가 유라시아 대륙에 살던 매머드의 65%에 불과했던 것은 서식지의 면적과 관련이 있다고 주장한다. 덩치가 큰 동물일수록 먹잇감을 충분하게 공급하는 넓은 면적의 서식지가 필요하기 때문이라는 것이다.

하지만 이러한 요인들의 영향을 받더라도 동물의 몸집이 무한정 커지기만 하는 것은 아니다. 생물의 크기는 세포 수가 결정한다. 세포의 자체 크기나 모양보다는 얼마나 많이 분열하느냐에 따라 몸집이 결정된다. 쥐와 코끼리가 세포 종류에서 차이가 없지만 몸집이 다른 것도 이런 이유 때문이다. 몸의 크기는 또 성장호르몬의 종류와 양에 따라 달라진다. 성장호르몬이 세포의 분열을 계속 명령해서 세포의 숫자가 점점 많아진다면 덩치도 따라서 커진다. 그러나 세포가 계속해서 분열만 한다고 해서 무한정 성장하는 것은 아니다. 생물 스스로의 조절 능력을 벗어난 세포 분열은 일어나지 않는다. 설령 그렇다 하더라도 비정상적인 부작용을 낳을 수 있다.

예를 들어 소설『걸리버 여행기』에 등장하는 거인국 사람을 보자. 키가 정상인의 2배만 돼도 쓰러져 머리를 부딪치면 그 충격은 30배나 된다. 또 뜀박질은 물론 제자리에서 폴짝 뛰는 것도 어렵게 된다. 뛰었다 떨어지는 순간 몸무게 때문에 다리뼈가 박살날 수도 있다. 과학자들은『걸리버 여행기』에 등장하는 사람의 다리는 물리적인 구조상 거의 코끼리 다리 수준으로 굵어져야 한다고 설명한다. 뼈뿐만 아니라 근육도 더 많이 필요하기 때문에 결국 신체 각 부분의 크기 비율이 달라져야 한다. 코끼리보다 몸무게가 14배나 더 무거운 대왕고래는 부력 덕분에 수중에서는 살 수 있지만 만약 육지에 올라온다면 중력의 영향으로 생존하기 어렵게 된다. 동물은 몸집이 커지면 그에 맞게 신체 구조도 함께 바뀌어야 하는 것이다.

13 윗글에 대한 설명으로 가장 적절한 것은?

① 전문가의 견해를 근거로 거대동물이 사라지게 된 배경을 제시하고 있다.
② 동물의 몸집이 커지는 요인을 밝힌 후 거대화의 한계에 대해 서술하고 있다.
③ 환경적 요인이 거대동물의 출현에 미친 영향을 상반된 관점에서 설명하고 있다.
④ 진화의 과정에서 동물의 몸집이 커지는 이유를 시간적 순서에 따라 나열하고 있다.

14 윗글을 읽고 추론할 수 있는 내용으로 적절하지 않은 것은?

① 열대 지역의 개구리보다 온대 지역의 개구리가 몸집이 커야 생존에 유리하겠군.
② 대왕고래가 육지로 올라온다면 중력의 영향으로 자신의 몸을 지탱하기 어렵겠군.
③ 코끼리만한 크기의 얼룩말이 늘어난다면 사자도 몸집을 키우는 방향으로 진화해야겠군.
④ 같은 종의 초식동물이라면 면적이 좁은 섬보다 넓은 육지에 사는 동물의 몸집이 더 크겠군.

15 윗글을 읽은 독자가 〈보기〉에 대해 보인 반응으로 가장 적절한 것은?

〈보기〉

몸집이 큰 생명체는 작은 생명체보다 대사율이 떨어진다. 코끼리가 한 번 먹는 식사량은 쥐 한 마리가 한 끼 먹는 양보다 절대적으로 많다. 그러나 코끼리는 자기 몸무게만큼의 쥐들이 먹는 음식물보다 훨씬 적은 양을 먹어도 살 수 있다. 외신에 따르면 유전자 공학을 이용하여 육우의 몸집을 키우는 연구가 진행되고 있다고 한다. 머지않아 거대육우가 등장할 것으로 예상된다.

① '거대육우'는 늘어난 몸무게 때문에 일반 소와는 신체 구조가 달라지겠군.
② 몸집이 커진 '거대육우'를 기르는 농가는 사료비용의 증가로 적자를 보겠군.
③ 분열한 세포들의 수가 너무 많아지면 '거대육우'의 수명을 단축시키게 될 것 같아.
④ 세포 수가 증가하면 '거대육우'의 무게가 증가하니 무한정 성장할 수 있겠군.

01 S은행의 연금 상품에 가입한 C고객은 올해부터 10년 동안 연초에 물가상승률이 연 10%가 적용되는 연금을 받기로 하였으며, 올해 말에는 500(1+0.1)만 원이 나온다고 한다. 갑자기 사정이 생겨 목돈이 필요한 C고객은 이 연금을 올해 초에 일시불로 받으려고 은행을 찾았다면, C고객이 일시불로 받을 수 있는 금액은 얼마인가?(단, 만의 자리 미만은 버리고 $1.1^{10}=2.5$로 계산한다)

① 2,300만 원　② 2,800만 원
③ 3,000만 원　④ 3,300만 원

02 슬기, 효진, 은경, 민지, 은빈 5명은 여름휴가를 떠나기 전 원피스를 사러 백화점에 갔다. 모두 마음에 드는 원피스 하나를 발견해 각자 원하는 색깔의 원피스를 고르기로 하였다. 원피스는 노란색 2벌, 파란색 2벌, 초록색 1벌이 있을 때, 5명이 각자 1벌씩 고를 수 있는 경우의 수는?

① 28가지　② 30가지
③ 32가지　④ 34가지

03 지혜는 농도가 7%인 300g 소금물과 농도가 8%인 500g 소금물을 모두 섞었다. 섞은 소금물의 물을 증발시켜 농도가 10% 이상인 소금물을 만들려고 할 때, 지혜가 증발시켜야 하는 물의 양은 최소 몇 g 이상인가?

① 200g　② 190g
③ 185g　④ 175g

04 작년 한 해 업무평가 점수가 가장 높았던 A ~ D 4명의 직원에게 성과급을 지급했다. 다음 〈조건〉에 따라 성과급은 A직원부터 D직원까지 차례로 지급되었다고 할 때, 4명의 직원에게 지급된 성과급 총액은 얼마인가?

〈조건〉

- A직원은 성과급 총액의 $\frac{1}{3}$보다 20만 원을 더 받았다.
- B직원은 A직원이 받고 남은 성과급의 $\frac{1}{2}$보다 10만 원을 더 받았다.
- C직원은 A, B직원이 받고 남은 성과급의 $\frac{1}{3}$보다 60만 원을 더 받았다.
- D직원은 A, B, C직원이 받고 남은 성과급의 $\frac{1}{2}$보다 70만 원을 더 받았다.

① 860만 원
② 900만 원
③ 940만 원
④ 960만 원

05 다음은 K국 6개 수종의 기건비중 및 강도에 대한 자료이다. 〈조건〉에 따라 A와 C에 해당하는 수종을 바르게 나열한 것은?

〈6개 수종의 기건비중 및 강도〉

수종	기건비중 (ton/m^3)	강도(N/mm^2)			
		압축강도	인장강도	휨강도	전단강도
A	0.53	48	52	88	10
B	0.89	64	125	118	12
C	0.61	63	69	82	9
삼나무	0.37	41	45	72	7
D	0.31	24	21	39	6
E	0.43	51	59	80	7

〈조건〉

- 전단강도 대비 압축강도 비가 큰 상위 2개 수종은 낙엽송과 전나무이다.
- 휨강도와 압축강도 차가 큰 상위 2개 수종은 소나무와 참나무이다.
- 참나무의 기건비중은 오동나무 기건비중의 2.5배 이상이다.
- 인장강도와 압축강도의 차가 두 번째로 큰 수종은 전나무이다.

	A	C
①	소나무	낙엽송
②	소나무	전나무
③	오동나무	낙엽송
④	참나무	소나무

06 다음은 성별 국민연금 가입자 현황을 나타낸 자료이다. 이에 대한 설명으로 옳은 것은?

〈성별 국민연금 가입자 수〉

(단위 : 명)

구분	사업장가입자	지역가입자	임의가입자	임의계속가입자	합계
남자	8,059,994	3,861,478	50,353	166,499	12,138,324
여자	5,775,011	3,448,700	284,127	296,644	9,804,482
합계	13,835,005	7,310,178	334,480	463,143	21,942,806

① 남자 사업장가입자 수는 남자 지역가입자 수의 2배 미만이다.

② 여자 사업장가입자 수는 이를 제외한 항목의 여자 가입자 수를 모두 합친 것보다 적다.

③ 전체 지역가입자 수는 전체 사업장가입자 수의 50% 미만이다.

④ 전체 가입자 중 여자 가입자 수의 비율은 40% 이상이다.

07 다음은 품목별 수송량 구성비를 나타낸 그래프이다. 이에 대한 설명으로 옳지 않은 것은?

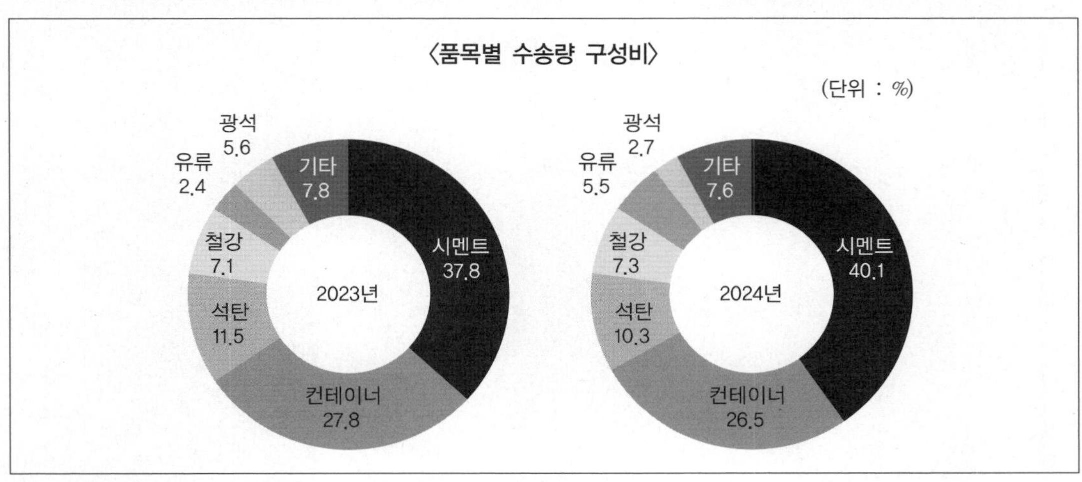

① 기타를 제외하고 2023년 대비 2024년에 구성비가 증가한 품목은 3개이다.

② 컨테이너 수송량은 2023년에 비해 2024년에 감소하였다.

③ 구성비가 가장 크게 변화한 품목은 유류이다.

④ 2023년과 2024년에 가장 큰 비율을 차지하는 품목은 같다.

08 다음은 한 · 중 · 일의 평판 TV 시장점유율 추이를 나타낸 그래프이다. 이에 대한 설명으로 옳지 않은 것은?

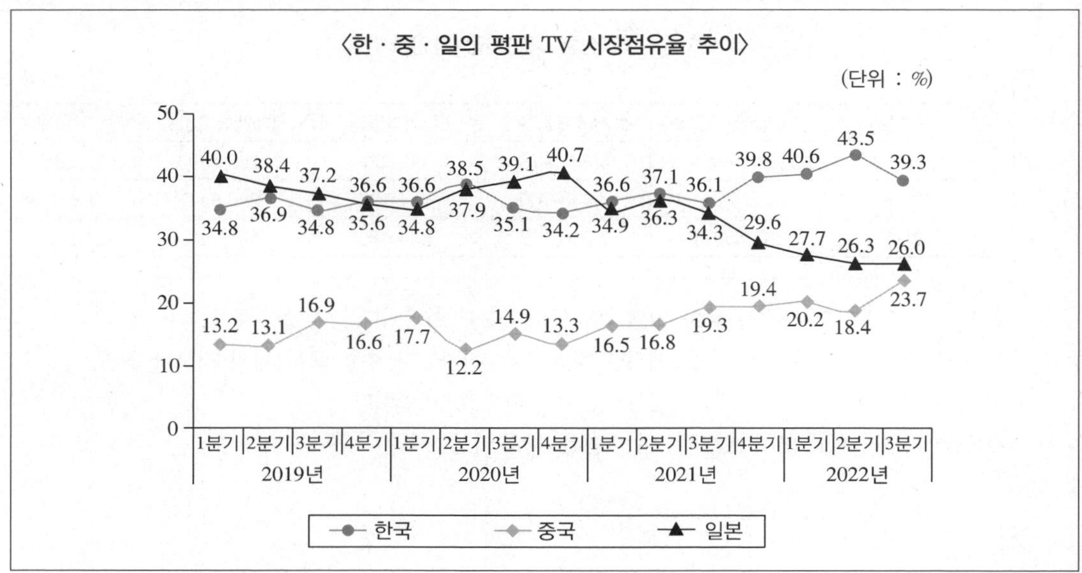

① 15분기 동안 한국이 10번, 일본이 5번 시장점유율 1위를 차지했다.

② 2021년 4분기의 한국과 일본, 일본과 중국의 점유율 차이는 같다.

③ 한국과 중국의 점유율 차이는 매분기 15%p 이상이다.

④ 중국과 일본의 점유율 차이는 2021년 2분기부터 계속 줄어들고 있다.

09 다음은 금융기관별 연간 보험료 산정산식이다. 금융기관 A ~ D사의 정보가 다음과 같을 때, A ~ D사 중 연간 보험료가 가장 낮은 곳은 어디인가?

〈금융기관별 연간 보험료 산정산식〉

금융기관	연간 보험료 산정산식
투자매매·중개업자	(예금 등의 연평균잔액)×15/10,000
보험회사	[(책임준비금)+(수입보험료)]/2×15/10,000
종합금융회사	(예금 등의 연평균잔액)×15/10,000
상호저축은행	(예금 등의 연평균잔액)×40/10,000

〈금융기관별 정보〉

(단위 : 원)

구분	금융기관 종류	예금 등의 연평균잔액	책임준비금	수입보험료
A사	보험회사	34억 1천만	25억 2천만	13억 6천만
B사	종합금융회사	21억 5천만	–	–
C사	투자매매업자	12억 9천만	–	–
D사	상호저축은행	5억 2천만	–	–

① A사　　② B사

③ C사　　④ D사

※ 다음은 K공사의 보험료 과오납의 처리 규정이다. 이어지는 질문에 답하시오. **[10~11]**

〈과오납 처리 규정〉

- 금융기관이 보험료(특별기여금 포함)를 과납한 경우 증빙자료를 첨부하여 공사에 환급을 요청할 수 있으며, 이때 공사는 사실 확인을 하여 정당하다고 판단될 경우 과납한 보험료에 환급이자를 가산하여 환급합니다.
  - 환급이자는 과납금액에 납부일 다음 날부터 환급일까지의 일수만큼 국세기본법시행령 제43조의 3의 이자율을 곱하여 산정
- 금융기관은 보험료 및 특별기여금을 납부기한까지 납부하지 아니하거나 부족하게 납부한 경우 동 미납액에 연체료를 합산한 금액을 공사에 즉시 납부하여야 합니다.
  - 연체료는 미납액에 납부 지연일수만큼 연체이자율(납부기일의 일반은행 일반자금 대출 시 평균 연체이자율)을 곱하여 산정

10 **금융회사인 S사는 2024년 4월 7일 K공사에 1,000,000원의 보험료를 과납하였다. S사는 즉시 증빙자료를 첨부하여 K공사에 환급 요청을 하였으며, K공사는 이를 정당하다고 판단하였다. K공사가 2024년 4월 11일 S사에 환급하였다고 할 때, K공사가 S사에 환급한 금액은 얼마인가?[단, 환급이자율은 1.2%이며, $(1.012)^4=1.04$로 계산한다]**

① 1,010,000원
② 1,025,000원
③ 1,040,000원
④ 1,075,000원

11 **금융회사인 Q사는 2024년 7월 2일에 K공사에 1,200,000원의 보험료를 미납하였다. Q사가 2024년 7월 5일에 미납액과 연체료를 합산한 금액을 모두 납부하였다고 할 때, 그 금액은 얼마인가?[단, 연체이자율은 2.0%이며, $(1.02)^3=1.06$으로 계산한다]**

① 1,258,000원
② 1,261,000원
③ 1,272,000원
④ 1,278,000원

※ 다음은 2016 ~ 2024년 활동 의사 인원에 대한 자료이다. 이어지는 질문에 답하시오. **[12~13]**

〈2016 ~ 2024년 활동 의사 인원〉

(단위 : 천 명)

구분	2016년	2017년	2018년	2019년	2020년	2021년	2022년	2023년	2024년
캐나다	2.1	2.1	2.1	2.1	2.1	2.1	2.1	2.1	2.2
덴마크	–	2.5	2.7	2.7	2.8	2.9	3.0	3.1	3.2
프랑스	3.1	3.3	3.3	3.3	3.4	3.4	3.4	3.4	3.4
독일	–	3.1	3.3	3.3	3.3	3.4	3.4	3.4	3.5
그리스	3.4	3.9	4.3	4.4	4.6	4.8	4.9	5.0	5.4
헝가리	2.8	3.0	3.1	3.2	3.2	3.3	3.3	2.8	3.0
이탈리아	–	3.9	4.1	4.3	4.4	4.1	4.2	3.8	3.7
일본	1.7	–	1.9	–	2.0	–	2.0	2.2	2.1
한국	0.8	1.1	1.3	1.4	1.5	1.6	1.6	1.6	1.7
멕시코	1.0	1.7	1.6	1.5	1.5	1.6	1.7	1.8	1.9
네덜란드	2.5	–	3.2	3.3	3.4	3.5	3.6	3.7	3.8
뉴질랜드	1.9	2.1	2.2	2.2	2.1	2.2	2.2	2.1	2.3
노르웨이	–	2.8	2.9	3.0	3.4	3.4	3.5	3.7	3.8
미국	1.5	2.2	2.3	2.4	2.3	2.4	2.4	2.4	2.4

12 다음 〈보기〉 중 자료를 보고 판단한 내용으로 옳지 않은 것을 모두 고르면?

〈보기〉

㉠ 2019년의 활동 의사 인원은 그리스가 한국의 4배 이상이다.
㉡ 활동 의사 인원은 앞으로 10년 이내에 한국이 프랑스를 넘어설 것이다.
㉢ 2024년 활동 의사 인원이 가장 많은 나라의 활동 의사 인원은 가장 적은 나라의 3배 이상이다.

① ㉠ ② ㉡
③ ㉠, ㉡ ④ ㉠, ㉢

13 다음 중 자료에 대한 설명으로 옳은 것은?

① 네덜란드의 2023년 활동 의사 인원은 같은 해 활동 의사 인원이 가장 많은 나라에 비해 1.7천 명 적다.
② 활동 의사 인원을 의료서비스 지수로 볼 때, 가장 열악한 의료서비스 지수를 보인 나라는 멕시코이다.
③ 그리스의 활동 의사 인원은 미국보다 매년 두 배 이상 높은 수치를 보인다.
④ 2022년 활동 의사 인원이 가장 적은 나라는 한국이며, 가장 많은 나라는 그리스이다.

※ 다음은 초 · 중 · 고등학교 전체 학생 수와 다문화가정 학생 수에 대한 자료이다. 이어지는 질문에 답하시오. [14~15]

〈초 · 중 · 고등학교 전체 학생 수〉

(단위 : 천 명)

구분	2015년	2016년	2017년	2018년	2019년	2020년	2021년	2022년	2023년	2024년
학생 수	7,776	7,735	7,618	7,447	7,236	6,987	6,732	6,529	6,334	6,097

〈다문화가정 학생 수〉

(단위 : 명)

구분	초등학교	중학교	고등학교	전체 다문화가정 학생 수
2015년	7,910	1,139	340	9,389
2016년	12,199	1,979	476	14,654
2017년	16,785	2,527	868	20,180
2018년	21,466	3,294	1,255	26,015
2019년	24,701	5,260	1,827	31,788
2020년	28,667	7,634	2,377	38,678
2021년	33,792	9,647	3,515	46,954
2022년	39,430	11,294	5,056	55,780
2023년	48,297	12,525	6,984	67,806
2024년	60,283	13,865	8,388	82,536

14 다문화가정 학생 중 초등학생과 고등학생은 2015년에 비해 2024년에 각각 몇 명이 증가했는가?

	초등학생	고등학생
①	40,387명	4,716명
②	40,387명	6,644명
③	52,373명	6,644명
④	52,373명	8,048명

15 다음 중 자료에 대한 설명으로 옳지 않은 것은?

① 초 · 중 · 고등학교 전체 학생 수는 계속 감소하고 있는 추세이다.

② 초 · 중 · 고등학교 전체 학생 수가 6백만 명대로 처음 감소한 해는 2020년이다.

③ 2024년의 전체 다문화 학생 수는 2015년에 비해 73,147명 증가했다.

④ 초 · 중 · 고등학교 전체 학생 수 대비 전체 다문화 학생 수의 비율은 점점 증가했다가 2023년에 감소했다.

제3영역 문제해결능력

01 **마지막 명제가 참일 때, 빈칸에 들어갈 명제로 가장 적절한 것은?**

> • 비가 오면 한강 물이 불어난다.
> • 비가 오지 않으면 보트를 타지 않은 것이다.
> • ______________________________
> • 따라서 자전거를 타지 않으면 한강 물이 불어난다.

① 자전거를 타면 비가 오지 않는다.

② 보트를 타면 자전거를 탄다.

③ 한강 물이 불어나면 보트를 타지 않은 것이다.

④ 자전거를 타지 않으면 보트를 탄다.

02 **K사의 A ~ F팀은 월요일부터 토요일까지 하루에 2팀씩 함께 회의를 진행한다. 다음 〈조건〉을 참고할 때, 반드시 참인 것은?(단, 월요일부터 토요일까지 각 팀의 회의 진행 횟수는 서로 같다)**

〈조건〉

> • 오늘은 목요일이고 A팀과 F팀이 함께 회의를 진행했다.
> • B팀은 A팀과 연이은 요일에 회의를 진행하지 않는다.
> • B팀은 오늘을 포함하여 이번 주에는 더 이상 회의를 진행하지 않는다.
> • C팀은 월요일에 회의를 진행했다.
> • D팀과 C팀은 이번 주에 B팀과 한 번씩 회의를 진행한다.
> • A팀과 F팀은 이번 주에 이틀을 연이어 함께 회의를 진행한다.

① E팀은 수요일과 토요일 하루 중에만 회의를 진행한다.

② 화요일에 회의를 진행한 팀은 B팀과 E팀이다.

③ C팀과 E팀은 함께 회의를 진행하지 않는다.

④ F팀은 목요일과 금요일에 회의를 진행한다.

03 지영이의 생일을 맞이하여 민지, 재은, 영재, 정호는 함께 생일을 축하하고, 생일 케이크를 나눠 먹기로 하였다. 지영이가 다섯 조각으로 자른 케이크의 크기는 서로 다르며 다음 〈조건〉에 따라 각자 케이크 한 조각씩을 먹었다고 할 때, 케이크의 크기가 작은 순서로 바르게 나열한 것은?

〈조건〉

- 생일 주인공이 가장 큰 조각의 케이크를 먹었다.
- 민지의 케이크 조각은 가장 작지도 않고, 두 번째로 작지도 않다.
- 재은이의 케이크 조각은 지영이의 케이크 조각보다 작지만, 민지의 케이크 조각보다는 크다.
- 정호의 케이크 조각은 민지의 케이크 조각보다는 작지만, 영재의 케이크 조각보다는 크다.

① 지영 – 재은 – 민지 – 영재 – 정호
② 정호 – 재은 – 민지 – 영재 – 지영
③ 영재 – 정호 – 민지 – 재은 – 지영
④ 영재 – 재은 – 민지 – 정호 – 지영

04 아름이는 연휴를 맞아 유럽 일주를 할 계획이다. 하지만 시간 관계상 벨기에, 프랑스, 영국, 독일, 오스트리아, 스페인 중 4개 국가만 방문하고자 한다. 다음 〈조건〉에 따라 방문할 국가를 고를 때, 아름이가 방문하지 않을 국가들이 바르게 짝지어진 것은?

〈조건〉

- 스페인은 반드시 방문한다.
- 프랑스를 방문하면 영국은 방문하지 않는다.
- 오스트리아를 방문하면 스페인은 방문하지 않는다.
- 벨기에를 방문하면 영국도 방문한다.
- 오스트리아, 벨기에, 독일 중 적어도 2개 국가를 방문한다.

① 영국, 프랑스　　② 벨기에, 독일
③ 영국, 벨기에　　④ 오스트리아, 프랑스

05 K시에서 1박 2일 어린이 독서 캠프를 열고자 한다. 다음 〈조건〉에 따라 참가 신청을 받을 때 캠프에 참가할 수 있는 어린이는?

〈1박 2일 독서 캠프 희망 어린이〉

이름	성별	학년	K시 시립 어린이도서관 대출 도서명	교내 도서관 대출 수
강지후	남	초등학교 6학년	• 열두 살 인생 • 아이 돌보는 고양이 고마워	–
김바다	남	초등학교 1학년	• 아빠는 화만 내 • 나는 따로 할거야	5
신예준	남	초등학교 3학년	–	2
황윤하	여	초등학교 2학년	• 강아지똥	3

〈조건〉

• 초등학교 1학년 이상 초등학교 6학년 이하인 어린이
• K시 시립 어린이도서관 대출 도서 및 교내 도서관 대출 도서 수가 다음 조건을 만족하는 어린이
 – K시 시립 어린이도서관 대출 도서 수가 3권 이상인 어린이
 – K시 시립 어린이도서관 대출 도서 수가 2권이고 교내 도서관 대출 도서 수가 2권 이상인 어린이
 – K시 시립 어린이도서관 대출 도서 수가 1권이고 교내 도서관 대출 도서 수가 4권 이상인 어린이
 – 교내 도서관 대출 도서 수가 5권 이상인 어린이

① 강지후 ② 김바다
③ 신예준 ④ 황윤하

06 갑은 효율적인 월급 관리를 위해 펀드에 가입하고자 한다. A～D펀드 중에 하나를 골라 가입하려고 하는데, 안정적이고 우수한 펀드에 가입하기 위해 〈조건〉에 따라 비교하여 다음과 같은 결과를 얻었다. 〈보기〉에서 옳은 것을 모두 고르면?

〈조건〉

- 둘을 비교하여 우열을 가릴 수 있으면 우수한 쪽에는 5점, 아닌 쪽에는 2점을 부여한다.
- 둘을 비교하여 어느 한 쪽이 우수하다고 말할 수 없는 경우에는 둘 다 0점을 부여한다.
- 각 펀드는 다른 펀드 중 두 개를 골라 총 4번의 비교를 했다.
- 총합의 점수로는 우열을 가릴 수 없으며 각 펀드와의 비교를 통해서만 우열을 가릴 수 있다.

〈결과〉

A펀드	B펀드	C펀드	D펀드
7점	7점	4점	10점

〈보기〉

㉠ D펀드는 C펀드보다 우수하다.
㉡ B펀드가 D펀드보다 우수하다고 말할 수 없다.
㉢ A펀드와 B펀드의 우열을 가릴 수 있으면 A～D까지의 우열순위를 매길 수 있다.

① ㉠, ㉡
② ㉠, ㉢
③ ㉡, ㉢
④ ㉠, ㉡, ㉢

07 K은행은 후문 공지 개발을 위한 시공업체를 선정하고자 한다. 업체 선정방식 및 참가업체에 대한 평가정보가 다음과 같을 때, 최종적으로 선정될 업체는?

〈선정방식〉

- 최종점수가 가장 높은 업체를 선정한다.
- 업체의 평가항목별 점수는 심사위원들이 부여한 점수의 평균값이다.
- 업체별 최종점수는 경영건전성 점수, 시공실적 점수, 전력절감 점수, 친환경 점수를 합산한 값의 평균에 가점을 가산하여 산출한다.
- 다음에 해당되는 경우 가점을 부여한다.

(단위 : 점)

내용	가점
최근 5년 이내 무사고	1
디자인 수상 실적 1회 이상	2
입찰가격 150억 원 이하	2

〈참가업체 평가정보〉

(단위 : 점)

구분	A업체	B업체	C업체	D업체
경영건전성 점수	85	91	79	88
시공실적 점수	79	82	81	71
전력절감 점수	71	74	72	77
친환경 점수	88	75	85	89
최근 5년 이내 사고 건수	1	–	3	–
디자인 수상 실적	2	1	–	–
입찰가격(원)	220억	172억	135억	110억

① A업체　　② B업체
③ C업체　　④ D업체

08 K마트는 개점 10주년을 맞이하여 7월 28일부터 4일 동안 마트에서 상품을 구매하는 고객에게 소정의 경품을 나누어 주는 행사를 진행하고자 한다. 올해 행사기간 내 예상 방문 고객은 작년보다 20% 증가할 것으로 예측되며, 단가가 가장 낮은 경품부터 800개를 준비하여 경품별로 100단위씩 줄여 준비하기로 하였다. 다음은 작년 행사 결과 보고서이며 올해도 작년과 같은 경품을 준비한다고 할 때, 이번 행사에 필요한 예상금액은 얼마인가?

〈K마트 9주년 행사 결과〉

- 행사명 : 9주년 특별 고객감사제
- 행사기간 : 2024년 7월 28일(일) ~ 31일(수)
- 참여대상 : 행사기간 내 상품 구매고객
- 추첨방법 : 주머니에 담긴 공 뽑기를 하여 공 색상에 따라 경품을 지급함
- 참여인원 : 3,000명

〈공 색상별 경품〉

구분	빨강	주황	노랑	초록	파랑	남색	보라	검정
경품	갑 티슈	수건세트	우산	다도세트	식기건조대	보조배터리	상품권	전자레인지

※ 소진된 경품의 공을 선택했을 때는 공을 주머니에 다시 넣고 다른 색의 공이 나올 때까지 뽑음

〈경품별 단가〉

(단위 : 원)

구분	갑 티슈	수건세트	우산	다도세트	전자레인지	식기건조대	보조배터리	상품권
단가	3,500	20,000	9,000	15,000	50,000	40,000	10,000	30,000

① 48,088,000원　　② 49,038,000원
③ 52,600,000원　　④ 53,138,000원

09 다음은 K구청의 민원사무처리규정 일부이다. 규정을 참고하여 A, B, C씨가 요청한 민원이 처리 · 완료되는 시점이 바르게 연결된 것은?

■ 민원사무처리기본표(일부)

소관별	민원명	처리기간(일)	수수료(원)
공통	진정, 단순질의, 건의	7	없음
	법정질의	14	없음
주민복지	가족, 종중, 법인묘지설치허가	7 ~ 30	없음
	개인묘지설치(변경)신고	5	없음
	납골시설(납골묘, 납골탑)설치신고	7 ~ 21	없음
종합민원실	토지(임야)대장등본	즉시	500
	지적(임야)도등본	즉시	700
	토지이용계획확인서	1	1,000
	등록사항 정정	3	없음
	토지거래계약허가	15	없음
	부동산중개사무소 등록	7	개인 : 20,000 / 법인 : 3,000
	토지(임야)분할측량	7	별도

■ 민원사무처리기간 산정방식[1일 근무시간은 8근무시간(9 ~ 18시)으로 한다]

- 민원사무처리기간을 "즉시"로 정한 경우
  - 정당한 사유가 없으면 접수 후 3근무시간 내에 처리하여야 한다.
- 민원사무처리기간을 "5일" 이하로 정한 경우
  - 민원 접수 시각부터 "시간" 단위로 계산한다.
  - 토요일과 공휴일은 산입하지 않는다.
- 민원사무처리기간을 "6일" 이상으로 정한 경우
  - 초일을 산입하여 "일" 단위로 계산한다.
  - 토요일은 산입하되, 공휴일은 산입하지 않는다.
- 신청서의 보완이 필요한 기간은 처리기간에 포함되지 않는다.

※ 점심시간(12 ~ 13시)은 근무하지 않음

〈4월 29일 금요일 민원실 민원접수 현황〉

1. A씨 / 오전 10시 / 부동산중개사무소 개점으로 인한 등록신청서 제출
2. B씨 / 오후 12시 / 토지의 소유권을 이전하는 계약을 체결하고자 허가서 제출
3. C씨 / 오후 14시 / 토지대장에서 잘못된 부분이 있어 정정요청서 제출

※ 공휴일 : 5/5 어린이날, 5/6 임시공휴일, 5/14 석가탄신일, 일요일

	A씨	B씨	C씨
①	5/9(월)	5/19(목)	5/4(수) 10시
②	5/9(월)	5/19(목)	5/4(수) 14시
③	5/9(월)	5/23(월)	5/10(월) 14시
④	5/10(화)	5/19(목)	5/3(화) 14시

※ 다음은 이번 달 K은행의 업무일정이다. 이어지는 질문에 답하시오. **[10~11]**

〈업무일정 기간 및 순서〉

구분	업무별 소요기간	선결업무
A업무	3일	–
B업무	1일	A
C업무	6일	–
D업무	7일	B
E업무	5일	A
F업무	3일	B, C

10 모든 업무일정을 끝마치는 데 걸리는 최소 소요기간은?

① 8일
② 9일
③ 10일
④ 11일

11 다음 중 K은행의 업무일정에 대한 내용으로 옳지 않은 것을 모두 고르면?

㉠ B업무의 소요기간이 4일로 연장된다면 D업무를 마칠 때까지 11일이 소요된다.
㉡ D업무의 선결업무가 없다면 모든 업무를 마치는 데 최소 8일이 소요된다.
㉢ E업무의 선결업무에 C업무가 추가된다면 최소 소요기간은 11일이 된다.
㉣ C업무의 소요기간이 2일 연장되더라도 최소 소요기간은 변하지 않는다.

① ㉠, ㉡
② ㉠, ㉢
③ ㉡, ㉣
④ ㉡, ㉢

※ C베이커리 사장은 새로운 직원을 채용하기 위해 아르바이트 공고문을 게재하였고 지원자 명단은 다음과 같다. 이어지는 질문에 답하시오. **[12~13]**

■ **아르바이트 공고문**

- 업체명 : C베이커리
- 업무내용 : 고객응대 및 매장관리
- 지원자격 : 경력, 성별, 학력 무관 / 나이 : 20 ~ 40세
- 근무조건 : 6개월 / 월 ~ 금요일 / 08:00 ~ 20:00(협의 가능)
- 급여 : 희망 임금
- 연락처 : 010-1234-1234

■ **아르바이트 지원자 명단**

성명	성별	나이	근무가능시간	희망 임금	기타
김갑주	여	28	08:00 ~ 16:00	시급 8,000원	
강을미	여	29	15:00 ~ 20:00	시급 7,000원	• 1일 1회 출근만 가능함 • 최소 2시간 이상 연속 근무하여야 함
조병수	남	25	12:00 ~ 20:00	시급 7,500원	
박정현	여	36	08:00 ~ 14:00	시급 8,500원	
최강현	남	28	14:00 ~ 20:00	시급 8,500원	
채미나	여	24	16:00 ~ 20:00	시급 7,500원	
한수미	여	25	10:00 ~ 16:00	시급 8,000원	

※ 근무시간은 지원자가 희망하는 근무시간대 내에서 조절 가능함

12 **C베이커리 사장은 최소비용으로 가능한 최대인원을 채용하고자 한다. 매장에는 항상 2명의 직원이 근무하고 있어야 하며, 기존 직원 1명은 오전 8시부터 오후 3시까지 근무한다. 지원자 명단을 참고할 때, 채용할 지원자는?(단, 최소비용을 최대인원보다 우선한다)**

① 김갑주, 강을미, 조병수

② 김갑주, 강을미, 박정현, 채미나

③ 김갑주, 강을미, 조병수, 채미나, 한수미

④ 강을미, 조병수, 박정현, 최강현, 채미나

13 **12번에서 결정한 인원을 채용하여 급여를 주 단위로 지급한다면, 사장이 주마다 지급해야 하는 총급여는? (단, 기존 직원의 시급은 8,000원으로 계산한다)**

① 805,000원

② 855,000원

③ 890,000원

④ 915,000원

※ 다음은 K은행의 임직원 경조사 지원 규정과 이번 달 임직원 경조사 목록이다. 이어지는 질문에 답하시오. [14~15]

〈임직원 경조사 지원 규정〉

- K은행은 임직원 경조사에 사안별로 다양한 지원을 제공한다.
- 경조사의 범위는 결혼식, 돌잔치, 장례식, 회갑, 결혼기념일, 입학 및 졸업으로 한정한다.
  1. 본인의 결혼식, 자녀의 돌잔치, 부모님 회갑에는 현금과 함께 화환을 제공한다.
  2. 부모의 장례식, 배우자의 장례식에는 현금과 함께 화환을 제공한다.
  3. 위의 1 ~ 2항에 언급하지 않은 사안에는 화환 또는 꽃다발만 제공하는 것으로 한다.

  ※ K은행에 재직 중인 2인 이상이 동일한 경조사 범위(1 ~ 2항)에 관련된 경우 1명에게는 화환이나 꽃다발을, 다른 1명에게는 현금을 제공한다.

〈이번 달 임직원 경조사 목록〉

구분	경조사	비고
황지원 대리	부친 장례식	이수현 과장 배우자
최진혁 사원	조모 장례식	–
이수현 과장	장인어른 장례식	황지원 대리 배우자
기성용 부장	본인 결혼식	–
조현우 차장	자녀 돌잔치	–
이강인 대리	배우자 졸업식	최영서 사원 배우자
정우영 대리	결혼기념일	–
이미연 과장	모친 회갑	–
최영서 사원	본인 졸업식	이강인 대리 배우자

14 이번 달 임직원 경조사 목록을 참고할 때, 현금과 함께 화환을 받을 수 있는 사람은 총 몇 명인가?

① 1명　② 2명
③ 3명　④ 4명

15 다음 〈보기〉에서 경조사 지원 규정에 따라 현금을 받을 수 있는 사람을 모두 고르면?

〈보기〉

- K은행에 함께 재직하고 있는 배우자와의 결혼기념일에 휴가를 내는 A과장
- 첫 딸의 돌잔치를 소규모로 가족들끼리만 진행하는 B사원
- K은행에 재직하고 있지 않은 배우자와 함께 대학교를 졸업하는 C사원

① A과장　② B사원
③ A과장, B사원　④ B사원, C사원

제4영역 정보능력

01 다음 중 셀 서식 관련 바로가기 키에 대한 설명으로 옳지 않은 것은?

① 〈Ctrl〉+〈1〉 : 셀 서식 대화상자가 표시된다.

② 〈Ctrl〉+〈2〉 : 선택한 셀에 글꼴 스타일 '굵게'가 적용되며, 다시 누르면 적용이 취소된다.

③ 〈Ctrl〉+〈3〉 : 선택한 셀에 밑줄이 적용되며, 다시 누르면 적용이 취소된다.

④ 〈Ctrl〉+〈5〉 : 선택한 셀에 취소선이 적용되며, 다시 누르면 적용이 취소된다.

02 다음 시트에서 [D2:D7]처럼 생년월일만 따로 구하려고 할 때 [D2] 셀에 들어갈 수식으로 옳은 것은?

	A	B	C	D
1	순번	이름	주민등록번호	생년월일
2	1	김현진	880821-2949324	880821
3	2	이혜지	900214-2928342	900214
4	3	김지언	880104-2124321	880104
5	4	이유미	921011-2152345	921011
6	5	박슬기	911218-2123423	911218
7	6	김혜원	920324-2143426	920324

① =RIGHT(A2,6)

② =RIGHT(A2,C2)

③ =LEFT(C2,6)

④ =LEFT(C2,2)

03 K은행에 근무하고 있는 C사원은 우리나라 국경일을 CONCATENATE 함수를 이용하여 다음과 같이 입력하고자 한다. [C2] 셀에 입력해야 하는 함수식으로 옳은 것은?

	A	B	C
1	국경일	날짜	우리나라 국경일
2	3·1절	매년 3월 1일	3·1절(매년 3월 1일)
3	제헌절	매년 7월 17일	제헌절(매년 7월 17일)
4	광복절	매년 8월 15일	광복절(매년 8월 15일)
5	개천절	매년 10월 3일	개천절(매년 10월 3일)
6	한글날	매년 10월 9일	한글날(매년 10월 9일)

① =CONCATENATE(A2,B2)

② =CONCATENATE(A2,(,B2,))

③ =CONCATENATE(B2,(,A2,))

④ =CONCATENATE(A2,"(",B2,")")

04 다음 시트의 [B9] 셀에 「=DSUM(A1:C7,C1,A9:A10)」 함수를 입력했을 때, 결괏값으로 옳은 것은?

	A	B	C
1	이름	직급	상여금
2	장기동	과장	1,200,000
3	이승연	대리	900,000
4	김영신	차장	1,300,000
5	공경호	대리	850,000
6	표나리	사원	750,000
7	한미연	과장	950,000
8			
9	상여금		
10	>=1,000,000		

① 5,950,000　　② 2,500,000

③ 1,000,000　　④ 3,450,000

05 워드프로세서에서는 일정한 영역(Block)을 지정하여 영역 전체에 특정 명령을 일괄적으로 지정할 수 있다. 다음 중 영역의 지정에 대한 설명으로 옳은 것은?

① 문서 내의 임의의 위치에서 〈Ctrl〉+〈E〉를 누르면 문서 전체 영역 지정이 가능하다.

② 해당 단어 안에 마우스 포인터를 놓고 한 번 클릭하면 한 단어 영역 지정이 가능하다.

③ 해당 문단의 임의의 위치에 마우스 포인터를 놓고 세 번 클릭하면 문단 전체 영역 지정이 가능하다.

④ 해당 줄의 왼쪽 끝으로 마우스 포인터를 이동하여 포인터가 화살표로 바뀌고 나서 두 번 클릭하면 한 줄 영역 지정이 가능하다.

06 다음 중 워드프로세서의 삽입, 삭제, 수정에 대한 설명으로 옳지 않은 것은?

① 〈Delete〉 키는 커서는 움직이지 않고 오른쪽 문자열을 하나씩 삭제한다.

② 〈Space Bar〉는 삽입 상태에서 커서를 오른쪽으로 이동시키면서 한 문자씩 삭제한다.

③ 임의의 내용을 블록(영역) 지정한 후 〈Delete〉 키를 누르면 영역을 지정한 곳의 내용은 모두 삭제된다.

④ 삽입 상태에서 삽입할 위치에 커서를 두고 새로운 내용을 입력하면 원래의 내용은 뒤로 밀려나며 내용이 입력된다.

※ 다음은 K은행 홍보부서의 2024년도 구입예정 물품을 정리한 자료이다. 이어지는 질문에 답하시오. **[7~9]**

〈2024년도 구입예정 물품〉

	A	B	C	D	E
1					
2					
3					
4		구분	단가	수량	금액
5		대용량 하드	1,000,000	100	100,000,000
6		대형 프린트	1,500,000	210	(A)
7		본체	1,350,000	130	175,500,000
8		노트북	2,000,000	40	80,000,000
9		Total		(B)	(C)

07 위 자료의 빈칸 (A)에 들어갈 금액을 산출하기 위한 방법으로 옳지 않은 것은?

① [E6] 셀에 =C6xD6 수식을 입력한다.

② [C6] 셀과 [D6] 셀의 값을 곱한다.

③ [E6] 셀에 =C6*D6 수식을 입력한다.

④ [E6] 셀에 =1,500,000*210 수식을 입력한다.

08 (A)에 값이 입력되어 있을 때, (C)의 값을 4개 부서에서 공평하게 분담하고자 하는 경우의 금액을 산출하기 위한 방식은?

① [E9] 셀에 =E9/D9 수식을 입력한다.

② [E9] 셀에 =SUM(E5:E8)/D9 수식을 입력한다.

③ [E5]부터 [E8] 셀을 드래그하여 우측 하단 상태표시줄의 평균값을 확인한다.

④ [E9] 셀에 =(E5+E6+E7+E8)/D9 수식을 입력한다.

09 위 자료의 빈칸 (B)에 들어갈 품목들의 수량합계를 구하기 위한 방법으로 옳지 않은 것은?

① SUM 함수를 활용한다.

② 자동합계 기능을 활용한다.

③ +와 = 기호를 활용한다.

④ 〈Ctrl〉+〈Alt〉 기능을 활용한다.

10 P대리는 한컴오피스 기능을 활용하여 다음 〈자료 1〉을 〈자료 2〉로 수정하였다. P대리가 활용한 한컴오피스의 기능끼리 바르게 나열한 것은?

〈자료 1〉

금기란 어떤 대상을 꺼리거나 피하는 행위를 가리킨다. 공동체의 구성원들은 금기를 위반하면 그 대상에 의해 공동체 혹은 그 구성원이 처벌을 받는다는 인식을 공유한다. 일반적으로 금기를 설정하는 근본적인 이유는 알려지지 않지만, 금기와 그 대상에 대한 추측은 구전의 방식을 통해 은밀하게 전파되어 구성원들 간에 회자된다. 이를 통해 금기와 금기의 대상이 환기하는 의미는 세대를 거쳐 전달됨으로써 서로 다른 세대 간에 공동체의 체험을 공유하는 데에 기여하기도 한다.

〈자료 2〉

★★

금기란 어떤 대상을 꺼리거나 피하는 행위를 가리킨다. 공동체의 구성원들은 금기를 위반하면 그 대상에 의해 공동체 혹은 그 구성원이 처벌을 받는다는 인식을 공유한다. 일반적으로 금기를 설정하는 근본적인 이유는 알려지지 않지만, 금기와 그 대상에 대한 추측은 구전의 방식을 통해 은밀하게 전파되어 구성원들 간에 회자된다. 이를 통해 금기와 금기의 대상이 환기하는 의미는 세대를 거쳐 전달됨으로써 서로 다른 세대 간에 공동체의 체험을 공유하는 데에 기여하기도 한다.

① 양쪽 정렬, 음영, 그림, 도형
② 왼쪽 정렬, 채우기, 그림, 텍스트상자
③ 양쪽 정렬, 채우기, 그림, 도형
④ 왼쪽 정렬, 음영, 도형, 텍스트상자

11 **다음 중 스프레드시트의 차트에 대한 설명으로 옳지 않은 것은?**

① 표면형 차트 : 두 개의 데이터 집합에서 최적의 조합을 찾을 때 사용된다.

② 방사형 차트 : 분산형 차트의 한 종류로, 데이터 계열 간의 항목 비교에 사용된다.

③ 분산형 차트 : 데이터의 불규칙한 간격이나 묶음을 보여주는 것으로, 주로 과학이나 공학용 데이터 분석에 사용된다.

④ 이중 축 차트 : 특정 데이터 계열의 값이 다른 데이터 계열의 값과 현저하게 차이가 날 경우나 두 가지 이상의 데이터 계열을 가진 차트에 사용된다.

12 **다음 중 피벗테이블에 대한 설명으로 옳지 않은 것은?**

① 피벗테이블 결과 표시는 같은 시트 내에만 가능하다.

② 피벗테이블로 작성된 목록에서 행 필드를 열 필드로 편집할 수 있다.

③ 피벗테이블 작성 후에도 사용자가 새로운 수식을 추가하여 표시할 수 있다.

④ 피벗테이블은 많은 양의 데이터를 손쉽게 요약하기 위해 사용되는 기능이다.

13 **다음 중 Windows에 설치된 프린터의 [인쇄 관리자] 창에서 할 수 있는 작업이 아닌 것은?**

① 인쇄 중인 문서도 강제로 종료시킬 수 있다.

② 현재 사용 중인 프린터를 공유하도록 설정할 수 있다.

③ 현재 사용 중인 프린터를 기본 프린터로 설정할 수 있다.

④ 인쇄 중인 문서를 일시 정지하고 다른 프린터로 출력하도록 할 수 있다.

14 K은행은 사원들만 이용할 수 있는 사내 공용 서버를 운영하고 있다. 이 서버에는 아이디와 패스워드를 입력하지 않고 자유롭게 접속하여 업무 관련 파일들을 올리고 내릴 수 있다. 하지만 얼마 전부터 공용 서버의 파일을 다운로드받은 개인용 컴퓨터에서 바이러스가 감지되어, 우선적으로 공용 서버의 바이러스를 모두 치료하였다. 이런 상황에서 발생한 문제에 대처하기 위한 추가 조치사항으로 적절한 것을 〈보기〉에서 모두 고르면?

〈보기〉

㉠ 접속하는 모든 컴퓨터를 대상으로 바이러스를 치료한다.
㉡ 공용 서버에서 다운로드한 파일을 모두 실행한다.
㉢ 접속 후에는 쿠키를 삭제한다.
㉣ 임시 인터넷 파일의 디스크 공간을 최대로 늘린다.

① ㉠, ㉡
② ㉠, ㉢
③ ㉡, ㉢
④ ㉢, ㉣

15 다음 엑셀 스프레드시트에서 [B7] 셀에 함수식 「=SUM(B2:CHOOSE(2,B3,B4,B5))」을 입력하였을 때, 출력되는 결괏값으로 옳은 것은?

	A	B
1	성명	점수
2	김진영	23
3	이은설	45
4	장영실	12
5	김지현	10
6		
7	부분합계	

① 23
② 68
③ 80
④ 90

www.sdedu.co.kr

KDB산업은행

일반시사논술 + 면접

일반시사논술

01 논술 작성법

02 KDB산업은행 논술 기출

면접

01 면접 가이드

02 주요 금융권 면접 기출

www.sdedu.co.kr

일반시사논술

01 논술 작성법

(1) 논술의 정의

논술은 사리의 옳고 그름에 대한 자신의 생각이나 주장을 체계를 갖춰 이치에 맞게 객관적으로 증명하면서 차례를 좇아 풀어 쓰는 글이다. 이와 같은 정의는 논술이 논증과 서술을 합친 개념이며 논증은 논리와 증명을, 논리는 논(論)과 이(理)를 더한 개념이라는 사실에서 비롯된 것이다.

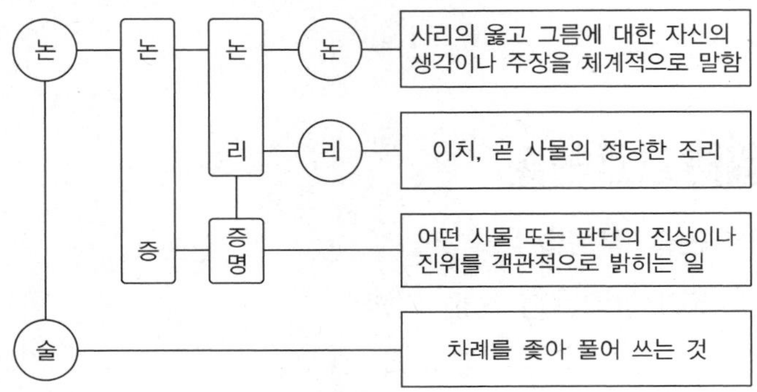

① 자신의 생각이나 주장을 서술 : 현상에 대한 맹목적 수용이 아닌, 비판적 안목에서 논의를 개진한다.
② 체계를 갖춰 이치에 맞게 서술 : 논리적 사고를 바탕으로 논지를 풀어간다.
③ 객관적으로 증명 : 사고를 객관화한다.
④ 차례를 맞춰 기술 : 올바르게 서술한다.

(2) 논술의 특징

논술은 자신의 생각이나 주장을 비판적으로 제시할 수 있는 논제, 논리적인 사고를 토대로 서술할 수 있는 주제, 사고의 객관성을 드러낼 수 있는 제재 등을 대상으로 한다.

① 비판 가능한 논제를 다룬다.

> **논제 : 법과 도덕의 차이점을 논술하시오.**
>
> ① '법은 도덕의 최소한'이라는 예리니크의 말을 떠올리며 법은 강제력에 의해, 도덕은 비강제력에 의해 각각 실현된다고 주장하기 쉽다. 그러나 이런 주장을 펴기 전에 법이 비강제력, 도덕이 강제력으로 각각 실현되는 상황이 없는지 생각해 보아야 한다.
>
> ② 현재 통용되는 패러다임이나 선험적인 지식을 재음미해 볼 것을 요구하는 특징이 있다.

② 사고의 논리성을 중시한다.

논리는 형식과 내용의 측면에서 이해될 수 있다. '논(論)'이라는 개념 속에 포함되어 있는 '체계를 갖추다.'라는 것이 형식의 측면이며, '이(理)'라는 개념 속에 포함되어 있는 '정당한 조리'라는 것이 내용의 측면인 것이다. 그러므로 논술에서는 '서론 – 본론 – 결론'의 체계를 중요하게 생각하며, 사실적이고 진실한 말로 논의를 펼치는 것에서 비롯되는 정당한 조리를 중요하게 생각한다.

③ 추론 과정을 중시한다.

추론 과정은 명제와 논거를 연결하는 과정이다. 명제는 주장을 문장으로 나타낸 것이며, 논거는 명제를 뒷받침하기 위한 근거이므로 결국 추론 과정은 근거와 주장을 연결하는 과정이라 할 수 있다. '주민은 용감하다.'라는 주장과 '주민은 집에 침입한 강도를 맨손으로 잡았다.'라는 근거를 연결하는 과정을 가지고 이를 음미해 보자. 추론 과정을 중시한다면 '주민은 집에 침입한 강도를 맨손으로 잡았다. 따라서 주민은 용감하다.'라는 식으로 진술하지 말아야 한다. 왜냐하면 집에 침입한 강도가 여러 날 굶주린 사람이고, 주민의 집을 침입할 때 기진맥진하여 무기력한 상태였다고 한다면, 그런 강도를 맨손으로 잡았다고 해서 용감하다고 할 수는 없기 때문이다. 그러므로 '주민은 집에 침입한 강도를 맨손으로 잡았다.'라는 근거로부터 '주민은 용감하다.'라는 주장을 이끌어 내기 위해서는 강도에 대한 상태를 언급하는 중간 단계의 과정이 있어야 한다. 이런 중간 단계의 설정은 사고의 객관성을 확보하기 위한 것이다.

따라서 '논술에서는 추론 과정을 중시한다.'라는 말은 '논술에서는 사고의 객관성을 중시한다.'라는 말과 같은 의미라고 할 수 있다.

(3) 논술에서 요구되는 능력

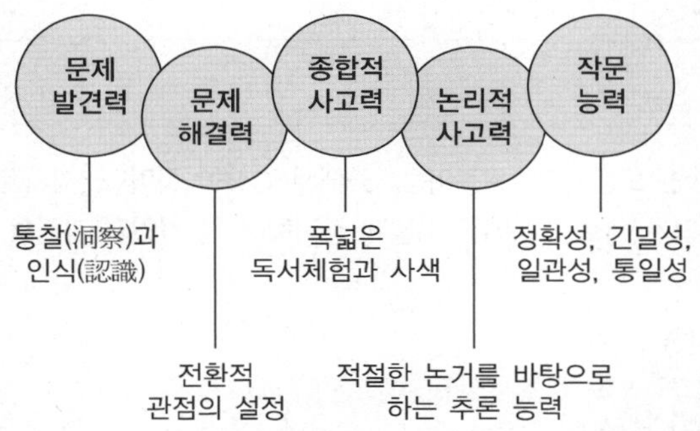

(4) 논술의 출제 유형

논술은 논제나 주제 또는 논의 방향 등과 관련된 자료를 제시한 후, 그 자료를 참고하여 주어진 문제에 답하게 하는 유형이다. 이러한 방식은 글쓴이의 자료 해석 능력을 일차적으로 파악한 후, 궁극적으로 글쓴이의 비판적 사고, 논리적 사고, 서술 능력 등을 알아보고자 할 때 쓰인다.

한편, 자료는 도표, 그림, 관련 글귀 등으로 제시되며 제시되는 자료의 수에 따라 복수 자료 제시형과 단일 자료 제시형으로 나뉜다.

① 복수 자료 제시형

두 개 이상의 자료를 제시한 후, 그중에서 하나를 택해 그것에 대해 지지하거나 반대하는 내용의 논술을 쓰게 하는 유형이다. 이러한 유형은 주로 글쓴이의 비판적 사고를 확인하고자 할 때에 쓰인다.

논제 : 다음 제시문들을 읽고 (가), (나)의 교훈을 해석하여 (다)의 사형 제도에 대한 견해를 밝히는 글을 논술하시오.

〈제시문〉

(가) 이솝 우화에 나오는 이야기이다. 소들이 모여서 회의를 하였다. 수많은 동족을 죽여 온 소백정을 어떻게 할 것인가를 의논하기 위해서이다. 모두가 이구동성으로 당장에 소백정을 죽이러 가야 한다고 외쳤다. 그래서 모두 날카롭게 뿔을 세우고 막 소백정에게로 몰려가려는 참이었다. 그때 한쪽 구석에서 말없이 듣고 있던 늙은 소가 말렸다. "그는 우리를 아프지 않게 죽이는 기술자다. 그가 죽으면 다른 서툰 놈이 우리를 더 아프게 죽일 것이다. 인간들이 소고기 먹는 습관을 고쳐야지 소백정 하나 죽인다고 될 일이 아니다." 그러자 당장이라도 달려 나갈 것 같았던 소들이 걸음을 멈추었다.

(나) '물고기를 주어라. 한 끼를 먹을 것이다. 물고기 잡는 법을 가르쳐 주어라. 평생을 먹을 것이다.' 이것은 유태 경전인 『탈무드』에 나오는 이야기이다. 유태인이 자녀들에게 재산을 물려주려 하기보다는 재능을 키워 주려 애쓰는 것은 이러한 경전의 충고에 따르려 하기 때문이다.

(다) 사형 제도에 대해서는 찬반양론이 대립하고 있다. 존치론자들은 그 제도가 첫째, 응보적 정의관에 부합하고 둘째, 범죄의 예방 효과를 갖는다고 주장한다. 그러나 폐지론자들은 사형이 숭고한 법적 정의의 이름을 빙자해서 자행되는 복수극일 뿐이라고 주장한다. 또 사형 제도가 엄격하게 집행되는 사회에서도 범죄가 일시적으로는 감소하다가 오히려 더 증가한다는 통계 자료를 제시하며 그것의 범죄 예방 효과에 대해서도 의문을 제기한다.

② 단일 자료 제시형

논제 : 다음 글은 앨빈 토플러의 『권력이동』 중에서 발췌한 것이다. 제시문을 참고하여 미래 사회의 모습을 예측해 보고, 우리가 새로운 시대를 어떻게 준비해야 할 것인지 자신의 견해를 논술하시오.

〈제시문〉

1. 권력이동 시대

지금까지 남용되어 온 탓으로 권력이란 개념 자체에 악취가 붙어 다니기는 하지만 권력 그 자체는 좋은 것도 나쁜 것도 아니다. 권력은 모든 인간관계에 있어서 불가피한 측면이며, 남녀 관계에서부터 우리가 갖는 직업, 자동차, TV, 우리가 추구하는 희망에 이르기까지 모든 것에 영향을 미치고 있다. 그런데도 우리 생활의 모든 측면 중에서 권력은 여전히 이해가 가장 부족하면서도 가장 중요한 것으로 남아 있다. – 특히 우리 세대에게 그렇다. 그것은 지금이 '권력이동' 시대이기 때문이다. 우리는 지금 세계를 결집시켰던 권력 구조 전체가 붕괴되는 시기에 살고 있다.

2. 완력, 돈 그리고 정신 – 고품질 권력

권력은 다양하게 나타나는데, 어떤 권력은 명백히 옥탄가(엔진 성능을 향상시키는 정도와 관련된 휘발유의 등급을 매기는 단위)가 낮다. 폭력은 그 희생자나 생존자들이 기회만 있으면 반격을 노리고 저항할 수 있다는 점에서 융통성이 적다. 폭력은 응징을 위해서만 사용할 수 있으므로 저품질 권력이다. 부(富)

는 훨씬 더 우량한 권력 수단이다. 두둑한 돈지갑은 훨씬 더 융통성이 있다. 부는 단지 협박을 하거나 처벌을 내리는 대신 정교하게 등급을 매긴 현물의 보상을 제공해 준다. 따라서 부는 물리력보다 훨씬 더 융통성이 있어 중품질의 권력을 만들어내는 것이다.

고품질의 권력은 지식의 적용에서 나온다. 고품질의 권력은 단순히 영향력을 미치는 데 그치지 않는다. 지식을 사용하면 벌을 줄 수도 있고, 보상과 설득이 가능함은 물론, 심지어는 변형시킬 수도 있다. 지식은 적을 자기편으로 만들 수 있어 물리력이나 부의 낭비를 피할 수 있다.

3. 지식 : 수많은 기호 – 21세기 화폐

자본은 화폐와 함께 변화하고 있으며, 이 두 가지는 사회가 중요한 변혁을 겪을 때마다 새로운 형태를 취하게 된다. 이 과정에서 자본과 화폐의 지식 내용이 변화한다. 농업 시대의 '제1 물결' 통화는 금속으로 이루어져 지식 내용이 제로에 가까웠다. 오늘날의 '제2 물결' 통화는 인쇄된 종이로서 상징적이긴 하지만 아직도 유형적이다. '제3 물결'(앨빈 토플러의 저서 『제3의 물결』에 나오는 용어로 정보 혁명 시대를 말함) 통화는 날이 갈수록 펄스(전자 공학적인 전파 흐름)로 되어있다. 이 통화는 순간적으로 송금되며, 비디오 스크린에서 모니터된다. 실제로 이 통화는 비디오 현상 그 자체이며, 이는 초기호적인 형태로 옮겨지는 것이다. 현재의 부는 수많은 상징들로 되어 있고, 이에 기초한 권력 또한 놀라울 정도로 상징적이다.

4. 균형 있는 권력 – 새로운 지식의 건축물

권력의 삼각 받침대의 세 번째 다리는 지식이다. 최근 수십 년간에 있었던 요원의 불길 같은 컴퓨터의 보급은 15세기 활자 발명이나 심지어 문자 발명 이래 지식 체계에서 일어난 가장 중요한 변화라고 일컬어지고 있다. 오늘날의 초고속 변화로 인해 주어진 '사실'들은 빠른 속도로 시대에 뒤떨어지게 되고, 이를 토대로 한 지식의 영속성도 줄어들고 있다. 지식의 신진대사가 빨라지고 있는 것이다. 요컨대 지식은 지금 적어도 폭력 및 부에 못지않게 개조되고 있다. 결국 권력의 세 가지 요소는 모두가 동시적 혁명을 겪고 있는 것이다. 그리고 권력의 다른 두 차원 자체도 매일같이 더욱 지식 의존적으로 되어 가고 있다. 국가는 세 가지 형태로 분류될 수 있다. 권력을 '폭력 – 부 – 지식' 삼각대의 어느 한쪽에 주로 의존하는 국가, 두 다리에 의존하는 국가, 세 가지 권력 차원 위에 고루 균형을 이룬 국가가 그것이다. 미국, 일본 또는 유럽이 앞으로 세계의 권력투쟁에서 얼마나 잘해 나갈지를 판단하려면 이 세 가지 권력 모두를 살펴보되, 특히 세 번째인 지식 기반을 중점적으로 살펴볼 필요가 있다. 앞으로 이 세 번째 원천이 더욱더 다른 두 가지의 중요성을 결정짓게 될 것이다.

(5) 논술의 핵심 10가지

① 문제의 파악

문제의 파악이란 곧 문제가 원하는 내용이 무엇인가를 정확하게 포착해서 그 내용을 차근차근 살펴 풀어내야 한다는 것을 의미한다. 문제가 어느 것이 옳은지를 묻고 있다면 옳은 것을 가려내고, 원인을 밝히라고 하면 왜 그렇게 되었는지 인과관계를 살필 수 있어야 한다.

② 사실의 이해

사실이란 논술을 할 때 논의하고자 하는 대상이 지닌 모든 것을 말한다. 논의하고자 하는 대상은 늘 여러 가지 다른 측면을 지니기 때문에 이러한 다양한 측면을 포괄적으로 살필 수 있어야 제대로 된 논술문을 쓸 수 있다. 사실에 대한 이해는 구체적이고 정확한 이해여야 한다는 점을 잊어서는 안 된다.

③ 해결의 능력

논술이란 어떤 문제를 해결하기 위해 사실과 논리에 맞춰 타당한 해결 방안을 찾아내는 것이다. 보통 문제는 설명이나 선택, 규명, 권고 등의 모습이나 비교, 대조 또는 인과관계의 양상 등으로 해결책을 포함하고 있다. 문제가 어떤 해결을 요구하고 있는지를 파악하고 거기에 맞는 절차를 찾는 것이 관건이다.

④ 논지의 적절성

논술은 어떤 문제에 대한 의견이나 주장을 펴는 글이다. 그리고 그런 의견이나 주장은 남들이 수긍할 만큼 타당한 것이어야 하는데, 그러기 위해서는 사실에 근거해야 하고 적절한 논지를 갖추어야 한다. 논지의 적절성은 과정과 결과 모두에 관계된다. 논술의 가치를 높이기 위해서는 창의성이 필요하고 타당성을 확보하기 위해서는 보편성을 지녀야 한다.

⑤ 논의의 일관성

논술을 하는 데 있어서 논점을 일관되게 유지하는 것은 매우 중요하다. 처음에 화제로 삼은 주제가 샛길로 빠지는 것은 대체로 개요 짜기가 부실한 경우에 발생한다. 일관성은 단순히 주제 면에 있어서만이 아니라, 표기법이나 용어의 사용에 있어서도 해당한다.

⑥ 논거 제시의 적합

논거란 자신의 견해를 밝히기 위해 제시하는 근거로 논술의 기본 자료라고 할 수 있다. 논거는 우선 확실한 사실이어야 하며 풍부해야 하고 대표성이 있어야 한다. 논거 없는 주장은 허공을 향해 내지르는 외침이나, 현수막에 걸려 있는 구호와 다름이 없다.

⑦ 논증 방식의 타당성

논술은 반드시 논리적으로 입증하는 단계를 거쳐야 한다. 이러한 논증 방식의 타당성이란 규칙과 절차를 얼마나 잘 지키는가에 달려 있다. 논증은 추론의 과정을 통해서 완성된다. 즉, 연역·귀납·유추·귀류법 등을 잘 이용해야만 타당하고 논리적인 논증이 이루어지는 것이다.

⑧ 어휘의 정확성과 풍부성

논술의 어휘는 문맥에 관계없이 그 자체로 정확해야 한다. 각 개념에 대해 정확히 알아야 함은 물론 정확한 표현을 뒷받침하는 정확한 표기 능력도 길러야 한다. 정확한 표현은 풍부한 어휘력에 크게 의존함을 유념하여 항상 국어사전을 가까이하는 습관을 길러야 한다.

⑨ 문장의 정확성과 효율성

논술문에서 의미를 정확하게 전달하려면 올바른 문장을 쓰는 것이 중요하다. 정확한 문장이란 표기가 정확하고 그 뜻이 명료하게 전달되는 문장을 말한다. 또한 문장은 효율성을 지니고 있어야 하는데, 이런 효율성을 확보하기 위해서는 우선 논리적인 사고 과정이 명쾌하게 드러나도록 문장을 써야 한다. 불필요한 감탄문이나 의문문의 빈번한 사용과 구어체로 적당히 넘어가려는 문장은 논술의 효율성을 저해하는 요소들이다.

⑩ 글의 단위성과 유기성

한 편의 글을 이루는 각 부분은 그 글에 있어서 꼭 필요한 역할을 하고 있어야 한다. 문단은 하나의 소주제를 갖는 단위로서 여러 문장이 소주제를 중심으로 단단히 결집되어 있어야 한다. 또한 각 문단은 제 나름의 생각으로 결집되어 있기는 하되 각 문단이 유기적으로 긴밀한 관계를 맺고 있어야 한다. 그리고 문단이 하나씩 추가되면서 글을 전개시켜 나갈수록 결론을 향해 접근할 수 있어야 한다.

(6) 개요 작성 및 논술문의 구성

논술은 시나 소설, 수필과 같은 글을 잘 쓰지 못하는 사람이라도 크게 두려워하거나 염려할 필요가 없다. 이는 논술문의 성격 자체가 상상력을 마음껏 발휘하거나 감성이나 감정을 대놓고 드러내어도 되는 글이 아닌 까닭이다. 따라서 논술문은 기타의 다른 글쓰기에 비해 문학적 자질에 크게 영향받지 않는 글쓰기이다. 논술문에는 논제의 요구에 맞게 논의를 이끌어낸다는 점에서 일종의 문제해결의 과정이 담겨 있다. 그런 점에서 논술문은 문학적 상상력에 의존한 글쓰기라기보다는 논리적 사고, 그 광학적 사고에 훨씬 근접한 글이라 하겠다. 따라서 논술문의 구성 절차를 잘 알고 그에 맞는 전략을 구사할 수 있다면, 논술에 한 발 쉽게 다가설 수 있다.

논술의 과정은 다음과 같이 5단계로 나뉜다. 그러나 문제분석과 주제문 작성은 크게 보면 개요 작성을 위한 부속적인 과정이기 때문에 개요 작성, 집필, 퇴고의 3단계로 볼 수 있다.

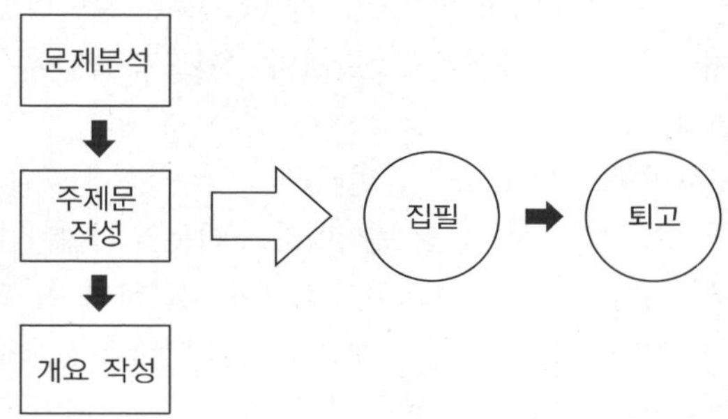

논술문에서 개요는 회화에 비유하면 스케치와 같다. 따라서 미리 대강의 쓸거리를 구상한 개요 없이 논술문을 작성한다는 것은 밑그림을 그리지 않고 색칠하는 것과 같다. 그럼에도 불구하고 많은 수험생은 개요를 작성하는 것을 번거롭게 여긴 나머지 개요 없이 논술문을 작성한다. 그러나 논술의 달인이 아니고서야 그 답안이 좋은 평판을 얻기란 힘들 것이다. 개요는 비교적 자세히 작성해야 좋은데, 그렇다고 개요 작성하는 데 정해진 시간을 죄다 소비할 수도 없는 일이다.

① 개요 작성의 필요성

㉠ 글의 전체적인 흐름, 논리 전개 과정을 정리할 수 있다.

㉡ 글이 주제에서 벗어나는 것을 막을 수 있다.

㉢ 중요한 항목이나 필요한 내용을 빠뜨리는 일을 막을 수 있다.

㉣ 불필요하게 중복된 사항을 막을 수 있다.

㉤ 글 전체와 부분, 부분과 부분 상호 간의 균형을 유지할 수 있다.

② 개요 작성 시 유의할 사항

㉠ 개요는 문제의 정확한 분석에서 비롯되어야 한다.

개요를 작성하는 과정 속에는 문제를 분석하고 주제문을 작성하는 일이 우선적으로 포함되어 있다. 따라서 주어진 문제를 정확하게 파악하지 못한 상태에서 개요를 짜는 것은 동문서답의 격이 될 수 있다. 제한 시간이 대략 60분가량 주어진 경우라면, 문제 파악에서 개요 작성까지 10분 남짓 할애하도록 한다. 때로 문제 파악이 쉽지 않아 그 이상의 시간을 쓰더라도 문제에 대해 깊이 있게 사고하는 것은 훌륭한 논술의 선결조건이다(이 경우, 10분가량을 개요 작성에 할애하고, 집필에 45분 정도, 퇴고에 5분 정도 소요되도록 설정하여 주어진 시간을 효율적으로 쓰는 시간 안배에도 신경을 써야 한다).

㉡ 개요는 결론을 도출한 후에 글로써 작성해야 한다.

개요는 답안에 옮기기 전에 머릿속에 미리 써 놓은 글이다. 따라서 어떠한 결론에 이를 것인가를 도출한 다음에 개요를 작성한다. 좋은 개요는 훌륭한 논술을 약속한다. 그러므로 개요를 잘 짜놓으면 글은 다 쓴 것이나 다름없다.

㉢ 개요는 논제의 요구 조건을 수용하는 방법을 택해라.

개요 작성을 크게 어려워 할 필요는 없다. 논제가 요구하는 조건을 토대로 주요 골격을 잡는 것도 개요를 쉽게 작성하는 하나의 방법이다.

㉣ 개요는 자세히 작성할수록 좋다.

개요에는 글의 처음과 중간, 끝 부분에 놓일 내용은 물론, 주장을 뒷받침하는 근거가 함께 제시되어야 한다. 따라서 그만큼 자세히 작성하도록 한다. 흔히 개요를 짜지 않을 경우에 논제를 벗어난 답안을 작성하는 실수를 범한다. 마찬가지로 엉성한 개요는 문단의 단락 구성에 있어서 어느 문단은 내용이 풍부하고 지나치게 길거나 혹은 그 반대의 상황도 연출할 수 있다. 그러므로 가능한 한 개요는 자세히 짜야 한다.

㉤ 다른 사람의 글을 요약하는 방법으로 훈련해라.

개요 작성이 어려운 수험생은 하루에 몇 번씩이라도 신문의 사설이나 혹은 다른 사람이 작성한 우수 답안을 놓고 단락의 핵심을 요약하여 보자. 바꾸어 생각하면 이 요약된 내용이야말로 하나의 잘 짜인 개요인 셈이다. 이러한 훈련은 비단 개요 작성뿐 아니라 논술문의 문제 파악에서 논의의 전개에 대한 감각을 터득하는 데도 아주 좋은 방법이다.

③ 개요 작성의 순서

㉠ 떠오르는 생각을 구체적으로 자세하게 작성한다.

논술 문제를 파악한 후에, 출제 의도나 요구 사항에 유의하면서 가능한 한 구체적으로 자세하게 개요를 작성한다. 문제지의 여백이나 백지에 논술 문제와 관련해서 떠오르는 생각이나 주장, 논거 등을 되는 대로 서술한다. 그리고 어떤 예를 들지도 생각해서 메모를 한다. 이때 되도록 완결된 문장의 형태로 자세하게 서술하는 것이 좋다. 물론 개요는 남에게 보여주기 위한 것이 아니기 때문에 깨끗하게 정자로 쓸 필요는 없으며, 글을 쓰는 사람 자신만 알아볼 수 있으면 된다.

㉡ 연관된 내용을 묶어서 문단 구성하기

서로 연관된 내용이나 중복된 내용을 묶거나 삭제한 다음 본론을 몇 문단으로 구성할지를 결정한다. 그리고 문단을 배치할 경우에 제일 중요한 논거나 내용을 포함한 문단을 본론의 첫 문단으로 삼는 것이 좋다.

㉢ 서론은 거의 완성된 형태로 작성한다.

서론을 잘못 쓸 경우 글이 엉뚱한 방향으로 흐를 수도 있다. 따라서 개요를 작성할 때, 서론은 거의 완성된 형태로 작성하는 것이 좋다. 나중에 약간만 수정하면서 원고지에 그대로 옮기면 된다.

㉣ 각 문단의 분량을 답안지에 연필로 표시하기

개요를 작성한 다음에 원고지에 문단별로 쓸 분량을 연필로 대충 표시한다. 예를 들면 1,000자 분량이라면 서론은 200자 정도, 본론의 첫째 문단은 중요한 내용이기에 400자 정도, 둘째 문단은 300자 정도, 결론은 100자 정도로 배분하기로 하고, 답안지에 연필로 살짝 표시한다. 그래야 정해진 원고지 분량을 채우지 못하거나 초과하는 사태를 막으면서, 문단별로 글의 분량을 균형 있게 배분할 수 있다.

ⓜ 수정을 하면서 답안에 옮기는 작업은 아주 간편하다.

이렇게 개요 작성에서 서론을 거의 완성하고, 본론의 문단 수나 문단 배치를 결정한 이후에 원고지에 옮기면서 쓸데없는 군더더기는 삭제하고, 필요한 내용은 첨가하면서 본문을 완성하면 된다. 개요를 자세하게 작성한 후에 글을 옮기는 데는 그리 많은 시간이 걸리지 않는다. 오히려 개요를 작성하지 않고 서둘러서 답안에 쓸 경우 이미 쓴 글을 뺄 것인가 말 것인가, 아니면 어떻게 고칠 것인가를 고민하다가 시간을 낭비하는 경우가 많다.

ⓑ 개요를 작성할 때 각 단락에 들어가야 할 내용

[서론]

- 다루고자 하는 문제에 대한 독자의 관심을 환기시킨다(관심 환기).
- 과제를 분명하게 제시한다(과제 제시).
- 다루고자 하는 문제의 범위나 성격, 문제를 다루는 방법이나 글쓴이의 입장과 관점, 그 밖에 필요한 예비적 사항들도 포함한다.
- 유의할 점 : 서론에서는 본격적인 글의 내용을 다루지 않도록 해야 하고, 분량도 너무 길어지는 일이 없도록 해야 한다.

서론에는 반드시 주제가 포함되어야 한다. 서론에서는 가장 중요한 요소가 주제이므로, 주제를 맨 위에 쓴다. 그러나 실제로 글을 쓸 때에는 앞뒤의 문맥에 맞게 주제의 위치를 다시 결정할 수 있다. 나머지 세 요소는 서론에 반드시 포함될 필요는 없다. 짧은 글에서는 주제 외에 모든 요소가 생략될 수도 있고, 긴 글에서는 모든 요소가 다 포함될 수 있다.

[본론]

- 내용을 몇 갈래로 나누어서 부문별로 다룬다(과제 해명).
- 부문별로 문제를 제시하면서 필요한 풀이, 분석, 예시, 인용, 입증 따위의 방법으로 전개해 간다(해명의 구체화).
- 각 부분마다 결론을 짓고 내용을 정리하면서 서술한다.

본론의 종속 주제의 수는 많을 수도 있고 적을 수도 있다. 각 종속 주제 밑에 딸리는 예나 증거의 수도 많을 수도 있고 적을 수도 있다.

[결론]

- 본론 부분의 논의를 통해 드러난 것을 간추려서 상기시키고 전체적으로 종합함으로써 결론을 제시한다.
- 주의해야 할 점은 본론에서 언급하지 않은 새로운 문제가 나와서는 안 된다는 것이다.
- 이 밖에 그 글에서 미처 다루지 못한 미진한 점이라든가 또는 앞으로 그 문제가 어떻게 다루어졌으면 좋겠다는 희망 등이 마무리 부분에서 덧붙여지기도 한다.

결론에서 제일 중요한 요소는 주제의 반복이다. 주제를 반복할 때에는 서론의 주제와 똑같이 표현할 수도 있으나, 뜻이 달라지지 않게 하면서 표현을 바꾸어 쓸 수도 있다. 제한된 시간이 있으므로 너무 많은 시간을 허비할 수는 없다. 그러므로 개요를 쓸 때는 '결론'이라는 말만 쓰고 더 쓰지 않아도 된다. 그러나 개요 작성만을 요구하는 문제가 나왔을 때에는 결론도 자세히 써야 한다.

④ 개요 작성의 모형

㉠ 서론

- 도입 : 선정한 주제의 의의나 가치, 중요성·당위성, 유래, 배경, 일화
- 논제 제시 : 본론에 전개될 내용의 포괄적인 핵심어구가 있는 문장으로 제시한다.

㉡ 본론

- 주제를 핵심어구 중심으로 문단을 구분하고, 통일성과 일관성에 유의하여 상술한다.
- 각 문단마다 소주제문을 작성하고 부연, 첨가 또는 예시를 통하여 상술한다.
- 각 문단마다 논제를 증명할 논거의 타당성에 유의한다,
- 문단 간의 긴밀성과 균형 유지에 유의한다.

㉢ 결론 : 본론의 요약(주제 확인의 요약문), 마무리, 소견, 전망

⑤ 개요 작성의 구체적인 순서

위의 순서와 같이 결론부터 개요를 작성하면 자신의 생각을 구체적으로 알 수 있게 된다. 수험생들이 많은 오류를 범하는 것은 자신이 쓴 글을 자신이 결론 맺지 못하는 데 있다. 그러므로 먼저 정답을 내려놓도록 하자. 그런 다음 본론의 내용과 서론으로 넘어가서 내가 무엇을 주장하였는지 살펴보고 서론을 써나가는 것이 바람직한 행동이다. 본론에서 하고 싶은 말이 있는데도 불구하고 서론을 먼저 쓴다면 본론에서 정작 중요한 주장을 놓치는 경우가 발생할 수 있다.

(7) 서론 쓰기 방법

글은 맨 처음이 중요하다. 사람에게 첫인상이 중요하듯, 글도 그렇다. 단적으로는 글의 처음만 봐도 전체 글의 수준을 가늠하게 한다. 따라서 논술문의 서두에 각별한 신경을 써서 좋은 문장으로 이끌 수 있어야 한다. 주장하는 글은 대체적으로 서론, 본론, 결론의 3단 구성을 지닌 채 서술되는 것이 일반적이다. 그렇다고 지나치게 틀에 얽매여서는 안 된다. 따라서 글을 어떻게 시작하여, 어떻게 이끌어서, 어떻게 끝맺을 것인가에 대한 생각으로 유화시키는 것이 요구된다.

① 논술문의 서론 쓰는 요령

㉠ 문제 파악을 확실히 하여야 한다.

문제 파악을 제대로 하여야 글의 서두를 자연스러우면서도 문제의 요구에 맞게 이끌 수 있다. 따라서 문제가 요구하는 핵심을 정확히 읽어내는 것은 필수적이다.

㉡ 논술문의 서두는 분위기와 내용 암시의 성격을 지니도록 한다.

글에도 분위기가 중요하다. 주어진 답에 곧바로 대답하려고 하지 말고, 그에 상응한 분위기를 유도하여 글을 이끌어갈 수 있어야 한다. 그것은 너무 길어서도 안 되므로 전체 글의 분량을 고려하여 적당히 이끌어야 한다. 또한 분위기로만 서두를 장식해서도 안 된다. 자신이 이제부터 쓸 글의 내용에 대한 암시적 요소를 지닐 수 있어야 한다.

㉢ 직설적인 문장의 흐름을 삼간다.

㉡과 결부된 사항이다. 주어진 문제에 맞서 곧바로 그에 대한 해답을 내리려 해서는 안 된다. 그렇기 때문에 '~에 대하여 알아보자. ~에 대하여 논해보겠다. ~에 대하여 살펴보면 다음과 같다.' 등의 문구는 채점자에게 감점의 구실을 제공하는 격이다.

㉣ 첫 문장은 짧고 의미가 분명한 명제형 문장이 좋다.

글의 서두를 시작하는 방법은 다양하다. 유명한 사람의 문구를 빌려 쓰는 방법, 사회 현상에 대한 분위기로 유도하는 방법, 사실적인 명제로 시작하는 방법 등 다양하다. 그러나 가장 쉬우면서도 뒷문장과의 연결을 비교적 쉽게 할 수 있는 방법은 명제형 문장으로 시작하는 방법이다. 따라서 되도록 현재형 종결어미를 쓰도록 한다.

㉤ 상투적인 문장을 삼가고, 지적 문장이 되도록 한다.

누구나 뻔히 알고 있는 상투성에 빠진 문장으로 이끌어서는 안 된다. 따라서 너무 손쉽게 꺼내 쓸 수 있는 속담이나 격언 등으로 서두를 장식하는 것은 오히려 자신의 글의 약점을 노출하는 것이라는 점을 명심해야 한다. 논술문을 읽는 사람은 일반 독자가 아니라 전문가인 채점자이다. 그들을 만족시켜야 한다는 점을 항상 염두에 두어 지적(知的)인 문장이 될 수 있도록 신경을 써야 한다.

㉥ 주관적인 감정이 들어 있는 서술문이 되지 않도록 주의한다.

논술문은 자신의 주장을 남에게 설득시키려는 데 목적을 둔 글이다. 따라서 괜한 자기 감정에 치우쳐 문장을 쓰거나, '나' 혹은 '내 생각에는' 등의 표현을 통해 글이 개인적인 차원으로 전락하는 일이 없도록 해야 한다. 간혹 문장의 주어부는 잘 이끌어 간 경우라도 술어부에 이런 실수를 범하는 경우가 종종 있다. '~라는 생각이 든다. ~인 것 같다. ~라고 생각한다.' 등도 논술문에서는 삼가야 할 문장 표현이다.

㉦ 항상 논리적 구성력을 지닌 문장이 되도록 한다.

논술문이 여타의 글과 다른 것은 글의 구성에 있어서 논리성을 띄어야 한다는 점에 있다. 형식적으로는 전체 분량에 맞는 길이를 지녔어도 논리적 구성력이 없으면 제대로 된 논술문이라고 할 수 없다. 따라서 논리적 오류는 물론이고, 문법적인 오류가 있어서도 안 된다.

㉧ 어법에 맞는 정확한 언어 구사는 필수적이다.

막상 읽어보면 별 무리 없어 보이는 글도 상당 부분 비문(非文)이 자리하는 경우가 많다. 따라서 정확한 언어 구사를 하도록 힘써야 한다. 이것은 가장 기본적인 사항인 만큼 잘 쓰면 눈에 띄지 않지만, 간혹 잘못 쓰면 약점으로 작용하여 감점의 대상이 되기 딱 좋은 경우에 해당한다.

㉨ 과도한 인과관계에 의한 서술이나 중복된 의미를 피한다.

논리적 구성을 갖추기 위해 애써 꾸몄다는 인상을 주어서는 안 된다. 따라서 '왜냐하면 ~ 때문이다.'와 같은 인과관계에 의한 서술이 의도적으로 노출되었다는 인상을 주어서는 안 된다. 또한 의미가 중첩된 문장이 나열되는 것도 삼가야 한다. 이런 문장은 읽어보면 앞서 첫 문장에서 언급한 내용에 대한 중복 의미로 받아들여지는 경우가 간혹 있다. 이것은 자기 주장을 전개하는 데 있어 비효율적인 언어표현이 많다는 것이다. 따라서 언어의 경제성을 살려 조리 있고 분명한 의미전달이 되도록 힘써야 한다.

㉩ 자신 있게 써나가라.

서두가 막히면 한 줄도 못 쓰고 쩔쩔매는 경우가 발생할 수 있다. 내가 어려우면 다른 사람도 어렵다는 생각을 가지고 자신 있게 써나가야 한다. 그러기 위해서 앞서 말한 논제가 요구하는 바의 내용 파악이 무엇보다 중요함을 새삼 강조한다. 뿐만 아니라 그냥 써내려 가다가 실수하지 말고 반드시 논술문의 개요(Out Line)를 미리 짜보도록 한다.

② 다양한 서론 쓰기의 예

㉠ 논의하려는 주제를 직접 언급하면서 시작하기

〈자유와 평등의 바람직한 관계에 대한 관점 제시〉

우리가 자유와 평등, 개인과 사회의 바람직한 관계를 살펴보려면 먼저 자유와 평등의 이념이 개인과 사회의 관계와 어떻게 논리적으로 연결되는가를 보아야 한다. 왜냐하면 현실 사회에서 이들은 긴밀한 상호 연관 속에서 존재하기 때문이다. 또 우리는 구체적인 현실 사회로 눈을 돌려 이들의 관계를 검토해야 한다. 양자의 바람직한 관계는 구체적인 현실 속에서 결정되기 때문이다.

㉡ 최근의 사건이나 상황으로 시작하기

〈청소년 교육의 문제점〉

요즘 언론에서는 청소년 문제 보도로 떠들썩하다. 학교폭력, 촉법소년, 게임을 비롯한 인터넷 중독에 관한 기사를 접하면 우리나라가 마치 청소년 비행의 소굴인 것 같은 착각에 빠져든다. 그런데 이 시점에서 우리는 왜 이런 문제가 발생했는가를 진지하게 고민해야 한다. 또 이를 위해서는 청소년 교육의 문제점을 생각하지 않을 수 없다.

㉢ 주요 개념을 규정하며 시작하기

〈올바른 가치관 수립의 중요성〉

가치관이란 어떤 사람이 세상을 살아가면서 사고나 판단, 행동을 할 때 기준으로 삼는 잣대라고 할 수 있다. 이런 면에서 세상을 살아가는 사람들은 누구나 자기 나름의 가치관을 갖고 있다. 이 같은 가치관은 그 사람의 인생 목표와 긴밀히 결합되어 있기 때문에 자신의 가치관에 따라 인생 목표가 정해진다고 할 수 있다. 예를 들어 어떤 사람이 '돈의 가치'를 인생에서 제일 중요하게 여긴다면, 그 사람은 돈 버는 일에 일생을 걸 것이다.

㉣ 대상을 분류·구분하며 시작하기

〈현대 사상에서 동양 사상이 갖는 의의〉

동양 사상에는 여러 종류가 있다. 예를 들면 춘추 전국시대에 등장한 제자백가 사상 가운데 중요한 것만 들어도 서너 가지가 된다. 또 불교 사상도 동양 사상 가운데 하나이며, 조선시대의 실학 사상도 중요한 동양 사상이다. 이 중에서 현대 사회와 관련하여 중요한 의미를 갖는 사상은 노자와 장자의 도가 사상이다.

㉤ 인용하면서 시작하기

〈현대 사회에서 지식인의 역할〉

'도둑질도 배운 놈이 한다.'는 우리 속담이 있다. 이것은 교육의 중요성을 표현한 말이지만, 다른 측면에서는 지식인에 대한 부정적인 시각을 표현한 말이기도 하다. 즉 지식인이 자기가 가진 지식을 이용하여 개인적 이익을 얻는 데만 사용하고, 그 과정에서 사회에 해가 되는 일도 한다는 것이다. 그래서 지금 우리 사회에는 '배운 놈이 도둑질 한다.'는 인식이 퍼져 있다. 이러한 상황에서 우리는 지식인의 바람직한 역할은 무엇인가를 진지하게 고민해야 한다.

위의 항목 중 어느 것이 제일 좋다고 단정할 수는 없다. 주어진 논제와의 적합성을 고려하여 자신이 소화할 수 있는 범위 내에서 서론을 이끄는 것이 중요하다.

③ 서론 쓰기의 논리적 흐름

㉠ 자료 제시

위에서 언급한 것처럼 서론은 다섯 가지 형태로 시작하는 것이 좋다. 그렇게 해서 먼저 채점자의 관심을 유도하자. 채점자는 여러 가지 형태의 논술을 보기 때문에 눈에 들어오는 문구가 있으면 그것은 끝까지 읽는다고 봐도 무방할 것이다. 그러나 여기서 주의할 점은 자료를 인용하더라도 식상한 인용을 하면 반감을 살 수도 있다는 것이다.

㉡ 문제의 발견

관심을 끌었다면 이제 논제의 문제를 발견해야 한다. 여기서 중요한 것은 제시문이나 문제에 분명 문제점을 제시했음에도 불구하고 문제의 접근을 본론에서 하는 수험생들이 많다는 것이다. 되도록 서론에서 문제의 접근 방법이나 접근할 수 있는 요령을 언급해주고 다음 단계로 넘어가는 것이 좋다.

㉢ 관점의 표명

문제를 발견했다면 자신의 견해를 밝히고 본론으로 넘어가야 한다. 여기서 주의할 점은 너무 억지로 넘어가면 안 된다는 것이다. 억지로 넘어갈 것 같다는 느낌이 들 때는 생략해도 무관하다.

(8) 본론 쓰기 방법

알맹이 있는 전개가 되는 것은 본론에 달려 있다. 일반적으로 본론은 주장과 주장을 뒷받침하는 근거 제시문의 형태로 구성된다. 본론은 서론에서 제시한 중심 과제를 구체적으로 해명하고, 자신의 주장이나 의견이 타당하다는 점을 구체적인 근거를 들어 증명하는 단계이다. 따라서 본론 부분은 주장의 타당성을 입증하기 위한 논증 과정에 해당하는 셈이다. 주장과 논거 사이에 논리적 연관성이 중요함을 새삼 강조한다. 또 한편 '본론의 구성이 잘 되었는가'의 여부는 논제의 요구에 맞게 개요 작성이 자세하게 갖춰져 있는가와 직결된다. 최근 논술 문제는 논제가 요구하는 바가 복합적으로 얽혀 있는 경우가 대부분이다. 이는 곧 답안 또한 다양한 논제의 요구 조건을 충족시키는 가운데 단락과 단락이 상호 유기적으로 연결되어야 함을 암시한다. 따라서 주장을 첫째 – 둘째 – 셋째와 같이 수평식으로 나열시키는 것은 절대 금물이다. 본론의 구성은 주장과 그에 따르는 근거 제시라는 두 축을 중심으로 하되, 논제가 요구하는 바가 무엇인가에 따라 논의의 전개 과정은 다양하고 탄력적이어야 한다. 논제에 따라 본론의 내용은 다양하게 변주된다. 언뜻 복잡하고 어렵게 보일 수 있다. 그러나 논제가 요구하는 조건을 정확하게 받아들여 충족시켜 간다면 본론의 진행은 결코 어렵게 여겨질 성질의 것만은 아니다. 그렇다면 본론에서 충족되어야 할 사항들과 본론 작성법에 대하여 좀 더 자세히 알아보자.

- 원인을 규명하는 내용
- 해결 방안을 제시하는 내용
- 근거나 이유를 제시하는 내용
- 구체적인 예시를 들어야 하는 내용
- 내용을 부언하여 상세화가 필요한 경우
- 반론을 제기하는 내용
- 내용을 전환하거나 유추하는 문장
- 예시문을 상호 비교해야 하는 경우

① 본론의 구실과 쓰는 법

본론은 글의 중심을 이루는 부분이다. 서론에서 내세운 문제에 대해서 자세하게 논증하여 상대를 설득시켜야 한다. 본론은 대략 두세 개의 단락으로 구성하는 것이 좋으며, 각 단락 속에는 소주제를 담아야 한다. 중요한 것은 읽는 이로 하여금 자기의 견해에 동조하도록 끌어들여야 한다는 점이다. 그러기 위해서는 자기 나름의 견해를 분명하게 내세우고 그 근거를 조리 있게 밝히면서, 필요하면 반대론의 견해를 반박하여 자기주장의 정당성을 입증해야 한다. 본론은 서론에서 제시한 글의 목적, 주제, 방법, 문제점 등 화제의 범위에 따라 써나가면 된다. 이때 중심 문장(소주제 문장)과 뒷받침 문장을 적절하게 연결시켜야 함을 잊어서는 안 되며, 정확한 진술 방식과 논리 방식으로 전개해야 한다. 즉, 본론은 서론에서 제시된 문제점들을 짜임새 있게 논술하여 결론을 이끌어 내는 일을 한다. 문제점별로 주어진 자료를 분석하고 종합하여 조리 있는 논술을 함으로써 논문의 내용을 펼쳐 나가는 과정이 본론이다. 따라서 본론이야말로 논문에서 가장 중요한 '가운데 토막'이다. 서론이 다룰 대상을 도마 위에 올려 놓는 기능을 지녔다면, 본론은 그것에 차례로 칼질을 하고 요리를 하여 음식을 만들어 내는 과정이다. 그러므로 본론은 다음과 같은 방법으로 쓰여야 한다.

㉠ 본론은 서론에서 제시된 목표, 문제점 그리고 다룰 범위들을 좇아서 전개되어야 한다.

㉡ 본론을 쓰는 데는 체계적인 하위 구분을 해서 줄거리를 미리 만드는 것이 바람직하다.

본론의 분량은 서론에 견주어 논술의 과정이 열 곱쯤 길다. 그러므로 그 내용을 여러 갈래로 쪼개고 또 그것을 다시 나누어서 체계적으로 다루어 나가야 한다. 그러자면 막연한 가운데 붓을 들 것이 아니라 주제를 중심으로 한 줄거리를 짜는 작업이 미리 행해져야 한다. 특히 본론의 분량이 많을 때에는 어떤 형태로든 줄거리를 마련하여 다루어야만 체계적인 논술이 된다.

㉢ 본론 줄거리의 각 항목에 대해서는 충분한 논의와 짜임새 있는 뒷받침이 마련되어야 한다. 각 항목을 필요에 따라 몇 개의 소주제로 나누고 소주제별로 한 단락씩을 펼쳐 나갈 것이다. 그런 각 단락의 펼침에는 논술법이 주가 되며 필요에 따라서 설명법이나 서사법 등을 곁들이게 된다. 그러한 전개 과정에서는 적절한 자료와 논거를 되도록 충분히 활용해야 할 뿐 아니라, 그것을 바탕으로 조리 있는 추론과 설득력 있는 결론이 나오도록 해야만 한다. 또한 비록 많은 뒷받침 자료가 있다 하더라도 그것을 짜임새 있게 연결하는 논리적 추론이 서툴러서는 좋은 논술이 되지 못한다.

② 본론 쓰기의 요건

㉠ 논리적 설득력(논증)

이 논증 과정이 특히 본론 쓰기의 핵심이라 할 수 있다. 어떠한 주장이 다른 사람에게 설득력을 갖기 위해서는 그 주장을 뒷받침해 줄 근거가 명확해야 한다. 논술은 자기가 가지고 있는 생각이나 견해를 내세우는 글이므로 근거가 제시되지 않는 논술문은 논술문이 아니다. 예컨대 "농산물 수입 개방은 저지되어야 한다."라든가 "영어 조기 교육은 바람직하지 않다."와 같은 견해는 하나의 주장으로 성립될 수 있다. 그러나 이 주장이 설득력을 가지려면 "왜?"라는 물음에 대한 답변이 제시되어야 하는 것이다. 이 답변이 곧 논거이다.

㉡ 타당성

주장을 뒷받침하는 근거가 아무리 훌륭하다 할지라도 그것이 이치에 맞지 않는다면 근거로서 성립될 수 없다. 예컨대 "청소년들의 흡연은 금지되어야 한다."라는 주장에 대해 "오늘날 청소년 흡연에 대해 긍정적인 생각을 갖는 사람은 별로 많지 않을 것이기 때문이다."를 근거로 제시한다면 이 주장은 설득력을 가질 수 없다.

㉢ 일관성과 통일성

본론의 각 단락에서 펼쳐지는 모든 내용은 언제나 일관된 논리를 유지해야 한다. 그리고 각 단락의 소주제에 부합하는 통일된 내용과 논거를 충분히 제시해야 한다. 특히 단락에 소주제문이 분명히 진술되었는지 반드시 확인해야 한다. 소주제문이 논술자의 머릿속에만 들어 있지 단락에는 빠진 경우가 허다하기 때문이다. 또 서로 반대되는 논거가 동시에 존재한다거나 필자의 주장과는 전혀 무관한 논거가 있다면, 읽는 이는 필자가 말하고자 하는 바에 대해 갈피를 잡을 수 없게 된다. 예컨대 "여성의 사회 진출은 적극적으로 권장되어야 한다."라는 주장에 대해 "① 고등 교육을 받은 여성을 가사에만 매달리게 하는 것은 개인적으로나 사회적으로나 큰 손실이기 때문이다. ② 또한 가정은 그 무엇과도 바꿀 수 없는 소중한 존재라는 점은 아무도 부인할 수 없다."라는 근거를 든다면, 이것은 일관성 있는 논증이라고 할 수 없다. ①과 ②는 상충되는 내용이기 때문이다.

③ 본론에서 논지를 전개할 때의 요령

㉠ 논지를 전개하는 기본 원리를 따르자.

- 항상 주제에서 벗어나지 않았나 확인하자.
  - 너무 많은 것을 쓰려는 욕심을 부릴 때
  - 주장할 내용이 정리되지 못했을 때
  - 개요를 잘못 짰거나 지나치게 엉성하게 짰을 때
- 전체 문단이 자연스럽게 연결되고 있는가 확인하자.
- 자신의 주장이 완결성을 갖추고 있는가 확인하자.

㉡ 본론의 구성 방법을 알고 따르자.

- 본론에서는 풍부하고 다양한 논거를 제시한다. 논술 문제와 연관된 다양한 논거를 제시해야 글이 풍부해진다. 물론 너무 산만하게 나열식으로 제시해서는 안 되고, 서로 연관된 논거를 묶어서 깔끔하게 정리해 서술해야 한다. 그리고 중요한 주장이나 논거를 먼저 제시해야 한다.
- 상대방에 대한 비판을 선행한 후에 자신의 입장을 적극적으로 옹호한다. 두 입장 중에서 한 입장을 선택하여 다른 입장을 비판할 경우에는 우선 상대방이나 반대 입장에 대한 비판을 먼저 한 후에, 자신의 입장을 적극적으로 옹호하는 것이 더 낫다.
- 큰 문제에서 작은 문제로, 일반적 사항에서 특수한 사항으로, 추상적인 것에서 구체적인 것으로 전개해 간다.
- 논지를 전개할 때 논리적인 비약이나 편견에 의한 사실 왜곡 등이 없어야 한다.
- 본론을 형성하는 몇 개의 중간 단락은 올바른 순서 속에서 서로 알맞은 균형을 유지해야 한다. 중간 단락의 균형 역시 글의 목적과 관계된다. 만일 글의 목적이 대립되는 두 쟁점에 대해 결론을 내려는 것이라면, 중간 단락은 두 개 정도가 적당하고, 이 두 개의 중간 단락은 동일한 길이로 나타내야 한다. 또한 중간 단락들의 균형 역시 서론부에서 소개된 명제문을 전제로 이루어져야 한다.
- 중간 단락들을 발전시킬 때 독자에게 글의 중요한 지점들을 알려 주어야 한다. 특히 글의 흐름이 전환되는 경우에 '한국과 똑같이 일본에서도 이 문제는 ~, 이 명제에 대립되는 의견들은 ~' 등의 어구로 나타내어 글의 방향을 알려주는 것이 좋다. 글의 흐름이 나아가는 방향을 알고 읽을 때 글이 명확하게 파악된다. 따라서 그것을 명확하게 드러내는 것이 좋은 논술이 된다.

④ 본론을 쓸 때 주의할 점

㉠ 같은 내용을 중언부언하지 않도록 한다.

㉡ 논점에서 벗어나지 않도록 한다.

㉢ 논제가 추상적이고 어려운 내용일 때는 구체적인 용어로 풀어주어야 한다. 이때 상술에 해당하는 내용은 앞에 제시된 내용의 범위를 벗어나지 않아야 한다.

㉣ 예시, 인용 등을 적절히 활용하여 논거 없는 의견을 제시하지 않도록 한다, 한 문장을 쓸 때마다 "왜", "어떻게"라는 질문을 스스로 해본다. 논증 과정을 거치지 않은 의견으로는 독자를 설득할 수가 없다.

→ 특히 예시를 쓸 때는 지나치게 길어지지 않도록 한다(배보다 배꼽이 더 커진다).

㉤ 비유나 상징 등 함축적인 표현, 모호한 표현은 가능하면 삼간다. 논술은 감상문이 아니다.

㉥ 글의 내용이 무난히 이어지도록 개요 작성 시부터 논리 전개 과정을 명확히 해 둔다.

㉦ 단순 나열식이 되지 않도록 주의한다. 특히 단순 나열의 경우에는 그 밖에 또 다른 것이 없는가를 확인해야 한다. 예를 들어 4가지를 나열했다면 왜 4가지뿐이냐는 질문에 대답할 수 있어야 하며, 나열한 것 중 가장 중요한 원인이 무엇인가를 밝힐 수 있어야 한다. 즉, 주요한 측면과 부차적 측면을 구분할 수 있어야 나열이 가능하다.

→ 첫째, 둘째, …식으로 나열하면 성의와 사고의 깊이가 없어 보인다.

(9) 결론 쓰기 방법

서두가 시발점이라면 결미부는 종착점에 해당한다. 아무리 출발이 멋있게 되었다 하더라도 끝맺음이 좋지 않으면 용두사미(龍頭蛇尾)가 되고 만다. 반면, 끝맺음이 잘되면 내용이 다소 빈약하더라도 그럴듯한 인상을 준다. 결미부 역시 서두 못지않게 인상적이어야 한다. 그리고 함축성도 있어야 한다. 명작 소설이나 영화의 끝 장면을 보면 기나긴 이야기 줄거리가 오직 이 한 장면을 위해 있었던가 싶을 정도로 감명 깊어서 오래도록 우리 가슴에 여운을 남긴다. 논술문 역시 끝마무리를 박력 있게 인상적으로 해서 글자 그대로 화룡점정(畵龍點睛)이 되도록 해야 한다.

① 결론의 구실과 쓰는 법

결론은 서론, 본론에 이어 논술문을 마무리 짓는 부분이다. 결론의 중요한 구실은 본론 부분의 논술 과정에서 밝혀진 주요 골자를 간추려 보이는 데에 있다, 다시 말하면 그 논문의 본론에서 어떠한 점들이 논의되어 어떤 내용이 가장 중요하게 드러났는가를 한눈에 볼 수 있도록 하는 것이 주요 기능이다. 즉, 단락의 소주제를 열거해 보이는 것이다. 그 밖에 결론에서 해당 논문에서 못다 다룬 점 등을 지적하고 다른 기회에 해결되기를 바라는 뜻을 덧붙이기도 한다. 그러나 결론 부분에서는 본론에서 다루어지지 않은 문제를 덧붙여 논의해서는 안 된다. 만일 그렇게 되면 본론과 결론의 한계가 흐려지고 만다.

㉠ 결론은 '마무리'라고도 하는 것으로서 본론에서 논술하여 밝힌 요지를 간추려 보인다. 곧 본론에서 문제점마다 장이나 절마다 밝힌 골자를 간단하고 명료하게 적어 보인다.

㉡ 결론에서는 구체적인 논술이나 설명이 필요 없다. 본론에서 다루어지지 않은 문제는 결론에서 추가로 논의해서는 안 된다.

㉢ 결론은 그 밖에 미진한 사항을 지적하거나 앞으로의 전망을 덧붙이는 구실을 한다.

② 좋은 결론의 요건

결말은 한 편의 글의 종착점이고, 한 편의 글을 총괄하는 곳이다. 또한 독자에게 그 글에 대한 강한 인상과 기억을 심어주는 곳이다. 따라서 적당한 곳에서 앞의 내용에 맞도록 자연스럽게 글의 결말을 지어야 한다. 결말에서 갖추어야 할 요건은 다음과 같다.

㉠ 적당한 곳에서 이루어져야 한다. 본문의 내용이 채 마무리되기도 전에 결말을 맺는다든지, 말할 것을 다 말해 놓고서도 중언부언하면서 마무리를 늦춘다든지 해서는 안 된다.

㉡ 앞서 말한 내용과 일관성이 있어야 한다. 앞의 내용과 관계가 없거나 상반되는 이야기를 결말에 넣어 주제를 흐리게 해서는 안 된다.

㉢ 되도록 강한 인상을 남겨 기억에 오래 남도록 하는 것이 좋다.

③ 끝마무리 요령

㉠ 되도록 짧게 구체적으로 쓴다.

㉡ '~라 생각한다.', '~일지도 모른다.', '~는 아닐는지', '~것 같다.'와 같은 말을 사용함으로써 인상이 약화되고 산만해지지 않도록 해야 한다. 필자도 자신이 없어 우물쭈물하고 결단을 내리지 못하는데, 누가 이런 견해나 주장에 동의하겠는가.

㉢ 서론, 본론의 내용과 조화되고 처음에 제시한 논지와 일치되게 쓴다.

㉣ 본론 부분의 설명이나 단순한 되풀이가 되지 않도록 한다.

㉤ 너무 독선적인 주장은 내세우지 않는다(당당하게 끝맺되 겸손해야 한다).

④ 결론의 실수를 줄이는 요령

㉠ 주제의 반복, 본론의 요약, 앞으로의 전망, 인용구 등을 활용한다.

㉡ 처음에 제시했던 일반화 또는 전제로 되돌아간다.

㉢ 새로운 견해나 개념을 말하지 않는다.

㉣ 본론의 논지를 총체적이면서 압축적으로 요약한다.

㉤ 피상적이고 일반적인 논지의 결론은 글의 참신성을 떨어뜨린다.

㉥ 무조건 도덕적인 결론으로 가지 마라.

㉦ 글의 흐름을 지켜라.

㉧ 분량을 균형 있게 하라(서론과 거의 같도록).

⑤ 결론에 들어가야 할 사항

㉠ 앞 내용의 요약 : 지금까지 논의한 내용을 다시 한 번 정리한다는 의미를 갖는다.

㉡ 관심이나 행동의 촉구

㉢ 새로운 과제나 방향 제시

㉣ 대안의 제안이나 제언

㉤ 전망 : 앞 내용의 요약을 중요하게 생각하는 사람들이 많은데 논술에서는 전망이나 대안의 제안이나 방향 제시가 더 중요하다. 결론은 내용을 요약하고 마무리 짓는 끝맺음 부분이다. 아무리 서론에서 문제 제기를 잘하고 본론에서 설득력 있게 논증을 했다 하더라도, 결론이 미흡하면 헛일이다.

02 KDB산업은행 논술 기출

KDB산업은행 필기시험은 크게 NCS 직업기초능력평가와 직무수행능력평가로 구분된다. 직무수행능력은 직무지식을 평가하는 전공 시험과 논리적 사고력을 평가하는 일반시사논술로 구분되며, 이 중 일반시사논술은 45분간 치러진다.

실제 KDB산업은행 필기시험을 치른 수험생들의 후기에 따르면, 전공 시험에서는 논술형 1문제, 서술형 4문제, 약술형 5문제, 총 10문항을 평가한다. 또한 일반시사논술에서는 2 ~ 3개의 상황·자료가 제시되고 이를 토대로 주어진 쟁점·사안에 대하여 논하는 방식으로 출제된다.

※ 논술 기출 질문은 채용공고상 연도가 아닌 실제 시험일을 기준으로 분류하였습니다.

2024년 기출

일반시사논술

① 다음 제시된 (가)와 (나) 중 현대 사회에서 어떤 역량이 더 필요할지 한 가지 입장을 정하고 다른 의견을 비판하시오.

(가)	인간 사이 소통의 다양성을 추구하는 내용의 지문
(나)	디지털 합리성(빅데이터, AI 등)을 활용한 소통을 추구하는 내용의 지문

② 다음 제시된 (가)를 읽고 청년세대의 특성을 기성세대와 비교하여 서술하고, (나)와 (다)를 참고하여 바람직한 조직문화 발전방향에 대해 논하시오.

(가)	청년세대와 기성세대의 특징에 대한 지문
(나)	기성세대의 정체성에 대한 지문
(다)	아마존에서 진행된 멘토링에 대한 지문

2023년 기출

일반시사논술

① 다음 제시된 (가)를 참고하여 (나)의 원인을 두 가지 이상 설명한 다음 (다)를 참고하여 금융정책기관이 나아가야 할 방향을 논하시오.

(가)	코로나19 팬데믹에 이은 러시아 – 우크라이나 전쟁으로 불안정해지고 불확실해진 경제·사회 전반에 대한 설명
(나)	최근 미국에서 반(反) ESG 성향의 상장지수펀드(ETF; Exchange Traded Fund) 등장
(다)	직렬회로는 효율적이나 불안정적인 반면, 병렬회로는 비용이 높지만 비교적 안정적

② 다음 제시된 (가), (나)가 시사하는 바를 쓰고 (다)의 관점에서 일과 가정의 양립을 위한 해결방안을 논하시오.

(가)	일과 가정의 양립을 원하는 사람들이 늘어나고 있다는 내용의 지문
(나)	코로나19 팬데믹 이후 재택근무를 축소하거나 없애려고 한다는 내용의 지문
(다)	역사적 사건 중 두 개의 갈등의 내면적 니즈를 파악하여 솔루션을 제공했던 사례

2022년 기출

① 경제성장 이면에 존재하는 사회적 모순을 서술하시오.
② 산업은행의 역사와 주요 사업 내용에 대해 서술하시오.
③ 산업은행이 코로나 사태 이후 드러난 모순을 해결하기 위해 어떤 방향으로 정책금융을 실시해야 하는지 서술하시오.
④ 기술발전의 하락 문제를 해결하기 위해 산업은행이 정책금융기관으로서 무슨 일을 해야 할지 서술하시오.
⑤ 현재 한국 산업의 문제점을 기술하고 앞으로 산업은행이 나아가야 할 방향에 대해 서술하시오.

2021년 기출

① 환경의 중요성이 대두됨에 따라 투자기관의 투자 회수 문제가 불거졌는데, 한국의 산업구조를 고려해 국내 금융기관은 어떻게 대응해야 하는지 서술하시오.
② 팬데믹 위기가 국내 산업에 미친 영향과 이에 대한 정책금융기관의 대응방안을 서술하시오.

2020년 기출

① AI에 따른 변화와 위협이 무엇인지 서술하고, 그에 대한 대응방안을 서술하시오.
② 코로나 팬데믹처럼 우리 사회에 급격한 변화를 초래하는 외부 요인들과 그로 인한 변화 그리고 그것과 관련된 금융권의 대응방안을 서술하시오.

2019년 기출

① 금융산업과 관련하여 기존 경제와 플랫폼 경제의 특징을 비교하여 설명하고, 플랫폼 비즈니스를 이용한 개선안을 서술하시오.

2016년 기출

① 금융산업의 변화에 대해 설명하고, 이에 대한 금융기관의 대응방안을 서술하시오.

2015년 기출

① 두 가지 주제 중 하나를 골라 자신의 의견을 서술하시오.

아래 두 지문에서 조직 관리와 관련해서 시사하는 바가 무엇인지 그리고 현재 경영환경을 고려하여 이를 은행업에 접목시킨다면 어떻게 해야 하는지 서술하시오.

(가)	영조의 탕평책에 대한 설명과 함께 마지막 부분에서는 이로 인해 오히려 또 다른 폐해가 생기기도 한다는 내용으로, 쿼터제처럼 일정한 자리를 배분함으로써 생기는 당 내부 자리싸움과 유사한 내용의 지문
(나)	조조의 능력 위주의 인재 등용에 대한 설명으로, 출신·배경과 관계없이 능력을 보고 인재를 등용하고자 천명했던 조조의 정책으로 인해 수많은 인재들이 모여 들었다는 내용의 지문

② 외국인 노동자 유입에 따라 발생할 수 있는 사회경제적인 비용에 대해 설명하고 이러한 상황에 맞춰서 기업이 어떻게 대응해야 하는지에 대해 자신의 견해를 밝히시오.

2014년 기출

일반시사논술(택1)

① 〈기업의 사회적 책임(CSR), 공유 가치 창출(CSV)과 관련된 문장 제시〉

TOMS, 네슬레, 미소금융, 산업은행의 대출제도 등의 제시문에 대해 서술하고 창조경제와 관련하여 기업의 공유가치 창출을 위한 기업 또는 금융기관의 대안을 논하시오.

② 개인 수준의 의사결정과는 달리 집단 합의에 도달하여 결과를 도출하는 집단 의사결정에 대한 긍정적인 바와 부정적인 바를 논하시오.

2013년 기출

일반시사논술(택1)

① 직관적 판단과 빅데이터 분석을 통한 의사결정을 비교하고 이를 기업금융에 어떻게 활용할 수 있는지에 대해 논하시오.

② 중소기업 상생을 위한 정부의 대기업 규제 강화에 대한 긍정적인 측면과 부정적인 측면을 논하고 이 둘의 상생방안에 대해 논하시오.

영문 논술(택1)

① 〈제주도 방언 등 사라져 갈 위기에 처한 언어들을 살려야 하는지 말아야 할지에 대한 지문 제시〉

자신의 생각을 경험, 근거를 통해서 에세이로 작성하시오.

② 전문가들은 현재 아이들의 IQ는 올라가고 있지만 EQ는 떨어짐에 따라 감정적인 문제가 많아지는 역설적 상황인 플린효과(Flynn Effect)가 발생하고 있다고 주장하고 있다. 이러한 역설적 상황에 대해 논하고 이를 Community Organization으로 극복하는 방법에 대하여 논하는 에세이를 작성하시오.

2012년 기출

일반시사논술(택1)

① 우리나라 은행과 기업이 동반 성장할 수 있는 상생방안에 대해서 논하시오.

② 비정규직 해법 등으로 각광받고 있는 분리직군제에 대해 찬반의 형식으로 논하시오.

영문 논술(택1)

① 프랑스에서는 학교수업 후 과외는 물론 미미했던 초등학생들의 숙제마저도 국가에서 금지시키겠다고 한다. 숙제에 대한 생각과 효용성에 대해 논하시오.

② E-Book과 Print Book에 대한 자신의 생각을 논하시오.

면접

01 면접 가이드

1. 면접유형 파악

(1) 면접전형의 변화

기존 면접전형에서는 일상적이고 단편적인 대화나 지원자의 첫인상 및 면접관의 주관적인 판단 등에 의해서 입사 결정 여부를 판단하는 경우가 많았습니다. 이러한 면접전형은 면접 내용의 일관성이 결여되거나 직무 관련 타당성이 부족하였고, 면접에 대한 신뢰도에 영향을 주었습니다.

기존 면접(전통적 면접)		능력중심 채용 면접(구조화 면접)
• 일상적이고 단편적인 대화 • 인상, 외모 등 외부 요소의 영향 • 주관적인 판단에 의존한 총점 부여 ⇩ • 면접 내용의 일관성 결여 • 직무 관련 타당성 부족 • 주관적인 채점으로 신뢰도 저하	VS	• 일관성 – 직무 관련 역량에 초점을 둔 구체적 질문 목록 – 지원자별 동일 질문 적용 • 구조화 – 면접 진행 및 평가 절차를 일정한 체계에 의해 구성 • 표준화 – 평가 타당도 제고를 위한 평가 Matrix 구성 – 척도에 따라 항목별 채점, 개인 간 비교 • 신뢰성 – 면접 진행 매뉴얼에 따라 면접위원 교육 및 실습

(2) 능력중심 채용의 면접 유형

① 경험 면접
- 목적 : 선발하고자 하는 직무 능력이 필요한 과거 경험을 질문합니다.
- 평가요소 : 직업기초능력과 직업성격검사 및 태도적 요소를 평가합니다.

② 상황 면접
- 목적 : 특정 상황을 제시하고 지원자의 행동을 관찰함으로써 실제 상황의 행동을 예상합니다.
- 평가요소 : 직업기초능력과 직업성격검사 및 태도적 요소를 평가합니다.

③ 발표 면접
- 목적 : 특정 주제와 관련된 지원자의 발표와 질의응답을 통해 지원자의 역량을 평가합니다.
- 평가요소 : 직무수행능력과 인지적 역량(문제해결능력)을 평가합니다.

④ 토론 면접

• 목적 : 토의과제에 대한 의견수렴 과정에서 지원자의 역량과 상호작용능력을 평가합니다.

• 평가요소 : 직무수행능력과 팀워크를 평가합니다.

2. 면접유형별 준비 방법

(1) 경험 면접

① 경험 면접의 특징

• 주로 직업기초능력에 관련된 지원자의 과거 경험을 심층 질문하여 검증하는 면접입니다.

> • 능력요소, 정의, 심사 기준
>   – 평가하고자 하는 능력요소, 정의, 심사 기준을 확인하여 면접위원이 해당 능력요소 관련 질문을 제시합니다.
> • Opening Question
>   – 능력요소에 관련된 과거 경험을 유도하기 위한 시작 질문을 합니다.
> • Follow-up Question
>   – 지원자의 경험 수준을 구체적으로 검증하기 위한 질문입니다.
>   – 경험 수준 검증을 위한 상황(Situation), 임무(Task), 역할 및 노력(Action), 결과(Result) 등으로 질문을 구분합니다.

경험 면접의 형태

[면접관 1] [면접관 2] [면접관 3]

[지원자]

〈일대다 면접〉

[면접관 1] [면접관 2] [면접관 3]

[지원자 1] [지원자 2] [지원자 3]

〈다대다 면접〉

• 직무능력 관련한 과거 경험을 평가하기 위해 심층 질문을 하며, 이 질문은 지원자의 답변에 대하여 '꼬리에 꼬리를 무는 형식'으로 진행됩니다.

② 경험 면접의 구조

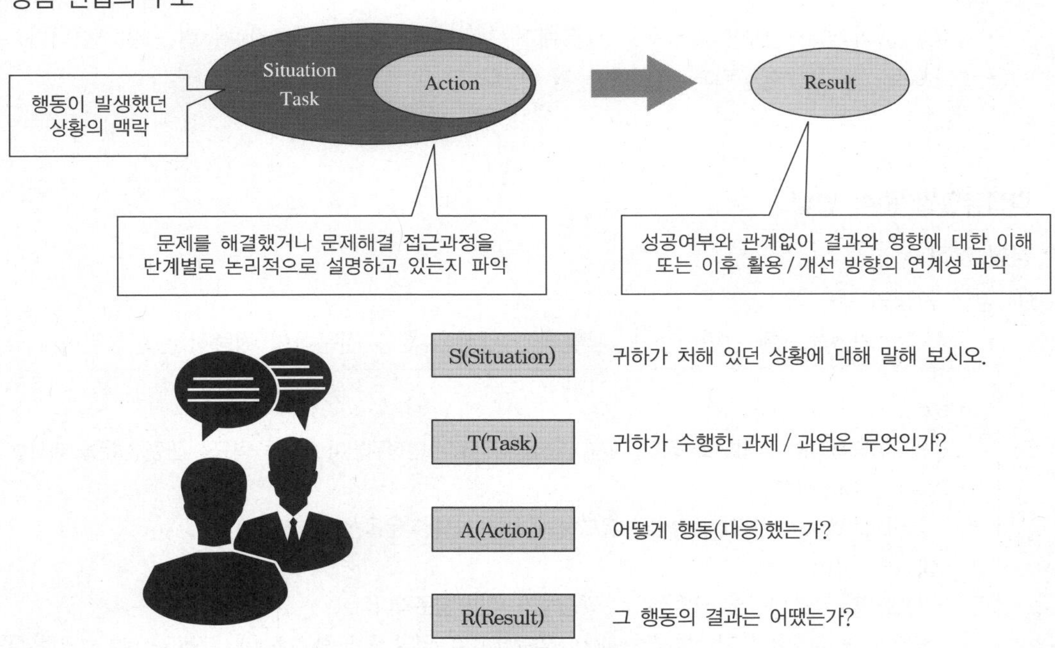
Situation
Task
Action
Result
행동이 발생했던
상황의 맥락
문제를 해결했거나 문제해결 접근과정을
단계별로 논리적으로 설명하고 있는지 파악
성공여부와 관계없이 결과와 영향에 대한 이해
또는 이후 활용 / 개선 방향의 연계성 파악
S(Situation)
귀하가 처해 있던 상황에 대해 말해 보시오.
T(Task)
귀하가 수행한 과제 / 과업은 무엇인가?
A(Action)
어떻게 행동(대응)했는가?
R(Result)
그 행동의 결과는 어땠는가?

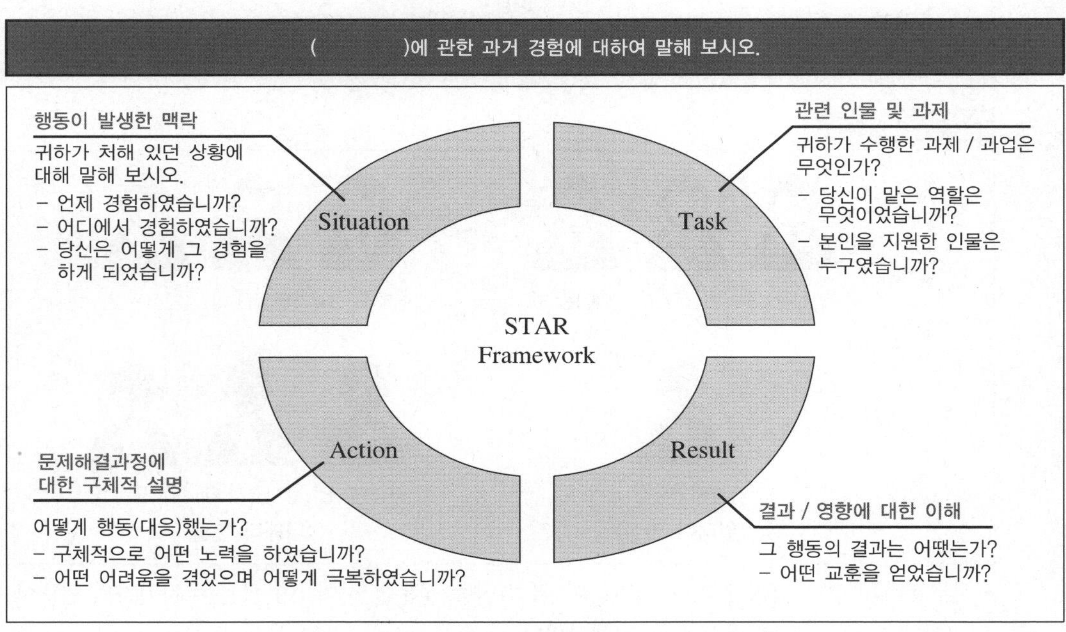
(　　　　)에 관한 과거 경험에 대하여 말해 보시오.
행동이 발생한 맥락
귀하가 처해 있던 상황에
대해 말해 보시오.
- 언제 경험하였습니까?
- 어디에서 경험하였습니까?
- 당신은 어떻게 그 경험을
하게 되었습니까?
관련 인물 및 과제
귀하가 수행한 과제 / 과업은
무엇인가?
- 당신이 맡은 역할은
무엇이었습니까?
- 본인을 지원한 인물은
누구였습니까?
Situation
Task
STAR
Framework
Action
Result
문제해결과정에
대한 구체적 설명
어떻게 행동(대응)했는가?
- 구체적으로 어떤 노력을 하였습니까?
- 어떤 어려움을 겪었으며 어떻게 극복하였습니까?
결과 / 영향에 대한 이해
그 행동의 결과는 어땠는가?
- 어떤 교훈을 얻었습니까?

③ 경험 면접 질문 예시(직업윤리)

시작 질문	
1	남들이 신경 쓰지 않는 부분까지 고려하여 절차대로 업무(연구)를 수행하여 성과를 낸 경험을 구체적으로 말해 보시오.
2	조직의 원칙과 절차를 철저히 준수하며 업무(연구)를 수행한 것 중 성과를 향상시킨 경험에 대해 구체적으로 말해 보시오.
3	세부적인 절차와 규칙에 주의를 기울여 실수 없이 업무(연구)를 마무리한 경험을 구체적으로 말해 보시오.
4	조직의 규칙이나 원칙을 고려하여 성실하게 일했던 경험을 구체적으로 말해 보시오.
5	타인의 실수를 바로잡고 원칙과 절차대로 수행하여 성공적으로 업무를 마무리하였던 경험에 대해 말해 보시오.

후속 질문		
상황 (Situation)	상황	구체적으로 언제, 어디에서 경험한 일인가?
		어떤 상황이었는가?
	조직	어떤 조직에 속해 있었는가?
		그 조직의 특성은 무엇이었는가?
		몇 명으로 구성된 조직이었는가?
	기간	해당 조직에서는 얼마나 일했는가?
		해당 업무는 몇 개월 동안 지속되었는가?
	조직규칙	조직의 원칙이나 규칙은 무엇이었는가?
임무 (Task)	과제	과제의 목표는 무엇이었는가?
		과제에 적용되는 조직의 원칙은 무엇이었는가?
		그 규칙을 지켜야 하는 이유는 무엇이었는가?
	역할	당신이 조직에서 맡은 역할은 무엇이었는가?
		과제에서 맡은 역할은 무엇이었는가?
	문제의식	규칙을 지키지 않을 경우 생기는 문제점 / 불편함은 무엇인가?
		해당 규칙이 왜 중요하다고 생각하였는가?
역할 및 노력 (Action)	행동	업무 과정의 어떤 방면에서 규칙을 철저히 준수하였는가?
		어떻게 규정을 적용시켜 업무를 수행하였는가?
		규정을 준수하는 데 어려움은 없었는가?
	노력	그 규칙을 지키기 위해 스스로 어떤 노력을 기울였는가?
		본인의 생각이나 태도에 어떤 변화가 있었는가?
		다른 사람들은 어떤 노력을 기울였는가?
	동료관계	동료들은 규칙을 철저히 준수하고 있었는가?
		팀원들은 해당 규칙에 대해 어떻게 반응하였는가?
		규칙에 대한 태도를 개선하기 위해 어떤 노력을 하였는가?
		팀원들의 태도는 당신에게 어떤 자극을 주었는가?
	업무추진	주어진 업무를 추진하는 데 규칙이 방해되진 않았는가?
		업무수행 과정에서 규정을 어떻게 적용하였는가?
		업무 시 규정을 준수해야 한다고 생각한 이유는 무엇인가?

결과 (Result)	평가	규칙을 어느 정도나 준수하였는가?
		그렇게 준수할 수 있었던 이유는 무엇이었는가?
		업무의 성과는 어느 정도였는가?
		성과에 만족하였는가?
		비슷한 상황이 온다면 어떻게 할 것인가?
	피드백	주변 사람들로부터 어떤 평가를 받았는가?
		그러한 평가에 만족하는가?
		다른 사람에게 본인의 행동이 영향을 주었다고 생각하는가?
	교훈	업무수행 과정에서 중요한 점은 무엇이라고 생각하는가?
		이 경험을 통해 느낀 바는 무엇인가?

(2) 상황 면접

① 상황 면접의 특징

직무 관련 상황을 가정하여 제시하고 이에 대한 대응능력을 직무관련성 측면에서 평가하는 면접입니다.

- 상황 면접 과제의 구성은 크게 2가지로 구분
  - 상황 제시(Description) / 문제 제시(Question or Problem)
- 현장의 실제 업무 상황을 반영하여 과제를 제시하므로 직무분석이나 직무전문가 워크숍 등을 거쳐 현장성을 높임
- 문제는 상황에 대한 기본적인 이해 능력(이론적 지식)과 함께 실질적 대응이나 변수 고려능력(실천적 능력) 등을 고르게 질문해야 함

상황 면접의 형태

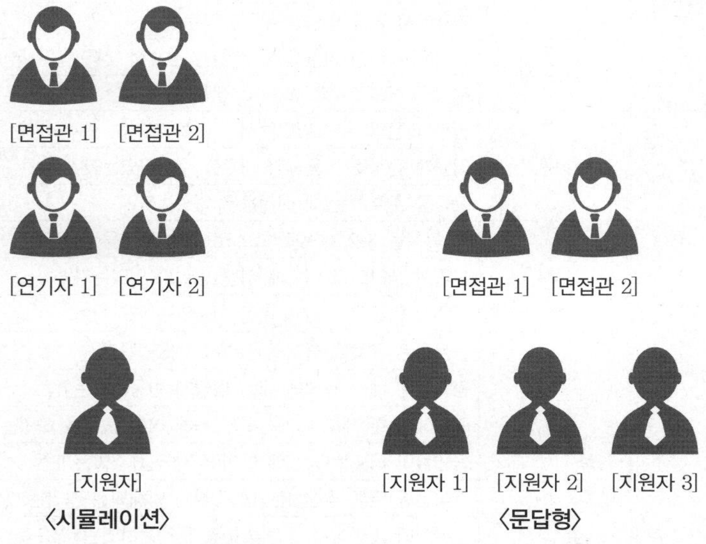

[면접관 1] [면접관 2]

[연기자 1] [연기자 2]

[지원자]

〈시뮬레이션〉

[면접관 1] [면접관 2]

[지원자 1] [지원자 2] [지원자 3]

〈문답형〉

② 상황 면접 예시

상황 제시	인천공항 여객터미널 내에는 다양한 용도의 시설(사무실, 통신실, 식당, 전산실, 창고 면세점 등)이 설치되어 있습니다.	실제 업무 상황에 기반함
	금년에 소방배관의 누수가 잦아 메인 배관을 교체하는 공사를 추진하고 있으며, 당신은 이번 공사의 담당자입니다.	배경 정보
	주간에는 공항 운영이 이루어져 주로 야간에만 배관 교체 공사를 수행하던 중, 시공하는 기능공의 실수로 배관 연결 부위를 잘못 건드려 고압배관의 소화수가 누출되는 사고가 발생하였으며, 이로 인해 인근 시설물에는 누수에 의한 피해가 발생하였습니다.	구체적인 문제 상황
문제 제시	일반적인 소방배관의 배관연결(이음)방식과 배관의 이탈(누수)이 발생하는 원인에 대해 설명해 보시오.	문제 상황 해결을 위한 기본 지식 문항
	담당자로서 본 사고를 현장에서 긴급히 처리하는 프로세스를 제시하고, 보수완료 후 사후적 조치가 필요한 부분 및 재발방지 방안에 대해 설명해 보시오.	문제 상황 해결을 위한 추가 대응 문항

(3) 발표 면접

① 발표 면접의 특징

- 직무 관련 주제에 대한 지원자의 생각을 정리하여 의견을 제시하고, 발표 및 질의응답을 통해 지원자의 직무 능력을 평가하는 면접입니다.
- 발표 주제는 직무와 관련된 자료로 제공되며, 일정 시간 후 지원자가 보유한 지식 및 방안에 대한 발표 및 후속 질문을 통해 직무적합성을 평가합니다.

> • 주요 평가요소
>   – 설득적 말하기 / 발표능력 / 문제해결능력 / 직무 관련 전문성
> • 이미 언론을 통해 공론화된 시사 이슈보다는 해당 직무 분야에 관련된 주제가 발표 면접의 과제로 선정되는 경우가 최근 들어 늘어나고 있음
> • 짧은 시간 동안 주어진 과제를 빠른 속도로 분석하여 발표문을 작성하고 제한된 시간 안에 면접관에게 효과적인 발표를 진행하는 것이 핵심

발표 면접의 형태

[면접관 1] [면접관 2]   [면접관 1] [면접관 2]

[지원자]   [지원자 1] [지원자 2] [지원자 3]

〈개별과제 발표〉   **〈팀 과제 발표〉**

※ 면접관에게 시각적 효과를 사용하여 메시지를 전달하는 쌍방향 커뮤니케이션 방식

※ 심층면접을 보완하기 위한 방안으로 최근 많은 기업에서 적극 도입하는 추세

② 발표 면접 예시

1. 지시문

당신은 현재 K사에서 직원들의 성과평가를 담당하고 있는 팀원이다. 인사팀은 지난주부터 사내 조직 문화 관련 인터뷰를 하던 도중 성과평가제도에 관련된 개선 니즈가 제일 많다는 것을 알게 되었다. 이에 팀장님은 인터뷰 결과를 종합하려 성과평가제도 개선 아이디어를 A4 용지 1장 이내로 신속 보고할 것을 지시하셨다. 당신에게 남은 시간은 1시간이다. 자료를 준비하는 대로 당신은 팀원들이 모인 회의실에서 5분간 발표할 것이며, 이후 질의응답을 진행할 것이다.

2. 배경자료

〈성과평가제도 개선에 대한 인터뷰〉

최근 K사는 회사 사세의 급성장으로 인해 작년보다 매출이 두 배 성장하였고, 직원 수 또한 두 배로 증가하였다. 회사의 성장은 임금, 복지에 대한 상승 등 긍정적인 영향을 주었으나 업무의 불균형 및 성과보상의 불평등의 문제가 발생하였다. 또한 수시로 입사하는 신입직원과 경력직원, 퇴사하는 직원들까지 인원들의 잦은 변동으로 인해 평가해야 할 대상이 변경되어 현재의 성과평가제도로는 공정한 평가가 어려운 상황이다.

[생산부서 김상호]
우리 팀은 지난 1년 동안 생산량이 급증했기 때문에 수십 명의 신규인력이 급하게 채용되었습니다. 이 때문에 저희 팀장님은 신규 입사자들의 이름조차 기억 못할 때가 많이 있습니다. 성과평가를 제대로 하고 있는지 의문이 듭니다.

[마케팅 부서 김흥민]
개인의 성과평가의 취지는 충분히 이해합니다. 그러나 현재 평가는 실적기반이나 정성적인 평가가 많이 포함되어 있어 객관성과 공정성에는 의문이 드는 것이 사실입니다. 이러한 상황에서 평가 제도를 재수립하지 않고, 인센티브에 계속 반영한다면, 평가제도에 대한 반감이 커질 것이 분명합니다.

[교육부서 홍경민]
현재 교육부서는 인사팀과 밀접하게 일하고 있습니다. 그럼에도 인사팀에서 실시하는 성과평가제도에 대한 이해가 부족한 것 같습니다.

[기획부서 김경호 차장]
저는 저의 평가자 중 하나가 연구부서의 팀장님인데, 일 년에 몇 번 같이 일하지 않는데 어떻게 저를 평가할 수 있을까요? 특히 연구팀은 저희가 예산을 배정하는데, 저에게는 좋지만 ⋯.

(4) 토론 면접

① 토론 면접의 특징

• 다수의 지원자가 조를 편성해 과제에 대한 토론(토의)을 통해 결론을 도출해가는 면접입니다.

• 의사소통능력, 팀워크, 종합인성 등의 평가에 용이합니다.

1. 주요 평가요소
   - 설득적 말하기, 경청능력, 팀워크, 종합인성
2. 의견이 대립이 명확한 주제 또는 채용분야의 직무 관련 주요 현안을 주제로 과제 구성
3. 제한된 시간 내 토론을 진행해야 하므로 적극적으로 자신 있게 토론에 임하고 본인의 의견을 개진할 수 있어야 함

토론 면접의 형태

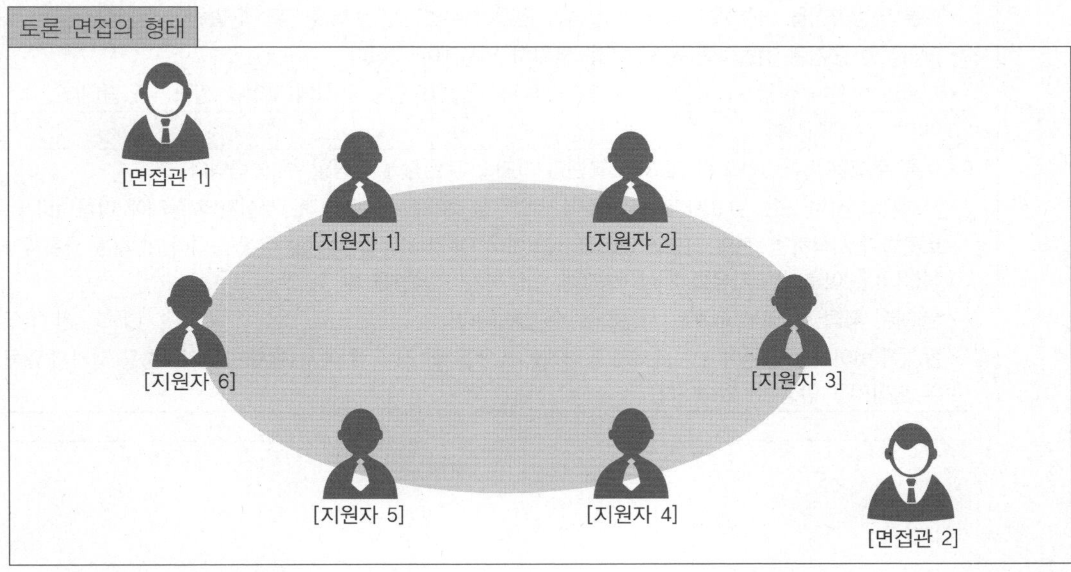

② 토론 면접 예시

고객 불만 고충처리

1. 들어가며

최근 우리 상품에 대한 고객 불만의 증가로 고객고충처리 TF가 만들어졌고 당신은 여기에 지원해 배치받았다. 당신의 업무는 불만을 가진 고객을 만나서 애로사항을 듣고 처리해 주는 일이다. 주된 업무로는 고객의 니즈를 파악해 방향성을 제시해 주고 그 해결책을 마련하는 일이다. 하지만 경우에 따라서 고객의 주관적인 의견으로 인해 제대로 된 방향으로 의사결정을 하지 못할 때가 있다. 이럴 경우 설득이나 논쟁을 해서라도 의견을 관철시키는 것이 좋을지 아니면 고객의 의견대로 진행하는 것이 좋을지 결정해야 할 때가 있다. 만약 당신이라면 이러한 상황에서 어떤 결정을 내릴 것인지 여부를 자유롭게 토론해 보시오.

2. 1분 자유 발언 시 준비사항

- 당신은 의견을 자유롭게 개진할 수 있으며 이에 따른 불이익은 없습니다.
- 토론의 방향성을 이해하고, 내용의 장점과 단점이 무엇인지 문제를 명확히 말해야 합니다.
- 합리적인 근거에 기초하여 개선방안을 명확히 제시해야 합니다.
- 제시한 방안을 실행 시 예상되는 긍정적・부정적 영향요인도 동시에 고려할 필요가 있습니다.

3. 토론 시 유의사항

- 토론 주제문과 제공해드린 메모지, 볼펜만 가지고 토론장에 입장할 수 있습니다.
- 사회자의 지정 또는 발표자가 손을 들어 발언권을 획득할 수 있으며, 사회자의 통제에 따릅니다.
- 토론회가 시작하면, 팀의 의견과 논거를 정리하여 1분간 자유발언을 할 수 있습니다. 순서는 사회자가 지정합니다. 이후에는 자유롭게 상대방에게 질문하거나 답변을 할 수 있습니다.
- 핸드폰, 서적 등 외부 매체는 사용하실 수 없습니다.
- 논제에 벗어나는 발언이나 지나치게 공격적인 발언을 할 경우, 위에서 제시한 유의사항을 지키지 않을 경우 불이익을 받을 수 있습니다.

3. 면접 Role Play

면접 Role Play 편성

- 교육생끼리 조를 편성하여 면접관과 지원자 역할을 교대로 진행합니다.
- 지원자 입장과 면접관 입장을 모두 경험해 보면서 면접에 대한 적응력을 높일 수 있습니다.

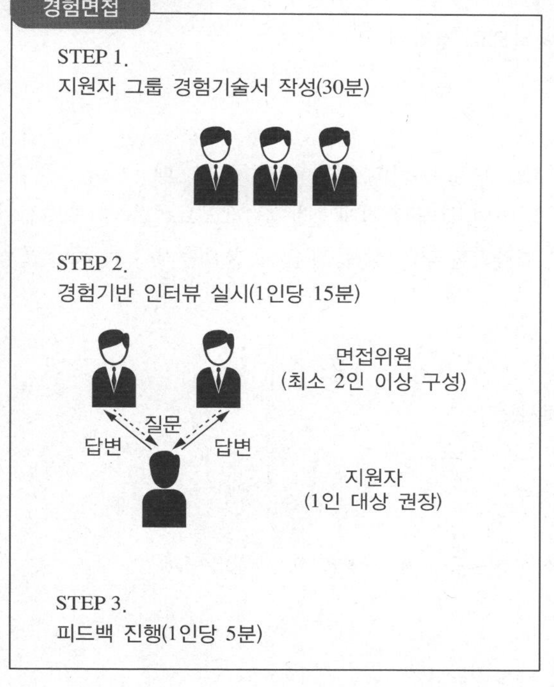

경험면접
STEP 1.
지원자 그룹 경험기술서 작성(30분)
STEP 2.
경험기반 인터뷰 실시(1인당 15분)
면접위원
(최소 2인 이상 구성)
질문
답변
답변
지원자
(1인 대상 권장)
STEP 3.
피드백 진행(1인당 5분)

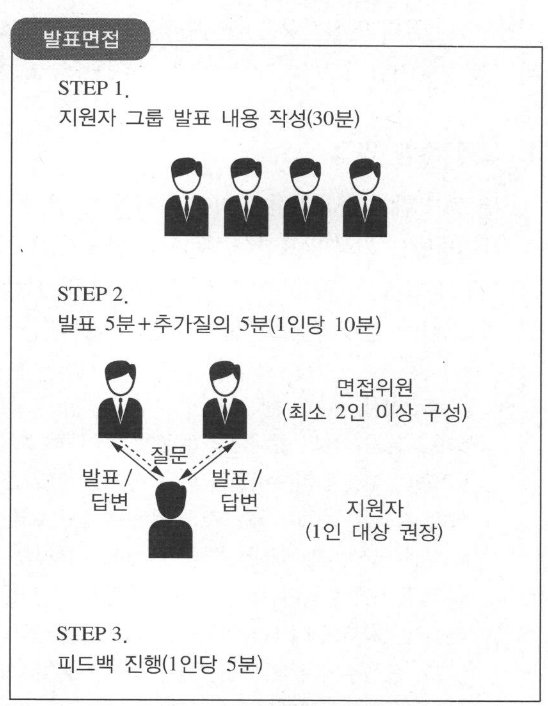

발표면접
STEP 1.
지원자 그룹 발표 내용 작성(30분)
STEP 2.
발표 5분+추가질의 5분(1인당 10분)
면접위원
(최소 2인 이상 구성)
질문
발표/
답변
발표/
답변
지원자
(1인 대상 권장)
STEP 3.
피드백 진행(1인당 5분)

TIP

면접 준비하기

1. 면접 유형 확인 필수
   - 기업마다 면접 유형이 상이하기 때문에 해당 기업의 면접 유형을 확인하는 것이 좋음
   - 일반적으로 실무진 면접, 임원 면접 2차례를 거쳐 면접을 실시하는 기업이 많고 실무진 면접과 임원 면접에서 평가요소가 다르기 때문에 유형에 맞는 준비방법이 필요
2. 후속 질문에 관한 사전 점검
   - 블라인드 채용 면접에서는 주요 질문과 함께 후속 질문을 통해 지원자의 직무능력을 판단
     → STAR 기법을 통한 후속 질문을 미리 대비하는 것이 필요

02 주요 금융권 면접 기출

신용보증기금

신용보증기금의 면접전형은 과제수행(20점)+실무(40점)+심층(40점) 총 3단계에 걸쳐 진행된다. 직무적합성과 신용보증기금 업무에 대한 이해, 가치관 등을 종합적으로 평가한다.

1. 과제 수행 면접

두 조가 함께 들어가서 주어진 주제와 제시문을 읽고 조별로 논의한 뒤에 주제, 목적, 내용 등을 요약하여 해결방법을 써서 발표한다. 두 조의 발표가 모두 끝난다면 상대 조에게 질문을 하고 토론을 하며 면접관들도 질문한다. 발표시간이 그리 길지는 않고, 시간이 초과되면 더 이상 듣지 않고 발표를 멈추게 하니 조원들과 요점만 간략히 전달하는 것이 중요하다.

[기출 질문]

- 최근 금융시장의 문제점과 해결방안에 대해 토론하시오.
- 기업의 부실징후는 무엇을 보면 파악할 수 있는지 토론하시오.
- 보증료율을 높여야 하는지, 낮춰야 하는지 토론하시오.
- 최저임금 상승에 대해 찬반을 나누어 토론하시오.
- 사립유치원에 국가관리 회계 시스템(에듀파인)을 적용하는 것이 바람직하다고 생각하는가?
- 종교인 과세에 대해 찬반을 나누어 토론하시오.
- 교육 평등주의에 대해 찬반을 나누어 토론하시오.
- 보증기업 사장에게 한도 축소를 통보할 때 어떻게 해야 하는가?
- 전사적 차원에서 신용보증과 신용보험을 어떠한 비중으로 분배해야 하는가?
- 클라우드 컴퓨팅을 신용보증기금에 적용해야 하는가? 적용해야 한다면 그 이유는 무엇인가?
- 금융정책기관으로서 신용보증기금이 확대·강화해야 할 업무영역은 무엇인가?
- 연대보증 폐기에 대한 본인의 생각은 무엇인가?
- 우버택시의 도입에 대해 찬반을 나누어 토론하시오.
- SNS소통에 대해 긍정적인가 부정적인가?
- 전업주부 영유아 어린이집 이용제한에 대해 찬반을 나누어 토론하시오.
- 벤처 창업자에 대한 병역혜택을 찬반을 나누어 토론하시오.

2. 실무 면접

실무진들과 조가 다대다로 진행한다. 공통 질문과 개인 질문으로 나뉘는데 신용보증기금에서 진행하고 있는 프로젝트나 전공에 관련된 질문이 많다. 만약 지원자가 예전에 했던 프로젝트가 있다면 그것과 관련된 구체적인 설명을 요구하기도 한다.

[기출 질문]

- 신생기업이 새로운 사업을 시작할 때 고려할 점이 무엇인지 말해 보시오.
- DBM이란 무엇인가?
- OSI 7계층은 무엇인가?
- TCP는 몇 계층인지 알고 있는가?
- 공통키, 대칭키 방식에 대하여 설명해 보시오.
- 유동화증권에 대하여 설명해 보시오.
- 후순위채권은 누가 매입하는지 알고 있는가?
- 후순위채권 매입 시 회계처리 과정에 대하여 알고 있는가?
- M&A 보증 시 꼭 진행해야 하는 상법적 절차에 대하여 알고 있는가?
- 중소기업의 재무제표를 볼 때, 수익성을 보기 위해서는 어떤 계정과목 혹은 재무비율을 보아야 하는가?
- 자산담보부증권에 대하여 알고 있는가?
- 지원자가 알고 있는 자산담보부증권에 대하여 말해 보시오.
- 기업가치평가 기법에 대하여 설명해 보시오.
- 블록 체인이 무엇인지 알고 있는가?
- 보증심사 시 고려해야 할 사항을 말해 보시오.
- 지원자가 생각하는 가장 소중한 물건에 대하여 말해 보시오.
- 팔로우십에 대한 생각을 말해 보시오.
- 팔로우십에서 가장 중요한 가치가 무엇이라고 생각하는가?
- 매출채권보험에 대하여 설명해 보시오.
- 보험과 보증의 차이를 알고 있는가?
- 직접 금융 활성화 방안에 대하여 말해 보시오.
- 신용 보증에 대해 아는 것을 설명해 보시오.
- 삼성 바이오로직스 사태를 설명할 수 있겠는가?
- 공모전 수상 내역이 있는데 어떤 내용인가?
- 신용보증기금이 하는 일이 어떤 일이라고 생각하는가?
- 대민 업무를 함에 있어서 자신의 단점은 무엇인가?
- 민원고객이 몰려든다면 어떻게 하겠는가?
- 시각장애인에게 파란색을 설명해 보시오.
- 이자보상비율이란 무엇인가?
- SMART 융합 보증이란 무엇인가?
- 신용보증기금과 기술보증기금의 차이는 무엇인가?
- 영업점에서 민원이 심하게 발생할 경우 이에 대한 대처방법에 대해 말해 보시오.
- 투자옵션부 보증이란 무엇인가?

- 본인의 장점을 한 가지 말해 보시오.
- 동대구역의 가치를 계산해 보시오.
- 4차 산업혁명에 대해 말해 보시오.
- 보증 기한 연장이 불가능한 기업의 대표가 연장 신청을 해달라고 할 경우 어떻게 할 것인가?
- 제조업, 도소매업에 대한 부채비율을 어느 정도로 관리하는 것이 바람직한가?
- 한계기업의 정의에 관해 설명해 보시오.
- 마포 사옥을 창업자들을 위한 공간으로 조성하려 하는데 어떻게 차별화할 수 있겠는가?
- 리플레이션에 대해 아는가?
- 메인비즈, 이노비즈의 개념에 대해 아는 사람이 있으면 답변해 보시오.
- 30초 내로 간단한 자기소개를 해 보시오.
- 중요도가 낮은 업무의 경우 상사에게 일일이 보고하고 일을 처리할 것인가?
- 보증과 보험의 차이를 말해 보시오.
- 보험의 경우 부보율이 얼마나 되는가?
- 재무 · 비재무적 요소 중 중요하게 보아야 할 것은 무엇인가?
- 사모펀드에 대해 어떻게 규제해야 하는가?
- 중소기업의 사업실패 요인은 무엇이라고 생각하는가?
- 최근 미국, 일본, 유럽 등의 통화정책 차이로 환율 등의 대외여건이 변화하고 있는데, 본인이 중소기업 사장이라면 어떻게 대응하겠는가?
- 본인이 신용보증기금에 입사하기 위하여 노력한 것은 무엇인가?
- 결혼과 직장의 공통점 및 차이점은 무엇인가?
- 최근 읽었던 신용보증기금 관련 기사는 무엇인가?
- 신용보증기금이 당신을 뽑아야 하는 이유가 무엇인가?

3. 심층 면접

실무 면접과 비슷하지만 임원들이 인성적인 질문을 한다. 자기소개서를 바탕으로 지원자의 기본적인 인성 및 가치관, 도전의식 및 열정, 윤리의식 · 사회적 책임감을 중점으로 평가한다.

[기출 질문]

- 실제 경영자와 대표자가 다를 경우 어떻게 할 것인지 말해 보시오.
- 신용보증기금에 입사하기 위해 얼마나 준비했는지 말해 보시오.
- 새로운 환경에 적응할 때 어려움을 극복한 방법에 대하여 말해 보시오.
- 신용보증기금에 입사하여 얻고 싶은 점을 말해 보시오.
- 무엇인가를 성공했던 경험에 대하여 말해 보시오.
- 책임감을 발휘한 경험에 대하여 말해 보시오.
- 본인의 롤 모델에 대하여 말해 보시오.
- 상사가 부당한 업무를 지시했을 때, 어떻게 대처하겠는가?
- 본인의 직업관은 무엇인가?
- 신용보증기금의 최근 이슈에 대해 아는 것이 있는가?
- 중소기업의 자생력을 높이기 위한 방안을 설명할 수 있는가?
- 자격증과 교육훈련이 업무를 수행하면서 어떤 도움이 되겠는가?
- 본인의 단점이 무엇이며 어떻게 극복하여 업무에 활용할 것인가?
- 4차 산업혁명과 같은 기술발전으로 인한 명과 암에 대해 말해 보시오.
- 약속이 있는 날, 오늘 꼭 처리해야만 하는 업무가 생겼다. 어떤 선택을 할 것인가?
- 국보 1호가 왜 국보 1호로 지정되었는지 아는가?
- 직장상사가 사내결혼에 대해 심한 선입견을 가지고 있고, 본인은 사내연애 중이며 결혼을 생각하고 있다. 상사의 선입견을 풀기 위해 어떻게 할 것인가?
- 황제경영을 해결하기 위한 방안은 무엇인가?
- 신용보증기금에 입사 후 본인이 생각하는 본인의 모습을 말해 보시오.
- 신용보증기금이 나아가야 할 방향은 무엇이라고 생각하는가?
- 대기업의 한식 사업 진출에 대해 어떻게 생각하는가?
- 식물 혹은 동물로 태어난다면 무엇이 되고 싶은가?
- 본인이 가진 역량 말고 가치관은 무엇인가?
- 사회양극화의 원인과 해소방안은 무엇이라고 생각하는가?
- 기술금융이 활성화되지 않는 원인과 해결방안은 무엇이라 생각하는가?
- IT 업계가 아닌 신용보증기금에 지원한 이유는 무엇인가?
- 공기업과 사기업의 차이를 설명해 보시오.
- 경력 프로젝트 관련 구체적인 설명을 해 보시오.

기술보증기금

기술보증기금의 면접전형은 1차 면접과 2차 면접으로 총 2단계에 걸쳐 진행된다. 1차 면접은 조직접합성과 직무적합성, 토론을 합산하여 평가하며, 2차 면접은 종합적합성과 1차 면접 전형의 점수, 필기전형의 점수를 합산하여 평가한다.

1. 1차 면접 - 조직적합성 면접(인성 면접)

다대다로 이뤄지며 지원자의 자기소개서를 기반으로 진행된다. 제출한 자기소개서의 내용에 대한 숙지와 함께 기술보증기금의 핵심가치를 반영한 답변을 준비할 필요가 있고 모순되지 않은 솔직한 답변을 하도록 주의가 필요하다.

[기출 질문]
- 마지막으로 하고 싶은 말을 해 보시오.
- 본인이 원하지 않는 직무에 배정될 경우 어떻게 할 것인가?
- 현재를 개선하기 위해 했던 노력에 대하여 말해 보시오.
- 30초간 자기소개를 해 보시오.
- 어떤 상사가 좋은 상사라고 생각하는가?
- 전국 순환근무에 적응할 자신이 있는가?
- 금융기관 직원으로서 지녀야 할 중요한 덕목은 무엇이라고 생각하는가?
- 창의력을 키우기 위한 지원자만의 노력이 있는가?
- 지원자의 스트레스 해소방법은 무엇인가?
- 마지막으로 20초간 맺음말을 해 보시오.
- 여러 금융기관 중 기술보증기금에 지원한 이유가 무엇인가?
- 기술보증기금의 핵심가치와 지원자의 가치관이 어떻게 부합하는가?
- 기술보증기금이 여성을 배려하고 있는 점에 대하여 아는 것이 있는가?
- 다른 사람들이 생각하는 지원자의 모습 중 지원자의 생각과 다른 점이 있었는가?
- 인턴생활을 하면서 힘들었던 점을 말해 보시오.
- 희망근무지역을 부산으로 했는데, 주소는 서울이다. 왜 이런 선택을 했는가?
- 부모님과 요즘 하는 이야기는?
- 연수원까지 오면서 어떤 생각을 했는가?
- 전 직장에서 구체적으로 어떤 일을 했는가?
- 자신의 강점은 무엇이고 그것을 기보에서 어떻게 활용할 것인가?
- 동아리 활동을 했다고 기록했는데, 어떤 활동을 했는가?
- 조직과 개인 중 어느 것이 더 중요하다고 생각하는가?
- 만약 상사로부터 부당한 대우를 받는다면 어떻게 할 것인가?
- 기술보증기금에 지원하게 된 동기가 무엇인가?
- 블랙 컨슈머도 고객으로 보아야 한다고 생각하는가?
- 기술보증기금의 핵심 가치 3가지 중 지원자를 잘 표현할 수 있는 키워드 한 가지와 관련된 경험을 말해 보시오.

- 공기업으로서 나아가야 할 방향은 무엇이라고 생각하는가?
- 토끼와 거북이 이야기에서 어떤 동물이 낫다고 생각하는가?
- 기업의 사회적 책임과 노블리스 오블리주에 대해서 어떻게 생각하는가?
- 경제 민주화란 무엇이고, 본인의 생각은 무엇인가?
- 자기소개서에는 취업을 위해 많은 것을 준비한 것 같은데, 학창시절에 대한 이야기가 없는 것 같다. 학창시절 중 가장 기억에 남는 일은 무엇인가?
- 가장 기억에 남는 여행과 그곳에서 배운 교훈은?
- 올해 목표 중 본인이 이루고 싶은 가장 큰 목표는 무엇인가? 단, 취업과 관련이 없는 것만 이야기 해달라.
- 본인이 최근 읽은 책 중 기억에 남는 책과 그것에서 얻은 교훈은 무엇인가?

2. 1차 면접 – 직무적합성 면접(PT 면접)

지원자 1명과 면접관 다수로 이뤄지는 발표와 질의응답으로 구성되는 면접인데 시사관련 주제가 나오기도 하기 때문에 기업, 비즈니스, 4차 산업혁명, 기술보증기금의 사업과 관련된 것을 알고 가는 것이 좋다. 처음 보는 단어라도 문제지에 쓰인 뜻을 보고 차분히 생각해서 발표 내용을 구상해야 한다.

[기출 질문]
- 문화 콘텐츠 보증에 대하여 발표하시오.
- 최신 IT 기술을 기술보증기금 업무에 적용할 방안에 대하여 발표하시오.
- 문화 콘텐츠(영화, 드라마, 게임, 캐릭터 등) 평가 방안에 대하여 발표하시오.
- 대기업의 중소기업 기술탈취에 대해 어떻게 생각하는가?
- 기금의 경제 활성화 방안에 대하여 설명하시오.
- 금리 인하로 인한 우리 정부의 앞으로의 방향은 어떠한지 말해 보시오.
- 빅데이터에 3V가 있는데 4V, 5V에 V가 무엇인지 아는가?
- 본인이 생각하기에 기술평가에서 중요하게 생각할 요소와 각 비중을 정해 설명하시오.
- 기술평가와 관련하여 어떤 경험과 역량을 쌓아왔는가?
- 실제 기술평가 시 어떤 평가요소를 중점적으로 평가할 것인가?
- CAMP에서 베타는 어떻게 구하는가?
- 기술이 눈에 보이지 않는데 어떻게 이를 증명할 것인가?
- 성적이 좋은데 대학원에 갈 생각은 없는가?
- 동아리 활동 경험에 대해 이야기해 보시오.

3. 1차 면접 - 토론 면접

한 조로 이루어진 4명의 지원자들 간에 주어진 주제에 대해 토론하는 형식으로 진행된다. 주로 시사와 관련된 주제 및 창의력, 업무 전공에 관련한 주제가 주어진다. 자기 자신의 주장을 강하게 밀어붙이는 것보다는 다른 토론자들의 의견을 경청하여 덧붙이는 태도가 중요하다. 상대방을 이기기보다는 서로 이야기를 하면서 협의점을 찾는 것을 목적으로 생각해야 한다.

[기출 질문]

- 연대보증에 대하여 찬반 여부를 토론하시오.

4. 2차 면접 - 임원 면접

약 30분간 다대다로 이뤄지는 종합적합성면접으로 공통 질문 2개와 개인 질문 2개 정도를 물어보는 형식으로 진행된다.

[기출 질문]

- 남들이 생각하는 지원자의 모습 중 지원자의 생각과 다른 것이 있는가?
- 기금의 경제 활성화 방안에 대하여 설명해 보시오.
- 지원자가 생각하는 기술금융이란 무엇인가?
- 기술보증기금의 보증절차에 대해 설명해 보시오.
- 지원자가 지원한 직무에서 가장 중요하다고 생각하는 점은 무엇인가?
- 거주하고 있는 지역 외 근무를 하게 돼도 괜찮은가?
- 자기소개를 20초 내로 하시오.
- 남들보다 경쟁력이 있다고 생각하는 것은 무엇인가?
- 조직융화와 전문성 중에 어떤 것을 중시하는가?
- 자신과 닮은 동물과 그 동물을 선택한 이유를 말해 보시오.
- 진상 고객이 왔을 때 어떻게 대처할 것인가?
- 일하면서 동료와 갈등이 있을 때, 어떻게 할 것인가?
- 학창시절에 기억에 남는 경험을 말해 보시오.
- 중소기업에서 일했던 경험이 있던데, 어떤 고충이 있었나?
- 마지막으로 하고 싶은 말을 한 문장으로 말해 보시오.

한국수출입은행

최근 몇 년간 한국수출입은행은 청년인턴의 경우 조직가치적합도(인성 면접) 및 PT 면접으로 면접을 실시하며, 전문직 행원의 경우 1차에서는 NCS 기반 직무역량평가와 영어활용능력을 평가한 뒤 2차에서 조직가치적합도(인성 면접)를 평가하고 있다.

1. 인성 면접

[기출 질문]
- 한국수출입은행에 지원한 동기는 무엇인가?
- 한국수출입은행에 입사하게 된다면 어떤 업무를 가장 잘할 수 있는가?
- 한국수출입은행의 장점과 단점은 무엇인가?
- 한국수출입은행의 미션은 무엇인가?
- 책임감을 가지고 일을 해서 성과를 낸 경험이 있는가?
- 자신의 경험이나 역량을 한국수출입은행에서 어떻게 발휘할 것인가?
- 전공이 다름에도 한국수출입은행을 선택한 이유는 무엇인가?
- 조직생활에서 가장 중요한 것은 무엇인가?
- 업무 중 커피 심부름을 시킨다면 어떻게 할 것인가?
- 인사에서 성장성, 안정성, 개인의 적성 중에 무엇이 가장 중요하며 그 이유는 무엇인가?
- 어떤 업무를 맡고 싶은가?
- 지원한 분야의 업무를 맡고 싶은 이유는 무엇인가?
- 협업을 했던 경험이 있는가?
- 자신의 인생에서 갈등을 해결한 경험은 무엇인가?
- 인생에서 중요하게 여기는 것은 무엇인가?

2. 예상 면접 질문

[기출 질문]
- 상사가 부당한 지시를 한다면 어떻게 대처할 것인가?
- 고객이 서비스에 만족하지 않는다면 어떻게 대처할 것인가?
- 실패를 한 경험과 그것을 극복한 방안에 대해 말해 보시오.
- 남들과는 다른 자신의 강점은 무엇인가?
- 직원 대부분이 부정에 연관되어 있다는 사실을 알게 된다면 어떻게 대처할 것인가?
- 직무를 수행하기 위해 어떤 능력을 갖추었는가?
- 다른 사람과의 갈등이 발생하면 어떻게 해결할 것인가?

하나금융그룹

'비전 달성을 위한 전문 역량과 리더십을 겸비한 리더'를 추구하는 하나금융그룹은 정직과 성실을 바탕으로 열정, 열린 마음, 손님 우선, 전문성, 존중과 배려의 5가지 핵심가치를 갖춘 전문인이 인재상이다.
하나금융그룹의 1차 면접은 BEI 면접, PT 면접, 세일즈 면접, Hana Value 면접 등으로 구성되어 있고, 2차 면접은 인성중심 면접으로 진행된다.

1. 1차 면접

(1) BEI 면접

은행 기초직무와 자기소개서를 기반으로 한 多대多 인성 면접이다. 3명의 실무진 면접관이 평가하며, 지원자 5 ~ 7명이 한 조가 되어 면접을 치르게 되는데 평균적으로 1시간 정도 소요된다. 직무지식 외 자기소개서에 작성한 본인의 경험을 바탕으로 솔직하고 자신있게 대답해야 한다. 간혹 면접관이 질문에 대해 생각나는 사람이 먼저 손을 들고 대답하라고 하는 경우도 있으므로 면접 참여 시 적극성을 보이는 것이 중요하다.

[하나은행]
- 자기소개를 해 보시오.
- 지원한 직무는 어떤 일을 한다고 생각하는지 말해 보시오.
- 하나은행에 입행 후 하고 싶은 업무에 대해 말해 보시오.
- 해당 업무를 진행할 때 본인이 가장 중요하다고 생각하는 것에 대해 말해 보시오.
- 하나은행에 대해서 유튜브나 TV 등 매체를 통해 인상 깊게 본 것이 있다면 말해 보시오.
- 하나은행의 서비스에 대해 잘 알고 있는 것이 있다면 말해 보시오.
- 인턴 활동을 하면서 아쉬웠던 점이나 후회되는 점에 대해 말해 보시오.
- 본인이 극복할 수 없는 단점에 대해 말해 보시오.
- 조직문화가 나와 맞지 않다고 생각할 때 어떻게 대처할 것인지 말해 보시오.
- 하나원큐를 사용해 봤을 때 느낀 장점과 단점에 대해 말해 보시오.
- 디지털 전환 시대에 고령층들에게 어떤 식으로 서비스를 할 것인지 말해 보시오.
- 은행 내 모든 직무에 대해 알고 있는 대로 말하고, 해당 직무 역량을 기르기 위해 했던 경험에 대해 말해 보시오.
- 자신이 은행원으로서 가지고 있는 강점과 역량에 대해 말해 보시오.
- 자신의 전공을 은행업에 어떻게 연결할 것인지 말해 보시오.
- 인턴을 했던 공공기관에서의 업무와 은행 업무가 어떤 연관이 있다고 생각하는가?
- 회계에서 어떠한 계정과목이 가장 중요하다고 생각하는가?
- 재무제표에서 중요하다고 생각되는 3가지 항목은 무엇인가?
- 금융지식을 쌓기 위해 어떠한 노력을 했는가?
- 기업금융 측면에서 생각해 본 상품이 있는가?
- 개인적으로 인상 깊었던 하나은행 상품은 무엇인가?
- 하나은행이 직면하고 있는 문제 상황은 무엇이라고 생각하는가?
- 하나은행 하면 떠오르는 좋은 이미지와 나쁜 이미지에는 무엇이 있는가?
- 은행원이나 금융 자격증을 준비하면서 어려웠던 점이 있다면 무엇인가?
- 하나은행의 글로벌 역량 신장을 위해 어느 나라로 진출하면 좋을지 말해 보시오.
- 외국어 전공자인데 은행에 지원하는 이유가 무엇인가?

- 자신의 커리어패스를 1분 자기소개와 함께 담아내시오.
- 본인의 커리어패스를 위해 어떠한 노력을 했는가?
- 왜 은행원이 되려고 하는가?
- 나이가 많은데 왜 늦은 나이에 입행을 결심했는가?
- 이용해 본 은행들 인터넷뱅킹의 특징은 무엇인가?
- 비전공자인데 왜 은행에 관심을 갖게 되었는가?
- 개인의 단점은 무엇인가? 은행에 일하면서 어떻게 극복할 것인가?
- 고객과 조직 중 어느 이익이 중요한가?
- 은행원이 되기 위해 어떤 노력을 했는가?
- IoT는 무엇인가?
- IoT를 하나은행에 적용할 수 있는 예시는 무엇인가?
- 진상손님 대처방법을 말해 보시오.
- 4차 산업혁명은 무엇인가?
- 휴대폰 단축번호 1번은 누구인가?
- 가장 행복했던 기억과 가장 슬펐던 기억을 말하고, 그로 인해 얻었던 교훈을 말해 보시오.
- 하나은행이 유스고객을 위해 해야 하는 마케팅은 무엇인가?
- 청년실업이란 무엇인가?
- 자신을 나타낼 키워드를 제시하고 키워드에 맞는 자기소개를 해 보시오.
- 하나은행에 입행하기 위해 준비한 것을 말해 보시오.
- 왜 하나은행에 지원했는가?
- 주거래 은행이 어디인가?
- 주말에 보통 무엇을 하는지 말해 보시오.
- 창의적 활동 경험에 대해 말해 보시오.
- 대외활동 중 어려웠던 점에 대해 말해 보시오.
- 아르바이트 경험이 특이한데 자세히 말해 보시오.
- 하나멤버스를 어떻게 활성화할 것인가?
- 친화력이 뛰어나다고 했는데 까다로운 손님을 어떻게 대처할 것인가?
- 학부 전공이 은행 업무와 관련이 전혀 없는데 은행원이 되고 싶은 이유가 있는가?
- 자기소개서에 적힌 역량 외에 다른 역량은 없는가?
- PB에 대해 어떻게 생각하는지 말해 보시오.
- 자신의 성격의 단점이 은행원으로서 단점이 될 수 있다. 어떻게 극복할 것인가?
- 중국 교환학생 경험이 있는데, 중국과 한국의 문화 중에 가장 큰 차이점은 무엇인가?
- 현재 IT 발달로 지점방문고객이 줄고 있는데, 은행원을 줄여야 하는 것은 아닌가?
- 닮고 싶은 사람은 누구인가?
- 공백기간 동안 무엇을 했는지 말해 보시오.
- 하나은행의 단점은 무엇인가?
- 인생에서 가장 힘들었던 경험은 무엇인가?
- 자신이 지점에 입사하면 가장 먼저 할 일은 무엇인가?
- 본인이 은행원으로서 고객에게 만족을 줄 수 있다고 생각하는가?
- 본인의 전공을 업무 수행에 어떻게 적용할 것인가?
- 본인만의 스트레스 관리법에 대해 말해 보시오.
- 마케팅이란 무엇이라 생각하는가?

- 입행 후 하고 싶은 업무는 무엇인가?
- 은행에 입사하기 위해 준비한 것들에 대해 말해 보시오.
- 방문해 본 하나은행 지점에 대해 말해 보시오.
- 경영학을 복수전공 했는데 특별한 이유가 있는가?
- 살면서 겪었던 가장 큰 시련은 무엇인가?
- (비전공자에게) 앞으로 본인의 전공과 관련된 기회가 생긴다면 어떻게 하겠는가?
- 면접관이라면 어떤 인재를 뽑아야 하는가?
- 오늘 몇 시에 일어났는가?
- 연금수급을 받는 사람에게 어떤 상품을 추천하면 좋을지 말해 보시오.
- 행원이 갖춰야 할 덕목은 무엇인가?
- 지방에서 지역 은행들과 경쟁하려면 어떻게 해야 할지 말해 보시오.
- 지금 당장 10만 원을 주면 어떻게 할 것인가?
- 창의성을 발휘한 사례에 대해 말해 보시오.
- PT 면접 때 본인이 생각한 전략이 실패할 경우 어떻게 할 것인가?
- 상급자를 설득한 경험에 대해 말해 보시오.
- 돈을 번 경험에 대해 말해 보시오.
- 최근에 감동했던 경험이 있으면 손들고 이야기해 보시오.
- 학생회장을 한 이유와 하면서 느낀 점에 대해 말해 보시오.
- 마지막으로 하고 싶은 말이 있다면, 손을 들어 말해 보시오.

[하나카드]

- 좌우명이 무엇인가?
- 핀테크의 문제점과 해결방법에 대해 말해 보시오.
- 위험 관리 역량과 관련하여 어떤 역량을 쌓았는지 말해 보시오.
- 변화하는 현 금융 상황에 대해 어떻게 생각하는지 말해 보시오.
- 학부 시절 가장 어려웠던 것은 무엇인지 말해 보시오.
- 살아가면서 어려웠던 일을 극복했던 사례에 대해 말해 보시오.

[하나캐피탈]

- 야근이 많아도 잘 버틸 수 있는가?
- 금융인으로서 자부심을 말해 보시오.
- 학점이 좋은 편이다. 어떻게 공부를 했는가?
- 하나캐피탈에 대해 아는 대로 말해 보시오.
- 본인이 생각하는 하나캐피탈의 외부 이미지와 그 이유를 말해 보시오.
- 회사가 남녀평등을 지향하고 있으나, 아직은 수준에 미치지 못했다. 오래 다닐 수 있겠는가?
- 회사 차원에서 신입사원이 갖춰야 할 덕목이 무엇이라고 생각하는가?
- 하나캐피탈의 발전 방향은 무엇인가?
- 본인이 생각하는 하나캐피탈에 대해 말해 보시오.
- 팀 프로젝트나 활동 중에 가장 힘들었던 경험에 대해 말해 보시오.

[하나자산신탁]

- 자기소개를 해 보시오.
- 마지막으로 하고 싶은 말해 보시오.

- 『초한지』를 읽어 봤는가, 읽어봤다면 유방과 항우의 차이점에 대해 이야기해 보시오.
- 지금 당장 사야 할 물건이 있는데 예산이 부족하다면 어떻게 하겠는가?

[하나금융투자]

- 영업은 무엇이라고 생각하는가?
- 호모 헌드레드(Homo Hundred)에 대해 말해 보시오.
- 지점 발령은 어느 곳이든 상관없는가?
- 마지막으로 하고 싶은 말을 해 보시오.

[하나아이앤에스]

- 지원동기를 말해 보시오.
- 1분 자기소개를 해 보시오.
- POST / GET 방식에 대해 말해 보시오.
- 실제 서비스 장애를 경험한 사례가 있으면 이야기한 후, 어떻게 문제를 해결하였는지 설명해 보시오.
- 데이터베이스 인스턴스에 대해 말해 보시오.
- 조인문에 대해 말해 보시오.
- 업데이트 문에 대해 말해 보시오.
- 관심 있는 IT분야에 대해 말해 보시오.
- 학부 시절 팀 프로젝트에서 맡은 임무에 대해 말해 보시오.
- 청라 이전에 대한 생각을 말해 보시오.
- 업무 특징상 야근이 많은데 괜찮은가?
- 프로젝트 경험에 대해 말해 보시오.
- 핀테크에 대해 말해 보시오.
- 이전 직장에서 퇴사한 이유는 무엇인가?
- 이전 직장에서 수행한 직무는 무엇인가?
- 입사 후 어떤 일을 하고 싶은가?
- 정부의 국정화 교과서에 대해 어떻게 생각하는가?
- 한국사 자격증을 취득한 이유는 무엇인가?
- 성격의 장단점에 대해 말해 보시오.

(2) PT 면접

PT 면접은 총 45분간 진행되며, '발표 준비(30분) – 발표(7분) – 질의응답(8분)'으로 구성되어 있다. 두 가지 주제에 대한 자료를 받고 30분간 A4 용지에 발표할 내용을 정리할 수 있는 시간이 주어진다. 두 가지 주제 모두 발표해야 하며, 면접관 2 ~ 4명이 있는 곳에서 혼자 발표를 진행하게 된다. 이후 발표한 내용에 대한 꼬리질문 3 ~ 4가지가 이어진다. 창의적이고 현실적인 방안을 도출하여 핵심 키워드 중심의 논리적인 설명을 하는 것이 중요하다.

[하나은행]

- 이스라엘 – 하마스 전쟁이 세계 금융 시장에 미치는 영향과 그에 따른 은행의 대응 방안에 대해 제시해 보시오.
- AI 챗봇 도입 시 하나은행이 가질 장점과 활용 방안에 대해 제시해 보시오.
- 기업금융에서 BaaS 활용 방안에 대해 제시해 보시오.
- 온라인 대환대출 플랫폼을 구축하는 데 있어 핀테크 업체와 은행 간 의견 차이가 발생하는 이유 및 원인에 대해 설명해 보시오.
- 중소기업 특화은행의 등장에 따른 하나은행의 대응 방안에 대해 제시해 보시오.
- 사적연금시장의 변화에 따른 하나은행의 대응 방안에 대해 제시해 보시오.
- 실버시대 비대면 마케팅 방안에 대해 말해 보시오.
- 하나은행의 ESG 경영 실천 방안에 대해 제시하고, 기업금융과 ESG를 결합할 수 있는 아이디어가 있다면 말해 보시오.
  - E, S, G 중 가장 중요한 한 가지와 그 이유는 무엇인가?
  - G 측면에서 수익성과 공공성에 대한 논란의 해결법을 제시해 보시오.
  - 기업금융 측면에서 ESG 컨설팅을 제시하는 게 당행에 이득일 것 같은가? 손해일 것 같은가?
- 금융서비스에서 업무 자동화가 가능한 영역(외환 / 글로벌 / 기업금융 중 택 1)과 자동화 시 개선 가능한 금융서비스는 무엇이 있을지 말해 보시오.
- MZ세대의 특징과 MZ세대 유치 및 자산 증대 전략에 무엇이 있을지 말해 보시오.
- 인터넷전문은행의 기업금융 진출에 대한 하나은행의 대응책을 제시해 보시오.
- 2022년의 3고(高)현상에 대한 파급효과로 2023년 3고(苦)현상이 우려되는 상황이다. 이러한 경제 흐름 속, 하나은행의 기업금융 방향에 대해 말해 보시오.
- 세 가지 금융 트렌드(피지털 / 알파세대 / 줍줍) 중 가장 주목해야 할 트렌드와 전략에 대해 말해 보시오.
- 아트테크가 유행하고 있다. 이러한 트렌드 속에서 하나은행이 어떠한 자산관리 서비스를 시도해 볼 수 있을지 제안해 보시오. 또한 비금융적인 측면으로 손님들에게 어떤 서비스 제시할 수 있을지 제시해 보시오.
- 현재 금리 상승으로 인하여 은행 예금으로 돈이 몰리고 있는데, 손님의 행복을 위해 이를 어떻게 사용하면 좋을지 아이디어를 제시해 보시오.
- 주어진 자료를 토대로 앞으로의 환율 등락에 대해 예측해 보시오.
- 기업 내 AI 면접 도입에 대한 의견과 예상되는 어려움에 대해 말해 보시오.
- 클래시페이크(Classy Fake) 활용 방안 및 발전 방향에 대해 말해 보시오.
- 최근 대형견이 사람을 해치는 경우가 잦아 입마개 착용을 의무화하려는 움직임을 두고, 동물보호단체는 동물의 권리 침해라며 반대하고 있다. 이러한 논란을 최소화할 수 있는 방안을 제안하시오.
- 어린이 코딩 교육을 위한 좋은 방법을 제안하시오.
- ○○지점 영업 활성화 방안에 대해 말해 보시오.

[하나카드]

- 신규 카드상품 마케팅에 대해 말해 보시오.

[하나아이앤에스]

- 핀테크를 활용한 금융업 발전 방향을 말해 보시오.

[하나금융투자]

- 금융복합점포 활성화 방안에 대해 말해 보시오.

(3) 세일즈 면접

최근 하나은행의 세일즈 면접은 다른 은행의 세일즈 면접과는 다르게 PT 면접과 유사한 방식으로 진행되고 있다.

1페이지는 주제를 제시하고, 2 ~ 4페이지는 특정 상황 및 데이터를 제시하는 5페이지 분량의 자료와 30분의 준비 시간이 주어진다. 이후 BEI 면접을 진행했던 3명의 면접관들 앞에서 주제에 대해 7분간 발표하며, 8분간 질의응답하는 시간을 갖는다.

주제에 대한 대책이나 방안의 질보다는 자신감, 적극성, 상황대처능력, 서비스 자세 등을 중점적으로 평가한다.

[하나은행]

- ○○산업단지지점 영업전략 제시
  - 수신, 가계여신, 기업여신, 외국환 중 2개를 선택한 후 영업점 전략에 대해 말해 보시오.
  - 지점 특성, 현황, 경제기사, 손님수요상품, 주변 환경 등을 고려하여 설정한 전략에 대해 말해 보시오.
- ○○지점 활성화 방안 제시
  - ○○지점 활성화를 위한 마케팅 방안에 대해 구체적으로 설명해 보시오.
  - ○○지점이 위치한 지역과 고객의 특성에 맞는 영업 방안에 대해 말해 보시오.
  - 행원이 아닌 지점장의 입장에서 당행이 손님 확보에 어려움을 겪는 이유와 함께 향후 시장점유율을 얼마만큼 차지할 거 같은지 예측해 보시오.

(4) 문화적합성 면접

하나은행만의 문화적합성(구 Hana Value) 면접은 핵심가치 기반 문화적합성 면접으로, 음악이 흘러나오는 방에서 간단한 다과와 함께 진행된다. 편안한 분위기 속에서 면접관과 1대1로 살아오면서 겪은 다양한 경험들에 대해 이야기하는 방식으로 치러진다.

필기시험 전 응시한 개인별 온라인 인성검사 결과에 따라 다른 질문이 주어질 수 있으므로, 면접 전 인성검사에서 어떠한 항목에 체크했는지 잘 기억하고 면접에 임해야 한다.

[하나은행]

- 금융권에 지원하게 된 계기에 대해 말해 보시오.
- 후배가 조직에 잘 적응하지 못할 때 선배로서 어떻게 할 것인지 말해 보시오.
- 직업을 선택하는 기준에 대해 발해 보시오.
- 갈등을 해결한 경험이 있다면 말해 보시오.
- 남들보다 뛰어난 자신만의 강점을 사례를 들어 말해 보시오.
- 함께 일하는 상사나 팀원이 업무의 효율성을 위해 윤리적으로 어긋나는 일을 지시했을 때 어떻게 할 것인지 말해 보시오.
- 협업을 하면서 자신의 의견을 관철하지 않고 다른 사람의 의견을 수용하여 진행한 경험이 있다면 말해 보시오.
- 하나은행의 핵심가치인 POWER in Integrity 중 자신의 장점과 약점에 대해 말해 보시오.
- 하나은행의 핵심가치인 POWER on Integrity 다섯 가지 중에서 가장 공감하는 가치는 무엇인가?
- 하나은행의 핵심가치인 INTEGRITY(정직과 성실)를 목격하거나 경험한 적이 있다면 말해 보시오.
- 다른 사람에게 도움을 주었던 경험이 있다면 말해 보시오.
- 꾸준하게 열심히 노력해서 목표를 달성한 경험이 있다면 말해 보시오.
- 집단의 분위기를 좋게 하는 본인만의 노하우가 있다면 말해 보시오.

- 팀이나 조직을 이끌어 본 경험이 있다면 말해 보시오.
- 다른 사람과 차별화된 본인만의 강점 또는 역량이 있다면 말해 보시오.
- 상사가 부당한 지시를 내렸다면 어떻게 대처할 것인가?
- 마지막으로 할 말은 무엇인가?

2. 2차 면접(인성중심 임원면접)

2차 면접은 대면 인터뷰로 회사의 경영진이 직접 참여해 금융 전문가로서의 역량을 평가한다. 여러 명이 한 조가 되어 자기소개서를 기반으로 多대多 면접을 치르며, 인성 및 역량 면접으로 지원자는 자기소개서를 기반으로 한 질의응답과 직무 관련 질문을 받게 된다. 질문에는 조원 모두에게 묻는 공통 질문과 개별 질문이 있으며, 공통 질문에는 먼저 손을 든 사람이 대답한다.

[하나은행]

- 디지털 전환 시대에서 하나은행의 전략에 대해 말해 보시오.
- 하나은행의 글로벌 진출 전략에 대해 말해 보시오.
- 직업을 선택하는 기준에 대해 발해 보시오.
- 갈등을 해결한 경험이 있다면 말해 보시오.
- 고령층에게 하나원큐 가입을 어떻게 유도할 것인지 말해 보시오.
- 자산관리를 하는 데 제일 중요하다고 생각하는 역량에 대해 말해 보시오.
- 조직 생활과 개인 일이 상충될 수 있는데, 개인 일이 급하면 어떻게 할 것인지 말해 보시오.
- 금융업에 관심을 가지게 된 계기에 대해 말해 보시오.
- 입행하기 위해 쌓아온 역량에 대해 말해 보시오.
- 자신의 강점과 약점에 대해 말해 보시오.
- 입행 후 어떻게 성장할 것인지 말해 보시오.
- 원거리 영업점에 발령이 나면 어떻게 할 것인가?
- 기업을 볼 때 가장 어떤 지표를 가장 중요하게 봐야 한다고 생각하는가?
- RM은 위험과 기회의 상충되는 측면을 모두 고려해야 하는데 이에 대해 어떻게 생각하는가?
- 기업대출 승인 후 심사역에 대출승인을 올렸는데 거절된다면 어떻게 대처할 것인가?
- 상대방의 의도를 오해했던 경험이 있는가? 당시 그런 것들을 바꿔보기 위해 노력한 것들이 있는가?
- 누군가에게 감동을 준 경험이 있는가?
- 하나은행에 입사하기 위해 어떠한 노력을 하였는가?
- 입사 후 포부에 대해 말해 보시오.
- 1분 자기소개를 해 보시오.
- 취득한 자격증을 업무에 어떻게 적용할 것인가?
- 살면서 가장 힘들었던 경험을 말해 보시오.
- 조직 생활에서 본인이 희생한 경험을 말해 보시오.
- 빅테크 기업들 속에서 어떤 전략으로 살아남을 것인가?
- 기업금융과 IB직무 중 IB는 무엇이라 생각하는지 말해 보시오.
- 남이 평가하는 자신은 어떤 사람인지 말해 보시오.
- 어떤 평가를 받고 싶은지 말해 보시오.
- 취미를 말해 보시오.

- 하나은행에서 개발한 디지털 서비스는 무엇인가?
- 핀테크 기업보다 차별성을 갖추기 위한 방안은 무엇인가?
- 재무제표에서 가장 중요한 것은 무엇인가?
- "고객은 OOO이다."를 나만의 단어로 채워 보시오.
- 고객과 관계에서 정직, 신뢰를 발휘한 경험을 말해 보시오.
- 하나은행에 지원한 동기가 무엇인가?
- 하나은행 말고, 지원한 곳을 솔직하게 말해 보시오.
- 진상손님을 어떤 방법으로 대처할 것인가?
- 공부나 공모전 말고 가장 자기가 노력해서 얻은 결과가 있는 분은 손들어 보시오.
- 자신의 신념에 대해 말해 보시오.
- 고객들에게 행복을 주는 방법에 대해 말해 보시오.
- 미친 듯이 몰두했던 경험에 대해 말해 보시오.
- 교환학생 시절 중 인상 깊었던 경험에 대해 말해 보시오.
- 계좌이동서비스에 대해 설명해 보시오.
- 지점 실적이 좋지 않으면 어떻게 할 것인가?
- 마지막으로 하고 싶은 말을 해 보시오.

[하나자산신탁]

- 중대형 아파트를 팔아 보시오.

[하나아이앤에스]

- 합숙 면접 때 조원들과 갈등이 있었는가?
- 입사 후 포부에 대해 말해 보시오.

IBK기업은행

IBK기업은행 면접은 원래 합숙 면접을 본 후 최종적으로 임원 면접을 보았으나, 2020년 상반기부터는 코로나 19의 영향으로 합숙 없이 하루 동안 면접을 진행했다. 면접 프로그램은 협상 면접, 팀 프로젝트(PT), 세일즈 면접, 마인드맵 PT 면접, 인성 면접 등이 있는데 이는 최근 변화한 면접에도 적용되었다.

1. 1차 면접

(1) 아이스 브레이킹 & IBK 챌린지

처음 만난 조원들과 어색함을 없애고 친목을 도모하는 등 팀워크를 위해 여러 가지 게임을 진행하는 면접이다. 조별로 지정된 좌석에 앉아서 조장, 진행보조자, 구호 등을 정한 다음 자기 소개, 난센스와 퀴즈 맞히기, 볼바운딩, 풍선 릴레이 등의 IBK 챌린지를 진행한다. 조원과의 협동심과 순발력이 있어야 하는 것들로 구성되며, 리더십과 적극성으로 조원들의 호응을 끌어내는 것이 중요하다.

(2) 팀 프로젝트(PT 면접)

스케치북에 하나의 주제를 주고 팀이 한마음이 되어 문제를 해결하는 형식으로 팀원끼리 토론하고, 스케치북에 키워드 등을 적어 PT를 준비한다. 면접 시간은 약 1시간 30분으로 준비가 끝나면 10분 휴식 후 발표(20분)한다. 팀별로 발표한 후에 2 ~ 3개의 질의응답을 갖는다.

TIP

결과물을 만드는 과정에서 적극적인 모습과 팀과 융화되는 모습이 중요하며 리더의 기질을 보여주는 것도 좋다.

[기출 질문]

- 금융권 동의의결제 도입 찬성 / 반대
- 법무 AI 도입 활성화 찬성 / 반대
- AI로봇 법인격 부여 찬성 / 반대
- 지방 공공은행 설립 및 확대 찬성 / 반대
- 사회신용 시스템 찬성 / 반대
- IT기술을 은행에 도입할 수 있는 아이디어
- IBK기업은행이 대중친화적이고, 이미지 상승효과를 얻을 수 있는 광고 시나리오 작성
- 제조업 경기하락과 고비용 저효율로 어려운 중소기업에 대한 기업은행의 전략방안 작성
- 복합점포 개발 방안 작성
- IBK기업은행이 인구통계학적으로 고객을 유치할 수 있는 방안
- IBK기업은행 동반자금융이 나아가야 할 방향
- 3.0의 방향성과 전략
- MICE 산업 활성화 방안
- 기업은행을 흥(興)하게 만드는 전략
- 기업은행의 아시아 또는 아프리카 진출 전략
- 외국인 노동자와 다문화가정을 위한 상품 및 서비스 개발
- 30 ~ 40대 독신남녀를 유치할 수 있는 방안
- 고객기반을 확충할 수 있는 상품 개발
- 현재 은행의 이동통신사 또는 유통업체와의 전략적 제휴를 효율적으로 하기 위한 방안
- 신개념 영업점을 만들기 위한 아이디어와 마케팅 전략 도출
- IBK가 스마트폰 시장에서 우위를 점하기 위한 제품, 서비스, 채널 아이디어
- 40 ~ 50대를 위한 신상품 개발
- MZ세대의 수요와 니즈에 맞춘 상품 개발
- 기업은행의 글로벌화 전략
- 비대면 채널
- 솔로이코노미를 겨냥한 기업은행의 전략
- 새내기 직장인을 위한 상품과 마케팅 방안
- 우리나라에서 노벨과학상을 받기 위한 방안
- 우리나라가 IT, 금융 모두 글로벌 선두자가 되기 위한 상품, 서비스, 제휴 방안

(3) The 콜라보레이션

두 미션이 진행된다. 먼저 단체 미션은 20분간 진행되며 조의 이름·구호·노래 등을 정한다. 그룹 미션은 한 조가 두 팀이 되어 팀 PT 면접을 진행한다.

TIP

단체 미션, 그룹 미션 각각 발표자가 있으므로 팀에서 돌아가면서 발표를 하는 것이 보기에 좋다.

[기출 질문]

- IBK기업은행이 100년 기업이 되기 위한 조건과 경쟁력
- IBK기업은행에 합격하기 위해 우리들이 포기한 것
- IBK기업은행 면접에 새로운 프로그램 제안

2. 2차 면접

(1) 협상 면접

같은 조를 반으로 나누어 각 팀의 입장에서 원하는 결과를 도출하는 면접이다. 1시간 10분 정도 진행하며 협상에 들어가기 전에 팀원과 논의할 시간이 주어진다.

TIP

협상력뿐 아니라 태도 역시 중요하기 때문에 차분하게 자신의 생각 또는 의견을 상대 팀에게 어필하는 것이 중요하며, 협상결과가 한쪽에 치우치지 않는 것이 좋다.

[기출 질문]

- 월 임대료
- 행사 횟수
- 수수료
- 계약기간

(2) 세일즈 면접

2017년까지 시행된 후 마인드 맵 PT 면접으로 대체되었던 세일즈 면접이 2019년 하반기에 다시 부활하였다. 세일즈 면접은 영업 역량 테스트 면접으로, 무작위로 3가지 상품명과 각 상품에 대한 정보가 적혀있는 종이를 뽑아 해당 상품을 면접을 보조하는 서포터즈에게 판매해야 한다. 발표 전 9분간 준비할 수 있으며, 3분 동안 발표가 진행된다.

TIP

일방적인 정보전달보다는 대화를 통해 고객이 무엇을 원하는지를 도출해 나가는 것이 중요하다. 강매하거나 감정에 호소하는 느낌을 주는 방식은 마이너스 요인이 된다.

[기출 질문]

프리랜서를 위한 상품, 1인가구를 위한 상품, 챌린지형 상품, 여행상품, 냉장고, 정수기, 족발, 씨름, 백지, 와인글라스, 가래떡, 새우, 과일 깎는 기계, 자동차, 보쌈, 헬스운동기구, 소화기, 열기구, 기관총, 화초, 카드, 팝콘기계, 연탄, 국가대표 사진, 장구, 알람시계, 석굴암, 뱀, 사자, 로봇, 딸기, 북극곰, 우산 등을 서포터즈에게 판매하기

(3) 인성 면접

다른 조의 면접관과 본인 조의 면접관과 옆 조 면접관이 진행하며, 각 조의 1명씩 2명이서 2대2로 면접을 진행한다. 보통 제출했던 자소서를 바탕으로 4～5개의 질문을 한다.

TIP

긴장하지 않고, 자기 생각을 솔직하고 자신 있게 전달하는 것이 좋다.

[기출 질문]

- 자기소개를 해 보시오.
- 본인을 다섯 글자나 세 글자로 표현해 보시오.
- 원하지 않는 직무나 지역으로 배치되면 어떻게 할 것인가?
- 디지털 플랫폼이 강점을 띄고 있는데 이와 관련하여 입행해서 하고 싶은 일은 무엇인가?
- 다른 시중은행이 아닌 IBK기업은행이어만 하는 이유는 무엇인가?
- 가장 존경하는 인물과 그 이유는 무엇인가?
- 본인이 잘한 면접과 못한 면접이 무엇인가?
- 대학생들이 보는 기업은행의 이미지는 어떠한가?
- 전공이 다른데 은행에 왜 지원했는가?
- 기업은행의 장·단점은 무엇인가?
- 오늘 조원들 중 누가 가장 잘했다고 생각하는가?
- 은행원이 안 된다면 무엇을 할 것인가?
- 가장 기억에 남은 면접 프로그램은 무엇인가?
- 오늘 면접 프로그램 중에서 어떤 점이 아쉬웠는가?
- 자신의 성격 중 장점은 무엇인가?
- 오늘 남에게 배울 점은 무엇이 있었는가?
- 은행에 오기 위한 자신의 열정에는 무엇이 있는가?
- 자신의 실패경험은 무엇인가?
- 자신이 생각하는 최고의 직장은 어디인가?
- 오후 근무 시간이 오프라면, 어디서 무엇을 하며 시간을 보낼 것인가?
- 왜 기업은행인가(지원동기)?
- 봉사를 좋아하는가?

- 영업에서 중요한 것은 무엇인가?
- 자신이 남들보다 뛰어난 점은 무엇인가?

3. 임원 면접

임원들이 면접관으로 들어오고, 여러 명이 한 조가 되어 면접을 본다. 임원 중 인사 담당자 1명만이 지금까지 전형들의 점수를 알고 있으며, 다른 면접관들은 블라인드 면접으로 이루어진다. 인성 질문이 주를 이룬다.

TIP

학과나 대외활동의 경험, 인턴을 한 사람들은 인턴을 하면서 무엇을 느꼈는지는 반드시 물어보는 질문이므로 이 부분을 준비를 해두어야 한다. 자기소개서의 내용도 종종 질문하기 때문에 어떤 내용을 썼는지 체크해 두는 것도 중요하다. 또한 질문에 답하려고 노력하기보다는 임원들과 편안히 대화한다는 마음가짐으로 임하는 것이 좋은 결과를 가져올 수 있다.

[인성 질문]

- 요즘 취업난을 해결하기 위해 기업의 입장에서 어떤 방법이 있을지 개인의 의견을 말해 보시오.
- 입행이 결정되고 한 달의 시간이 주어진다면 어떤 것을 해보고 싶은가?
- 은행원으로서 가장 중요하게 생각하는 덕목은 무엇인가?
- K은행의 나라사랑카드와 기업은행의 나라사랑카드의 장·단점은 무엇인가?
- 은행원이 되고 싶은 이유는 무엇인가?
- 이 자격증을 취득한 이유는 무엇인가?
- 어떤 은행원이 되고 싶은가?
- 전공이 이쪽이 아닌데 왜 은행에 관심을 가지게 되었나?
- 인턴은 왜 지원하였나?
- 학점에 비해 대외활동의 흔적이 적은데 학교 수업에 치중하였나?
- 면접을 하면서 느낀 점은 무엇인가?
- 취미는 무엇인가?
- 졸업하고 난 후 기간이 있는 편이다. 무엇을 하였는가?
- 이전 직장을 그만둔 이유는 무엇인가?
- 어학연수를 가서 어떤 점이 좋았고, 어떤 점이 싫었는가?
- 인턴활동을 했던 곳은 어떤 곳이었나?
- 어떤 은행들에 지원을 했나?
- 만약 다른 은행에서 합격발표가 난다면 어디를 갈 것인가?
- 전에 다니던 회사의 건물과 기업은행의 건물을 비교해 보시오.
- 특기가 무엇인가?
- 이 면접이 끝나고 무엇을 할 것인가?

- 언제부터 은행원을 준비해왔는가?
- 본인의 친구들이 본인을 뭐라고 부르는가?
- 자격증이 없는데, 왜 준비를 안했는가?
- 자신의 단점은 무엇이고, 단점과 관련된 사례나 경험에 대해서 말해 보시오.
- 최근에 읽은 책에 대해서 말해 보시오.
- 은행에 들어오면 어떤 일을 하고 싶은가?
- 인생의 좌우명이 있는가? 있다면 설명해 보시오.
- 어떤 점이 자신의 매력 포인트라고 생각하는가?
- 취득한 자격증은 무엇이며, 그 자격증에 대한 특징과 이를 은행 업무에 어떻게 적용할 것인지 말해 보시오.
- 기업은행의 예금상품을 설명해 보시오.
- 기업은행에 대해 얼마나 알고 있는가? 자산규모가 얼마인지 아는가? 영업점의 수가 몇 개인지 아는가?
- 기업은행과 자신이 어떤 점에서 어울린다고 생각하는가?
- 기업은행에 필요한 인재는 어떤 인재라고 생각하는가?
- 기업은행에 어떻게 이바지할 것인가?
- 기업은행과 자신과의 연결점을 찾아서 설명해 보시오.
- 수업 중 가장 흥미롭거나 기억에 남았던 수업에 대해서 말해 보시오.
- 인턴 당시 무슨 일을 주로 했는지, 기억에 남는 경험이 있는지 말해 보시오.
- 자신의 차별화된 역량은 무엇이며, 왜 기업은행에 지원하였는지 말해 보시오.

[시사 · 상식 질문]

- 크라우드 펀딩이란?
- 골디락스 경제란?
- 글로벌 위기가 왜 진행되었는가?
- 달러 캐리 트레이드란?
- 최근 경제 성장의 모멘텀 약화 중 기업은행의 극복방안은?
- 하우스푸어가 무엇인지 아는가?
- 경제와 환율의 관계에 대해 말해 보시오.
- CP와 RP란?
- CMA란 무엇인가?
- 가계부채 문제와 해결법은?
- 토빈세란 무엇인가?
- 기준금리 인상에 대한 자신의 의견은?
- 반 월가 시위란?
- 은행세란 무엇인가?

신한은행

신한은행의 면접접형은 1차 면접과 2차 면접으로 구분되어 치러진다. 1차 면접은 신한은행 연수원에서 진행되며, 토론 면접 – PT 면접 – 심층 면접으로 구성되어 있다. 토론 면접은 개별 토론과 팀 토론으로 구분되며, 현장에서 주어진 주제에 대해 간략하게 생각해 볼 시간을 준 다음 발언 기회가 주어진다. PT 면접의 경우 은행·경제·금융 관련 3개의 주제 중 뽑기를 통해 랜덤으로 주제가 결정되며, 본인의 발표 외 다른 면접자들의 발표 주제에 대해 질문할 내용을 준비해야 한다. 심층 면접은 약 10분간 진행되며, 자기소개서를 기반으로 질문이 주어진다.

2차 면접은 1차 면접 합격자에 한하여 임원들과 인성면접으로 진행된다. 대개 면접관 3 ~ 4명과 지원자 3 ~ 4명의 다대다 면접으로 진행되며, 시간은 약 15 ~ 20분으로 지원자당 5분씩 배분된다. 신한은행 면접은 자기소개서를 중심으로 대답을 준비하되, 자신의 경험이 신한은행과 연결될 수 있도록 답변해야 한다. 신한은행 정보를 바탕으로 한 면접 기출문제로 연습한다면 어려움 없이 면접을 볼 수 있을 것이다.

1. 1차 면접

(1) PT 면접

3개의 주제 중 랜덤으로 1개를 뽑아 해당 주제에 대해 발표하는 방식으로 진행된다. 발표 시간은 3분이 주어지며, 이에 대해 면접관들이 2분가량 질문한다. 1시간 동안의 준비시간이 주어지고, 최근 금융 산업에서 이슈가 되고 있는 내용이 주제로 출제되므로 주관적으로 서술하기보다는 객관적으로 수치나 용어를 사용하여 서술하는 것이 좋다.

[기출 주제]

- 중앙은행 CBDC도입 논의와 배경
- 에브리싱랠리의 원인과 투자전략
- 시니어 은행 활성화 방안
- 가계부채 감소의 원인과 은행의 전략
- 행동주의 펀드의 개념과 시사점
- 앱테크 / 슈퍼앱
- 디지털 월렛
- 디지털 뱅크런
- 금융업 속 빅데이터 / AI 활용 방안
- 은행의 비금융 복합서비스 영업 전략
- 금융노마드 대응 전략
- 잘파세대 대응 전략
- 포용금융 실천 방안
- 고객경험 CX
- 은행대리업
- ESG경영
- 디지털소외현상 해결 방안
- 로보어드바이저(Robo – adviser)
- 기후금융

- 금융환경의 변화에 의한 소비자 보호 방안
- 청년부채 증가 원인 및 해결 방안으로서의 금융서비스 제안

[기출 질문]

- 현재 대형 포탈에서 연예・스포츠 댓글 폐지에 따른 순기능과 역기능을 1개씩 말해 보고, 이러한 댓글 폐지가 긍정적인지 부정적인지 이유를 들어 말해 보시오.
- 독점의 정의를 말해보고, 본인은 독점에 대해 긍정적인지 부정적인지 이유를 들어 말해 보시오.
- 간접 금융과 직접 금융의 차이를 말해보고, 둘 중에 어느 것이 더 안전하다고 생각하는지 말해 보시오.

(2) 인성 면접

비교적 편한 분위기로 진행되며, 사상과 자기소개서 사실 검증 위주로 면접이 진행된다. 지원자의 진실한 모습을 보여주는 것이 좋다.

[기출 질문]

- 지원자가 남들보다 뛰어나다고 생각하는 역량과 부족한 역량을 말해 보시오.
- 자기소개를 해 보시오.
- 타행에서 인턴을 했음에도 불구하고 신한은행을 지원한 이유는 무엇인가?
- 신한은행에 최근 방문했던 경험이 있는가?
- 신한은행의 쏠(SOL)의 사용해 보았는가? 해보았다면 장・단점이 무엇이라고 생각하는가?
- 신한은행하면 떠오르는 이미지가 있는가?
- 본인이 세상을 이롭게 했던 경험이 있는가?
- 기업금융과 관련된 자격증이 없는데, 대기업을 준비하다가 은행에 지원한 것인가?
- 본인이 기업금융 업무에 가진 역량이 무엇이라고 생각하는가?
- 본인이 가장 중요시하는 가치관은 무엇인가?
- 갈등을 해결해봤던 경험을 구체적으로 말해 보시오.
- 인생에서 가장 창의적인 경험은 무엇인가?
- 세일즈 경험에서 수익을 얻었는가? 얻었다면 그 수익은 어느 곳에 사용했으며, 왜 세일즈 경험을 하기로 다짐한 것인가?
- 입행 후에 하고 싶은 업무는 무엇인가?
- 신한은행의 가치 중 자신이 부합한다고 생각되는 것과 그 이유는 무엇인가?

(3) 직무역량 면접

직무와 관련된 가장 구체적으로 질문하는 면접 유형으로, 롤플레잉으로 진행된다.

[기출 질문]

- 재무제표에서 수익성 · 건전성 · 성장성에 대해 평가할 수 있는 재무지표로는 무엇이 있는가?
- 현재 저금리로 인해서 수익이 낮아지고 있는데, 신한은행이 어떻게 대처해야 한다고 생각하는가?
- 최근 카카오와 네이버가 기업금융 분야까지 진출하는 상황에서 신한은행은 어떻게 대처해야 한다고 생각하는가?
- 고객이 금리를 낮춰달라고 한 상황에 어떻게 대처할 것인가?

2. 2차 면접

면접에서 활용할 자기소개를 준비해 두며, 자기소개서를 바탕으로 나올 수 있는 예상 질문을 만들어 미리 답변을 준비해본다. 또한 최신 뉴스와 신문 기사 등을 통해 사회 전반적인 이슈 및 금융권 관련 지식을 습득해 두도록 한다.

- 최근 1~2년 내에 24시간 동안 가장 많은 시간을 쏟은 것은 무엇인지 말해 보시오.
- 성장성 빼고 직장에서 중요하다고 생각하는 것 3가지를 말해 보시오.
- 은행 업무 외에 관심 있는 분야는 무엇인지 말해 보시오.
- 신한은행에서 이루고 싶은 꿈이 있는지 설명하시오.
- 면접에 임하는 각오를 말해 보시오.
- 우리 은행과 거래하던 중소기업이 주거래 은행을 변경하는 경우가 있다. 이를 방지하기 위해서 해야 할 일은?
- 옆의 지원자의 장점은 무엇이라고 생각하는가?
- 옆의 지원자보다 나은 내 장점은 무엇인가?
- 자기소개를 해 보시오.
- 마지막으로 하고 싶은 말이 있는가?
- 지원동기를 말해 보시오.
- 본인의 별명에 대해 말해 보시오.
- 워라밸에 대한 자신의 생각을 말해 보시오.
- 어제 본 기사 중 생각나는 것을 말해 보시오.
- 증시하락에 어떤 펀드가 좋은지 말해 보시오.
- 좋아하는 사자성어는 무엇인가?
- 면접 전날에 무엇을 하였는가?
- 친구들이 생각하는 본인의 모습에 대해 말해 보시오.
- 신한만의 키워드는 무엇이라고 생각하는가?
- (은행 인턴 유경험자에게) 은행에서 일한 경험이 있는데 생각했던 은행과 달랐던 점이 있는가?
- 기업의 가치관과 본인의 가치관이 다를 경우 어떻게 행동할 것인가?
- 본인만의 강점은 무엇인가?
- 자신의 단점이나 약점은 무엇이라고 생각하는가?
- 본인을 책 주인공에 비유해 보시오.

- 신한은행의 단점은 무엇이라 생각하는가?
- 꼭 지원한 직무가 아니어도 괜찮겠는가?
- 본인에게 중요한 것은 신한은행에서 일하는 것인가, 아니면 지원한 그 직무를 맡는 것인가?
- 아르바이트를 하면서 손님과 마찰을 빚었던 경험이 있는가?
- 은행원이 되기 위해 무엇을 준비했는가?
- 본인이 생각하는 은행원이 갖추어야 할 역량은 무엇이며, 그중 가장 중요한 한 가지는 무엇인가?
- 더 좋은 근무조건의 회사에서 합격 통지를 받으면 이직할 것인가?
- 신한은행 입행 후 이루고 싶은 꿈은 무엇인가?
- 신한은행에 들어오기 위해 어떠한 노력을 하였는가?
- 타 은행과 비교하여 신한은행의 장점과 단점은 무엇이라고 생각하는가?
- 가치관 형성에 가장 큰 영향을 준 사람은 누구인가?
- PB로서 가장 조심해야 할 부분은 무엇이라 생각하는가?

KB국민은행

KB국민은행의 면접은 1차 면접과 2차 면접으로 나뉘어 진행된다. 2023년 KB국민은행 면접에서는 1차 면접이 실무자 면접(PT + 세일즈 면접), 인성검사, TOPCIT 테스트로 구성되었고, 2차 면접은 임원 면접으로 진행되었다. 2024년 상반기에는 인성검사와 TOPCIT 테스트가 필기전형과 함께 진행되었으며 1차 면접에 PT 면접, 세일즈 면접과 더불어 심층 면접(BEI 면접)이 추가되었다. 또한, 2024년 하반기에는 1차 면접에 PT 면접이 없어지고 토론 면접이 추가되었다.

1. 1차 면접

(1) 세일즈 면접

세일즈 면접 전 판매할 상품과 고객에 대한 정보가 주어진다. 다만 2024년 상반기에는 PT 면접 준비 자료와 함께 세일즈 면접 준비 자료가 제공되었으며, 50분이라는 제한된 시간에 PT 면접 준비와 세일즈 면접 준비를 함께 진행해야 하므로 시간을 잘 활용해야 한다. 고객에 대한 정보는 나이, 직업, 거주지, 월 소득 등 매우 상세하게 주어지며, 이에 따라 적절하다고 생각하는 상품을 선택하여 판매하는 방식으로 면접이 진행된다.

면접관 2명 앞에서 10분간 세일즈를 한 후 2 ~ 3분간 질의응답이 이어진다. 면접관 2명 중 1명은 고객 역할을 하며, 나머지 1명은 어떻게 세일즈를 진행하는지 메모하며 지켜본다. 세일즈가 종료된 뒤 면접관 2명 모두 질문하며, 제시된 상황 이외에 다른 상황에 대한 질문을 받을 수도 있다.

[기출 질문]
- 시험장 안에 있는 물, 필통, 시계 등 판매하기
- 연아사랑적금에 대한 마케팅 방안
- 주택청약 종합저축에 대한 마케팅 방안
- 국민은행 상품(제시) 기획 및 마케팅 방안
- 사회초년생, 초등학생, 할머니에게 은행의 필요성을 설명하고 펀드 판매하기
- 다우존스 미국 신탁 상품 판매하기

(2) 심층 면접(BEI 면접)

심층 면접(BEI 면접)은 면접관 2명 이상과 다대일 면접으로 진행된다. 자기소개를 시작으로 주로 자기소개서 기반의 면접이 진행되지만 자기소개서에 기재된 경험 이외에 다른 경험에 대해 질문을 받을 수도 있다.

[공통 질문]
- 자기소개를 하세요.
- 국민은행 지점 및 어플 개선방안을 말해 보세요.
- 국민은행의 새로운 캐릭터에 대한 아이디어 제안해 보세요.
- 국민은행의 캐릭터로 고양이 vs 강아지 중 자신의 생각을 말해 보세요.
- 국민은행의 금융투자상품을 추천해 보세요.
- 이제 발표까지 한 달 남았는데 무엇을 하고 싶은가?
- KB국민은행 면접을 보러 오면서 이 건물에서 보았던 문구든, 무엇이든 상관없으니 기억에 남은 것이 무엇인지 말해 보세요.
- 은행에 입행한 후에 어떤 역량이 중요하다고 생각하나요?
- 시국이 별로 좋지 않다. 정치적 색을 제외하고 국가란 무엇인지 자유롭게 생각을 말해 보세요.
- 능동적으로 주도해서 도전을 한 경험은?

[개별 질문]
- 해당 직무자가 갖춰야 할 역량이 무엇인지 말해 보세요.
- 자신을 한단어로 표현해 보세요.
- 자신의 강점이 무엇인지 말해 보세요.
- 별명은 무엇인가?
- 진상 고객을 만나 본 경험에 대하여 말해 보세요.
- 여행지를 추천해 보세요.
- 본인의 단점은 무엇인가?
- 면접비를 받으면 무엇을 할 것인가?
- 자신의 멘토는 누구인가?
- 가장 즐거웠던 일은 무엇인가?
- 나를 점수로 표현한다면 몇 점인가?
- 최근 가장 즐거웠던 일은?
- 좋은 친구란 어떤 친구하고 생각하는가?
- 옆 지원자를 칭찬해 보세요.

- 사람과의 관계에서 가장 중요한 건 무엇이라고 생각하는가?
- 본인의 지역 자랑해 보세요.
- 입사 후 포부를 말해 보세요.
- 마지막으로 하고 싶은 말은?
- 여러 금융권 중에서 왜 은행을 선택했는가?
- 자신이 진행했던 프로젝트에 대해 말해 보세요.
- 개인의 이익과 단체의 이익이 상충한 사례는?
- 진상 고객이 오면 어떻게 대처할 것인가?
- (어려운 용어를 제시) 어떻게 쉽게 설명할 것인가?
- 국민은행 하면 떠오르는 것은?
- 가계 대출 문제가 심각해져서 정부는 대출을 제한하라고 지시하고, 고객들은 계속해서 받길 원한다. 은행의 대처 방안은?
- 국민은행의 주주가치를 극대화하기 위한 방법에는 무엇이 있는가?
- 제일 즐겨들었던 과목 하나와 싫었던 과목 하나를 이유와 함께 말해 보세요.
- 가장 싫어하는 책은 무엇이었나?
- 봉사활동을 많이 한 것 같은데 본인이 희생해서 무엇을 한 경험인가?
- 절대로 이 일만은 포기할 수 없다고 한 경험이 있는가?
- KB국민은행 지점을 방문한 적이 있는가? 방문해서 무엇을 느꼈는가?
- 핀테크 시대가 도래했는데, 10년 후 은행의 방향성은?
- 최근 영화를 본 것이 있으면 소개해 주세요.
- 가장 기억에 남는 책은 무엇인가?
- 펀드 손실이 난 고객 응대방법은?
- 본인의 친구를 소개해주고 그 친구와 어떻게 친해졌는지와 그 친구는 나를 어떻게 평가하는지 말해 보세요.
- 은행 지점의 문제점은 무엇이라고 생각하고 개선하고 싶은 점은 무엇인가?
- 노래방 애창곡은 무엇이고 그 애창곡을 좋아하는 이유와 스트레스 해소방법을 말해 보세요.
- 행원보다 더 많은 지식을 알고 있는 고객님은 어떻게 대할 것인가?
- 우는 아기를 업고 있는 여성과 지팡이를 짚은 노인 모두 번호대기표를 잃어버렸다. 서로 먼저 상담을 해달라고 하는데 어떻게 행동할 것인가?
- 자소서를 보니 여행을 많이 다니셨는데, 여행 다니면서 가장 기억에 남은 경험은?
- 국민은행의 해외진출 국가를 제안하고 해외진출 전략을 말해 보세요.
- 살면서 가장 후회되는 경험은?
- 자기소개서에 정직이라고 적었는데, 정직이란 무엇인가요?
- 타인으로부터 어려운 부탁을 받았을 때 어떻게 행동하나요?
- 국민은행 하면 떠오르는 것을 한 단어로 말해 보세요.
- 국민은행에 대해 아는 대로 설명해 보세요.
- 퇴근시간 이후에도 상사가 퇴근하지 않으면 그대로 자리를 지키는 경우가 많은데, 이 문제에 대해 어떻게 생각하나요?
- 국민은행이 나아가야 할 방향이 어떤 방향이라고 생각하나요?
- 가장 힘들었거나 어려웠던 경험을 말해 보세요.
- 국민은행의 상품에 대해 아는 대로 말해 보세요.
- 최근 신문이나 뉴스 중 인상 깊었던 기사와 그에 대한 자신의 견해를 말해 보세요.
- 자신의 대인관계는 어떠한지 말해 보세요.

- 리더로 활동해 본 경험이 있으면 답변해 보세요.
- 직장생활에서 중요한 것은 어떤 것이라고 생각하는지 견해를 말해 보세요.
- 살면서 가장 기뻤던 일과 슬펐던 일이 언제였는지 말해 보세요.
- 국민은행의 지점이 몇 개인지 아시나요?
- 조직생활에서 중요한 것은 무엇이라고 생각하는지 말해 보세요.
- 살면서 들은 긍정 / 부정적인 평가가 있다면?

(3) 토론 면접

다양한 주제에 대해 토론을 해서 원하는 답을 도출하는 면접으로 그 결과보다는 토론을 하는 동안의 태도가 중요하다.

[기출 질문]

- 회식장소로 고깃집을 선택할 것인가, 혹은 횟집을 선택할 것인가에 대한 토론
- 사공이 많으면 배가 산으로 가는가에 대한 찬반토론
- 고객을 만나러 가는 길에 길이 막히는데, 버스전용 차선을 탈 것인가에 대한 토론
- 야유회를 산이나 바다 중 어디로 갈 것인가에 대한 토론
- 상대평가와 절대평가 중 무엇이 더 좋은지에 대한 토론
- 국민연금의 주주의결권 확대에 대한 찬반토론
- 네이버의 독점에 대한 찬반토론
- 양적완화 축소에 대한 찬반토론
- 기부금 세액공제에 대한 찬반토론
- 마트 상품판매품목 제한에 대한 찬반토론
- 기업의 성공을 위해 필요한 전략으로서 다각화 VS 선택과 집중에 대한 입장토론
- 디버전스와 컨버전스에 대한 입장토론
- 정보화, 첨단기술의 발달 등으로 고도화되고 있는 사회에서의 인간소외현상에 대한 입장토론
- 개발이익환수제에 대한 찬반토론
- 애완견 소유자 세금징수에 대한 찬반토론
- 무한도전의 성공요인에 대한 입장토론

(4) PT 면접

이전까지 KB국민은행 PT 면접은 필기전형 합격자 발표 시 개인별로 부여되는 사전과제를 바탕으로 진행되었다. 다만 2024년 상반기에는 별도의 사전과제가 부여되지 않았으며, 면접 당일 오리엔테이션에서 PT 면접 준비 자료를 제공하였다. 면접 전 준비시간은 약 50분 정도 주어지지만 PT 면접 후에 진행되는 세일즈 면접 준비도 함께 진행해야 하므로 시간을 잘 활용해야 한다. 발표 시간은 10분 이내이며 발표가 끝난 후 질의응답이 약 5분 정도 진행된다. 발표한 내용과 관련 있는 내용의 꼬리 질문에 대비하는 것이 좋으며, 자기소개서를 기반으로 한 질문을 받을 수도 있다.

[기출 질문]
- 당사 발전방향에 대해서 발표하기
- 저출산 원인과 대책 발표하기
- 해외진출국가 선정 및 진출방안 발표하기
- 회사가 글로벌브랜드가 되기 위한 전략 발표하기
- 디지털 격차 해소 방안 발표하기
- 월드컵 마케팅과 당사의 전략 발표하기
- 국민은행 최종합격 후 일주일간 여행 코스 짜기
- 외국인 친구를 위한 한국여행 코스 짜기

2. 2차 면접

2차 면접은 은행 임원들과 인성 / 역량 면접을 진행한다. 인성・조직 적합도・직무 전문성 등 종합 역량을 검증하기 위한 심층 면접이 실시된다. 주로 자기소개서 위주의 질문과 은행 등과 관련된 질문을 한다. 다대다 면접이며, 약 50분 정도 진행된다.

[기출 질문]
- 입행해서 어떤 업무를 하고 싶은가?
- 4차 산업혁명에 대해 말해 보시오.
- 떨어져도 다시 도전할 것인가?
- 행복이란 무엇인가?
- 재밌게 들었던 수업과 가장 중요하다고 느낀 수업은?
- 가장 재미없게 읽었던 책은?
- 정치색 없이 국가란 무엇인가?

지역농협 6급

1. 지역농협 6급 면접

지역농협 6급 면접은 블라인드로 진행되어 자신의 이름이나 출신학교, 스펙 등의 공개가 불가능하다. 다대다 면접으로 진행되며 조별로 나눠서 제비뽑기로 순서를 정한다. 크게 인성 면접, 주장 면접, 상식 면접으로 나눠서 진행된다.

(1) 인성 면접

인성 면접은 4 ~ 5개의 질문을 지원자들에게 돌아가면서 질문한다. 관심이 가는 지원자에게 편중된 질문을 하기보다, 모든 지원자에게 골고루 질문을 하는 편이므로 기회를 잡을 수 있도록 노력한다. 최근에는 1분 자기소개나 지원 동기 등과 같은 일반화된 질문은 생략하는 추세에 있다.

(2) 주장 면접

출제되는 여러 주제 중에 하나를 골라 이를 읽고 약 3분간 자신의 주장을 전개하는 면접이다. 이를 대비하기 위해서는 최근 농협이 추진하고 있는 사업에 대한 깊이 있는 이해가 필요하며 농민신문 등을 통해 최근 농촌 이슈에 대한 관심을 가지고 있어야 한다.

(3) 상식 면접

농협 관련 상식이나 은행 업무, 금융관련 상식에 대한 내용이 주로 출제된다. 또한, 경제나 금융, 농업과 관련된 용어의 정의를 물어보기도 하므로 이에 대한 철저한 준비가 필요하다.

2. 기출 질문

(1) 서울농협

① 상식 면접

- DTI란?
- 사모펀드의 장·단점은?
- 미국의 금리 인상이 농협은행에 미치는 영향은?
- 지급유예제도란?
- 레임덕이란?
- 모태펀드란?
- 순이자수익이란?
- 임금피크제란?
- 퇴직연금이란?
- 옐로칩과 블루칩이란?

② 인성 면접

- 최근에 칭찬받은 경험이 있는가?
- 팀원을 설득해서 좋은 평가를 받아본 경험이 있는가?
- 편견을 가지고 상대방을 대해서 실수한 경험이 있는가?
- 국내 부동산 현황에 대해 어떻게 생각하는가?
- 본인의 매력 포인트는 무엇이라고 생각하는가?
- 최근 본 영화 중 인상 깊었던 것과 그 이유는?
- 생활신조는 무엇인가?
- 본인의 가치관에 대해 말해 보시오.
- 본인을 상품화한다면 어떻게 소개할지 말해 보시오.
- 농협의 인재상은 무엇인가?
- 본인의 주량은 얼마인가?
- 감명 깊게 읽은 책은 무엇인가?
- 신용 직무가 아닌 유통에 배치될 수도 있는데, 어떻게 생각하는가?
- 연봉은 어느 정도 생각하는가? 얼마면 괜찮다고 생각하는가?
- 입사하면 어디까지 올라가고 싶은가?
- 수출을 위해서 해외농산물 수입이 바람직한가?
- 수도권 집중화 현상에 대해 말해 보시오.
- 농협의 사회적 위치에 대해 말해 보시오.
- 여행을 어디로 떠나고 싶은가?
- 애플의 스티브 잡스에 대해 어떻게 생각하는가?
- 삼성과 농협 두 곳에 합격하면 어디로 가겠는가?
- 평소 스트레스를 어떤 식으로 해소하는가?
- 주말에 농촌 봉사활동을 할 수도 있는데 괜찮은가?
- 최근 농협 CF를 보았는가? 누가 출연하는가? 출연자에 대해 어떻게 생각하는가?
- 농협에 대해서 아는 대로 말해 보시오.
- 농협에서 일할 때 가장 필요한 것이 무엇인지 말해 보시오.
- 팀 프로젝트를 했던 경험이 있다면 말해 보시오.
- 갈등을 해결해본 경험이 있는가?
- 목표를 설정하고 달성하기 위해 노력했던 경험이 있는가?
- 농민에게 농협은 어떤 이미지가 되어야 하는가?

③ 주장 면접

- 친환경 농산물의 소비 연령층을 넓힐 수 있는 방안
- 최저임금 인상에 대한 찬반
- 전자제품 수출과 농산물 수입에 대한 찬반
- 오디션 프로그램에 대한 찬반
- 자립형 사립고 폐지에 대한 의견
- 한·중 FTA에 대한 찬반
- 기초선거구 정당공천제 폐지에 대한 의견
- 식품 산업에서 농협의 역할에 대한 의견
- 저금리시대에 농협이 나아갈 방안
- 농협의 비대면 금융서비스 제안

(2) 부산농협

① 상식 면접

- 구상권이란?
- 비교우위란?
- 토빈의 Q이론은 무엇인가?
- DTI와 LTV의 차이는?
- SSM이란?
- 잡셰어링이란?
- 공동화현상이란?

② 인성 면접

- 주위 사람들은 본인을 어떤 사람이라고 말하는가?
- 야근에 대해서 어떻게 생각하는가?
- TV를 볼 때 어떤 프로그램을 먼저 보는가?
- 신문을 읽을 때 순서는?
- 배우자를 선택하는 기준에 대해 말해 보시오.
- 로또 해봤는가? 당첨되면 직장을 그만둘 것인가?
- 농협은행을 놔두고 지역농협을 선택한 이유는 무엇인가?
- 입사 후 직장상사와 잘 지내기 위해 어떻게 할 것인가?
- 경험한 봉사활동 중 가장 기억에 남는 것과 느낀 점은?

③ 주장 면접

- 협동조합기본법에 대해 설명하고, 농협과의 상관관계에 대한 의견을 말해 보시오.
- 밀양 송전탑에 대한 본인의 의견을 말해 보시오.
- 사람들이 도시보다 농촌에서 살기를 꺼리는 이유와 그 대책에 대한 본인의 의견을 말해 보시오.
- 농촌 인력난 문제에 대한 해결방안을 말해 보시오.

(3) 인천농협

① 상식 면접

- 농협이 다른 기업들과 비교해 더 성장할 수 있는 방향을 제시해 보시오.
- 쌀 직불금이란?
- 일사일촌운동이란? 이것이 미치는 영향에 관해 설명해 보시오.
- 경제위기의 원인과 해결방안은?

② 인성 면접

- 평소 자신의 가치관은 무엇인가?
- 농협 입사 후 각오가 있다면 무엇인가?
- 최근 새롭게 공부하고 있는 것이 있다면 무엇인가?
- 편견을 가지고 봤는데 아니었던 경험이 있는가?
- 교양을 쌓는 자신만의 방법은 무엇인가?
- 인생의 가치관과 가치관대로 행동한 사례가 있다면?
- 지역농협에서 일할 때, 가장 중요하다고 생각하는 역량은?
- 최근 관심을 갖고 봤던 농업, 농촌에 관한 이슈가 있는가?
- 내가 주장하여 다른 이들을 설득했던 경험이 있는가?
- 직접 제안한 전략으로 성과를 낸 경험이 있는가?
- 본인이 생각하는 성실함이란?
- 상사가 부당한 것을 강요할 때 해결방안은?
- 도전적이거나 창의적으로 무엇을 이뤄낸 성과가 있는가?
- 농협지점에 방문해 본 적이 있는가? 직원들의 친절도는 타 은행에 비해 어떠하며, 개선할 점은 없는가?

③ 주장 면접

- 고령화 인구 대상 기능식품의 활성화가 갖는 의미
- 특정 지역을 선택 후 그 지역에서 나오는 특산품과 관광객을 유치하기 위한 전략
- 하나로 마트에서 수입 바나나를 판매하는 행위에 대한 찬반
- 초 · 중 · 고등학교 9시 등교에 대한 찬반

(4) 경기농협

① 상식 면접

- 6차 산업이란?
- 평창 올림픽이 열리는 날짜는?
- 브렉시트란?
- 로하스란?
- 미소금융이란?
- 임금피크제란?
- 블랙스완이란?

② 인성 면접

- 농협 직원으로서 어떤 자세가 가장 중요한가?
- 농협에 입사한다면 어떤 업무를 맡고 싶은가?
- 농협의 장·단점을 설명해 보시오.
- 농협에 입사한다면 언제까지 다니고 싶은가?
- 나만의 사회 현상을 바라보는 기준은?
- 일상 속에서 행복을 느끼는 것이 무엇인가?
- 농협에서 얼마나 일하고 싶으며 떨어지면 다시 지원할 것인가?
- 마을의 영농 발전 방행에 대해 설명해 보시오.
- 조직 내 첨예한 갈등이 생겼을 때가 언제이며, 그 상황에서 어떻게 해결했는가?
- 오늘 옆 지원자와 대화한 적이 있는가? 그렇다면 본인은 사교적이라고 생각하는가?
- 일하는 도중 술에 취한 사람이 들어온다면 어떻게 행동할 것인가?
- 농협에 입사하기 위해 준비한 역량에 대해 말해 보시오.
- 마지막으로 하고 싶은 말을 해 보시오.

③ 주장 면접

- 종자산업에 대해 말해 보시오.
- 생물의 다양성에 대해 설명해 보시오.
- 스마트팜에 대해 설명해 보시오.
- 농산물 유통전략에 대한 생각을 이야기해 보시오.
- 지속가능한 농업에 대해 설명해 보시오.
- 핀테크로 인해 변화된 환경과 그에 대한 금융권(은행)의 방안을 말해 보시오.
- 우버택시에 대한 본인의 의견을 말해 보시오.
- 푸드트럭에 대한 본인의 의견을 말해 보시오.
- 초·중·고등학교 9시 등교에 대한 찬반
- 단통법에 대한 찬반
- 원전발전소 폐지에 대한 찬반

- 학교 체벌금지에 대한 찬반
- 아베노믹스에 대한 본인의 의견을 말해 보시오.
- 정년연장에 대한 본인의 의견을 말해 보시오.

(5) 강원농협

① 상식 면접

- 그린메일이란?
- 콜금리란?
- 유리천장효과란?
- 베블런효과란?
- 뱅크런이란?
- 센카쿠 열도란?
- 대기업의 경영전략은 무엇인가?
- 워킹푸어란?
- 람사르협약이란?

② 인성 면접

- 본인의 인생관은 무엇인가?
- 상사가 부당한 업무지시를 한다면 어떻게 할 것인가?
- 본인이 편견을 가졌던 상황에 대해 말해 보시오.
- 최근 관심 있게 본 뉴스나 이슈에 대해 생각을 말해 보시오.
- 농협은 뭐라고 생각하는지 한 단어로 말해 보시오.
- 본인에게 지역농협의 이미지는 어떠한가?
- 본인의 인생관은 무엇인가?
- 상사가 부당한 업무지시를 한다면 어떻게 할 것인가?
- 본인이 편견을 가졌던 상황에 대해 말해 보시오.
- 최근 관심 있게 본 뉴스나 이슈에 대해 생각을 말해 보시오.
- 농협은 뭐라고 생각하는지 한 단어로 말해 보시오.

③ 주장 면접

- 청소년의 식습관 개선에 대한 의견
- 농촌이 도시민에게 주는 영향에 대한 의견
- 범죄자 수사 시 휴대전화 감청에 대한 의견
- 공인인증서 폐지
- 원자력발전소 건립에 대한 찬반
- 개인회생제도에 대한 찬반
- 전·월세 상한제에 대한 의견

(6) 대전농협

① 상식 면접

- 스미싱이란?
- 공무원 연금 개혁이란?
- FTA에 대한 자신의 의견은?
- 버핏세란?
- 6-시그마란?
- 사이드카란?

② 인성 면접

- 자기소개를 해 보시오.
- 여러 업무 중 자신이 싫어하는 업무에 배정된다면 어떻게 할 것인가?
- 추곡수매 시기에 남자 사원은 나가서 일하고, 여자 사원은 사무실에서 책을 보는데, 진급은 같이한다. 이를 어떻게 생각하는가?
- 취미생활은 무엇인가?
- 농협에 노동조합이 필요한가?

③ 주장 면접

- 재배지 북상에 따른 농협의 대처 방안에 대한 본인의 의견을 말해 보시오.
- 범죄자 수사 시 휴대전화 감청에 대한 본인의 의견을 말해 보시오.
- 공인인증서 폐지에 대한 본인의 의견을 말해 보시오.
- 군 가산점에 대한 본인의 의견을 말해 보시오.
- 담뱃값 인상에 대한 본인의 의견을 말해 보시오.
- 원자력발전소 건립에 대한 찬반
- 무상보육과 무상급식에 대한 찬반
- 개인회생제도에 대한 찬반
- 전·월세 상한제에 대한 본인의 의견을 말해 보시오.

(7) 충남농협

① 상식 면접

- 디마케팅이란?
- 8 : 2 법칙이란?
- 사물인터넷에 대해 말해 보시오.
- 헤지펀드에 대해 말해 보시오.
- 지역 농협이 타 시중은행과 다른 점은?
- 추심이란 무엇인가?
- 체리피커란?

② 인성 면접

- 자신의 가치관에 대해 말해 보시오.
- 농협과 관련하여 알고 있는 것과 그에 대해 내가 할 수 있는 노력에 대해 말해 보시오.
- 코로나19가 농협 / 농업에 미치는 영향과 의견에 대해 말해 보시오.
- 설득한 경험이나, 설득했으나 거절당한 경험을 말해 보시오.
- 멘토가 누구고, 그 사람이 농협을 지원하는데 어떤 동기를 줬는지 말해 보시오.
- 사회생활을 하면서 필요한 매너와 지식 등을 어디서 얻었는가?
- 농협에 입사한다면 어떠한 태도로 임할 것인가?
- 자신이 친구에게 영향력을 끼친 경험은 무엇인가?
- 많이 알려진 사람 중에 자신과 성격이 유사한 사람을 소개해 보시오.
- 입사한 후에 어떤 업무를 맡고 싶은가?
- 존경하는 사람에 대해 말해 보시오.
- 집단이나 조직에서 갈등이 발생했을 때 어떻게 해야 하는가?
- 입사 후의 계획은?
- 농협, 농촌, 농업과 관련하여 쌓은 경험은?
- 본인의 장점을 어떻게 농협에 접목할 수 있는지 말해 보시오.

③ 주장 면접

- 수입과일에 대한 국산과일의 경쟁력 제고방안에 대해 설명하시오.
- 농협이 청소년 금융교실을 운영하고 있다. 자신이라면 어떠한 전략으로 추진할 것인가?
- 요새 다양한 채널을 통해 홍보가 이루어지고 있는데, 자신이라면 어떠한 채널을 이용할 것인가?
- 현재 농식품의 트렌드는 무엇이고, 어떻게 홍보할 것인가?
- 추석 이후로 농가들의 실적이 나빠지고 있는데, 홈쇼핑에서 어떤 제품을 팔면 좋을지 말해 보시오.
- 도농교류의 일환으로 특성화 도시 조성과 여러 가지 사업을 펼치고 있는데, 정작 관광객들은 해외로 나간다. 이에 대한 대처 방안은?

(8) 충북농협

① 상식 면접

- 한국은행에서 통화량 증가를 위해 사용하는 3가지 수단은 무엇인가?
- 엔저현상에 대한 우리나라의 대응책은 무엇인가?
- GCF(녹색기후기금)란?
- 워킹푸어란?
- PF(프로젝트 파이낸싱)란?

② 인성 면접

- 지금까지 자신의 견해를 지지받은 경험이 있는가?
- 자신의 주장이 좋은 평가를 받았던 경험을 말해 보시오.
- 본인의 장점을 말해 보시오.
- 맞벌이 부부의 역할분담은 어떻게 해야 하는가?
- 주말에 무엇을 할 것인지 말해 보시오.
- 농협의 사회적 공헌에 대해 말해 보시오.
- 대인관계에서 중요하게 생각하는 것은 무엇인가?
- 배춧값 폭락으로 농민이 배추를 들고 와 팔아 달라고 요구하면 어떻게 할 것인가?
- 남녀의 성차별에 대해 어떻게 생각하는가?
- 고객을 응대하는 본인만의 노하우는?
- 최근 본 영화는 무엇인가?
- 자기개발을 위해 무엇을 하는가?
- 원하는 배우자상에 대해 말해 보시오.

③ 주장 면접

- 어린이보호구역 내 호텔설립에 대한 본인의 의견을 말해 보시오.
- 범죄자 수사 시 휴대전화 감청에 대한 본인의 의견을 말해 보시오.
- 공무원 개혁안에 대한 본인의 의견을 말해 보시오.
- 현 상황에서 우리나라는 성장이 우선인가, 복지가 우선인가?

(9) 광주농협

① 상식 면접

- 농협과 시중은행을 비교할 때 무엇이 다른가?
- 알뜰주유소란?
- 한우와 국내산 쇠고기의 차이는?
- 잡셰어링이란?
- 지연인출제도란?

② 인성 면접

- 본인에게 농협 직원들의 의미는 무엇인가?
- 본인의 가치를 돈으로 평가한다면?
- 동료와 갈등이 생겼을 경우 어떻게 할 것인가?
- 입사하게 되면 본인이 오르고 싶은 최고 위치는?
- 공무원의 공금횡령을 보고 무슨 생각을 했는가?
- 본인이 생각하는 회식이란 무엇인가?
- 첫 월급을 받으면 어떻게 쓰고 싶은가?
- 뉴스에서 본 최근 이슈에 대한 본인의 생각을 말해 보시오.

③ 주장 면접

- 양심적 병역거부에 대한 찬반
- 대형마트 주말 강제휴무에 대한 찬반
- 무상급식과 무상보육에 대한 찬반

(10) 전남농협

① 상식 면접

- 규모의 경제란?
- 변액보험이란?
- 유동성의 함정이란?
- 노동협동조합법이란?
- 출구전략이란?
- 배드뱅크란?
- 콜금리란?
- 모라토리엄이란?

② 인성 면접

- 농협의 인재상은 무엇이며 그중 전문가를 무엇이라고 생각하는가?
- 자신의 장·단점은 무엇인가?
- 농업과 관련한 경험이 있는가?
- 인간관계가 잘 안되었을 때 해결했던 경험이 있는가?
- 상사와의 갈등을 어떻게 해결할 것인가?
- 본인과의 약속을 잘 지키는가?
- 동아리 활동을 해봤는가?
- 농협의 강점은 무엇이라고 생각하는가? 강점을 살리기 위해서 어떻게 해야 하는가?
- 고객이 불편사항을 토로한다면 어떻게 할 것인가?
- 자기 자신을 어느 정도 신뢰하는가?
- 별명이 무엇인가?
- 당신이 면접관이라면 지원자의 어떤 점을 중점적으로 평가할 것인가?
- 존경하는 인물과 그 이유는?
- 희망 연봉은 얼마인가?

③ 주장 면접

- 탄소중립 실천방안에 대해 말해 보시오.
- 지역별 농산물 활성화 방안에 대해 말해 보시오.
- 사내 유보금 과세 문제에 대한 자신의 의견을 말해 보시오.
- 선행학습금지 법안에 대한 자신의 의견을 말해 보시오.
- 광역버스 입석 금지에 대한 자신의 의견을 말해 보시오.
- 공무원 연금 개혁에 대한 자신의 의견을 말해 보시오.
- 안락사에 대한 자신의 의견을 말해 보시오.
- 대형마트의 골목상권 규제에 대한 자신의 의견을 말해 보시오.

(11) 전북농협

① 상식 면접

- 순환출자란?
- 쌀 직불금이란?
- 경제민주화란?
- 승자의 법칙이란?
- 유리천장 효과란?

② 인성 면접

- 농협의 이미지는 어떠한가?
- 행복하기 위해 필요한 5가지는 무엇인가?
- 입사하게 되면 상사, 동료, 후배 집단이 생기게 되는데, 우선순위대로 나열하고 그 이유를 말해 보시오.
- 농협을 찾은 고객에게 어떻게 인사하겠는가? 한번 해 보시오.
- 농협에 입사해서 이루고 싶은 꿈은 무엇인가?

③ 주장 면접

- 지하철 여성 전용칸에 대한 찬반
- 일본의 우경화에 대한 본인의 의견을 말해 보시오.
- 여성 군복무에 대한 본인의 의견을 말해 보시오.
- 원자력발전소 건설에 대한 찬반

(12) 대구농협

① 상식 면접

- RFID란?
- 출구전략이란?
- 소고기 이력제란?

② 인성 면접

- 협동해서 했던 일 중 가장 큰 성과를 거뒀던 경험을 말해 보시오.
- 본인이 크게 성공했던 일에 대해 말해 보시오.
- 존경하는 인물은 누구인가?
- 어떤 책을 주로 읽는가?
- 본인의 어떤 장점으로 농협에 기여할 수 있겠는가?
- 노조에 가입하겠는가?
- 이 지역에서 생산되는 특산물이 무엇인가?
- 인생의 멘토가 있는가?

③ 주장 면접

- 한의사의 현대 의료기기 사용에 대한 의견을 말해 보시오.
- 농업 커뮤니케이션을 활성화할 방법에 대해 말해 보시오.
- 고교 졸업생 취업에 대한 찬반
- 제주 해군기지 건설에 대한 찬반

(13) 경북농협

① 상식 면접

- 농협의 핵심가치는 무엇인가?
- 구황작물이란?
- 치킨게임이란?
- GMO란?
- 지니계수란?
- 자동차나 반도체를 수출하고, 쌀을 수입하는 것에 대해 어떻게 생각하는가?

② 인성 면접

- 본인의 인생관이 무엇이며, 이와 관련된 경험을 말해 보시오.
- 이전에 가졌던 편견에 대해서 말하고, 편견을 극복했던 경험을 말해 보시오.
- 타인을 설득했던 경험을 말해 보시오.
- 100년 농협에서 앞으로 농협이 나아가야 할 방향은?
- 직장생활 중 가장 필요한 것은 무엇이라고 생각하는가?
- 농협에 입사하여 농협의 비전에 맞게 어떻게 일할 것인가?
- 농협이 농산물을 수입하는 것에 대해 어떻게 생각하는가?
- 농협이 잘하는 일은 무엇이라고 생각하는가?
- 농협에 대해서 주변에서 비판하는 내용은?
- 뉴스에서 노인 폭행 사건이 있었다. 그 자리에 있었다면 어떻게 하겠는가?
- 힘든 일이 있을 수 있는데 할 수 있는가?
- 봉사활동 경험에서 무엇을 느꼈는가?
- 농협 입사 후의 각오에 대해 말해 보시오.

③ 주장 면접

- 6차 산업시대에 지역농협의 역할은?
- 앞으로 농민과 도시민이 함께 어울려 살기 위해 농협이 해야 할 일은 무엇인가?
- 블록체인을 농협이 어떻게 이용하면 좋은지 설명해 보시오.
- 농촌과 도시의 가치가 함께 상승할 수 있는 방안에 대해 설명하시오.
- 관광 상품을 개발한다면 무엇을 할 것인가?
- 원자력발전소 증설에 대한 찬반
- 범죄자 신원 공개에 대한 의견을 말해 보시오.
- SNS 개인 신상정보 유출에 대한 의견을 말해 보시오.
- 아동 성폭력 문제에 대한 의견을 말해 보시오.
- 쌀값 목표제에 대한 의견을 말해 보시오.
- 농촌의 문제점과 해결책에 대한 생각을 말해 보시오.

⒁ 경남농협

① 상식 면접

- 자유학기제에 대해 어떻게 생각하는가?
- 황의 법칙이란?
- 무의 법칙이란?
- 역모기지론이란?
- Safe Guard란?

② 인성 면접

- 본인 성격의 강점은?
- 남을 위해서 희생한 경험을 말해 보시오.
- 직장생활을 하는 데 있어서 가장 중요한 덕목은?
- 본인보다 나이가 많은 분을 설득해본 경험이 있는가?
- 농협에 지원한 동기는?
- 유명인 중에 농협인의 인재상과 부합하는 사람을 말해 보시오.
- 공제 상품을 팔아야 하는데 누구한테 가장 먼저 팔 것인가?
- 지점 서비스에 대해 불만사항 대처방법에 대해 말해 보시오.
- 행복하기 위해 하루에 한 가지씩 행하는 것은?
- 본인의 성장과정에서 가장 큰 영향을 미친 사람과 그 이유는?
- 노조에 대한 본인의 생각은?
- 지역농협 고객이 금리가 높은 시중은행으로 예금을 옮기려고 하는데, 이를 어떻게 설득할 것인가?
- 협동조합 기본법에 대해 아는가?
- 고객이 터무니없는 요구를 한다면 어떻게 대응할 것인가?
- 최근에 읽은 책은 무엇인가?
- 보람찬 일을 한 경험을 말해 보시오.

③ 주장 면접

- 쌀 소비량 부진의 주된 이유와 해결방안은?
- 농민 월급제에 대한 의견은?
- 농촌 고령화의 이유와 해결방안은?
- 국내외 박람회에 참가하여 우리 농산물의 우수성을 홍보해 보시오.
- 농민과 고객들의 소통의 장을 마련해 보시오.
- 농축산물위축방지법에 대해 설명하시오.
- 홈쇼핑에서 상품을 판매할 때 농산물 판매 촉진을 위한 방법을 말해 보시오.
- 설악산 케이블카 찬반
- 어린이집 CCTV 찬반
- 길고양이 급식소 찬반

- 국제중학교 폐지 찬반
- 편의점 새벽영업 금지 찬반
- 전자 건강보험증 찬반
- 내국인 카지노 허용 찬반

(15) 제주농협

① 상식 면접

- 기저효과란?
- 더블딥이란?
- 시너지 효과란?
- 베블런 효과란?
- 다운계약서란?
- 애그플레이션이란?
- 순환출자란?
- 남북관계와 NLL에 대해 말해 보시오.
- 저출산 문제 해결을 위해 기업이 해야 할 일은 무엇인가?

② 인성 면접

- 구독하는 신문은 있는가?
- 자신에게 점수를 준다면 몇 점을 주겠는가? 이유와 함께 말해 보시오.
- 자기소개를 해 보시오.
- 농협에 지원하게 된 동기를 말해 보시오.
- 외곽지역으로 발령 나면 어떻게 할 것인가?
- 농협에 들어오기 위해 준비한 것은 무엇인가?
- 농협에 합격한다면 무슨 일을 하고 싶은가?
- 마지막으로 하고 싶은 말을 해 보시오.

③ 주장 면접

- 초 · 중 · 고등학교 9시 등교에 대한 찬반
- 단통법에 대한 자신의 의견을 말해 보시오.
- 영어권 국가의 조기유학에 대한 찬반
- 취업과 결혼을 위해서 성형을 하는 것에 대한 찬반
- 죄질이 좋지 않은 범죄자의 사형집행에 대한 찬반
- 대학생들의 무분별한 스펙 쌓기에 대한 찬반

NH농협은행 6급

NH농협은행 6급 면접은 철저한 블라인드 면접이다. 즉, 면접관이 지원자의 이름, 출신 학교, 현재 농협 계약직 근로 여부 등을 알지 못한 채 면접이 실시된다. 따라서 지원자는 면접 시 자신의 신상공개를 하면 안 된다. 2023년부터 PT 면접+ 집단 면접으로 바뀌면서, 지원자의 순발력과 적극성이 중요한 변수로 작용하게 되었다. PT 면접은 주로 농협은행 상품의 마케팅 방안에 대한 발표로 진행되며, 집단 면접은 다대다(多對多) 인성・직무 면접으로 진행된다.

1. NH농협은행 6급 면접 안내

(1) PT 면접

별도의 공간으로 이동하여 15분간 발표 준비시간을 갖는다. 농협은행 금융상품(적금, 펀드, 보험 등)의 특징을 파악한 후 주어진 상황에 적절한 상품 판매 확대 방안에 대해 발표한다. PPT・한글・워드 중 선호하는 프로그램을 자유롭게 선택하여 발표 자료를 제작한다. 발표 준비시간 내에 USB에 옮기지 못할 시 발표를 하지 못하므로, 반드시 주어진 시간 내에 발표 자료를 저장해야 한다. 발표 장소로 이동하면 대형 TV(또는 스크린)와 레이저 포인터가 준비되어 있다. 발표 10분 + 질의응답 5분, 총 15분간 3명의 면접관 앞에서 단독으로 발표를 진행한다. 발표를 마친 후에 면접관이 발표에 소요된 시간을 알려준다. 10분 미만으로 발표를 진행했다면 질의응답 시간이 그만큼 늘어난다.

PT 면접은 지원자가 농협은행의 일원으로서 마케팅 역량과 커뮤니케이션 능력이 있는지 검증한다. 주요 내용과 준비사항은 사전 공지되므로 농협은행의 금융상품에 대해 미리 공부하고 실제 은행직원들의 세일즈 기술을 연습해두어야 한다. 또한 PT 면접을 효과적으로 준비하기 위해서는 지원자 본인이 지원한 직무를 확실하게 파악하고 있어야 하며, 어떤 역량이 요구되는지를 이해하고 있어야 한다. 그리고 문제를 해결하는 해결력과 주어진 과제를 무리 없이 소화할 수 있는 대응력을 키워야 한다.

[기출 질문]

- '걸으면 걸을수록 우대금리가 생기는 적금' 상품을 어필할 수 있는 고객층을 제시하고, 상품 판매를 활성화할 수 있는 방안을 제시하시오.
- 농협은행의 새로운 대출상품의 판매량을 높이기 위해 어떤 타깃층을 중점으로 마케팅을 진행할 것인지 보고서를 작성하시오.
- 가상의 농협은행 상품에 대한 특징과 관련 기사에 따라 효율적인 판매 전략 및 타깃층을 수립하시오.

(2) 집단 면접

5 ~ 6명이 한 조가 되어 50분가량 다대다(多對多) 면접방식으로 진행된다. 면접관들은 지원자 모두에게 1 ~ 2분가량 자기소개를 시키고 질문을 시작한다. 자기소개서 내용을 바탕으로 한 인성 관련 질문이 주를 이룬다. 또한 최근 경제신문에서 다루고 있는 시사용어 또는 경제용어를 묻기도 한다. 따라서 농협과 관련한 회사상식, 경제 · 시사상식을 미리 정리해 두고 인성과 관련된 질문도 사전에 확인해 보는 것이 좋다.

[인성 질문]

- 1분 자기소개
- 1억 원을 모아야 한다면 어떤 방법으로 모을 것인가?
- 첫 월급을 100만 원으로 받았을 때 전체 금액으로 선물을 한다면 누구에게 무엇을 할 것인가?
- 금융권에서 가장 중요하게 생각하는 덕목과 역량은?
- 사람을 평가한 경험이 있는가? 무엇을 가장 중요하게 생각하는가?
- 고객이 전화에 대고 막 화를 내는 클레임이 생긴다면?
- 이전 회사를 그만둔 사유는 무엇인가?
- 본인의 단점은 무엇인가?
- 은행원이 갖춰야 할 역량은 무엇이라고 생각하는가?
- 본인만의 영업전략은?
- 마지막으로 하고 싶은 말은?
- 상사와의 업무 시 의견충돌이 있을 때 어떤 식으로 본인의 의견을 관철시킬 것인가? 그리고 주변사람들에게 어떤 식으로 제시할 것인가?
- 단순한 업무의 반복을 하는 은행의 업무는 매너리즘에 빠지기 쉬운 환경에서 본인이 과거에 단순한 업무의 반복을 하면서 매너리즘에 빠진 경험과 그때 느꼈던 점 그리고 본인의 가치관을 연결해서 말해 보시오.
- 본인의 친화력으로 사람의 마음을 움직였던 경험을 말해 보시오.
- 10년 후, 30년 후 농협은행의 방향성이 어떻게 바뀔지 말해 보시오.

[회사 · 경제 · 시사 관련 질문]

- PF가 무엇인지 아는가?
- 블랙컨슈머에 대한 기업의 대응 방안은?
- DTI가 무엇인가?
- LTV를 설명하시오.
- BIS 비율을 설명하시오.
- ABS를 설명하시오.
- BIB와 BWB가 무엇인가?
- 금융복합점포의 단점에 대해 이야기해 보시오.
- 개인회생제도가 무엇인가?
- 세계에서 유통되고 있는 3가지 원유를 설명하시오.
- 기술금융이 무엇인가?
- 인터넷은행이 무슨 뜻인가?
- 저금리 시대에 은행과 농협의 대응 방안은?
- 내가 CEO인데 회사가 어려워졌다. 인원을 감축할 것인가, 전체 임금을 삭감할 것인가?
- 은행업의 미래와 농협의 방향성을 말하고, 본인의 기여 방안에 대해 말해 보시오.

- 핀테크와 인터넷전문은행은 무엇인가?
- 노조에 대해 어떻게 생각하는가?
- PEF가 무엇인지 설명해 보시오.
- 농협이 하고 있는 일을 말해 보시오.
- 농협의 장점과 단점을 말해 보시오.
- 주택 대출 관련 용어 몇 개를 말해 보시오.
- 본인이 팔고 싶은 금융상품 그리고 그 상품에 대한 장·단점을 말해 보시오.
- 알고 있는 금융 상식을 설명해 보시오.
- 미국 금리가 인상되면 농협 매출이 어떻게 될 것 같은가?
- 사모펀드의 장·단점은 무엇인가?

2. 지역별 기출 질문

(1) 서울농협

① 상식 질문

- 유동성함정의 구체적 예를 들고, 해결방안을 제시해 보시오.
- 파생금융상품이란 무엇인가?
- CMA란 무엇인가?
- 보이스피싱이란 무엇인가?
- 블랙스완이란 무엇인가?

② 인성 질문

- 자기소개를 해 보시오.
- 맞벌이하다 본인이 전업주부가 된 상황을 어떻게 생각하는가?
- 자신이 꺼리는 사람에게 다가가거나 자기 사람으로 만드는 자신만의 노하우가 있다면 말해 보시오.
- 지금까지 살면서 이룬 가장 큰 성취 3가지만 말해 보시오.
- 농협의 사회적 역할에 대해 말해 보시오.
- 농협에서는 팀별로 목표 실적이 주어지는데, 그것을 달성하려면 팀워크가 좋아야 한다. 좋은 팀워크를 유지하기 위해서 가장 중요한 점이 무엇이라고 생각하는가?
- 농협에 입사해서 10년쯤 지났을 때, 자신은 어떤 모습일 것 같은가?
- 지원자가 만약 상품개발부서에 배치된다면 예금 상품을 새롭게 개발할 수 있는데, 혹시 지금 생각해 둔 상품이 있는가?
- 타깃 고객을 선정해서 상품을 개발한다면 어떤 방안이 있겠는가?
- 농협상품을 홈쇼핑에서 팔아보시오.
- 고객이 앞에 왔다고 생각하고 예금을 팔아보시오.
- 효율적이지 못한 리더와 가장 좋은 리더에 대해 설명해 보시오.
- 마지막으로 하고 싶은 말을 해 보시오.

(2) 경기농협

① 상식 질문

- 블랙스완이란 무엇인가?
- 서브프라임 모기지란 무엇인가?
- 삼강오륜이란 무엇인가?
- 저축은행 '88클럽'이란 무엇인가?
- IFRS가 도입되면 농협이 받는 영향은 무엇인가?
- 애그플레이션이란? 애그플레이션을 극복하기 위한 농협의 방안은 무엇인가?
- 재스민 혁명이 무엇을 뜻하고, 어디에서 일어났는지 설명하시오.
- 일본 대지진과 리비아 공격에 따른 국제경제 변화를 어떻게 보는가?

② 인성 질문

- 자기소개를 해 보시오.
- 농협과 시중은행의 차이점은 무엇인가?
- 만약 자신의 신념과 상충된다고 생각하는 지시를 상사가 내렸을 경우에 어떻게 하겠는가?
- 농협의 예금 종류 5가지만 말해 보시오.
- 농협의 신용등급은 무엇인가?
- 농협의 문제점이 무엇이라고 생각하는가?
- 농협 홈페이지에서 '경영' 앞에 쓰여 있는 두 글자가 무엇인지 이야기해 보시오.
- 농협이 고객에게 더 어필할 수 있는 방법은 무엇인지 설명해 보시오.
- 나이 어린 상사를 잘 대할 수 있겠는가?
- 조직 관리의 가장 어려운 점을 말해 보시오.
- 타 금융기관에 비해 농협의 장점을 꼽으면 무엇이 있겠는가?
- 마지막으로 하고 싶은 말을 해 보시오.

(3) 인천농협

① 상식 질문

- 모기지론에 대해 말해 보시오.
- 신용위험, 시장위험, 운영위험 3가지를 추론해서 말해 보시오.
- IMF와 2008년 미국발 금융위기의 공통점과 차이점은 무엇인가?
- BIS 자기자본비율이란 무엇인가?
- DTI란 무엇인가?

② 인성 질문

- 자기소개를 해 보시오.
- 대북지원에 대해 찬성하는가, 반대하는가? 그 이유는 무엇인가?
- 꼴등 지점에 배치되면 단합 자리에서 어떻게 분위기를 띄울 것인가?
- 상사가 됐을 때 팀을 어떻게 이끌어나갈 것인가?
- 지점장 A와 B가 각각 3억씩 투자했는데, A는 한 곳에 모두 투자해 1억, B는 열 군데 투자해서 1억의 수익을 냈다. 누가 옳다고 생각하는가?
- 한국경제의 문제점에 대해 말해 보시오.
- 어떤 상사를 바라는가?
- 어떤 부하 직원이 될 것인가?
- NH농협은행의 인재상에 대해 말해 보시오.
- 마지막으로 하고 싶은 말을 해 보시오.

(4) 대전 · 충남농협

① 상식 질문

- 수신금리 관련 최근 이슈에 대해 말해 보시오.
- 수쿠크법이란 무엇인가?
- 라마단이란 무엇인가?
- 타임오프제란 무엇인가?
- 세계 7대 자연경관에는 무엇이 있는가?
- 우루과이라운드란 무엇인가?
- WTO협정이란 무엇인가?

② 인성 질문

- 자기소개를 해 보시오.
- 악성 고객에 대처하는 자신만의 방법이 있다면 말해 보시오.
- 합격 후 원하는 직무에 배정되지 않는다면 어떻게 할 것인지 말해 보시오.
- 조직 내에서 목표달성을 위해 노력했던 경험이 있다면 말해 보시오.
- 조직 내에서 갈등 때문에 목표달성을 실패했던 경험이 있다면 말해 보시오.
- 농협이 신경분리(신용사업과 경제사업의 분리)되었는데 신용 쪽이 발전하려면 어떤 노력을 해야 하는가?
- 농협이 이번에 신경분리를 했는데, 은행으로 성공하기 위하여 어떻게 해야 하는가?
- 농협법 개정안으로 2012년부터 농협중앙회는 NH농협은행으로 바뀌었다. 만약 지원자가 농협은행장이 된다면 농협은행의 발전을 위해 어떤 부분을 바꾸겠는가?
- 상사와의 충돌이 생길 때 어떻게 할 것인가?
- 마지막으로 하고 싶은 말을 해 보시오.

(5) 충북농협

① 상식 질문

- 바이럴 마케팅에 대해 말해 보시오.
- CMA에 대해 말해 보시오.
- 미스터리 쇼퍼에 대해 말해 보시오.
- 변액보험에 대해 설명해 보시오.
- 대강 사업에 대한 자신의 생각을 말해 보시오.
- FTA로 인해 특혜를 받는 종목은 무엇이 있는가?

② 인성 질문

- 자기소개를 해 보시오.
- 자신에게 할당된 실적을 달성하지 못했을 때 어떻게 할 것인가?
- 자신의 신념을 어쩔 수 없이 어겼던 경험이 있으면 말해 보시오.
- 배우자의 어떤 면을 보고 선택할 것인가?
- 한국 사람이 고쳐야 할 점이 무엇인가?
- 농협의 발전을 위해 사업을 한다면 어떤 것을 했으면 좋겠는가?
- 마지막으로 하고 싶은 말을 해 보시오.

(6) 부산농협

① 상식 질문

- 서킷브레이커란 무엇인가?
- 더블딥이란 무엇인가?
- 경제5단체란 무엇인가?
- 사회적 기업에 대해 말해 보시오.
- 다우지수란 무엇인가?
- 세계 3대 신용평가기관을 말해 보시오.
- 임금피크제란 무엇인가?

② 인성 질문

- 자기소개를 해 보시오.
- 농협에 지원한 특별한 이유는 무엇인가?
- 농협에 입사해서 10년쯤 지났을 때, 자신은 어떤 모습일 것 같은가?
- 마지막으로 하고 싶은 말을 해 보시오.

(7) 광주 · 전남농협

① 상식 질문

- 세계 3대 신용평가기관과 농협의 신용도에 대해 말해 보시오.
- FTA에서 ISD 조항에 대해 말해 보시오.
- 유가 상승 시 농협은 어떻게 대처해야 하는가?
- 트리플 위칭데이란 무엇인가?
- 스파게티볼 효과란 무엇인가?
- 2012년 4 · 11 총선에 대해 어떻게 생각하는가?
- 오늘의 환율에 대해 알고 있는가?
- CRM이란 무엇인가?
- 20 : 80 법칙이란 무엇인가?
- 콜금리란 무엇인가?
- 배드뱅크란 무엇인가?
- 코스피 200이란 무엇인가?
- 환율이란 무엇인가?
- 평가절하란 무엇인가?

② 인성 질문

- 자기소개를 해 보시오.
- 본인이 상사인데, 부하직원이 일을 잘 못한다. 어떻게 할 것인가?
- 좋아하는 운동은 무엇인가?
- 존경하는 인물은 누구인가?
- 천안함 사건 또는 연평도 포격 사건이 일어났을 때 자신이 합참의장이라면 어떻게 했겠는가?
- 대기업의 사회적 역할에 대해 말해 보시오.
- 감명 깊게 읽은 책을 말해 보시오.
- 펀드를 판매했는데 가입자가 손실을 입고 따지러 왔다. 어떻게 해야 하는가?
- 동료애란 무엇인가?
- 농협의 기업문화는 어떠한가?
- 농협의 인터넷 뱅킹을 써보았다면 어땠는지 말해 보시오.
- 타 금융기관에 비해 농협의 장점을 꼽으면 무엇이 있겠는가?
- 마지막으로 하고 싶은 말을 해 보시오.

(8) 전북농협

① 상식 질문

- 유네스코 지정 세계문화유산에 대해 아는 대로 말해 보시오.
- 새만금 사업의 장·단점에 대해 말해 보시오.
- 신용카드, 직불카드, 체크카드의 차이점에 대해 말해 보시오.
- 님비현상과 핌피현상의 차이점에 대해 말해 보시오.
- 콜금리란 무엇인가?
- 한미 FTA의 장·단점과 농협의 대처 방안에 대해 말해 보시오.
- 사회적 기업에 대해 말해 보시오.
- 4대강 사업에 대한 자신의 생각을 말해 보시오.
- 서브프라임모기지론에 대해 말해 보시오.

② 인성 질문

- 자기소개를 해 보시오.
- NH농협은행에 입사하기 위해 어떠한 노력을 해왔는지 말해 보시오.
- 국기에 대한 맹세를 외울 수 있다면 말해 보시오.
- 신경(信經)분리에 대해 아는 대로 말해 보시오.
- 사회봉사경험이 있는가?
- 자연과 발전 중 어느 것이 더 중요하다고 생각하는가?
- 마지막으로 하고 싶은 말을 해 보시오.

(9) 경남농협

① 상식 질문

- 체리피커는 무엇인가?
- 20 : 80 법칙에 대해 설명해 보시오.
- 나라별 종합주가지수 명칭을 아는 대로 말해 보시오.
- 백세세대란 무엇인가?
- 랩어카운트란 무엇인가?
- 스타지수란 무엇인가?
- 전환사채란 무엇인가?
- 서브프라임모기지론에 대해 말해 보시오.
- BIS 자기자본비율이란 무엇인가?
- DTI란 무엇인가?
- 일본 엔고현상이란 무엇인가?
- 고령화 사회의 해법에 대해 말해 보시오.

② 인성 질문

- 자기소개를 해 보시오.
- 취미는 무엇인가?
- 맛집을 아는 데가 있으면 소개해 보시오.
- 회의 시 지루할 때 동료들에게 힘을 북돋아 주려고 한다면 어떻게 할 것인가?
- 농협에 대해 아는 대로 말해 보시오.
- 신경(信經)분리에 대해 아는 대로 말해 보시오.
- 농협의 경쟁력은 무엇이라고 생각하는가?
- 농협중앙회 회장님 성함, 은행장님 성함, 경남지역본부장님 성함, 영업본부장님 성함 중 아는 것이 있는가?
- 상사로부터 성희롱 당했을 때 어떻게 대처할 것인가?
- 은행원으로서 갖춰야 할 자질이 뭐라고 생각하는가?
- 현 정부의 경제정책에 대해 어떻게 생각하는가?
- 본인이 옆 사람보다 더 강점이라고 생각하는 것을 말해 보시오.
- NH농협은행이 앞으로 나아가야 할 방향에 대해 말해 보시오.
- 다른 곳을 면접 본 적이 있는가?
- 자격증이 많은데, 취득하는 데 얼마나 소요되었는가?
- 직업을 가지는 목적이 무엇인가?
- 최근에 읽은 책과 작가 이름, 내용에 대해 말해 보시오.
- 농촌의 문제점은 무엇이라고 생각하는가?
- 자신의 장점을 말해 보시오.

(10) 대구 · 경북농협

① 상식 질문

- DTI란 무엇인가?
- 파생금융상품이란 무엇인가?
- 도덕적 해이란 무엇인가?
- '88클럽'이란 무엇인가?
- 역모기지론이란 무엇인가?
- 뱅크런이란 무엇인가?
- 스태그플레이션에 대해 말해 보시오.
- 방카슈랑스 자사 25% 혜택에 대해 말해 보시오.
- 저축은행 피해보상 사태에 대한 자신의 생각은 어떠한가?

② 인성 질문

- 자기소개를 해 보시오.
- 신경(信經)분리에 대해 아는 대로 말해 보시오.
- 자신의 장 · 단점에 대해 말해 보시오.
- 자신의 이상형에 대해 말해 보시오.
- 농협에 들어와서 하고 싶은 업무는 무엇인가?
- 자신이 NH농협은행 경영자가 된다면 어떻게 운영할 것인가?
- 자신의 특기를 말해 보시오.
- 본인 인생의 멘토는 누구인가?
- 농협 이미지의 장 · 단점에 대해 말해 보시오.
- 농협에 들어와서 이루고 싶은 것은 무엇인가?
- 펀드 손실이 나서 항의하러 고객이 온다면 어떻게 할 것인가?
- 만약 1억 원이 생긴다면 어떻게 할 것인가?
- 외진 지역에 근무하게 된다면 어떻게 할 것인가?
- 나만의 경쟁력에 대해 말해 보시오.
- 삼성과 농협의 차이는 무엇인가?
- 마지막으로 하고 싶은 말을 해 보시오.

(11) 울산농협

① 상식 질문

- MMF란 무엇인가?
- 하이리스크와 하이리턴에 대해 설명해 보시오.
- 변액보험에 대해 설명해 보시오.
- 뱅크런이란 무엇인가?
- 수쿠크법이란 무엇인가?
- BIS 자기자본비율이란 무엇인가?
- 재할인율이란 무엇인가?

② 인성 질문

- 자기소개를 해 보시오.
- NH농협은행에 입사하기 위해 어떠한 노력을 해왔는지 말해 보시오.
- 자신의 특기를 말해 보시오.
- 가장 존경하는 인물은 누구인가?
- 농협에 들어와서 10년 후의 자신의 모습을 상상해 보시오.
- 상사와의 충돌이 생길 때 어떻게 할 것인가?
- 사업분리 후 농협의 발전 방향에 대해 말해 보시오.
- 누군가에게 무엇을 가르치게 되었을 때 어떤 것을 가장 잘할 수 있겠는가?
- 농협과 시중은행의 차이점은 무엇인가?
- 농협에 대해 얼마나 알고 있는가?
- 마지막으로 하고 싶은 말을 해 보시오.

⑿ 강원농협

① 상식 질문

- BIS 자기자본비율이란 무엇인가?
- DTI란 무엇인가?
- 역모기지론이란 무엇인가?
- IFRS가 도입되면 농협이 받는 영향은 무엇인가?

② 인성 질문

- 자기소개를 해 보시오.
- 농협과 시중은행의 차이점은 무엇인가?
- 다른 사람이 자신을 어떻게 평가하는가?
- 리더십이란 무엇이며, 자신이 지향하는 리더십은 어떤 것인가?
- 만약 농협에 합격하면 오지로 갈 수도 있는데, 불편하지 않겠는가?
- 농협이 젊은 층을 확보하기 위한 방안은 무엇인가?
- 마지막으로 하고 싶은 말을 해 보시오.

MG새마을금고 지역본부

새마을금고는 지역본부와 대기 순서에 따라 모두 질문이 다르다. 따라서 많은 예상 질문을 준비하는 것이 실제 면접에 도움이 된다. 방대한 금융 지식 가운데, 특히 현재의 금융 이슈나 기존의 새마을금고 지식을 바탕으로 한 면접 기출 문제로 연습한다면, 어려움 없이 면접을 볼 수 있을 것이다.

1. 서울지역

(1) 시사 질문

- 유동성비율 산출식을 말해 보시오.
- 흑자도산이 무엇인지 말해 보시오.
- 실리콘밸리 은행 파산의 원인과 해결방안에 대해 말해 보시오.
- 해당 금고의 경영 공시에 대해 말해 보시오.
- 최근 경제 동향에 대해 말해 보시오.
- 예금자 보호법에 관해 설명해 보시오.
- 신용창조이론은 무엇인가?
- 출자금과 주식 출자의 다른 점은 무엇인가?
- 재무제표 요소 4가지에 관해 설명해 보시오.
- LTV와 DTI에 대해 말해 보시오.
- 현재 한국은행의 금리는 어떻게 되는가?
- BIS 자기자본비율이 무엇인지 설명해 보시오.
- 방카슈랑스에 대해 설명해 보시오.
- 한중 FTA가 금융권에 미치는 영향에 대해 말해 보시오.
- 자본금융통합법에 대해 아는 대로 설명해 보시오.
- 한미 FTA에 대해 설명해 보시오.
- 한미 FTA가 새마을금고에 미치는 영향에 대해 설명해 보시오.
- 공제에 대해 설명해 보시오.
- 공제상품 판매 전략에 대해 말해 보시오.
- 서민형 PB가 무엇이라고 생각하는가?
- 케인스학파와 고전학파 중 선호하는 학파를 말한 후 이유를 말해 보시오.
- 핀테크에 관해 설명해 보시오.
- 비대면 채널이 확대 중인 상황에서 새마을금고의 돌파방법은?
- 오늘 금리가 인상되었는데 어떻게 생각하는가?
- 새마을금고의 자산, 자본, 부채가 얼마인가?
- 기준금리가 무엇이며, 현재 몇 퍼센트인지 말해 보시오.
- 새마을금고의 이미지를 설명해 보시오.
- 새마을금고 발전 방향에 대해 말해 보시오.
- 새마을금고의 수익구조에 대해 알고 있다면 말해 보시오.
- 새마을금고에 대해 아는 대로 말해 보시오.

(2) 인성 질문

- 자기소개를 해 보시오.
- 가장 좋아하는 음식과 그 이유는 무엇인가?
- 면접비를 받으면 어디에 사용할 것인가?
- 경영학자 중 가장 좋아하는 사람과 그 이유를 말해 보시오.
- 입사 후 하고 싶은 일은 무엇인가?
- 본인에게 부모님은 어떤 존재인가?
- 고객과 문제가 생길 때 어떻게 해결할 것인지 말해 보시오.
- 직장상사와 문제가 생길 때 어떻게 해결할 것인지 말해 보시오.
- 인생의 좌우명은 무엇인가?
- 주량이 어떻게 되는가?
- 살면서 힘들었던 점은 무엇인가?
- 새마을금고가 젊은이들에게 인지도가 낮은데 어떻게 하면 좋을지 설명해 보시오.
- 본인과 주변 사람들 사이에 문제가 생기면 잘 해결하는 편인가?
- 요새 본 드라마나 예능프로가 무엇인가?
- 지원동기에 대해 말해 보시오.
- 성공의 기준을 무엇이라 생각하는지 말해 보시오.
- 새마을금고에 대해 어떻게 알게 되었는지 말해 보시오.
- 본인의 전공이 어떻게 새마을금고에서 활용될 수 있을 것 같은가?
- 전공이 은행 업무와 전혀 상관없는데 어떤 이유로 지원을 하게 되었는가?
- 자격증 취득이 실제로 금융지식을 얻는 데 도움이 되었는가?
- 자격증은 어떻게 취득하였는가?
- 내가 살아있음을 느꼈을 때는 언제이고, 그것으로 배운 것은 무엇인가?
- 상품을 어떻게 고객에게 팔 것인가?
- 상사가 나보다 나이가 어리면 사회생활을 하는 데 문제가 없겠는가?
- 가족 중에 공제에 든 사람이 있는가?
- 아버지가 하시는 일은 무엇인가?
- 동생과의 우애는 어떠한가?
- 금융으로 진로를 바꾼 이유는?
- 집에서 가장 가까운 새마을금고는 어디인지?
- 공제를 팔아서 실적을 올리기 위한 영업이 필요한데 잘할 수 있겠는가?
- 금융권에서 아르바이트를 한 경험이 있다고 되어 있는데, 고객의 나이대가 어떻게 되었는가?
- 다른 기업에 취업해 본 경험이 있는가?

- 청소년 직업 박람회에 참여했던 프로젝트는 정확히 어떤 것이었는가?
- VR게임을 만들었다고 했는데 어떤 게임인가?
- 새마을금고 적금은 가지고 있는가?
- 첫 월급을 타면 무엇을 할 것인지 말해 보시오.
- 신문은 많이 읽는가?
- 그동안 했던 아르바이트에 대해 말해 보시오.
- 집안일은 하는가?
- 평소에 취미가 있다면 말해 보시오.
- 10년 후 자신의 포부에 대해 말해 보시오.
- 새마을금고의 모델을 누구로 하면 좋을 것 같은지 말해 보시오.
- 새마을금고와 타 금융기관과의 차이점에 대해 설명해 보시오.
- 새마을금고가 타 은행과의 경쟁에서 살아남을 수 있는 방법은 무엇인가?
- 직장상사에게 부당한 지시를 받았을 경우 어떻게 대처할 것인지 설명해 보시오.
- 입사했는데 커피를 타오라고 한다면 어떻게 하겠는가?
- 입사했는데 화장실 청소를 하라고 한다면 어떻게 하겠는가?
- 본인이 가장 자신 있는 특기는 무엇인가?
- 본인이 가장 용기 있었던 순간은 언제인가?
- 지점 방문 후 개선방안은 무엇이라고 생각하는가?
- 새마을금고 회장의 임기는?
- 5억이 생긴다면 어떻게 할 것인가?
- 가장 큰 실패 경험과 그것을 어떻게 극복했는가?
- 일과 개인시간 중에 무엇이 더 중요한가?
- 돈의 의미가 무엇이라고 생각하는지 말해 보시오.
- 젊은 고객 유치방안을 생각해본 적이 있는가?
- 공공기관에서 인턴으로 근무하면서 어떠한 업무를 담당하였는가?

2. 부산지역

(1) 시사 질문

- 재무상태표에 관해 설명해 보시오.
- SWOT 분석에 관해 설명해 보시오.
- 비채변제에 관해 설명해 보시오.
- 우리나라 경제의 현 상황에 관해 설명해 보시오.
- 은행경영공시제도에 관해 설명해 보시오.
- 클라우딩 펀드에 관해 설명해 보시오.
- LTV와 DTI에 대해 말해 보시오.
- 요즘 SNS의 효과를 어떻게 보는가?
- 현재 한국은행의 금리는 어떤지 설명해 보시오.
- 방카슈랑스와 어슈어뱅크를 아는가?
- CD금리란 무엇인가?
- 평소에 새마을금고를 이용하는가?
- 새마을금고의 이미지는 어떠한가?
- 직업이란 무엇인가?
- 새마을금고와 새마을금고 중앙회의 차이점을 말해 보시오.

(2) 인성 질문

- 5년 후의 목표는 무엇인가?
- 돈을 벌려는 이유는 무엇인가?
- 개인정보에 관해 설명해 보시오.
- 직장생활을 잘하기 위해서는 어떻게 해야 하는가?
- 좋은 후임이란 어떤 사람이라고 생각하는가?
- 친화력이 좋다고 했는데, 그에 대한 경험에 대해 말해 보시오.
- 학창시절 성적이 좋았는데 자신만의 노하우가 있는가?
- 회사에서 상사나 동료와 트러블이 생긴다면 어떻게 극복할 것인지 설명해 보시오.
- 리더십이 강한 편이라고 생각하는가?
- 좋은 상사는 어떤 사람이라고 생각하는가?
- 신입사원의 자세에 관해 설명해 보시오.
- 자기소개를 간단히 해 보시오.
- 다른 곳도 지원했는가?
- 이 지역 지리를 잘 아는가?
- 부모님은 무슨 일을 하시는가?
- 만약 나보다 늦게 입사한 동료가 먼저 승진을 한다면 어떻게 하겠는가?
- 현재 소득은? 그럼 아르바이트를 한 경험은 있는가? 그렇게 번 돈은 어떻게 사용했는가?
- 자신의 롤모델이나 존경하는 분이 있다면?
- 10년 후의 나의 모습과 그런 모습을 위해 지금 준비하고 있는 것은 무엇인가?
- 학교에서 자신이 공부했던 전공의 포트폴리오에 대해 이야기해 보시오.

- 경영학을 전공했고, 자격증도 있다던데 베타계수에 대해 설명해 보시오.
- 몇 시에 일어나고 몇 시에 잠자는가?
- 주말에는 보통 무엇을 하며 시간을 보내며, 당장 지난 주말에는 어떻게 보냈는가?
- 복수전공을 왜 안 했는가?
- 자신의 장단점을 말해 보시오.
- 입사 후 포부에 대해 말해 보시오.
- 만약 자기 업무가 바쁜 와중에 상사가 다른 업무(잡일)를 자꾸 시킨다면 어떻게 하겠는가?
- 마지막으로 하고 싶은 말은?

3. 인천지역

(1) 시사 질문

- 1금융권과 2금융권의 차이에 대해 말해 보시오.
- 기준금리가 어떻게 되며, 기준금리가 금고에 미칠 영향에 대해 말해 보시오.
- 회계에서 대변과 차변에 대해 설명해 보시오.
- 가족 중에 공제에 든 사람이 있는가?
- 새마을금고에 대해 알고 있는 것을 모두 말해 보시오.
- 예금자보호제도에 대해 설명해 보시오.
- 수익적 지출과 자본적 지출에 대해 설명해 보시오.
- 새마을금고의 장단점에 대해 말해 보시오.
- 경청하면 제일 먼저 떠오르는 것은?
- 분식회계와 역분식회계에 대해 설명해 보시오.
- 최근 한국은행이 기준금리를 짧은 시일에 많이 내렸는데, 여기에 대해 어떻게 생각하는가?
- 경영의 3요소란 무엇인가?
- 최근에 신문을 보았는가? 가장 기억에 남는 기사는?
- 지인에게 3억의 돈이 있는데 이 돈을 새마을금고에 예치시키려면 어떤 방법으로 설득할 것인가?
- 지금 저축을 하고 있는가? 하고 있다면 어디 은행에 저축하고 있으며, 수입의 몇 %를 하는가?

(2) 인성 질문

- 자신을 한 단어나 사자성어로 표현한다면 무엇인가?
- 자기소개를 새로 만들어서 다시 해 보시오.
- 첫 지원이 아닌데 왜 떨어졌다고 생각하는가?
- 회사에서 상사나 동료와 트러블이 생긴다면 어떻게 해결할 것인가?
- 자기소개를 해 보시오.
- 새마을금고에 지원한 동기를 말해 보시오.
- 새마을금고에 입사하게 된다면 어떤 업무를 맡고 싶은가?
- 본인이 상품이라면 어떤 장점을 얘기하면서 팔 것인가?
- 자신의 장점과 단점에 대해 말해 보시오.

- 새마을금고 입사가 얼마나 간절한지 말해 보시오.
- 고객이 돈을 가져가지 못했다고 성화를 낸다면 어떻게 대처할 것인가? 그래도 화를 낸다면? 이러한 일이 발생하지 않으려면 어떻게 해야 하는가?
- 당신이 첫 출근을 했을 때 지점에서 어떻게 행동할지 말해 보시오.
- 새마을금고 필기시험에 합격하고 면접 전까지 무엇을 준비했는가?
- 봉사활동을 한 적이 있는가? 있다면 가장 기억에 남는 봉사활동은?
- 신입사원에게 가장 필요한 자세는 무엇이라고 생각하는가?
- 본인에게 부모님은 어떤 분이신가?
- 존경하는 인물은?
- 본인에게 있어서 돈이란?
- 본인의 결혼관은 어떠한가?
- A와 B 두 곳의 새마을금고가 있는데, A금고는 초봉이 마음에 드는 반면 더 이상 발전하기 어려울 정도로 발전된 상태이고, B금고는 초봉은 낮지만 발전가능성이 큰 곳이다. 어디에 들어가고 싶으며 그 이유는 무엇인가?
- (고등학생 지원자에게) 진학 대신 취업을 선택한 이유는?
- (선착순) 장기자랑 하고 싶은 사람 있으면 해 보시오.
- 마지막으로 하고 싶은 말이 있는가?

4. 경기지역

(1) 시사 질문

- 예금자보호제도에 대해서 말해 보시오.
- 수익적 지출과 자본적 지출에 대해 설명해 보시오.
- 소비자보호제도에 대해 설명해 보시오.
- 자기자본이익률이 무엇인가?
- 재무상태표에 대해 설명해 보시오.
- 수익적 지출과 자본적 지출에 대해 설명해 보시오.
- (우리나라 경제 정책의 이슈에 따른 사항이 제시되고) 이에 대해 설명해 보시오.
- 손익계산서는 무엇인가?
- 출자금은 무엇인가?
- 제1금융과 제2금융의 차이는 무엇인지 설명해 보시오.
- 새마을금고가 협동조합인지 금융기관인지 말해 보시오.
- 새마을금고에서 하고 있는 사회공헌 활동에 대해 말해 보시오.
- 새마을금고 햇살론에 대해 아는 것이 있으면 설명해 보시오.
- 북한 인권문제에 대해 어떻게 생각하는가?
- 한국의 복지사업에 대해 어떻게 생각하는가?
- 공제가 무엇이고 어떻게 팔 건지 말해 보시오.
- 코픽스에 대해서 설명해 보시오.
- 최근 대한민국 경제 상황에 대해서 말해보고, 추후에 어떻게 될건지 본인의 의견과 해결방안에 대해서 설명해 보시오.
- 수익적 지출은 무엇인가?

- 요즘 신문에서 나오는 이슈거리 1가지씩만 말해 보시오.
- 6・25전쟁이 일어난 연도는?
- 천안함 사건에 대한 생각을 말해 보시오.
- 지금 이 지역의 국회의원의 이름과 그 전 국회의원의 이름을 말해 보시오.
- 이사장의 이름을 말해 보시오.
- 이 금고의 직원 수를 말해 보시오.
- 이 지역의 지점 수를 말해 보시오.
- 새마을금고에 대해 알고 있는 것은?
- 요즘 시중은행에서 비대면으로 이뤄지는 것들이 많은데 무엇이 단점이라고 생각하는가?
- MZ세대의 갈등이 심해지는데 MZ가 무엇인지 말해 보시오.

(2) 인성 질문

- 당신이 처음 출근했을 때 지점에서 어떻게 행동할지 말해 보시오.
- 새마을금고를 고급브랜드로 인식시키려면 어떻게 해야 하는지 설명해 보시오.
- 은행원에게 가장 필요한 덕목은 무엇인지 설명해 보시오.
- 시중은행과 새마을금고의 차이점은 무엇인지 설명해 보시오.
- 본인의 인간관계에 대해 말해 보시오.
- 주말엔 주로 무엇을 하는지 말해 보시오.
- 1분 동안 자기소개를 해 보시오.
- 자신이 면접관이라고 생각하고, 하고 싶은 질문을 한 명씩 해 보시오. 그리고 본인이 한 질문에 답해 보시오.
- 어떤 장르의 책을 읽는가?
- 취미와 특기는 무엇인가?
- 10년 후 자신의 모습을 설명해 보시오.
- 새마을금고에 예견된 사건이 터졌을 경우의 대처방법은 무엇인가?
- 상사와 의견이 충돌했을 때 어떻게 처리할 것인가?
- 본인이 욕심이 많은 편이라고 생각하는가?
- 타 은행 인턴 기간 중에 무엇을 배웠는가?
- 왜 이전 직장을 그만뒀는가?
- 최근에 감명 깊게 본 슬픈 영화가 있는가?
- 본인만의 스트레스 관리법이 있는가?
- 최근 흥미있는 금융 이슈는 무엇인가?
- (경찰행정학과 지원자에게) 내년에 경찰 채용을 많이 한다고 들었는데, 경찰을 준비할 계획은 없는가?
- 나만의 스트레스 해소법은 무엇인가?
- 꿈이 무엇인가?
- 입행하면 무엇부터 먼저 할 것인가?
- 새마을금고에 입행하기 위해 준비한 것은 무엇인가?
- 자신이 돈을 벌어야 하는 이유 3가지를 말해 보시오.
- 로또 30억이 당첨되면 무엇을 할 것인가?
- 인생의 최종 목표가 무엇인가?
- 연봉은 얼마를 받고 싶은가?

- 자신은 어떤 사람인지 3분 동안 말해 보시오.
- 자신만의 스트레스 해소법이 있으면 말해 보시오.
- 주량은 어떻게 되는가?
- 새마을금고의 이미지는 어떠한가?
- 새마을금고의 광고는 봤는가?
- 역경을 이겨냈던 경험은 있는가?
- A지원자는 초봉이 3,000만 원이고, B지원자의 초봉은 1,500만 원이다. 이것에 대해 어떻게 생각하는가?
- 자신이 새마을금고의 이사장이 되면 어떤 새마을금고를 만들고 싶은가?
- 마지막으로 하고 싶은 말을 해 보시오.
- 은행원은 사양직업 중 하나인데 새마을금고에 지원한 이유가 무엇인가?
- 본인이 리더인데 팀원 한 명이 조직에서 적응을 못하면 어떻게 할 것인가?
- 주소가 타 지역인데 어떻게 출퇴근할 예정인가?
- 기업은행 인턴을 하면서 힘들었던 점은 무엇인가?
- 일하다가 시재가 맞지 않다면 어떻게 할 것인가?
- 금융권 취업을 위해 준비한 것은?
- 새마을금고에서 세대갈등이 나오면 어떻게 해결할지 말해 보시오.

5. 강원지역

(1) 시사 질문

- 크라우드 펀딩에 관해 설명해 보시오.
- 자기자본비율에 관해 설명해 보시오.
- 방카슈랑스에 관해 설명한 후, 어슈어뱅킹과의 차이점에 관해 설명해 보시오.
- 유동성 함정은 무엇인가?
- 트리플 먼데이란 무엇인가?
- 선물은 무엇인가?
- 제1금융권과 제2금융권의 차이에 대해 아는 대로 말해 보시오.
- 새마을금고의 공제에 대해서 알고 있는가? 공제와 보험의 차이점은 무엇인가?
- 새마을금고의 이미지는 무엇인가?

(2) 인성 질문

- 직장생활을 하면서 가장 중요하다고 생각되는 가치는 무엇인가?
- 롤모델은 누구인가?
- 가장 소중하다고 생각하는 물건이나 사람이 있는가?
- 아르바이트 경험이 있다면 무엇을 느꼈는가?
- 새마을금고를 어떠한 경유로 알게 됐는가?
- 고객이 무리한 요구를 했을 때 어떻게 대처할 것인가?
- 입사하면 막내가 될 텐데 신입사원으로서 어떠한 태도가 중요하다고 생각하는가?
- 상품을 팔아야 할 때도 있는데, 상품을 잘 팔기 위해 본인은 어떤 장점이 있는가?
- 본인이 생각하는 새마을금고의 단점은 무엇이라 생각하는가?
- 본인을 채용해야 하는 이유를 강점을 바탕으로 말해 보시오.
- 펀드와 적금 중 어떤 상품을 이용할 것인가?
- 펀드와 주식 중 어떤 상품을 이용할 것인가?
- 혼자 일하는 것이 편한가? 같이 일하는 것이 편한가?
- 개인기가 있는가?
- 월급을 어떤 식으로 사용할 것인가?
- 일이 적성에 맞지 않는다면 어떻게 할 것인가?
- 자기소개를 간단히 말해 보시오.
- 새마을금고에 대해 아는 대로 말해 보시오.
- 서민금융기업의 입장에서 서민들에게 어떻게 했으면 좋겠는가?
- 새마을금고와 거래한 적이 있는가?
- 5년 후 새마을금고는 어떻게 될 것이며, 본인은 무엇을 하고 있겠는가?
- 요즘 지원자들은 새마을금고에 지원할 때 큰 열정을 가지고 들어오지만, 막상 합격하면 이직을 하거나 관두는 경우가 많다. 어떻게 생각하는가?
- 나이 어린 상사와 어떻게 잘 지내겠는가?
- 마지막으로 하고 싶은 말을 해 보시오.

6. 울산 · 경남지역

(1) 시사 질문

- 핀테크에 대해 설명해 보시오.
- 제1금융과 새마을금고의 차이를 말해 보시오.
- 새마을금고의 주요 사업내용을 설명해 보시오.
- TV나 인터넷을 통해 새마을금고에 대해 알아본 뉴스나 정보가 있다면 말해 보시오.
- 공제판매 목표를 달성하지 못했다면 어떻게 할 것인가?
- 새마을금고 지점의 개수는 몇 개인가?
- 새마을금고에 거래는 하는가?
- 주식 투자하는 사람 또는 해보고 싶은 사람 있으면 손들어 보시오.
- 새마을금고에는 여러 가지 상품들이 있는데 판매할 수 있겠는가?
- 새마을금고가 판매하는 카드에 대해 아는 것이 있는가?

(2) 인성 질문

- 새마을금고에 대해 아는 것을 설명해 보시오.
- 첫 월급을 타면 어떻게 쓸 것인가?
- 새마을금고를 이용해 본 적이 있는가?
- 상사가 부당한 지시를 하면 어떻게 할 것인가?
- 1분 동안 자기소개를 말해 보시오.
- 새마을금고인이 갖추어야 하는 덕목 2가지를 말해 보시오.
- 다른 사람이 나를 보는 이미지가 어떠하다고 생각하는지 말해 보시오.
- 주소지와 다른 타 지역에 합격하면 출퇴근을 어떻게 할 것인지 말해 보시오.
- 주량은 어떻게 되는지 말해 보시오.
- 특기와 취미에 대해 말해 보시오.
- 성공이란 무엇이라 생각하는가?
- 최근에 감명 깊게 읽은 책은 무엇인가?
- 혹시 다른 지역으로 발령받으면 어떻게 할 것인가?
- 상사가 커피 심부름을 시키는 것에 대해 어떻게 생각하는가?
- 새마을금고에서 이루고 싶은 것은 무엇인가?
- 금융자격증은 있는가?
- 희망하는 연봉을 말해 보시오.
- 아르바이트 경험은 있는가?
- 아르바이트를 해서 모은 돈은 어떻게 사용했는지 말해 보시오.
- 평소에 일기를 쓰는가?
- 사회에서 수상 경험이 있는가?
- 왜 다른 금융사 말고 새마을금고를 선택했는가?
- 목표를 이루기 위해 노력한 경험이 있는가? 그 경험을 통해 무엇을 성취했는가?
- 다른 데 지원한 곳은 있는가?
- 전공과는 다른데 이곳에서 잘할 수 있겠는가?
- 마지막으로 하고 싶은 말을 해 보시오.

7. 대구 · 경북지역

(1) 시사 질문

- 미국이 계속해서 금리를 올리는 이유에 대해 말해 보시오.
- 현재 저금리 상황에서의 재테크 방법을 제안해 보시오.
- 제1금융권과 제2금융권의 대출 차이점에 대해 설명해 보시오.
- 윤창중 사건과 관련하여 성폭력에 대한 본인의 생각은?
- 기준금리가 무엇인가? 금리 상승 시 일어나는 현상에 대해 말해 보시오.
- 낙수효과가 무엇인지 말해 보시오.
- 기저효과가 무엇인지 말해 보시오.
- 전국의 새마을금고 지점의 수는 몇 개인가?
- 새마을금고 거래를 사용하고 있는가?
- 새마을금고 자산이 얼마인지 아는가?
- 새마을금고 중에 가장 자산규모가 큰 지점은?
- 공제에 대해 아는 점을 이야기해 보시오.
- 행원이 가져야 할 중요한 가치는 무엇이라 생각하는가?
- (재무설계 자격증이 있는 사람에게) 60대를 위한 재무설계는 어떻게 하겠는가?
- 새마을금고에 대해 아는 것을 말해 보시오.
- 금융인이 가져야 할 자질은 무엇이라고 생각하는가?
- 공제판매를 어떻게 할 것인가?

(2) 인성 질문

- 자기소개를 해 보시오.
- 새마을금고에 대한 부정적인 뉴스를 본 적이 있다면 말해 보시오.
- 대구 새마을금고 PF 관련 원인과 해결방안에 대해 말해 보시오.
- 상사가 부당한 업무지시를 내린다면 어떻게 할 것인지 말해 보시오.
- 살면서 가장 중요하게 생각하는 것이 무엇인가?
- 다른 지역에 발령이 나도 근무를 하겠는가?
- 본인이 취득한 자격증을 업무에 어떻게 사용할 것인지 말해 보시오.
- 직장에서 중요한 가치에 대해 말해 보시오.
- 휴학기간에 무엇을 했는가?
- 자신의 장단점을 말해 보시오.
- 새마을금고에 지원하게 된 동기를 말해 보시오.
- 입행하게 된다면 고객을 어떻게 대할 것인가?
- 기존의 새마을금고에 대한 이미지와 필기시험 후 새마을금고의 이미지는 어떠한가?
- 경영학과에 들어간 이유는?
- 5년 후의 본인의 모습을 설명해 보시오.
- 마지막으로 하고 싶은 말을 해 보시오.

8. 충남지역

(1) 시사 질문

- 대차대조표와 손익계산서에 관해 설명해 보시오.
- 공제란 무엇이며, 몇 개가 있는가?
- 새마을금고에 대해서 아는 대로 말해 보시오.
- 금리가 곧 인상될 텐데 금리 인상으로 인해 어떤 영향이 있을지 설명해 보시오.
- 새마을금고의 수익구조는 어떻게 되는지 설명해 보시오.

(2) 인성 질문

- 자기소개를 해 보시오.
- 입사 후 포부를 말해 보시오.
- 본인의 성격은 외향적인가 아니면 내향적인가?
- 성격이 외향적(내향적)이라면 자신의 성격의 장단점에 대해 말해 보시오.
- 다른 지역 거주자인데 왜 이곳 지점을 지원하였는가?
- 전공이 상경계열이 아닌데 왜 지원하였는가?
- 타 전공인데 자신의 전공을 어떻게 살려서 회사에 기여하겠는가?
- 취미나 특기는 무엇인가?
- 조직생활에서 발생하는 문제를 어떻게 해결할 것인가?
- 경영학과인데 경영학이란 무엇인가?
- 새마을금고 외의 타 은행은 어디에 지원하였는가?
- 학교생활에서 가장 중요한 것은 무엇인가?
- 받고 싶은 연봉은 얼마인가?
- 새마을금고와 거래를 하고 있는가?
- 커피 심부름과 청소를 시키면 할 것인가?
- 리더십이 강한 편인가?
- 팀워크를 발휘한 경험을 설명해 보시오.
- 결혼했고 아이가 있는데 아이가 아프다면 어떻게 출근할 것인가?
- 새마을금고에 지원한 동기에 대해 말해 보시오.
- 새마을금고와 은행과의 차이점에 대해 말해 보시오.
- 자신의 장단점에 대해 말해 보시오.
- 직장상사가 부당한 지시를 한다면 어떻게 하겠는가?
- 가족은 무슨 일을 하는가?
- 마지막으로 하고 싶은 말을 해 보시오.

9. 충북지역

(1) 시사 질문

- LTV와 DTI에 대해 말해 보시오.
- BIS 자기자본비율이 무엇인지 설명해 보시오.
- 금융소득종합과세에 대해 설명해 보시오.
- 저축은행 사태에 대해 설명하고 금융인이라면 어떻게 대처할 것인지 말해 보시오.
- 경기의 흐름을 예측해 보시오.
- 현 경제상황에 대해 설명해 보시오.
- 공제상품에 대해 알고 있는 것을 말해 보시오.
- 이자율이 높지 않은데 새마을금고가 어떻게 해야 할 것인가?
- 새마을금고의 날을 아는가?
- 새마을금고의 금고 수는 몇 개인가?
- 새마을금고와 시중은행의 차이점에 대해 설명해 보시오.

(2) 인성 질문

- 자기소개를 해 보시오.
- 친구가 몇 명 있는가? 친구 사이에서 별명은 무엇인가?
- 상사가 부당한 일을 시키면 어떻게 할 것인가?
- 스트레스를 어떻게 푸는가?
- 무인도에 떨어지면 어떤 도구 3가지를 들고 갈 것인가?
- 상사와 트러블이 생겼을 때 어떻게 대처하겠는가?
- 고객이 행패를 부릴 때 어떻게 대처하겠는가?
- 자신만의 강점에 대해 말해 보시오.
- 10년 후 본인의 미래는 어떠할 것 같은가?
- 신입 직원으로서 갖춰야 할 덕목이나 자세에 대해 말해 보시오.
- 살아오면서 가장 최선을 다해 몰입한 경험과 그로 인하여 배운 점에 대해 말해 보시오.
- 상사가 퇴근하지 않고 있다면 어떻게 할 것인가?
- 입사 후 새마을금고에게 바라는 점은 무엇인가?
- 주량은 어떻게 되는가?
- 지금까지 살면서 제일 어려웠던 경우가 언제인가?
- 자신의 멘토와 생활신조에 대해 말해 보시오.
- 지금까지 자기개발을 위해 무엇을 하였는가?
- 마지막으로 하고 싶은 말을 해 보시오.

10. 전북지역

(1) 시사 질문

- 손익계산서가 무엇인지 아는가?
- 제1금융권과 제2금융권의 차이를 말해 보시오.
- 공제(보험)에 대해 어떻게 생각하는가?
- 기준 금리는 어떻게 정해지는가?
- 새마을금고의 자본금은 얼마인가?
- 새마을금고의 금고 수를 말해 보시오.
- 지원한 지역의 총 인구를 알고 있는가? 또한 어느 동네의 인구가 가장 많은지 알고 있는가?
- 지원한 지역의 현안은 무엇이고, 해결 방법은 무엇이라고 생각하는가?
- 면접을 위해 새마을금고에 대해 많이 공부했을 텐데, 공제가 무엇인지 설명해 보시오.
- 새마을금고의 문제점은 무엇이고, 그 부분에 대해 본인이 어떻게 공헌할 수 있는지 말해 보시오.

(2) 인성 질문

- 30초 동안 자기소개를 간단히 해 보시오.
- 후배가 먼저 승진한다면 어떠할 것 같은가?
- 먼 곳으로 발령이 난다면 어떻게 할 것인가?
- 연봉은 얼마를 받고 싶은가?
- 여자(남자)친구와 중요한 일이 있는데 오늘 회사에서 야근을 시킨다면 어떻게 하겠는가?
- 옛날에는 첫 월급을 받으면 부모님 내복을 사드렸는데, 본인은 첫 월급으로 무엇을 할 것인가?
- 좋아하는 스포츠가 무엇인가?
- 전공이 무엇인가?
- 등산을 좋아한다고 했는데, ㅇㅇ산이 해발 몇 미터인 줄 아는가?
- 감명 깊게 읽은 책이나 영화가 있는가?

11. 광주 · 전남지역

(1) 시사 질문

- LTV와 DTI에 대해 설명해 보시오.
- 근대민법의 3대 원칙을 설명해 보시오.
- 행위능력에 대해 설명해 보시오.
- 행위무능력자에는 어떤 경우가 있는가?
- 방카슈랑스에 대해 설명해 보시오.
- 제2금융권이 무슨 뜻인가?
- 예금자보호법에 대해 설명해 보시오.
- 대차대조표와 손익계산서의 정의를 말해 보시오.
- BSI 자기자본비율이 무엇인지 설명해 보시오.
- 테이퍼링에 대해 들어본 적 있는가?
- 새마을금고에 대해 아는 것을 모두 말해 보시오.
- 새마을금고가 타 은행과 다른 점은 무엇인가?
- 새마을금고는 공제를 팔아야 하는데 어떻게 팔 것인가?
- 직장 내에서 성희롱을 받았다고 느낄 경우 어떻게 하겠는가?
- 직장인으로서 최대 덕목은 무엇이라고 생각하는가?

(2) 인성 질문

- 30초 동안 자기소개를 간단히 해 보시오.
- 상사 중에 여자 상사가 많은데 트러블이 생기면 어떻게 대처할 것인가?
- 개인 성과달성을 해야 하는데 성과달성을 하지 못한다면 어떻게 할 것인가?
- 어린 사람들이 상사로 있을 텐데 잘할 자신이 있는가?
- 경력이 있어서 그쪽으로 나가면 될 텐데, 왜 새마을금고에 들어오려고 하는가?
- 본인의 친구는 많은가? 친구가 많이 없는데 직장 안에서 대인관계를 잘할 수 있겠는가?
- 야근 또는 휴일에 나와서 일할 수도 있다. 어떻게 생각하는가?
- 민원인이 찾아와 행패를 부린다면 어떻게 하겠는가?
- 자신의 장단점을 말해 보시오.
- 만약에 합격한다면 출퇴근 교통수단은 무엇인가?
- 진상고객이 온다면 어떻게 할 것인가?
- 마지막으로 하고 싶은 말을 해 보시오.
- 싫어하는 업무를 주면 어떻게 하겠는가?
- 업무 교육을 한 번 밖에 안 해주는데 업무에 지장이 있으면 어떻게 하겠는가?

12. 제주지역

(1) 시사 질문

- 직장인으로서 갖추어야 할 항목은 무엇이라고 생각하는가?
- 예금자보호법에 대해 알고 있는가?
- 방카슈랑스에 대해 설명해 보시오.
- 아베노믹스에 대해 설명해 보시오.

(2) 인성 질문

- 자기소개를 간단히 해 보시오.
- 지원동기에 대해 말해 보시오.
- 자신의 장단점에 대해 말해 보시오.
- 경력사항에 대해 말해 보시오.
- 나이 어린 상사가 있다면 어떻게 생각하겠는가?
- 희망연봉이 얼마 정도 되는가?
- 운동을 하는가?
- 운동을 하면 좋은 점에 대해 간략하게 말해 보시오.
- 면접관에게 자신을 어필해 보시오.
- 자기소개서를 읽고 괜찮은 사람이다 생각했는데 면접을 보니 별로인 것 같다. 어떻게 생각하는가?
- 청소나 차 심부름을 시킬 수도 있는데 할 수 있겠는가?
- 생각보다 토익 점수가 낮은데 그동안 뭐 했는가?
- 현재 가지고 있는 자격증에 대해 소개해 보시오.
- 마지막으로 하고 싶은 말을 해 보시오.

MG새마을금고중앙회

새마을금고의 건실한 발전을 위하여 새마을금고의 경영을 지원하고 감독하며 투명한 운영을 도모하고자 설립된 MG새마을금고중앙회는 '공공의 가치가 되는 따뜻한 금융'을 추구한다.

고객가치를 최우선으로 생각하는 행동하는 인재, 고객의 동반성장을 지원하고 상생을 실천하는 인재, 정직함과 성실함을 갖추고 윤리의식을 지닌 인재, 사명감과 책임의식을 가지고 솔선수범하는 인재, 적극적이고 진취적인 자세로 변화를 선도하는 인재, 창의와 열정을 바탕으로 전문역량을 갖춘 인재, 존중과 배려를 통해 화합하는 인재, 그리고 열린 마음과 생각으로 소통하는 인재가 MG새마을금고중앙회의 인재상이다.

MG새마을금고중앙회는 1차로 실무면접을 진행하며, 이는 조별 토론발표와 PT면접, 인성면접으로 구성되어 있다. 1차 합격자들을 대상으로 2차 임원면접을 실시한다.

1. 1차 면접 - 실무면접

[기출 질문]

- '엔데믹' 이후 재택 업무에 대해 찬성과 반대로 나눠 토론해 보시오.
- 1분 동안 자기소개를 해 보시오.
- 새마을금고중앙회와 시중은행의 차이점을 논해 보시오.
- 왜 새마을금고중앙회에 취업하려 하는지 말해 보시오.
- 학과 생활을 많이 한 이유를 설명해 보시오.
- 수평적인 조직문화와 수직적인 조직문화 중 어느 곳에서 일하고 싶은지 말해 보시오.
- 한국 금융의 역사를 설명해 보시오.
- 새마을금고가 카카오뱅크, 인터넷은행에 맞서 어떻게 나아가야 하는지 제시해 보시오.
- 오픈뱅킹이 무엇인지 설명하고 그로 인해 새마을금고에게 어떤 장단점이 있는지 말해 보시오.
- 금융소비자법에 대해 아는 대로 말해 보시오.
- 새마을금고가 MZ세대를 대상으로 어떻게 마케팅을 하면 좋을지 말해 보시오.
- 새마을금고가 노년층을 대상으로 어떻게 마케팅을 하면 좋을지 말해 보시오.
- 한국의 부동산 정책에 대해 비판해 보시오.
- 지역금융활성화 방안과 마케팅 방향을 제시해 보시오.
- 자신을 동물이나 꽃에 비유한다면 무엇인지 말하고 설명해 보시오.
- RBC가 무엇인지 설명해 보시오.
- 국제 환율 변화가 한국의 경제에 끼치는 영향을 논해 보시오.
- 금리가 변동하면 어떻게 해야 하는지 말해 보시오.
- 젠트리피케이션에 대해 아는 대로 설명해 보시오.
- 새마을금고 지점을 방문해 본 경험이 있다면 감상을 말해 보시오.
- 배당금과 출자금의 차이를 설명해 보시오.
- 새마을금고의 체크카드는 무엇이 있는지 소개해 보시오.
- 최근 경제와 관련하여 가장 기억에 남는 기사를 소개해 보시오.
- 이용해 본 은행들 인터넷뱅킹의 특징은 무엇인지 말해 보시오.
- 비전공자인데 왜 은행에 관심을 갖게 되었지 소개해 보시오.
- 자신의 단점을 소개하고, 일하면서 어떻게 극복할 것인지 설득해 보시오.
- 고객과 조직 중 어느 이익이 중요한지 답해 보시오.

- 은행원이 되기 위해 어떤 노력을 했는지 답해 보시오.
- 금융스터디에서 다룬 주제 중 가장 인상적인 것을 소개해 보시오.
- 자신만의 스트레스 환기 방법을 소개해 보시오.
- 동물실험에 대한 의견을 제시해 보시오.
- '현금 없는 사회'에 대한 생각을 말해 보시오.
- 세대 갈등에 대한 의견과 해결 방안을 제시해 보시오.
- 같이 일하고 싶은 이상적인 상사의 모습과 일하기 싫은 상사의 모습을 설명해 보시오.
- 자신을 한 단어로 표현해 보시오.
- 최근에 읽은 책을 소개해 보시오.
- 자신을 나타낼 키워드를 제시하고 키워드에 맞는 자기소개를 해 보시오.
- 새마을금고의 장단점을 말해 보시오.
- 디지털 금융에 있어서 무엇이 가장 중요한지 말해 보시오.
- 점포의 수를 늘려야 하는지 줄여야 하는지 말해 보시오.
- 지원한 직무에서 하고 싶은 일을 말해 보시오.
- 자신이 생각하는 새마을금고중앙회의 역할과 메리트에 대해 설명해 보시오.
- 새마을금고중앙회를 알게 된 계기를 말해 보시오.
- 인턴 생활을 했던 경험이 새마을금고중앙회에서 어떻게 작용할 수 있을지 피력해 보시오.
- 새마을금고 로열티 사용 방법에 대해 아는 대로 설명해 보시오.
- 자기소개서에 적힌 역량 외에 다른 역량이 있다면 피력해 보시오.
- PB에 대해 어떻게 생각하는지 말해 보시오.
- 현재 IT 발달로 지점방문고객이 줄고 있는데, 은행원을 줄여야 한다는 의견에 반박해 보시오.
- 숏폼 영상을 활용한 새마을금고 마케팅 방안을 제시해 보시오.

2. 2차 면접 - 임원면접

[기출 질문]
- 새마을금고의 광고모델이 누구인지 안다면 말해 보시오.
- 테이퍼링이 무엇인지 설명해 보시오.
- 주식 공매도의 문제점을 말해 보시오.
- 기준금리 FOMC가 무엇인지 설명해 보시오.
- 금융활동을 하고 있는 게 있다면 소개해 보시오.
- 새마을금고 부실채권 이슈에 대해 솔직한 생각을 말하고, 중앙회의 해결방안을 제시해 보시오.
- 최근 관심을 갖고 있는 시사 문제가 있다면 말해 보시오.
- 실리콘밸리 은행의 파산 원인이 무엇이라고 생각하는지와 해결방안에 대해 말해 보시오.
- 유동성비율 산출식을 안다면 설명해 보시오.
- 흑자도산에 대해 아는 대로 설명해 보시오.
- 새마을금고중앙회의 경영공시에 대한 의견을 말해 보시오.

2025 최신판

| 모바일 OMR 답안채점 / 성적분석 서비스 · NCS 핵심이론 및 대표유형 무료 PDF · 온라인 모의고사 무료쿠폰

KDB 산업은행 5급

편저 | SDC(Sidae Data Center)

SDC는 시대에듀 데이터 센터의 약자로 약 30만 개의 NCS · 적성 문제 데이터를 바탕으로 최신 출제경향을 반영하여 문제를 출제합니다.

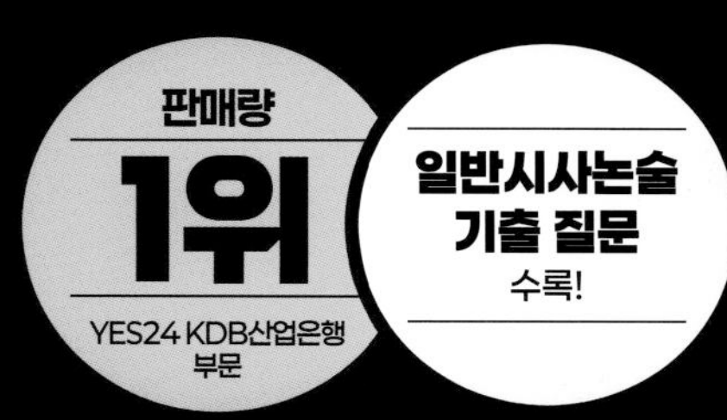

판매량
1위
YES24 KDB산업은행 부문
일반시사논술
기출 질문
수록!

NCS 직업기초능력평가 최신 출제경향 완벽 반영!

최종모의고사 7회분

+ 논술 + 면접 + 무료NCS특강

정답 및 해설

시대에듀

KDB산업은행

NCS 직업기초능력평가
정답 및 해설

시대
에듀

끝까지 책임진다! 시대에듀!

QR코드를 통해 도서 출간 이후 발견된 오류나 개정법령, 변경된 시험 정보, 최신기출문제, 도서 업데이트 자료 등이 있는지 확인해 보세요! **시대에듀 합격 스마트 앱**을 통해서도 알려 드리고 있으니 구글 플레이나 앱 스토어에서 다운받아 사용하세요. 또한, 파본 도서인 경우에는 구입하신 곳에서 교환해 드립니다.

KDB산업은행 필기시험

제1회 모의고사 정답 및 해설

제 1 영역 의사소통능력

01	02	03	04	05	06	07	08	09	10
①	④	③	②	④	③	③	③	④	①
11	12	13	14	15					
④	①	④	④	②					

01
정답 ①

'어렵사리 겨우'를 뜻하는 말은 '근근이'로 쓴다.

02
정답 ④

프리드먼의 '우주는 극도의 고밀도 상태에서 시작돼 점차 팽창하면서 밀도가 낮아졌다.'라는 이론과 르메트르의 '우주가 원시 원자들의 폭발로 시작됐다.'라는 이론은 상호 간에 성립하는 이론이다. 따라서 프리드먼의 이론과 르메트르의 이론은 양립할 수 없는 관계라는 것은 제시문의 내용으로 적절하지 않다.

03
정답 ③

제시문은 절차의 정당성을 근거로 한 과도한 권력, 즉 무제한적 민주주의에 대해 비판적인 논조를 취하고 있는 글이다. 따라서 빈칸에는 무제한적 민주주의의 문제점을 보완할 수 있는 해결책이 제시되어야 하므로 ③이 가장 적절하다.

오답분석

① 다수의 의견을 그대로 수용하는 것은 필자의 견해가 아니다.
② 사회적 불안의 해소는 제시문에서 언급되지 않았다.
④ 무제한적 민주주의를 제한적으로 수용하자는 견해는 아니다.

04
정답 ②

마지막 문단의 '더 큰 문제는 이런 인식이 농민운동을 근대 이행을 방해하는 역사의 반역으로 왜곡할 소지가 있다는 것이다.'라는 문장을 통해 추론 가능하다.

05
정답 ④

- 첫 번째 빈칸 : 빈칸 뒤 문장에서 과도한 지방 섭취는 좋지 않다는 내용을 통해 지방에 대한 안 좋은 이야기가 나와야 함을 알 수 있다. 따라서 빈칸에는 ㉡이 적절하다.
- 두 번째 빈칸 : 빈칸 뒤 문장에는 '이러한 축적 능력'이라는 어구가 있으므로 빈칸에는 축적 능력에 대한 내용이 와야 한다. 따라서 빈칸에는 ㉢이 적절하다.
- 세 번째 빈칸 : 빈칸 앞 문장에서 살아남은 자들의 후손인 현대인들이 달거나 기름진 음식을 본능적으로 좋아하게 된 것은 진화의 당연한 결과이고, 뒤 문장에서 지방이 풍부한 음식을 찾는 경향은 지나치게 지방을 축적하게 했고, 결국 부작용으로 이어진다고 했다. 따라서 빈칸에는 진화가 부작용으로 이어졌다는 내용이 들어가야 하므로 ㉠이 적절하다.

06
정답 ③

제시문은 테레민이라는 악기를 두 손을 이용해 어떻게 연주하는가에 대한 내용이다. 두 번째 문단에서 '오른손으로는 수직 안테나와의 거리에 따라 음고를 조절하고, 왼손으로는 수평 안테나와의 거리에 따라 음량을 조절한다.'라고 하였으며, 마지막 문단에서는 이에 따라 오른손으로 음고를 조절하는 방법에 대해 설명하고 있다. 따라서 뒤에 이어질 내용으로 왼손으로 음량을 조절하는 방법이 나오는 것이 가장 적절하다.

07
정답 ③

제시문은 스티븐 와이즈의 동물의 권리를 인정해야 한다는 주장에 대해 반박하는 글이다. 글쓴이는 인간이 권리를 갖는 이유는 법적 권리와 의무의 주체가 될 수 있는 인격체이기 때문인 것으로 보고 동물의 권리는 법적으로 인격체임을 인정받는 것이므로 그것은 자연과학이 아닌 법철학에서 다루어야 할 개념이라고 설명하고 있다. 또한 인격체는 공동체의 일원이 될 수 있는 개체를 의미하며, 공동체의 일원이 되기 위해서는 협상, 타협, 동의의 능력이 필요하므로 동물은 인격체가 아니며 법적 권리를 가질 수 없다고 주장하고 있다. 따라서 동물에게 해를 입어도 그 동물에게 법적 책임을 묻지 않는 것은 '동물은 인격체가 아니다.'라는 글쓴이의 주장과 일맥상통한다.

08

정답 ③

보험료율이 사고 발생 확률보다 높으면 구성원 전체의 보험료 총액이 보험금 총액보다 더 많고 그 반대의 경우, 즉 사고 발생 확률이 보험료율보다 높은 경우에는 구성원 전체의 보험료 총액이 보험금 총액보다 더 적다.

09

정답 ④

- 보전(補塡) : 부족한 부분을 보태어 채움
- 보존(保存) : 잘 보호하고 간수하여 남김

오답분석

① 대처(對處) : 어떤 정세나 사건에 대하여 알맞은 조치를 취함
② 인접(隣接) : 이웃하여 있음. 또는 옆에 닿아 있음
③ 상당(相當) : 일정한 액수나 수치 따위에 해당함

10

정답 ①

제시문은 현대 회화의 새로운 경향을 설명하고 있으며, 대상의 사실적 재현에서 벗어나고자 하는 경향이 형태와 색채의 해방을 가져온다는 점에 주목하여 서술하고 있다. 그리고 마지막 문단에서 의미 정보와 미적 정보의 개념을 끌어들여, 현대 회화는 형식 요소 자체가 지닌 아름다움을 중시하는 미적 정보 전달을 위주로 한다는 것을 밝히고 있다. 따라서 제목과 부제로 ①이 가장 적절하다.

11

정답 ④

(라) 문단에서는 대상의 재현에 그치지 않는 현대 미술의 특징을 전개하면서 현대 예술의 오브제화의 시작을 말하고 있다. 따라서 (라) 문단의 글쓰기 전략으로 개념에 대한 재조명과 새로운 범위를 확정하는 방법이 가장 적절하다.

오답분석

① (가) 문단에서는 우리가 그림을 감상할 때 일어날 수 있는 경험과 관련지어 화제를 제시하고 있다.
② (나) 문단에서는 실제의 작품을 예로 들고 인용의 방법을 사용하여 내용을 전개하고 있다.
③ (다) 문단에서는 칸딘스키의 견해가 시사하는 바가 무엇인지에 초점을 두어 서술하고 있다.

12

정답 ①

밑줄 친 ㉠ 다음 문장에는 '예술 자체가 하나의 사물이 되어, 작품과 일상적 사물의 구별은 이제 사라지게 된 것이다.'라는 내용이 이어진다. 이로 미루어 보아 오브제 예술은 일상적 사물을 작품 속에 그대로 사용한 것임을 추론할 수 있다. 따라서 '침대'라는 일상적 사물을 그대로 작품 속에 사용하고 있는 ①이 사례로 가장 적절하다.

13

정답 ④

제시문에서 동물의 의사 표현 방법으로 제시한 것은 모습이나 색깔, 행동, 소리, 냄새를 이용하는 방법이다. 서식지와 관련된 내용은 언급되지 않았다.

14

정답 ④

제시문은 구체적 사례를 통해 동물의 네 가지 의사 표현 수단을 제시하고 있는 글이다. 하지만 이러한 의사 표현 방법의 장단점을 대조하며 서술하고 있지는 않다.

15

정답 ②

첫 번째 문단에 따르면 동물의 의사 표현을 알아보는 방법은 동일한 상황에서 일관되게 반복되는 행동을 하는지를 관찰하는 것이며, 이에 해당하는 경우 일단 의사 표현으로 간주한다. 이후 상황을 다양하게 변화시켜 반복 관찰하고 그 결과를 분석하여 의미를 알아낼 수 있다.

따라서 일회적인 행위를 통해 그것이 어떤 의미를 표현한 것인지는 아직 알 수 없으며, 반복적으로 나타나는 행동인지를 확인한 뒤에야 의사 표현인지 아닌지를 알 수 있으므로 보기의 질문에 대한 동물행동학 학자의 답변으로 가장 적절한 것은 ②이다.

제 2 영역 수리능력

01	02	03	04	05	06	07	08	09	10
①	④	③	②	②	④	④	②	①	③
11	12	13	14	15					
④	①	②	③	③					

01

정답 ①

단리예금에서 이자는 예치금에 대해서만 발생하므로 이자 공식은 다음과 같다.

(단리예금 이자)$=a\times r\times n$ (a는 예치금, r은 월 이자율, n은 기간)

따라서 은경이가 받을 이자는 $50,000,000\times\frac{0.6}{100}\times15=4,500,000$원이다.

02

정답 ④

하루 최대 4명까지 휴가를 줄 수 있다고 했으므로, 4일 동안 사원들에게 휴가를 줄 수 있는 방법은 (4, 4, 1, 1), (4, 3, 2, 1), (4, 2, 2, 2) (3, 3, 2, 2), (3, 3, 3, 1)로 5가지이다. 날짜 순서가 바뀌는 경우에 따라 각각의 경우의 수를 구하면 ${}_4C_2=6$가지, $4!=24$가지, ${}_4C_1=4$가지, ${}_4C_2=6$가지, ${}_4C_1=4$가지이다.

따라서 구하고자 하는 경우의 수는 $6+24+4+6+4=44$가지이다.

03

정답 ③

500g의 소금물에 녹아있던 소금의 양을 xg이라고 하자.

농도가 3%인 소금물 200g에 녹아있던 소금의 양은 $\frac{3}{100}\times200=6$g이다.

농도를 기준으로 식을 세우면 다음과 같다.

$\frac{x+6}{500+200}\times100=7$

$\rightarrow (x+6)\times100=7\times(500+200)$

$\rightarrow (x+6)\times100=4,900$

$\rightarrow x+6=49$

$\therefore x=43$

따라서 500g의 소금물에 녹아있던 소금의 양은 43g이다.

04

정답 ②

정상가로 A ~ C과자를 2봉지씩 구매할 수 있는 금액은 $(1,500+1,200+2,000)\times2=4,700\times2=9,400$원이다.

이 금액으로 A ~ C과자를 할인된 가격으로 2봉지씩 구매하고 남은 금액을 계산하면 다음과 같다.

$9,400-\{(1,500+1,200)\times0.8+2,000\times0.6\}\times2=9,400-3,360\times2=9,400-6,720=2,680$원

따라서 $\frac{2,680}{1,500\times0.8}\fallingdotseq2.23$이므로, 남은 금액으로 A과자를 2봉지 더 구매할 수 있다.

05

정답 ②

산지에서 구매한 가격을 a라 하면

협동조합이 도매상에 판매한 가격은 $\left(1+\frac{20}{100}\right)\times a=1.2a$이다.

도매상의 판매가를 x라 하면 $\frac{80}{100}x=1.2a\rightarrow x=1.5a$이고, 소매상의 판매가는 $\left(1+\frac{20}{100}\right)\times1.5a=1.8a$이다.

따라서 상승한 배추가격은 $0.8a$이므로, 협동조합의 최초 구매가격의 80%이다.

06

정답 ④

서비스 품질 5가지 항목의 점수와 서비스 쇼핑 체험 점수를 비교하면, 모든 대형마트에서 서비스 쇼핑 체험 점수가 가장 낮다는 것을 확인할 수 있다. 따라서 서비스 쇼핑 체험 부문의 만족도는 서비스 품질 부문보다 낮다고 볼 수 있으며, 서비스 쇼핑 체험 점수의 평균은 $(3.48+3.37+3.45+3.33)\div4\fallingdotseq3.41$점이다.

오답분석

① 제시된 자료에서 단위를 살펴보면 5점 만점으로 조사되었음을 알 수 있으며, 종합만족도의 평균은 $(3.72+3.53+3.64+3.56)\div4\fallingdotseq3.61$점이다. 그러나 업체별로는 A마트 → C마트 → D마트 → B마트 순으로 종합만족도가 낮아짐을 알 수 있다.

② 대형마트 인터넷 / 모바일쇼핑 소비자 만족도 자료에서 마트별 인터넷 / 모바일쇼핑 만족도의 차를 구하면 A마트 0.07점, B마트 · C마트 0.03점, D마트 0.05점으로 A마트가 가장 크다.

③ 평균적으로 고객접점직원 서비스보다는 고객관리 서비스가 더 낮게 평가되었다.

07

정답 ④

㉢ 전체 품목 중 화장품의 비율은 $\frac{62,733}{122,757}\times100 \fallingdotseq 51.1\%$이며, 국산품 합계 중 국산 화장품의 비율은 $\frac{35,286}{48,717}\times100 \fallingdotseq 72.4\%$로 국산 화장품 비율이 더 높다.

㉣ 전체 품목 중 가방류의 비율은 $\frac{17,356}{122,757}\times100 \fallingdotseq 14.1\%$이며, 외국산품 합계 중 외국산 가방류의 비율은 $\frac{13,224}{74,040}\times100 \fallingdotseq 17.9\%$로 외국산 가방류의 비율이 더 높다.

오답분석

㉠ 제시된 표에서 품목별 외국산품 비중이 높은 주요 제품은 의류, 향수, 시계, 주류, 신발류이다. 품목 전체별 비중을 계산하면 다음과 같다.

품목	외국산품 비율
의류	$\frac{2,608}{2,908}\times100 \fallingdotseq 89.7\%$
향수	$\frac{3,239}{3,375}\times100 \fallingdotseq 96.0\%$
시계	$\frac{9,258}{9,359}\times100 \fallingdotseq 98.9\%$
주류	$\frac{3,210}{3,296}\times100 \fallingdotseq 97.4\%$
신발류	$\frac{1,197}{1,222}\times100 \fallingdotseq 98.0\%$

따라서 외국산품의 비중이 가장 높은 것은 시계이다.

㉡ 인·홍삼류의 대기업 비중은 $\frac{2,148}{2,899}\times100 \fallingdotseq 74.1\%$로 가장 높다.

08

정답 ②

2021년 대비 2023년에 가장 눈에 띄는 증가율을 보인 면세점과 편의점, 무점포 소매점의 증가율을 계산하면 다음과 같다.

- 면세점 : $\frac{14,465-9,198}{9,198}\times100 \fallingdotseq 57\%$
- 편의점 : $\frac{22,237-16,455}{16,455}\times100 \fallingdotseq 35\%$
- 무점포 소매점 : $\frac{61,240-46,788}{46,788}\times100 \fallingdotseq 31\%$

따라서 2021년 대비 2023년 판매액 증가율이 두 번째로 높은 업태는 편의점이고, 그 증가율은 35%이다.

09

정답 ①

- 2014 ~ 2015년 사이 축산물 수입량은 약 10만 톤 감소했으나, 수입액은 약 2억 달러 증가하였다.
- 2019 ~ 2020년 사이 축산물 수입량은 약 10만 톤 감소했으나, 수입액은 변함이 없다.

따라서 축산물 수입량과 수입액의 변화 추세는 동일하지 않다.

10

정답 ③

- (중도상환 원금)=(대출원금)−[원금상환액(월)]×(대출경과월수)

$$=12,000,000-\left(\frac{12,000,000}{60}\times12\right)$$

$$=9,600,000\text{원}$$

- (중도상환 수수료)$=9,600,000\times0.038\times\frac{36-12}{36}=243,200$원

11

정답 ④

국내은행에서 외화를 다른 외화로 환전할 경우에는 우선 외화를 원화로 환전한 후 해당 원화를 다시 다른 외화로 환전하는 이중환전 방식으로 이루어진다. 따라서 환전수수료가 있다면 두 번에 걸쳐 수수료가 발생된다.

위안화를 엔화로 국내은행에서 환전한다면 3,500위안을 은행에 파는 것이므로 '팔 때'의 환율이 적용되어 $173.00\times3,500=605,500$원이 된다. 그리고 엔화는 원화를 대가로 은행에서 사는 것이므로 '살 때'의 환율이 적용되어 $605,500\div1,070.41 \fallingdotseq 565.6711$이 된다. 그러나 외화거래에서의 엔화 단위는 100엔이므로 1엔 기준으로 변경하면 $565.6711\times100=56,567.11$엔이 된다.

12

정답 ①

제시된 자료를 통해 알 수 있다.

오답분석

㉠ 30대 미만의 주택소유 비중은 2020년 $100-95.3$(∵ 30대 이상 비중 총합)$=4.7\%$이며, 2024년은 $100-95.7$(∵ 30대 이상 비중 총합)$=4.3\%$이다. 따라서 2024년의 감소율은 $\frac{4.3-4.7}{4.7}\times100 \fallingdotseq -8.5\%$이므로 10%를 넘지 않는다.

㉢ 2020년에는 40대가 50대보다 주택소유 비중이 높으며, 나머지 해는 모두 고연령대일수록 주택소유 비중이 높다.

13

정답 ②

2022년의 주택의 수는 125,000호이며 전년 대비 증가율이 1.1%이므로, 2021년의 주택의 수는 $125,000\div1.011 \fallingdotseq 123,640$호가 된다. 이와 같이 2020년 주택의 수를 구하면 $123,640\div1.008 \fallingdotseq 122,659$호가 됨을 알 수 있다.

14
정답 ③

- 7월 서울특별시의 소비심리지수 : 128.8
- 12월 서울특별시의 소비심리지수 : 102.8
- 7월 대비 12월 서울특별시의 소비심리지수 감소율

: $\frac{128.8-102.8}{128.8}\times100 \fallingdotseq 20.19\%$

따라서 서울특별시의 7월 대비 12월 소비심리지수 감소율은 20% 이상이다.

15
정답 ③

- 경상북도
  - 9월 소비심리지수 : 100.0
  - 10월 소비심리지수 : 96.4

  ∴ 소비심리지수 감소율 : $\frac{100-96.4}{100}\times100=3.6\%$
- 대전광역시
  - 9월 소비심리지수 : 120.0
  - 12월 소비심리지수 : 113.0

  ∴ 소비심리지수 감소율 : $\frac{120-113}{120}\times100 \fallingdotseq 5.8\%$

따라서 소비심리지수 감소율의 합은 3.6+5.8=9.4%p이다.

제3영역 문제해결능력

01	02	03	04	05	06	07	08	09	10
④	①	③	④	④	③	①	③	④	①
11	12	13	14	15					
④	②	④	③	④					

01
정답 ④

돼지꿈을 꾼 다음 날 복권을 사는 사람들은 모두가 미신을 따르는 사람들이고, 미신을 따르는 사람 중 과학자는 없다. 즉, 돼지꿈을 꾼 다음 날 복권을 사는 사람이라면 과학자가 아니다.

02
정답 ①

C의 진술이 참일 경우 D의 진술도 참이 되므로 1명만 진실을 말하고 있다는 조건이 성립하지 않는다. 그러므로 C의 진술은 거짓이 되고, D의 진술도 거짓이 되므로 C와 B는 모두 주임으로 승진하지 않았음을 알 수 있다. 따라서 B가 주임으로 승진하였다는 A의 진술도 거짓이 된다. 결국 A가 주임으로 승진하였다는 B의 진술이 참이 되므로 주임으로 승진한 사람은 A사원이 된다.

03
정답 ③

먼저 진구가 장학생으로 선정되지 않으면 광수가 장학생으로 선정된다는 전제에 따라 광수가 장학생으로 선정될 것이라고 하였으므로 진구가 장학생으로 선정되지 않는다는 내용의 전제가 추가되어야 함을 알 수 있다. 그러므로 보기 중 진구와 관련된 내용의 전제인 ㉡이 반드시 추가되어야 한다.

이때, 지은이가 선정되면 진구는 선정되지 않는다고 하였으므로 지은이가 선정된다는 전제 ㉢도 함께 필요하다.

따라서 ㉡과 ㉢이 전제로 추가되면, '지은이가 선정됨에 따라 진구는 선정되지 않으며, 진구가 선정되지 않으므로 광수가 선정된다.'가 성립한다.

04
정답 ④

주어진 조건에 따라 부서별 위치를 정리하면 다음과 같다.

구분	경우 1	경우 2
6층	연구・개발부	연구・개발부
5층	서비스 개선부	디자인부
4층	디자인부	서비스 개선부
3층	기획부	기획부
2층	인사교육부	인사교육부
1층	해외사업부	해외사업부

따라서 3층에 위치한 기획부의 문대리는 출근 시 반드시 계단을 이용해야 하므로 ④는 항상 옳다.

오답분석

① 경우 1에서 디자인부의 김대리는 출근 시 엘리베이터를 타고 4층에서 내린다.
② 경우 2에서 디자인부의 김대리는 서비스 개선부의 조대리보다 엘리베이터에서 나중에 내린다.
③ 커피숍과 같은 층에 위치한 부서는 해외사업부이다.

05

정답 ④

소득평가액은 실제소득에서 가구특성별 지출비용을 뺀 것이다.

06

정답 ③

각각의 조건에서 해당하지 않는 쇼핑몰을 체크하여 선택지에서 하나씩 제거하는 방법으로 푸는 것이 좋다.

- 철수 : C, D, F는 포인트 적립이 안 되므로 해당 사항이 없다(②, ④ 제외).
- 영희 : A에는 해당 사항이 없다.
- 민수 : A, B, C에는 해당 사항이 없다(① 제외).
- 철호 : 환불 및 송금수수료, 배송료가 포함되었으므로 A, D, E, F에는 해당 사항이 없다.

따라서 바르게 연결한 것은 ③이다.

07

정답 ①

오전 심층면접은 9시 10분에 시작하므로 12시까지 170분의 시간이 있다. 1명당 15분씩 면접을 볼 때, 가능한 면접 인원은 170÷15≒11명이다. 오후 심층면접은 1시부터 바로 진행할 수 있으므로 종료시간까지 240분의 시간이 있다. 1명당 15분씩 면접을 볼 때 가능한 인원은 240÷15=16명이다. 즉, 심층면접을 할 수 있는 최대 인원수는 11+16=27명이다.

27번째 면접자의 기본면접이 끝나기까지 걸리는 시간은 10×27+60(점심・휴식 시간)=330분이다. 따라서 마지막 심층면접자의 기본면접 종료 시각은 오전 9시+330분=오후 2시 30분이다.

08

정답 ③

각 조에서 팀별로 한 번씩 경기를 치러야 하므로 조별 경기 수는 ${}_6C_2=\frac{6\times5}{2\times1}=15$경기이다. 1경기를 치르면 각 팀은 승무패 중 하나의 결과를 얻는다. 그러므로 한 조의 승무패의 합은 15×2=30이 되고, 승과 패의 수는 같아야 한다. 이를 활용하여 승점을 계산하면 다음과 같다.

1조			2조		
팀	결과	승점	팀	결과	승점
A	1승 4무	(1×2)+(4×1)=6점	G	3승 2패	(3×2)+(2×0)=6점
B	4승 1무	(4×2)+(1×1)=9점	H	2승 2무 1패	(2×2)+(2×1)+(1×0)=6점
C	1무 4패	(1×1)+(4×0)=1점	I	2승 1무 2패	(2×2)+(1×1)+(2×0)=5점
D	2무 3패	(2×1)+(3×0)=2점	J	3승 1무 1패	(3×2)+(1×1)+(1×0)=7점
E	3승 1무 1패	(3×2)+(1×1)+(1×0)=7점	K	1무 4패	(1×1)+(4×0)=1점
F	2승 1무 2패	(2×2)+(1×1)+(2×0)=5점	L	1승 3무 1패	(1×2)+(3×1)+(1×0)=5점

따라서 결승에 진출하는 팀은 1조의 B팀과 2조의 J팀이다.

09

정답 ④

조건에서 크루즈 이용 시 A석 또는 S석을 이용한다고 하였으므로 M크루즈는 제외된다. 나머지 교통편의 비용을 비교하면 다음과 같다.

교통편	비용
H항공사 비즈니스클래스	(310,000+10,000)×2=640,000원
H항공사 퍼스트클래스	479,000×2×0.9=862,200원
P항공사 퍼스트클래스	450,000×2=900,000원
N크루즈 S석	(25,000+292,000+9,000)×2=652,000원

따라서 김대리는 가장 저렴한 교통편으로 왕복 640,000원인 H항공사의 비즈니스클래스를 선택할 것이다.

10

정답 ①

대학장학회에서 10명에게 주는 총장학금은 (450×8)+(500×2)=4,600만 원이며, 문화상품권은 (30×8)+(40×2)=320만 원이다. 구매처별 할인율과 비고사항을 고려하여 실제 지불 금액을 구하면 다음과 같다.

구분	금액
A업체	(3,200,000×0.92)+4,000=2,948,000원
B업체	{(3,000,000×0.94)+200,000}+4,000+700×10=3,031,000원
C업체	3,200,000×0.95=3,040,000원
D업체	{(3,000,000×0.96)+200,000}+5,000=3,085,000원

따라서 문화상품권은 A업체에서 2,948,000원으로 구매하는 것이 가장 저렴하게 구매할 수 있는 방법이며, 대학장학회에서 장학금과 부상에 사용한 총액은 46,000,000+2,948,000=48,948,000원이다.

11

정답 ④

첫 번째 조건에서 오만 원권 또는 십만 원권으로 구매한다고 하였는데 모든 구매처는 오만 원권을 판매하므로 첫 번째 조건은 4곳 모두 만족한다. 그러나 두 번째 조건에서 직접 방문은 어렵다고 하였으므로 C업체에서 구매하지 못한다. 그러므로 A・B・D업체 세 곳을 비교할 때, **10**번에서 구매처별로 지불해야 하는 금액에 택배비와 포장비를 제외한 금액은 다음과 같다.

구분	택배비 및 포장비 제외 금액	할인받은 금액
A업체	2,948,000−4,000 =2,944,000원	3,200,000−2,944,000 =256,000원
B업체	3,031,000−4,000 −7,000=3,020,000원	3,200,000−3,020,000 =180,000원
D업체	3,085,000−5,000 =3,080,000원	3,200,000−3,080,000 =120,000원

따라서 최소한의 비용으로 구매할 수 있는 업체는 A업체이고, A업체에서 할인받을 수 있는 금액은 256,000원이다.

12

정답 ②

사원별 평균 점수를 구하면 다음과 같다.

- 윤정아 : (75+85+100)÷3≒86.7점
- 신민준 : (80+80+90)÷3≒83.3점
- 이연경 : (95+70+80)÷3≒81.7점
- 정유미 : (80+90+70)÷3=80점
- 김영진 : (90+75+90)÷3=85점

따라서 윤정아와 김영진이 선정된다.

13

정답 ④

가산점을 적용하여 합산한 결과는 다음과 같다.

- 윤정아 : (75+7.5)+85+100=267.5점
- 신민준 : (80+8)+80+90+5=263점
- 이연경 : (95+9.5)+70+80=254.5점
- 정유미 : (80+8)+90+70+5=253점
- 김영진 : (90+9)+75+90+5=269점

따라서 김영진이 선정된다.

14

정답 ③

일회성 금융거래(무통장 송금)로 7일 합산거래가 2천만 원 이상인 경우에는 고객확인 대상거래에 해당한다. 따라서 7영업일간 하루 300만 원씩 총 2,100만 원을 무통장 송금거래를 했으므로 고객확인이 필요하다.

15

정답 ④

고객의 기본정보 확인에 필요한 것은 인감도장이 아닌 인감증명서이다.

제4영역 정보능력

01	02	03	04	05	06	07	08	09	10
③	④	①	③	①	①	③	②	④	②
11	12	13	14	15					
②	③	②	④	③					

01

정답 ③

피벗테이블은 대화형 테이블의 일종으로 데이터의 나열 형태에 따라 집계나 카운트 등의 계산을 하는 기능을 가지고 있어 방대한 양의 납품 자료를 요약해서 한눈에 파악할 수 있는 형태로 만드는 데 적절하다.

02

정답 ④

오른쪽의 데이터는 나이가 적은 사람부터 많은 사람 순으로 정렬되어 있다. 따라서 열에는 '나이', 정렬에는 '오름차순'을 선택해야 오른쪽과 같이 정렬된다.

03

정답 ①

「VLOOKUP(SMALL(A2:A10,3),A2:E10,4,0)」을 해석해보면, 우선 SMALL(A2:A10,3)은 [A2:A10]의 범위에서 3번째로 작은 숫자이므로 그 값은 '3'이 된다.

VLOOKUP 함수는 「VLOOKUP(첫 번째 열에서 찾으려는 값,찾을 값과 결과로 추출할 값들이 포함된 데이터 범위,값이 입력된 열의 열 번호,일치 기준)」으로 구성되므로 VLOOKUP(3,A2:E10,4,0) 함수의 결괏값은 A열에서 값이 3인 4번째 행 그리고 4번째 열에 위치한 '82'이다.

04

정답 ③

INDEX 함수는 「=INDEX(배열로 입력된 셀의 범위,배열이나 참조의 행 번호,배열이나 참조의 열 번호)」, MATCH 함수는 「=MATCH(찾으려고 하는 값,연속된 셀 범위,되돌릴 값을 표시하는 숫자)」로 표시되기 때문에 「=INDEX(E2:E9,MATCH(0,D2:D9,0))」을 입력하면 근무연수가 0인 사람의 근무월수가 표시된다. 따라서 그 결괏값은 2이다.

05

정답 ①

오른쪽 워크시트를 보면 데이터는 '김'과 '철수'로 구분되어 있다. 왼쪽 워크시트의 데이터는 '김'과 '철수' 사이에 기호나 탭, 공백 등이 없으므로 각 필드의 너비(열 구분선)를 지정하여 나눈 것이다.

06
정답 ①

문단을 강제로 분리할 때는 〈Enter〉를 사용한다.

07
정답 ③

「=RANK(순위를 구하려는 수,목록의 배열 또는 셀 주소,순위를 정할 방법을 지정하는 수)」로 표시되기 때문에 「=RANK(C5,C2:C6)」가 옳다.

08
정답 ②

TODAY는 현재 날짜를 나타내는 함수이고 DATE(연,월,일)은 연, 월, 일에 해당하는 숫자를 날짜로 변환해 주는 함수이다.

09
정답 ④

스타일 적용 시 항상 범위를 설정할 필요는 없다. 특정 부분의 스타일을 변경하고 싶은 경우에만 범위를 설정하고 바꿀 스타일로 설정하면 된다.

10
정답 ②

실행 중인 여러 개의 작업 창에서 다른 프로그램 실행 창으로 전환할 때 〈Alt〉를 누른 상태에서 〈Tab〉을 계속 눌러 전환할 창을 선택한다.

11
정답 ②

바이오스는 컴퓨터의 전원을 켰을 때 맨 처음 컴퓨터의 제어를 맡아 가장 기본적인 기능을 처리해 주는 프로그램으로, 모든 소프트웨어는 바이오스를 기반으로 움직인다.

오답분석

① ROM(Read Only Memory)에 대한 설명이다.
③ RAM(Random Access Memory)에 대한 설명이다.
④ 스풀링(Spooling)에 대한 설명이다.

12
정답 ③

① 3 for factor 3 → error value=3
21 for factor 22 → error value=2
7 for factor 37 → error value=7
② error value 3, 2, 7의 합인 12를 FEV로 지정 FEV=012
③ correcting value 851B

[대조] FEV를 구성하는 숫자 0, 1, 2 중 일부만("1") correcting value 851B에 포함되며, correcting value에 문자 포함

∴ 입력 코드 : cldn35/c

13
정답 ②

① 5 for factor 12 → error value=1
2 for factor 20 → error value=2
7 for factor 91 → error value=1
② error value 1, 2, 1 중 가장 큰 값인 2를 FEV로 지정
FEV=002
③ correcting value 802CT → correcting value 1604CT(문자 CT는 없는 것으로 함)

[대조] FEV를 구성하는 숫자 0, 2 중 일부만("0") correcting value 1604CT에 포함됨

∴ 입력 코드 : cldn35

14
정답 ④

① 3 for factor 13 → error value=3
7 for factor 29 → error value=1
5 for factor 45 → error value=5
② error value 3, 1, 5의 합인 9를 FEV로 지정
FEV=009
③ correcting value 7412 → correcting value 14824

[대조] FEV를 구성하는 숫자 0, 9가 correcting value 14824에 포함되지 않음

∴ 입력 코드 : shdnsys

15
정답 ③

비밀번호 자동 저장에 관련된 공문이므로 자동 저장 기능을 삭제하기 위한 화면을 공문에 첨부해야 한다. 비밀번호 자동 저장 기능 삭제는 [인터넷 옵션] – [내용] 탭에 들어가 '자동 완성 설정'의 '양식에 사용할 사용자 이름과 암호'란의 체크를 해제하면 된다.

KDB산업은행 필기시험

제2회 모의고사 정답 및 해설

제 1 영역 의사소통능력

01	02	03	04	05	06	07	08	09	10
②	①	④	①	④	④	④	②	④	④
11	12	13	14	15					
③	④	②	③	④					

01

정답 ②

'마음에 들 만하지 아니하다.'는 의미를 가진 어휘는 '마뜩잖다'이다.(마뜩찮게 → 마뜩잖게)

오답분석

① 가무잡잡하다 : 약간 짙게 가무스름하다.
③ 불그스름하다 : 조금 붉다.
④ 괘념하다 : 마음에 두고 걱정하거나 잊지 아니하다.

02

정답 ①

제시문에서 낭포성 섬유증 유전자를 가진 사람이 장과 폐에서 염소 이온을 밖으로 퍼내는 작용을 정상적으로 하지 못한다고는 했으나, 그 덕분에 콜레라에서 살아남았으므로 생명이 위험한지는 알 수 없다.

03

정답 ④

평균 비용이 한계 비용보다 큰 경우, 공공요금을 평균 비용 수준에서 결정하면 수요량이 줄면서 거래량이 따라 줄고, 결과적으로 생산량도 감소한다. 이는 사회 전체의 관점에서 볼 때 자원이 효율적으로 배분되지 못하는 상황이므로 적절하지 않다.

오답분석

① 첫 번째 문단에서 확인할 수 있다.
② 마지막 문단에서 확인할 수 있다.
③ 두 번째 문단에서 확인할 수 있다.

04

정답 ①

제시문에서는 고전적 조건 형성, 동물 반사 행동의 유형, 조건 형성 반응이 일어나는 이유, 바람직하지 않은 조건 반사를 수정하는 방법 등을 밝히고 있지만, 소거의 종류에 대해서는 다루고 있지 않다.

05

정답 ④

벤담(㉡)은 걸인의 자유를 고려하지 않은 채 대다수의 사람을 위해 그들을 모두 강제 수용소에서 생활하도록 해야 한다고 주장하고 있다. 따라서 개인의 자유를 중시한 롤스(㉠)는 벤담의 주장에 대해 개인의 자유를 침해하는 것은 정의롭지 않다고 비판할 수 있다.

오답분석

① 벤담은 최대 다수의 최대 행복을 정의로운 것으로 보았으므로 벤담의 입장과 동일하다.
②·③ 벤담은 개인의 이익보다 최대 다수의 이익을 정의로운 것으로 보았으므로 벤담의 입장과 동일하다.

06

정답 ④

마지막 문단의 '기다리지 못함도 삼가고 아무것도 안 함도 삼가야 한다. 작동 중에 있는 자연스런 성향이 발휘되도록 기다리면서도 전력을 다할 수 있도록 돕는 노력도 멈추지 말아야 한다.'를 통해 '잠재력을 발휘하도록 하려면 의도적 개입과 방관적 태도 모두를 경계해야 한다.'가 제시문의 주제가 됨을 알 수 있다.

오답분석

① 인위적 노력을 가하는 것은 일을 '조장(助長)'하지 말라고 한 맹자의 말과 반대된다.
② 싹이 성장하도록 기다리는 것도 중요하지만 '전력을 다할 수 있도록 돕는 노력'도 해야 한다.
③ 명확한 목적성을 강조하는 부분은 제시문에 나와 있지 않다.

07

정답 ④

㉡ 추상표현주의 작가들은 이성에 대한 회의를 바탕으로 표현했다.
㉢ 추상표현주의 작가들은 화가 개인의 감정을 나타내고자 했다.
㉣ 의도된 계획에 따라 그림을 그려나가는 것은 추상표현주의가 추구하는 예술과 반대되는 것이다.

오답분석

㉠ 첫 번째 문장을 통해 알 수 있다.

08

정답 ②

제시문에서는 글을 잘 쓰기 위한 방법은 글을 읽는 독자에게서 찾을 수 있음을 설명하는 글이다. 독자가 필요로 하는 것이 무엇인지 알아야 하며, 독자가 필요로 하는 것을 알기 위해서는 구어체로 적어보고, 독자를 구체적으로 한 사람 정해놓고 쓰는 게 좋다는 내용이다.

빈칸의 뒤 문장에서 '대상이 막연하지 않기 때문에 읽는 사람이 공감할 확률이 높아진다.'라고 하였으므로 빈칸에 들어갈 내용으로 ②가 가장 적절하다.

09

정답 ④

첫 번째 문단에서 열린혁신의 개념에 대한 이해가 필요하다고 했으므로 열린혁신의 개념을 설명하는 (라) 문단이 첫 번째 문단 뒤에 와야 하며, 다음으로 열린혁신의 대표적인 사례를 설명하는 (나) 문단이 오는 것이 적절하다. 그 뒤를 이어 '열린혁신'을 성공적으로 추진하기 위한 첫 번째 선행조건을 언급하는 (가) 문단이 적절하며, 다음으로는 '둘째'와 '마지막으로'의 연결어를 통해 (다), (마) 문단이 순서대로 오는 것이 적절하다. 따라서 (라) – (나) – (가) – (다) – (마) 순서로 나열하는 것이 적절하다.

10

정답 ④

• 수혜(受惠) : 은혜를 입음. 또는 혜택을 받음
• 수효(數爻) : 낱낱의 수

11

정답 ③

지원자의 직무 능력을 가릴 수 있는 요소들을 배제하는 것은 기존의 채용 방식이 아닌 블라인드 채용 방식이며, 이를 통해 직무 능력만으로 인재를 평가할 수 있다. 따라서 ③은 블라인드 채용의 등장 배경으로 적절하지 않다.

12

정답 ④

블라인드 면접의 경우 자료 없이 면접을 진행하는 무자료 면접 방식과 면접관의 인지적 편향을 유발할 수 있는 항목을 제거한 자료를 기반으로 면접을 진행하는 방식이 있다.

오답분석

① 무서류 전형은 최소한의 정보만을 포함한 입사지원서를 접수하되 이를 선발 기준으로 활용하지 않는 방식이다.
② 블라인드 처리되어야 할 정보를 수집할 경우, 온라인 지원서상 개인정보를 암호화하여 채용담당자가 이를 볼 수 없도록 기술적으로 처리한다.
③ 무자료 면접 방식은 입사지원서, 인·적성검사 결과 등의 자료 없이 면접을 진행한다.

13

정답 ②

㉠은 지원자들의 무분별한 스펙 경쟁을 유발하는 반면, ㉡은 지원자의 목표 지향적인 능력과 역량 개발을 촉진한다.

14

정답 ③

제20조에 따라 준법관리인이 법에 따른 신고·신청의 접수, 처리 및 내용의 조사 업무를 부당하게 처리하거나 임직원의 위반행위를 발견했음에도 조치를 취하지 않은 경우에는 형사처벌이 아닌 징계를 받는다.

오답분석

① 제5조에 따라 직원이 동일한 부정청탁을 다시 받은 경우 이를 신고하지 않으면 징계를 받는다.
② 제8 ~ 9조에 따라 100만 원 이하의 금품을 받았더라도 직무와 관련된 것은 제재를 받게 된다.
④ 제10조에 따라 초과사례금을 받은 경우 신고와 반환을 모두 하여야 한다. 둘 중 하나를 하지 않으면 징계, 둘 다 하지 않으면 과태료를 부과받게 된다.

15

정답 ④

D과장이 진행한 강의의 경우 지자체의 요청을 받은 강의이므로 사전 신고대상에 해당하지 않는다. 그러나 초과사례금을 받은 경우에는 초과사례금에 대한 신고와 함께 반환이 이루어져야 한다. 따라서 초과사례금에 대한 신고를 하지 않은 D과장은 제10조에 따라 징계 대상에 해당한다.

오답분석

① A주임의 경우 배우자가 관련 업체 직원으로부터 직무와 관련하여 1회 100만 원을 초과하는 금품을 받았으나, A주임은 이 사실을 알지 못하므로 제8 ~ 9조에 따라 제재 대상에 해당하지 않는다.
② B주임은 K씨로부터 부정청탁을 받고 그에 따라 직무를 수행하였으므로 제5조에 따라 형사처벌 대상에 해당한다.
③ C대리의 경우 공직자에게 1회 100만 원을 초과하는 금품을 제공하였으므로 제8 ~ 9조에 따라 형사처벌 대상에 해당한다.

제2영역 수리능력

01	02	03	04	05	06	07	08	09	10
②	②	③	②	②	②	③	③	①	④
11	12	13	14	15					
④	④	②	④	④					

01

정답 ②

2명씩 짝을 지어 한 그룹으로 보고 원탁에 앉는 방법을 구하기 위해서 원순열 공식 $(n-1)!$을 이용한다.

2명씩 3그룹이므로 $(3-1)!=2\times1=2$가지이다. 또한 그룹 내에서 2명이 자리를 바꿔 앉을 수 있는 경우는 2가지씩이다.

따라서 6명이 원탁에 앉을 수 있는 방법은 $2\times2\times2\times2=16$가지이다.

02

정답 ②

100만 원을 맡겨서 다음 달 104만 원이 된다는 것은 이자율이 4%라는 것을 의미한다.

50만 원을 입금하면 다음 달에는 (원금)+(이자액)=52만 원이 된다. 따라서 다음 달 잔액은 $52-30=22$만 원이고, 그 다음 달 총 잔액은 $220,000\times1.04=228,800$원이다.

03

정답 ③

문제에서 할부 수수료 총액을 물어보았기 때문에 가장 마지막 산출식을 이용하면 된다.

할부원금은 600,000원이고, 수수료율은 7개월 기준 연 15%이다. 따라서 공식에 대입하면 갑순이의 할부 수수료 총액은 $600,000\times0.15\times\left(\frac{7+1}{2}\right)\div12=30,000$원이다.

04

정답 ②

- 오늘 전액을 송금할 경우 원화기준 숙박비용
  : 13,000엔×2박×(1−0.1)×1,120원/100엔=262,080원
- 한 달 뒤 전액을 현찰로 지불할 경우 원화기준 숙박비용
  : 13,000엔×2박×1,010원/100엔=262,600원

따라서 오늘 전액을 송금하는 것이 $262,600-262,080=520$원 더 저렴하다.

05

정답 ②

ㄱ. 가구별 보험가입 목적에서 각 항목의 비율 합을 구하면 210%이다. 따라서 모든 가구가 2개 이상의 항목에 응답하였다면 3개 항목에 복수 응답한 가구는 10%를 차지함을 알 수 있다. 조사대상 6,000가구의 10%이므로 600가구이다. 만약 1개의 항목에만 응답한 가구가 있다면 3개 항목에 복수 응답한 가구 수는 600가구보다 많을 것이다. 따라서 조사대상 가구 중 복수 응답한 가구 수는 최소 600가구임을 알 수 있다.

ㄹ. 사고나 질병 시 본인의 의료비 보장을 위해 보험에 가입한 가구의 수는 $6,000\times0.593=3,558$가구로, 세금혜택을 받기 위해 보험에 가입한 가구의 수인 $6,000\times0.05=300$가구의 11배인 3,300가구를 초과한다.

오답분석

ㄴ. 설계사의 권유로 보험에 가입한 가구와 평소 필요성을 인식하여 보험에 가입한 가구의 비율이 제시되어 있으므로 제시된 비율만을 이용하여 확인할 수 있다. 설계사의 권유로 보험에 가입한 가구 수 대비 평소 필요성을 인식하여 보험에 가입한 가구 수의 비율은 $\frac{15.9}{34.2}\times100\fallingdotseq46.5$%이므로 옳지 않다.

ㄷ. 가구별 보험가입 목적에 대해 복수응답이 가능한데, 노후의 생활자금과 자녀의 교육·결혼자금을 동시에 응답한 가구 수를 알 수 없으므로 확인이 불가능하다.

06

정답 ②

카르보나라, 알리오올리오, 마르게리타피자, 아라비아타, 고르곤졸라피자의 할인 후 금액을 각각 a원, b원, c원, d원, e원이라 하자.

$a+b=24,000$ … ㉠
$c+d=31,000$ … ㉡
$a+e=31,000$ … ㉢
$c+b=28,000$ … ㉣
$e+d=32,000$ … ㉤

㉠~㉤의 좌변과 우변을 모두 더하면
$2(a+b+c+d+e)=146,000$
→ $a+b+c+d+e=73,000$ … ㉥

㉥에 ㉢과 ㉣을 대입하면
$a+b+c+d+e=(a+e)+(c+b)+d=31,000+28,000+d=73,000$

즉, $d=73,000-59,000=14,000$이다.

따라서 아라비아타의 할인 전 금액은 $14,000+500=14,500$원이다.

07

정답 ③

운전자별 공회전 발생률 및 공회전 시 연료소모량을 계산하여 탄소포인트의 총합을 구하면 다음과 같다.

구분	공회전 발생률(%)	공회전 시 연료소모량(cc)	탄소포인트의 총합(P)
A	$\frac{20}{200}\times100=10$	20×20=400	100+0=100
B	$\frac{15}{30}\times100=50$	15×20=300	50+25=75
C	$\frac{10}{50}\times100=20$	10×20=200	80+50=130
D	$\frac{5}{25}\times100=20$	5×20=100	80+75=155
E	$\frac{25}{50}\times100=50$	25×20=500	50+0=50

따라서 D>C>A>B>E 순서로 탄소포인트 총합이 크다.

08

정답 ③

2020년 직장 어린이집의 교직원 수는 3,214명이고 2023년 직장 어린이집의 교직원 수는 5,016명이다.

따라서 2020년 대비 2023년 교직원의 증가율은 $\frac{5{,}016-3{,}214}{3{,}214}\times100 \fallingdotseq 56\%$이다.

09

정답 ①

자료의 분포는 B상품이 더 고르지 못하므로 표준편차는 B상품이 더 크다.

오답분석

② • A상품 : 60+40+50+50=200
  • B상품 : 20+70+60+51=201
③ 봄 판매량의 합은 80으로 가장 적다.
④ 시간이 지남에 따라 둘의 차는 점차 감소한다.

10

정답 ④

(보증료)=(보증금액)×(보증료율)×(보증기간에 해당하는 일수/365)이므로, 회사별 보증료를 구하면 다음과 같다.

① A : 1.5억 원×0.00122×365/365=18.3만 원
② B : 3억 원×0.00244×730/365=146.4만 원
③ C : 3억 원×0.00908×1,095/365=817.2만 원
④ D : 5억 원×0.00488×1,460/365=976만 원

따라서 보증료를 가장 많이 내는 회사는 D이다.

11

정답 ④

B은행의 창구이용, 자동화기기의 총수수료 평균은 $\frac{2{,}800}{3} \fallingdotseq 933$원으로 다른 은행들보다 크다.

오답분석

① 자동화기기 마감 전 수수료가 700원 이상인 은행은 A・B・I・K・N은행으로 총 5곳이다.
② '운영하지 않음'을 제외한 A ~ R은행의 창구이용 수수료의 평균은 $\frac{12{,}100}{16}=756.25$원이다.
③ '면제'를 제외한 A ~ R은행의 자동화기기 마감 전 수수료 평균은 $\frac{9{,}000}{15}=600$원이며, 마감 후 수수료 평균은 $\frac{11{,}550}{15}=770$원이므로 마감 후 수수료 평균이 더 크다.

12

정답 ④

㉠ 운행연수가 4년 이하인 차량 중 부적합률이 가장 높은 차종은 화물차가 아닌 특수차이다.
㉢ 제시된 자료는 4년 이하와 15년 이상을 제외하고 모두 2년 단위로 항목이 구분되어 있다. 따라서 1년 단위로 운행연수를 구분할 수 없으므로 운행연수에 따른 부적합률은 판단할 수 없다. 예를 들어, 승합차 중 운행연수가 7 ~ 8년에 해당하는 차량의 경우, 운행연수가 7년인 차량과 8년인 차량의 수가 동일하다고 가정하면, 7년인 차량의 부적합률이 12.9%, 8년인 차량의 부적합률이 12.5%인 경우 운행연수가 7 ~ 8년인 차량의 부적합률은 표와 같이 12.7%이지만, 운행연수가 7년으로 더 낮은 차량의 부적합률이 8년인 차량보다 더 높게 된다. 따라서 제시된 자료만 참고해서는 명확히 알 수 없다.
㉣ 운행연수가 13 ~ 14년인 차량 중 화물차의 부적합률 대비 특수차의 부적합률의 비율은 $\frac{16.2}{23.5}\times100 \fallingdotseq 69\%$이다.

오답분석

㉡ 운행연수가 11 ~ 12년인 승용차의 부적합률은 16.4%, 5 ~ 6년인 승용차의 부적합률은 7.2%이다. 따라서 운행연수가 11 ~ 12년인 승용차의 부적합률은 5 ~ 6년인 승용차의 부적합률의 $\frac{16.4}{7.2} \fallingdotseq 2.28$배이므로 옳다.

13

정답 ②

㉠ 특수차의 경우 운행연수가 5 ~ 6년인 차량의 부적합률이 7 ~ 8년, 9 ~ 10년인 차량의 부적합률보다 높다. 또한 화물차의 경우 운행연수가 9 ~ 10년인 차량의 부적합률과 11 ~ 12년인 차량의 부적합률이 동일하다.

㉢ 모든 운행연수를 합한 화물차의 부적합률은 18.2%로 가장 높으며, 모든 운행연수를 합한 부적합률이 가장 낮은 차종은 13.8%인 승용차로 화물차와 4.4%p의 차이를 보인다.

오답분석

㉡ 자료를 보면 가장 우측 맨 아래 항목이 15.2%로 15% 이상임을 알 수 있다.

㉣ 특수차의 경우 운행연수가 15년 이상인 차량의 부적합률은 18.7%로, 4년 이하인 차량의 부적합률 8.3%의 $\frac{18.7}{8.3} \fallingdotseq 2.25$로 2.5배 미만이다.

14

정답 ④

2021년 배구의 관중 수는 $4,843 \times 0.304 \fallingdotseq 1,472.3$천 명, 핸드볼의 관중 수는 $2,756 \times 0.438 \fallingdotseq 1,207.1$천 명이다. 대략적으로 보아도 4,800의 30%와 2,700의 44% 중 4,800의 30%가 더 많은 수치라는 것을 알 수 있다.

오답분석

① 2020년에는 농구의 전년 대비 관중수용률이 증가했다.
② 2023년에는 야구의 관중수용률이 높다.
③ 관중수용률이 매년 증가한 종목은 야구와 축구 2개뿐이다.

15

정답 ④

관중수용률을 소수점 첫째 자리에서 반올림하면 야구 경기장 관중수용률은 66%, 축구 경기장 관중수용률은 35%이다.
2023년 야구 관중 수는 $19,450 \times 0.66 = 12,837$천 명, 축구 관중 수는 $33,320 \times 0.35 = 11,662$천 명이다. 따라서 야구 관중 수가 1,175천 명 더 많다.

제3영역 문제해결능력

01	02	03	04	05	06	07	08	09	10
③	①	④	①	③	③	①	④	②	①
11	12	13	14	15					
④	④	④	④	②					

01

정답 ③

'A세포가 있다.'를 p, '물체의 상을 감지하다.'를 q, 'B세포가 있다.'를 r, '빛의 유무를 감지하다.'를 s라 하면, 첫 번째, 두 번째, 마지막 명제는 각각 $p \to \sim q$, $\sim r \to q$, $p \to s$이다. 첫 번째 명제와 두 번째 명제의 대우에 따라 $p \to \sim q \to r$이 되어 $p \to r$이 성립하고, 마지막 명제가 $p \to s$가 되기 위해서는 $r \to s$가 필요하다. 따라서 빈칸에 들어갈 명제는 $r \to s$의 ③이다.

02

정답 ①

가장 최근에 입사한 사람이 D이므로 D의 이름은 가장 마지막인 다섯 번째에 적혔다. C와 D의 이름은 연달아 적히지 않았으므로 C의 이름은 네 번째에 적힐 수 없다. 또한 E는 C보다 먼저 입사하였으므로 E의 이름은 C의 이름보다 앞에 적는다. 그러므로 C의 이름은 첫 번째에 적히지 않았다. 이를 정리하면 다음과 같이 3가지 경우가 나온다.

구분	첫 번째	두 번째	세 번째	네 번째	다섯 번째
경우 1	E	C			D
경우 2	E		C		D
경우 3		E	C		D

여기서 경우 2와 경우 3은 A와 B의 이름이 연달아서 적혔다는 조건에 위배된다. 경우 1만 성립하므로 정리하면 다음과 같다.

구분	첫 번째	두 번째	세 번째	네 번째	다섯 번째
경우 1	E	C	A	B	D
경우 2	E	C	B	A	D

E의 이름은 첫 번째에 적혔으므로 E는 가장 먼저 입사하였다. 따라서 B가 E보다 먼저 입사하였다는 ①은 항상 거짓이다.

오답분석

② C의 이름은 두 번째로 적혔고 A의 이름은 세 번째나 네 번째에 적혔으므로 항상 옳다.
③ E의 이름은 첫 번째에 적혔고 C의 이름은 두 번째로 적혔으므로 항상 옳다.
④ A의 이름이 세 번째에 적히면 B의 이름은 네 번째에 적혔고, A의 이름이 네 번째에 적히면 B의 이름은 세 번째에 적혔다. 따라서 참일 수도, 거짓일 수도 있다.

03

정답 ④

먼저 첫 번째 조건과 두 번째 조건에 따라 6명의 신입 사원을 각 부서별로 1명, 2명, 3명으로 나누어 배치한다. 이때, 세 번째 조건에 따라 기획부에 3명, 구매부에 1명이 배치되므로 인사부에는 2명의 신입 사원이 배치된다. 또한 1명이 배치되는 구매부에는 마지막 조건에 따라 여자 신입 사원이 배치될 수 없으므로 반드시 1명의 남자 신입 사원이 배치된다. 남은 5명의 신입 사원을 기획부와 인사부에 배치하는 방법은 다음과 같다.

구분	기획부(3명)	인사부(2명)	구매부(1명)
경우 1	남자 1명, 여자 2명	남자 2명	남자 1명
경우 2	남자 2명, 여자 1명	남자 1명, 여자 1명	

경우 1에서는 인사부에 남자 신입 사원만 배치되므로 '인사부에는 반드시 여자 신입 사원이 배치된다.'의 ④는 옳지 않다.

04

정답 ①

두 빵집은 서로의 결정에 대해 알 수 없으므로 각자 최고의 이익을 얻을 수 있는 최선의 선택을 할 것이다. 따라서 A빵집과 B빵집은 모두 가격을 인하할 가능성이 높다.

05

정답 ③

건강생활실천지원금제 신청자 목록에 따라 신청자별로 확인하면 다음과 같다.

- A : 주민등록상 주소지는 시범지역에 속하지 않는다.
- B : 주민등록상 주소지는 관리형에 속하지만, 고혈압 또는 당뇨병 진단을 받지 않았다.
- C : 주민등록상 주소지는 예방형에 속하고, 체질량지수와 혈압이 건강관리가 필요한 사람이므로 예방형이다.
- D : 주민등록상 주소지는 관리형에 속하고, 고혈압 진단을 받았으므로 관리형이다.
- E : 주민등록상 주소지는 예방형에 속하고, 체질량지수와 공복혈당 건강관리가 필요한 사람이므로 예방형이다.
- F : 주민등록상 주소지는 시범지역에 속하지 않는다.
- G : 주민등록상 주소지는 관리형에 속하고, 당뇨병 진단을 받았으므로 관리형이다.
- H : 주민등록상 주소지는 시범지역에 속하지 않는다.
- I : 주민등록상 주소지는 예방형에 속하지만, 필수조건인 체질량지수가 정상이므로 건강관리가 필요한 사람에 해당하지 않는다.

따라서 예방형 신청이 가능한 사람은 C, E이고, 관리형 신청이 가능한 사람은 D, G이다.

06

정답 ③

첫 번째 조건과 두 번째 조건에 따라 책정된 총 회식비는 13×3=39만 원이며, 이를 초과하는 회식장소는 없다. 다음으로 세 번째 조건에 따라 회식은 3일 뒤에 진행하므로 일주일 전에 예약이 필요한 D뷔페와, 19시에 영업을 시작하는 B치킨은 제외된다. 마지막으로 팀원 중 해산물을 먹지 못하는 사람이 있으므로 A수산은 제외된다.

따라서 모든 조건을 충족하는 회식장소는 C갈비이다.

07

정답 ①

12/5(토)에 근무하기로 예정된 1팀 차도선이 근무를 대체하려고 할 경우, 그 주에 근무가 없는 3팀의 한 명과 바꿔야 한다. 대체근무자인 하선오는 3팀에 소속된 인원이긴 하나, 대체근무일이 12/12(토)로, 1팀인 차도선이 근무하게 될 경우 12/13(일)에도 1팀이 근무하는 날이기 때문에 주말근무 규정에 어긋나므로 적절하지 않다.

08

정답 ④

A씨가 쓸 수 있는 항공료는 최대 450,000원이다. 항공료 지원율을 반영해 실제 쓸 돈을 계산하면 다음과 같다.

- 중국 : 130,000×2×2×0.9=468,000원
- 일본 : 125,000×2×2×0.7=350,000원
- 싱가포르 : 180,000×2×2×0.65=468,000원

따라서 A씨는 일본여행만 가능하다.

제시된 자료에서 8월 3 ~ 4일은 휴가가 불가능하다고 하였으므로, A씨가 선택할 여행기간은 16 ~ 19일이다.

09

정답 ②

사이트별 할인을 적용한 도서구입 금액은 다음과 같다.

구분	도서구입 금액
다보자	{42,000+(31,000×3)}×0.95=128,250원
해피북스	{42,000+(31,000×3×0.85)}=121,050원
북스킹덤	42,000+(31,000×3)=135,000원
다시책방	42,000+(31,000×3×0.9)=125,700원
살찌는 서점	(42,000×0.85)+(31,000×3)=128,700원

북스킹덤은 예산을 초과하므로 불가능하다. 따라서 나머지 사이트 중 도서구입 금액이 가장 낮은 곳은 해피북스이며, 도서구입 금액은 121,050원이다.

10

정답 ①

사이트별 배송정보에 따라 예상도착일을 정리하면 다음과 같다.

구분	도서구입 비용	예상도착일
다보자	128,250원	11월 2일 배송 → 11월 3일 도착
해피북스	121,050원	11월 3일 배송 → 11월 6일 도착
북스킹덤	135,000원	11월 2일 주문 → 11월 7일 도착
다시책방	125,700원	11월 2일 배송 → 11월 6일 도착
살찌는 서점	128,700원	11월 2일 배송 → 11월 6일 도착 * 3,000원 추가 → 11월 3일 도착

'살찌는 서점'의 경우, 배송비 3,000원을 추가하면 11월 4일 전에 수령할 수 있지만, 배송비를 추가하면 128,700+3,000=131,700원으로 예산을 초과하기 때문에 불가능하다.
따라서 김대리의 조건에 맞는 도서구매 사이트는 '다보자'이며, 예상도착일은 11월 3일임을 알 수 있다.

11

정답 ④

C안마의자는 가격이 최대 예산을 초과하였을 뿐만 아니라 온열기능이 없으므로 제외하고, B안마의자는 색상이 블랙이 아니므로 고려 대상에서 제외한다. 남은 A안마의자와 D안마의자 중 프로그램 개수가 많을수록 좋다고 하였으므로 K은행은 D안마의자를 구매해야 한다.

12

정답 ④

면접자들의 정보와 규칙에 따라 각 면접자의 면접시간을 정리하면 다음과 같다.

(단위 : 분)

구분	공통 사항	인턴 경력	유학 경험	해외 봉사	최종 학력	총 면접시간
A	5	8	-	-	10	23
B	5	-	-	3	10	18
C	5	8	-	3	10	26
D	5	-	-	3	-	8
E	5	8	6	-	-	19
F	5	-	6	-	10	21

따라서 면접을 오래 진행하는 면접자부터 나열하면 'C－A－F－E－B－D' 순서이다.

13

정답 ④

유학경험이 있는 면접자들끼리 연이어 면접을 실시하여야 하므로, E와 F는 연달아 면접을 본다. 이때, 최종학력이 학사인 E가 먼저 면접을 본다(E－F).
그리고 나머지 학사 학위자는 D뿐이므로, D가 E에 앞서 면접을 보게 된다(D－E－F).
F와 같이 마케팅 직무에 지원한 A가 F 다음으로 면접을 보게 되고(D－E－F－A), A가 남성이므로, 나머지 B와 C 중 여성인 B가 A의 뒤를 이어 면접을 보게 된다. 따라서 면접자들의 면접순서를 나열하면 'D－E－F－A－B－C' 순서이다.
이들의 각 면접시간은 D(8분)－E(19분)－F(21분)－A(23분)－B(18분)－C(26분)으로, D부터 A까지 면접을 진행하면 소요되는 시간은 8+19+21+23=71분이다. 이때, A의 면접 종료시간은 11시 11분이 되므로 A부터는 6일에 면접을 실시해야 한다.
따라서 5일에 면접을 보는 면접자는 D, E, F이고, 6일에 면접을 보는 면접자는 A, B, C이다.

14

정답 ④

융자 신청기한을 참고하였을 때, 혼인신고일로부터 90일 이내에 신청하여야 하므로 4달(약 120일) 뒤에 신청한 정씨는 혼례비를 지원받을 수 없다.

15

정답 ②

강씨의 신용보증료는 900만×0.009÷2=40,500원이다.

제4영역 정보능력

01	02	03	04	05	06	07	08	09	10
④	②	①	①	③	①	②	②	②	③
11	12	13	14	15					
④	④	③	④	③					

01
정답 ④

데이터가 입력된 셀에서 〈Delete〉 키를 누르면 셀의 내용만 지워지며, 서식은 남아있게 된다.

02
정답 ②

데이터를 입력한 다음 채우기 핸들을 이용해서 입력하는 경우

• 숫자 데이터를 입력한 경우
  - 숫자 데이터 입력 후에 그냥 채우기 핸들을 하면 똑같은 데이터가 복사된다.
  - 숫자 데이터 입력 후에 〈Ctrl〉키를 누른 채로 채우기 핸들을 하면 하나씩 증가한다.

• 문자 데이터를 입력한 경우
  - 문자 데이터를 입력한 뒤에 채우기 핸들을 하면 똑같은 데이터가 복사된다.

• 문자+숫자를 혼합하여 입력한 경우
  - 문자+숫자를 혼합하여 입력한 경우 채우기 핸들을 하면 문자는 복사되고 숫자가 하나씩 증가한다.
  - 문자+숫자를 혼합하여 입력한 후에 〈Ctrl〉키를 누른 채로 채우기 핸들을 하면 똑같은 데이터가 복사된다.
  - 숫자가 2개 이상 섞여 있을 경우에는 마지막 숫자만 하나씩 증가한다.

• 날짜 / 시간 데이터
  - 날짜를 입력한 후에 채우기 핸들을 하면 1일 단위로 증가한다.
  - 시간을 입력한 후에 채우기 핸들을 하면 1시간 단위로 증가한다.

03
정답 ①

AVERAGE 함수를 이용하여 평균을 구하고, 천의 자릿수 자리올림은 「ROUNDUP(수,자릿수)」로 구할 수 있다. 자릿수는 소수점 이하 숫자를 기준으로 하여 일의 자릿수는 0, 십의 자릿수는 −1, 백의 자릿수는 −2, 천의 자릿수는 −3으로 표시한다.

04
정답 ①

사용자 지정 형식은 양수, 음수, 0, 텍스트와 같이 4개의 구역으로 구성되며, 각 구역은 세미콜론(;)으로 구분된다. 즉, 양수서식;음수서식;0서식;텍스트서식으로 정리될 수 있다.

문제에서 양수는 파란색으로, 음수는 빨간색으로 표현해야 하기 때문에 양수서식에는 [파랑], 음수서식에는 [빨강]을 입력해야 한다. 그리고 표시 결과가 그대로 나타나야 하기 때문에 양수는 서식에 '+' 기호를 제외하며, 음수는 서식에 '−' 기호를 붙여주도록 한다.

오답분석

② 양수가 파란색, 음수가 '−'가 사라지며 빨간색으로 표현된다.
③ 양수에 '+' 기호가 붙게 된다.
④ 음수에 '−' 기호가 사라진다.

05
정답 ③

'1인 가구의 인기 음식(ⓛ)'과 '5세 미만 아동들의 선호 색상(ⓑ)'은 각각 음식과 색상에 대한 자료를 가구, 연령으로 특정함으로써 자료를 특정한 목적으로 가공한 정보(Information)로 볼 수 있다.

오답분석

㉠·㉣·㉤ 특정한 목적이 없는 자료(Data)의 사례이다.
㉢ 특정한 목적을 달성하기 위한 지식(Knowledge)의 사례이다.

06
정답 ①

제시된 자료는 '운동'을 주제로 나열되어 있는 자료임을 알 수 있다. 반면, ①은 운동이 아닌 '식이요법'을 목적으로 하는 지식의 사례이다. 따라서 적절하지 않다.

오답분석

②·③·④ 운동을 목적으로 하는 지식의 사례이다.

07
정답 ②

차트 작성 순서

• 1단계 : 차트 종류 설정
• 2단계 : 차트 범위와 계열 설정
• 3단계 : 차트의 각종 옵션(제목, 범례, 레이블 등) 설정
• 4단계 : 작성된 차트의 위치 설정

08
정답 ②

잠금 화면은 디스플레이 설정이 아닌 개인 설정에 들어가서 설정 가능하다.

09

정답 ②

[폴더 옵션]에서는 파일 및 폴더의 숨김 표시 여부를 수정할 수 있으나 속성 일괄 해제는 폴더 창에서 직접 해야 한다.

10

정답 ③

• yy : 연도 중 뒤의 2자리만 표시
• mmm : 월을 Jan ~ Dec로 표시
• dd : 일을 01 ~ 31로 표시

따라서 ③은 '25-Jun-23'이 되어야 한다.

11

정답 ④

오답분석

① 〈Home〉 : 커서를 행의 맨 처음으로 이동시킨다.
② 〈End〉 : 커서를 행의 맨 마지막으로 이동시킨다.
③ 〈Back Space〉 : 커서 앞의 문자를 하나씩 삭제한다.

12

정답 ④

레지스터의 특징

• 컴퓨터 기억장치 중 속도가 가장 빠르다(레지스터＞캐시메모리＞주기억장치＞보조기억장치).
• 레지스터는 중앙처리장치(CPU) 안에 들어있다.
• CPU의 속도향상이 목적이다.
• 연산장치에 속하는 레지스터 → 누산기, 가산기, 보수기 등
• 제어장치에 속하는 레지스터 → 프로그램 카운터(PC), 명령 레지스터, 명령해독기 등

13

정답 ③

유효성 검사에서 제한 대상을 목록으로 설정했을 경우, 드롭다운 목록의 너비는 데이터 유효성 설정이 있는 셀의 너비에 의해 결정된다.

14

정답 ④

틀 고정을 취소할 때는 셀 포인터의 위치와 상관없다.

15

정답 ③

〈Shift〉+〈Insert〉 : 선택한 항목을 붙여 넣는다.

KDB산업은행 필기시험

제3회 모의고사 정답 및 해설

제1영역 의사소통능력

01	02	03	04	05	06	07	08	09	10
③	④	②	④	④	④	④	①	②	③
11	12	13	14	15					
④	②	④	④	③					

01

정답 ③

'바'는 '앞에서 말한 내용 그 자체나 일 따위를 나타내는 말'을 의미하는 의존 명사이므로 앞말과 띄어 쓴다.

오답분석

① '-밖에'는 주로 체언이나 명사형 어미 뒤에 붙어 '그것 말고는', '그것 이외에는' 등의 뜻을 나타내는 보조사로 '하나밖에'와 같이 앞말에 붙여 쓴다.
② '살'은 '나이를 세는 단위'를 의미하는 의존 명사이므로 '열 살이'와 같이 띄어 쓴다.
④ 본용언이 합성어인 경우는 본용언과 보조 용언을 붙여 쓰지 않으므로 '쫓아내 버렸다'와 같이 띄어 써야 한다.

02

정답 ④

하향식 방법에 대한 설명에 이어 상향식 방법에 대한 설명이 나와야 하므로, 이어질 내용으로 가장 적절한 것은 ④이다.

03

정답 ②

제시문은 행위별수가제에 대한 것으로 환자, 의사, 건강보험 재정 등 많은 곳에서 한계점이 있다고 설명하면서 건강보험 고갈을 막기 위해 다양한 지불방식을 도입하는 등 구조적인 개편이 필요함을 설명하고 있다. 따라서 주제로 '행위별수가제의 한계점'이 가장 적절하다.

04

정답 ④

스피노자는 삶을 지속하고자 하는 인간의 욕망을 코나투스라 정의하며, 코나투스인 욕망을 긍정하고 욕망에 따라 행동해야 한다고 주장하였다. 따라서 스피노자의 주장에 대한 반박으로는 인간의 욕망을 부정적으로 바라보며, 이러한 욕망을 절제해야 한다는 내용의 ④가 가장 적절하다.

오답분석

① 스피노자는 모든 동물들이 코나투스를 가지고 있으나, 인간은 자신의 충동을 의식할 수 있다는 점에서 차이가 있다고 주장하므로 스피노자와 동일한 입장임을 알 수 있다.

05

정답 ④

제시문은 인간이 직립보행 이후 생존에 중요한 시각을 발달시키는 대신 후각을 퇴화시켰다는 사실을 설명하고 있다. 그러나 후각은 여전히 감정과 긴밀히 연계되어 있고 관련 기억을 불러일으킨다는 사실을 언급하며 마무리하고 있다. 따라서 인간은 후각을 장식처럼 부수적인 기능으로 남겨두었다는 것이 제시문의 요지이다.

06

정답 ④

환차손은 환율의 변동으로 인하여 발생하는 손해를 말하며, 지난 3년간 A국의 달러당 환율(Tm/USD)은 31.7, 32.5, 33.0으로 계속해서 증가하였다. 환율이 오를 때는 수입 회사가 손해를 보고, 수출 회사는 이익을 얻는다. 따라서 A국에서 외국으로 수출하는 기업들은 환차손이 아니라 환차익을 냈을 것이다.

오답분석

① 인프라 확충에도 투자가 많이 집행되어 경제 성장이 지속되어 왔다는 내용을 통해 추론할 수 있다.
② 집권 여당이 재집권에 성공하면서 집권당 분열 사태는 발생하지 않을 것이라 전망하는 내용과 빈부 격차의 심화로 인한 불안 요인은 잠재되어 있는 편이라는 내용을 통해 추론할 수 있다.
③ 6.1 ~ 6.6%인 경제성장률에 비해 3.2 ~ 3.4%로 낮은 물가상승률과 A국 중앙은행의 적절한 대처로 A국 통화 가치의 급격한 하락이 나타나지 않을 것이라 전망하는 내용을 통해 추론할 수 있다.

07

정답 ④

인간의 편의를 우선한다면 야생동물의 이동을 통제하거나 고립시키는 생태도로가 될 것이다. 따라서 본래 서식지를 자유롭게 이동할 수 있도록 도와줄 수 있는 생태도로가 설치되어야 하며, 야생동물과 인간이 동행하는 환경을 조성하기 위한 생태통로의 효율적인 배치가 필요하다.

08

정답 ①

기술이 내적인 발전 경로를 가지고 있다는 통념을 비판하기 위해 다양한 사례 연구를 논거로 인용하고 있다. 따라서 인용하고 있는 연구 결과를 반박할 수 있는 자료가 있다면 제시문의 주장은 설득력을 잃게 된다.

09

정답 ②

직계존비속 증여의 경우 5,000만 원까지만 증여세를 면제받을 수 있다.

오답분석

① 부부간 증여의 경우 6억 원까지 증여세를 면제받을 수 있다.
③ 정부의 '12·16 대책'에 따라 투기과열지구에서 9억 원을 초과하는 주택을 구매한 경우 자금조달계획서와 함께 증빙서류를 제출해야 한다.
④ 기존에는 현금과 그와 비슷한 자산은 '현금 등'으로 기재하였으나, 앞으로는 현금과 기타자산을 나누고 기타자산은 무엇인지 구체적으로 밝혀야 한다.

10

정답 ③

제시문은 과거 지구의 기후에 대한 연구 자료로써 남극 빙하가 지닌 가치를 설명하고 있다. 첫 번째 문단에서 남극의 빙하는 과거 지구의 대기 성분과 기온 변화에 관한 기초 자료를 생생하게 보존하고 있다고 말하고, 두 번째 문단에서는 과거 지구의 대기 성분과 농도를 알아낼 수 있는 이유를 설명했으며, 세 번째 문단에서는 빙하를 조사해 빙하가 만들어진 당시의 기온을 알아낼 수 있다고 설명하였다. 따라서 가장 적절한 표제와 부제는 ③이다.

11

정답 ④

세 번째 문단에 따르면 빙하를 구성하는 물 분자의 산소나 수소의 동위원소비를 이용해 과거 지구의 기온 변화를 알아낼 수 있으며, 남극 빙하를 구성하는 물 분자들의 산소 동위원소비는 1년의 주기를 이루며 증감하는데, 이러한 증감은 기온의 변화와 정비례 관계를 이룬다. 따라서 이처럼 일정한 간격을 두고 되풀이해 나타나는 성질을 통해 빙하의 생성 시기와 당시의 기온 변화와 관련된 정보를 얻을 수 있는 것이다.

12

정답 ②

마지막 문단에서 미래 사회에는 생활양식과 가족 구조의 급격한 변화로 인해 사람들의 가치관이 달라져 현재까지 유지되고 있는 전통적 성 역할 규범이 골동품이 될 것이라고 하였다. 따라서 제시문의 내용으로 적절하지 않다.

13

정답 ④

제시문은 남성과 여성에 대한 편견과 그에 근거한 성 차별이 사회의 구성원에게 어떠한 영향을 미치는지에 대해 설명하고 그에 따른 부작용과 해결 방안에 대해 서술하고 있으므로 ④가 제목으로 가장 적절하다.

14

정답 ④

두 번째 문단에 따르면 물건이 미끄러지는 것을 감지하면 스스로 손가락의 힘을 더 높일 수 있다고 하였다. 따라서 힘을 빼는 것은 적절하지 않다.

15

정답 ③

빈칸 앞의 내용을 보면 보편적으로 사용되는 관절 로봇은 손가락의 정확한 배치와 시각 센서 등을 필요로 한다. 그러나 빈칸 뒤에서는 로봇 H는 손가락이 물건에 닿을 때까지 다가가 촉각 센서를 통해 물건의 위치를 파악한 뒤 손가락 위치를 조정한다고 하였다. 즉, H의 손가락은 관절 로봇의 손가락과 달리 정확한 위치 지정을 필요로 하지 않는다. 따라서 빈칸에 들어갈 내용으로 ③이 가장 적절하다.

오답분석

① 물건을 쥐기 위한 고가의 센서 기기 및 시각 센서를 필요로 하는 관절 로봇과 달리 H는 손가락의 촉각 센서로 손가락 힘을 조절하여 사물을 쥔다.
② H의 손가락은 공기압을 통해 구부러지지만, 기존 관절보다 쉽게 구부러지는지는 알 수 없다.
④ 물건과의 거리는 H의 손가락 촉각 센서와 관계가 없다.

제 2 영역 수리능력

01	02	03	04	05	06	07	08	09	10
②	②	①	②	④	④	①	④	②	③
11	12	13	14	15					
④	③	④	①	③					

01

정답 ②

처음 퍼낸 소금물의 양을 xg이라고 하자.

소금 20g과 물 80g을 섞은 소금물의 농도를 구하면 다음과 같다.

$$\frac{(600-x)\times\frac{8}{100}+20}{600-x+80+20}\times100=10$$

→ $\{(600-x)\times0.08+20\}\times100=10\times(600-x+80+20)$

→ $(600-x)\times8+2{,}000=7{,}000-10x$

→ $6{,}800-8x=7{,}000-10x$

→ $2x=200$

$\therefore\ x=100$

따라서 처음 퍼낸 소금물의 양은 100g이다.

02

정답 ②

현재 빌릴 돈을 x만 원이라고 하자. 4년 후 갚아야 할 돈이 2,000만 원이므로, 이율은 $r\%$, 개월 수를 n개월이라고 할 때, 다음과 같이 복리와 단리를 계산하면 다음과 같다.

• 복리 : $(\text{원금})\times(1+r)^{\frac{n}{12}}=x\times1.08^4=2{,}000$

→ $x=\frac{2{,}000}{1.08^4}=\frac{2{,}000}{1.36}\fallingdotseq1{,}471$만 원

• 단리 : $(\text{원금})\times\left(1+\frac{r}{12}\times n\right)=x\times(1+0.08\times4)=2{,}000$

→ $x\times1.32=2{,}000$ → $x=\frac{2{,}000}{1.32}\fallingdotseq1{,}515$만 원

따라서 금액의 차이는 $1{,}515-1{,}471=44$만 원이다.

03

정답 ①

오늘 처리할 업무를 택하는 방법은 발송업무, 비용정산업무를 제외한 5가지 업무 중 3가지를 택하는 조합이다.

즉, ${}_5C_3={}_5C_2=\frac{5\times4}{2\times1}=10$가지이다.

택한 5가지 업무 중 발송업무와 비용정산업무는 순서가 정해져 있으므로 두 업무를 같은 업무로 생각하면 5가지 업무의 처리 순서를 정하는 경우의 수는 $\frac{5!}{2!}=\frac{5\times4\times3\times2\times1}{2\times1}=60$가지이다.

따라서 구하는 경우의 수는 $10\times60=600$가지이다.

04

정답 ②

도시별 5년간 변화량은 다음 표와 같다.

구분		증감량(천 호, 천 가구)
서울	가구 수	111
	주택 수	106
부산	가구 수	41
	주택 수	69
대구	가구 수	40
	주택 수	58
인천	가구 수	76
	주택 수	68
광주	가구 수	20
	주택 수	41
대전	가구 수	26
	주택 수	23

따라서 5년간 가구 수보다 주택 수가 더 많이 늘어난 도시는 부산, 대구 그리고 광주이다.

오답분석

① 서울을 제외한 5개 도시 중 가구 수가 가장 많이 증가한 도시는 인천이 7만 6천 가구로 가장 많다.

③ 2022년 서울의 가구 수는 381만 3천 가구이며, 대구와 인천, 광주 그리고 대전의 가구 수의 합은 $948+1{,}080+576+598=3{,}202$천 가구, 즉 320만 2천 가구로 서울의 가구 수가 더 많다.

④ 2023년 서울과 부산 그리고 대구의 가구 수는 $3{,}840+1{,}364+958=6{,}162$천 가구이며, 전국 가구 수 대비 $\frac{6{,}162}{19{,}979}\times100\fallingdotseq30.8\%$로 30% 이상이다.

05

정답 ④

㉡ 보험금 지급 부문에서 지원된 금융 구조조정 자금 중 저축은행이 지원받은 금액의 비중은 $\frac{72{,}892}{303{,}125}\times100\fallingdotseq24.0\%$로 20%를 초과한다.

㉢ 제2금융에서 지원받은 금융 구조조정 자금 중 보험금 지급 부문으로 지원받은 금액이 차지하는 비중은 $\frac{182{,}718}{217{,}080}\times100\fallingdotseq84.2\%$로, 80% 이상이다.

㉣ 부실자산 매입 부문에서 지원된 금융 구조조정 자금 중 은행이 지급받은 금액의 비중은 $\frac{81{,}064}{105{,}798}\times100\fallingdotseq76.6\%$로, 보험사가 지급받은 금액의 비중의 20배인 $\frac{3{,}495}{105{,}798}\times100\times20\fallingdotseq66.1\%$ 이상이다.

오답분석

㉠ 출자 부문에서 은행이 지원받은 금융 구조조정 자금은 222,039억 원으로, 증권사가 지원받은 금융 구조조정 자금의 3배인 $99,769\times3=299,307$억 원보다 작다.

06

정답 ④

산업별 대기배출량을 구하면 다음과 같다.

- 농업, 임업 및 어업

$$\left(10,400\times\frac{30}{100}\right)+\left(810\times\frac{20}{100}\right)+\left(12,000\times\frac{40}{100}\right)+\left(0\times\frac{10}{100}\right)=8,082\text{천 톤 }CO_2\text{eq}$$

- 석유, 화학 및 관련제품

$$\left(6,350\times\frac{30}{100}\right)+\left(600\times\frac{20}{100}\right)+\left(4,800\times\frac{40}{100}\right)+\left(0.03\times\frac{10}{100}\right)=3,945.003\text{천 톤 }CO_2\text{eq}$$

- 전기, 가스, 증기 및 수도사업

$$\left(25,700\times\frac{30}{100}\right)+\left(2,300\times\frac{20}{100}\right)+\left(340\times\frac{40}{100}\right)+\left(0\times\frac{10}{100}\right)=8,306\text{천 톤 }CO_2\text{eq}$$

- 건설업

$$\left(3,500\times\frac{30}{100}\right)+\left(13\times\frac{20}{100}\right)+\left(24\times\frac{40}{100}\right)+\left(0\times\frac{10}{100}\right)=1,062.2\text{천 톤 }CO_2\text{eq}$$

대기배출량이 많은 부문의 대기배출량을 줄여야 지구온난화 예방에 효과적이므로 '전기, 가스, 증기 및 수도사업' 부문의 대기배출량을 우선적으로 줄여야 한다.

07

정답 ①

- 네 번째 조건
  2014년 대비 2024년 독신 가구 실질세부담률이 가장 큰 폭으로 증가한 국가는 C이다. 따라서 C는 포르투갈이다.
- 첫 번째 조건
  2024년 독신 가구와 다자녀 가구의 실질세부담률 차이가 덴마크보다 큰 국가는 A, C, D이다. 네 번째 조건에 의하여 C는 포르투갈이므로 A, D는 캐나다, 벨기에 중 한 곳이다.
- 두 번째 조건
  2024년 독신 가구 실질세부담률이 전년 대비 감소한 국가는 A, B, E이다. 즉, A, B, E는 벨기에, 그리스, 스페인 중 한 곳이다. 첫 번째 조건에 의하여 A는 벨기에, D는 캐나다이다. 따라서 B, E는 그리스와 스페인 중 한 곳이다.
- 세 번째 조건
  E의 2024년 독신 가구 실질세부담률은 B의 2024년 독신 가구 실질세부담률보다 높다. 즉, B는 그리스, E는 스페인이다.

따라서 A는 벨기에, B는 그리스, C는 포르투갈, D는 캐나다이다.

08

정답 ④

㉠ 신문 보도에서 착공 전에 가장 높은 보도 비율을 보인 분야는 교통과 환경으로 착공 후 신문 보도 비율은 둘 다 감소했다.

㉢ 착공 전에 비해 착공 후 교통에 대한 보도 비율의 감소폭은 방송은 $51.6-29.3=22.3$%p이고, 신문은 $49-18.4=30.6$%p로 신문이 방송보다 감소폭이 더 크다.

㉣ 신문 보도에서 착공 전 대비 착공 후 보도 비율의 증가율이 가장 큰 분야는 $\frac{16-5.4}{5.4}\times100\fallingdotseq196\%$인 역사이다.

㉤ 착공 전 교통에 대한 보도 비율은 신문보다는 방송에서 $51.6-49=2.6$%p 더 높다.

오답분석

㉡ 착공 후 방송에서 가장 많이 보도된 분야는 '공정'이다.

09

정답 ②

한국은 일본과 러시아와의 무역에서 수출보다 수입을 많이 했다. 한편 수출이 수입보다 많아야 흑자이므로, 일본과 러시아를 제외한 모든 국가와의 무역에서 한국은 흑자를 기록하고 있다.

10

정답 ③

㉠ 10월의 원/위안 환율은 11월의 원/위안 환율보다 낮다. 따라서 A가 위안화를 한국으로 송금하여 원화로 환전하였을 때, 원화 대비 위안화 가치가 상대적으로 더 높은 11월에 원화로 더 많은 금액을 받을 수 있으므로 옳다.

㉡ 8월부터 12월까지 원/달러 환율과 원/100엔 환율의 증감 추이는 '감소 – 증가 – 증가 – 증가 – 감소'로 동일하다.

㉢ 달러/위안 환율은 $\frac{(\text{원/위안})}{(\text{원/달러})}$이다. 7월에 $\frac{163.50}{1,140.30}\fallingdotseq0.1434$ 달러/위안이며, 11월에 $\frac{163.10}{1,141.55}\fallingdotseq0.1429$달러/위안으로 하락하였다.

오답분석

㉣ 위안/100엔 환율은 $\frac{(\text{원/100엔})}{(\text{원/위안})}$이다. 위안/100엔 환율은 8월에 $\frac{1,009.20}{163.30}\fallingdotseq6.18$위안/100엔으로 $\frac{1,011.60}{163.05}\fallingdotseq6.20$위안/100엔인 12월보다 낮다. 따라서 B가 엔화로 유학자금을 마련하여 위안화로 환전을 하는 경우, 엔화 대비 위안화 환율이 더 높은 12월이 더 경제적이다.

11

정답 ④

• 2018년 노령연금 대비 유족연금 비율 : $\frac{485}{2,532}\times100 \fallingdotseq 19.2\%$

• 2019년 노령연금 대비 유족연금 비율 : $\frac{571}{3,103}\times100 \fallingdotseq 18.4\%$

따라서 2018년이 2019년보다 더 높다.

오답분석

① 매년 가장 낮은 것은 장애연금 지급액이다.
② 일시금 지급액은 2020년과 2021년에 감소했다.
③ 2018년 지급총액의 2배는 3,586×2=7,172억 원이므로 2022년에 처음으로 2배를 넘어섰다.

12

정답 ③

• 50대의 2023년 대비 2024년 전체 일자리 증가 수
: 532−515=17만 개
• 60세 이상의 2023년 대비 2024년 전체 일자리 증가 수
: 288−260=28만 개

13

정답 ④

제시된 자료를 통해 50대와 60세 이상의 연령대를 제외한 전체 일자리 규모는 감소했음을 알 수 있다.

오답분석

① 2023년 전체 일자리 규모에서 20대가 차지하는 비중은 $\frac{332}{2,301}\times100 \fallingdotseq 14.4\%$, 2024년은 $\frac{330}{2,323}\times100 \fallingdotseq 14.2\%$이므로 약 0.2%p 감소했다.
② 2024년 30대의 전체 일자리 규모 비중은 $\frac{530}{2,323}\times100 \fallingdotseq 22.8\%$이다.
③ 2023년 40대의 $\frac{(\text{지속 일자리})}{(\text{신규채용 일자리})}=\frac{458}{165} \fallingdotseq 2.8$배이다.

14

정답 ①

건설업 분야의 취업자 수는 2020년과 2023년에 각각 전년 대비 감소했다.

오답분석

② 농·임·어업 분야의 취업자 수는 꾸준히 감소하는 것을 확인할 수 있다.
③ 2015년 도소매·음식·숙박업 분야에 종사하는 사람의 수는 총취업자 수의 $\frac{5,966}{21,156}\times100 \fallingdotseq 28.2\%$이므로 30% 미만이다.
④ 2023년 사업·개인·공공서비스 및 기타 분야의 취업자 수는 2015년 대비 7,633−4,979=2,654천 명으로 가장 많이 증가했다.

15

정답 ③

㉠ 2018년 어업 분야의 취업자 수는 농·임·어업 분야의 취업자 수 합계에서 농·임업 분야 취업자 수를 제외한 수이다. 따라서 1,950−1,877=73천 명이다.
㉡ 2022년 전기·운수·통신·금융업 분야의 취업자 수가 7,600천 명으로 가장 많다.

오답분석

㉢ 농·임업 분야 종사자와 농·임·어업 분야 종사자 수는 계속 감소해 왔기 때문에 어업 분야 종사자 수가 현상을 유지하거나 늘어날 것이라고 보기 어렵다.

제3영역 문제해결능력

01	02	03	04	05	06	07	08	09	10
④	④	①	②	③	④	④	②	①	③
11	12	13	14	15					
④	①	①	③	③					

01

정답 ④

'A카페에 간다'를 p, '타르트를 주문한다'를 q, '빙수를 주문한다'를 r, '아메리카노를 주문한다'를 s라고 하면, $p \rightarrow q \rightarrow \sim r$, $p \rightarrow q \rightarrow s$의 관계가 성립한다. 'A카페를 가면 아메리카노를 주문한다.'는 참인 명제이므로 대우인 '아메리카노를 주문하지 않으면 A카페를 가지 않았다는 것이다.'도 참이다.

02

정답 ④

세 가지 조건을 종합해 보면 A상자에는 테니스공과 축구공이, B상자에는 럭비공이, C상자에는 야구공이 들어가게 됨을 알 수 있다. 따라서 B상자에는 럭비공과 배구공, 또는 럭비공과 농구공이 들어갈 수 있으며, C상자에는 야구공과 농구공, 또는 야구공과 배구공이 들어갈 수 있다. 그러므로 럭비공은 배구공과 같은 상자에 들어갈 수도 있고 아닐 수도 있다.

오답분석

① 농구공을 C상자에 넣으면 배구공이 들어갈 수 있는 상자는 B밖에 남지 않게 된다.
② 세 가지 조건을 종합해 보면 테니스공과 축구공이 들어갈 수 있는 상자는 A밖에 남지 않음을 알 수 있다.
③ A상자는 이미 꽉 찼고 남은 상자는 B와 C인데, 이 두 상자에도 각각 공이 하나씩 들어가 있으므로 배구공과 농구공은 각각 두 상자에 나누어져 들어가야 한다. 따라서 두 공은 같은 상자에 들어갈 수 없다.

03

정답 ①

6명이 앉은 테이블은 빈자리가 없고, 4명이 앉은 테이블에만 빈자리가 있으므로 첫 번째·세 번째 조건에 따라 A·I·F는 4명이 앉은 테이블에 앉아 있음을 알 수 있다. 4명이 앉은 테이블에서 남은 자리는 1개뿐이므로, 두 번째·다섯 번째·여섯 번째 조건에 따라 C·D·G·H·J는 6명이 앉은 테이블에 앉아야 한다. 마주보고 앉는 H와 J를 6명이 앉은 테이블에 먼저 배치하면 G는 H의 왼쪽 또는 오른쪽 자리에 앉으므로, C와 D는 J를 사이에 두고 앉아야 한다. 이때 네 번째 조건에 따라 어떤 경우에도 E는 6명이 앉은 테이블에 앉을 수 없으므로, 4명이 앉은 테이블에 앉아야 한다. 따라서 4명이 앉은 테이블에는 A, E, F, I가, 6명이 앉은 테이블에는 B, C, D, G, H, J가 앉는다. 이를 정리하면 다음과 같다.

- 4명이 앉은 테이블
  A와 I 사이에 빈자리가 하나 있고, F의 양옆 중 오른쪽 자리만 비어 있다. 따라서 다음과 같이 4가지 경우의 수가 발생한다.

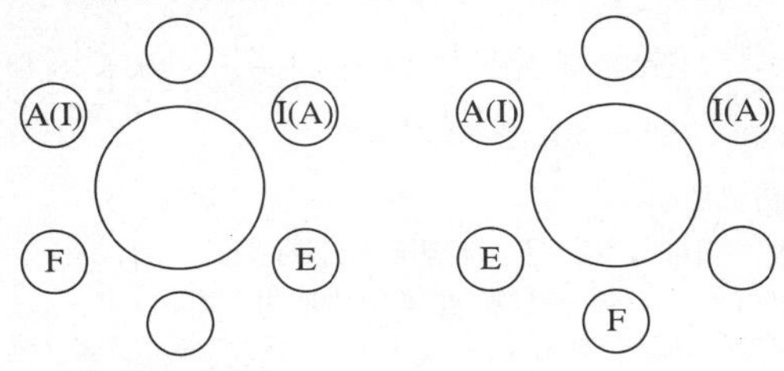

- 6명이 앉은 테이블
  H와 J가 마주본 상태에서 G가 H의 왼쪽 또는 오른쪽 자리에 앉고, C와 D는 J를 사이에 두고 앉는다. 따라서 다음과 같이 4가지 경우의 수가 발생한다.

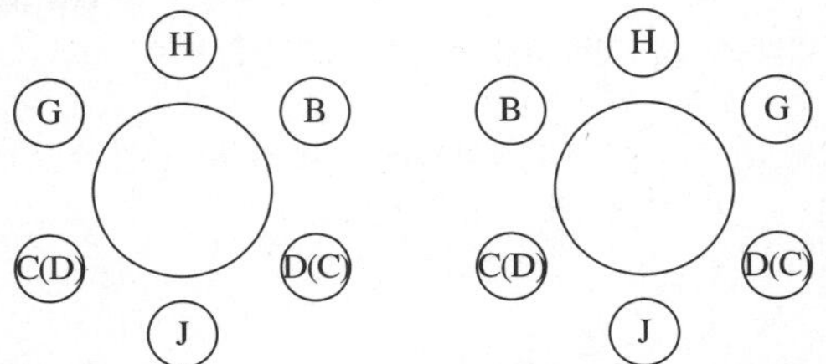

어떤 경우에도 A와 B는 다른 테이블이므로, ①은 항상 거짓이다.

04

정답 ②

오답분석

① 세 번째 조건 위반 – 숫자 0을 다른 숫자와 연속해서 나열했다.
   네 번째 조건 위반 – 영어 대문자를 다른 영어 대문자와 연속해서 나열했다.
③ 다섯 번째 조건 위반 – 특수기호를 첫 번째로 사용했다.
④ 두 번째 조건 위반 – 영어 대문자를 사용하지 않았다.

05

정답 ③

세 번째 조건과 네 번째 조건을 기호로 나타내면 다음과 같다.

- $D \rightarrow \sim E$
- $\sim E \rightarrow \sim A$

각각의 대우 $E \rightarrow \sim D$와 $A \rightarrow E$에 따라 $A \rightarrow E \rightarrow \sim D$가 성립하므로 A를 지방으로 발령한다면 E도 지방으로 발령하고, D는 지방으로 발령하지 않는다. 이때, K은행은 B와 D에 대하여 같은 결정을 하고, C와 E에 대하여는 다른 결정을 하므로 B와 C를 지방으로 발령하지 않는다. 따라서 A가 지방으로 발령된다면 지방으로 발령되지 않는 직원은 B, C, D 총 3명이다.

06

정답 ④

사원 수를 a명, 사원 1명당 월급을 b만 원이라고 가정하면, 월급 총액은 $a\times b$가 된다.

두 번째 정보에서 사원 수 10명이 늘었을 때, 월급은 100만 원 적어졌으며 월급 총액은 기존의 80%로 줄었다고 하였으므로, 이에 따라 방정식을 세우면 다음과 같다.

$(a+10)\times(b-100)=a\times b\times 0.8$ … ㉠

세 번째 정보에서 사원 수 20명이 줄었을 때, 월급은 동일하고 월급 총액은 60%로 줄었다고 하였으므로, 사원 20명의 월급 총액은 기존 월급 총액의 40%임을 알 수 있다. 이에 따른 식은 다음과 같다.

$20b=a\times b\times 0.4$ … ㉡

㉡에서 사원 수 a를 구하면,

$20b=a\times b\times 0.4 \rightarrow 20=a\times 0.4$

$\therefore a=\frac{20}{0.4}=50$

㉠에 사원 수 a를 대입하여 월급 b를 구하면,

$(a+10)\times(b-100)=a\times b\times 0.8 \rightarrow 60\times(b-100)=40b$

$\rightarrow 20b=6{,}000$

$\therefore b=300$

따라서 사원 수는 50명이며, 월급 총액은 $a\times b=50\times 300=$1억 5천만 원이다.

07

정답 ④

먼저 제시된 조건에 따라 선택할 수 없는 관광 코스를 제외할 수 있다.

- 4일 이상 관광하되 5일을 초과하면 안 되므로, 기간이 4일 미만인 B코스를 제외한다.
- 비용이 30만 원을 초과하고, 참여인원이 30명 초과인 C코스를 제외한다.

한편, D코스를 I카드로 결제할 때의 비용은 10% 할인을 적용받아 332,000×0.9=298,800원으로 30만 원 미만이다. 따라서 A코스와 D코스 중 경유지가 더 많은 D코스를 선택하는 것이 적절하다.

08

정답 ②

1단계 조사는 그 조사 실시일을 기준으로 3년마다 실시해야 하므로 을단지 주변지역은 2025년 3월 1일에 실시해야 한다.

오답분석

① 2단계 조사는 1단계 조사 판정일 이후 1개월 내에 실시해야 하므로 2024년 12월 31일 전에 실시해야 한다.

③ 환경부장관이 2단계 조사를 실시해야 한다.

④ 병단지 주변지역은 정상지역으로 판정이 났으므로 2단계 조사를 실시할 필요가 없다.

09

정답 ①

갑 ~ 정의 아이돌봄 서비스 이용요금을 표로 정리하면 다음과 같다.

구분	이용시간(시간)		소득기준별 본인부담금(원)		비고
	일반	야간	A형	B형	
갑	6	–	7,800	–	–
을	5	–	3,900	–	33.3% 할인
병	4	1	–	7,800	–
정	7	2	1,560	2,340	15% 할인

- 갑 : 7,800×6=46,800원
- 을 : 3,900×5×3×0.667≒39,019원(∵ 원 단위 이하 절사)
- 병 : (7,800×4)+[(7,800+3,900)×1]=42,900원
- 정
  - A형 아동 1명 : (1,560×7)+[(1,560+3,900)×2]=21,840원
  - B형 아동 1명 : (2,340×7)+[(2,340+3,900)×2]=28,860원

  ∴ 서비스 이용요금 : (21,840+28,860)×0.85=43,095원

따라서 가장 많은 본인부담금을 납부하는 사람은 갑이다.

10

정답 ③

교통수단별 비용을 계산하면 다음과 같다.

① 버스+버스 : (1,300+300×4)+(1,200+100×3)=4,000원

② 버스+지하철 : (1,300+300×4)+(1,000+200×3)=4,100원

③ 지하철+버스 : (1,250+200×2)+(1,200+100×3)=3,150원

④ 지하철+지하철 : (1,250+200×2)+(1,000+200×3)=3,250원

따라서 A사원이 B지점까지 지하철을 이용하고, B지점에서 S지점까지 버스를 이용할 때 가장 저렴하게 이용할 수 있다.

11

정답 ④

교통수단별 소요되는 시간을 계산하면 다음과 같다.

① 버스+버스 : 5시(버스 탑승) → 5시 46분(버스 하차) → 6시(버스 탑승) → 6시 23분(버스 하차)

② 버스+지하철 : 5시(버스 탑승) → 5시 46분(버스 하차) → 5시 50분(지하철 탑승) → 6시 2분(지하철 하차)

③ 지하철+버스 : 5시 20분(지하철 탑승) → 5시 48분(지하철 하차) → 6시(버스 탑승) → 6시 23분(버스 하차)

④ 택시+버스 : 5시(택시 탑승) → 5시 13분(택시 하차) → 5시 30분(버스 탑승) → 5시 53분(버스 하차)

따라서 A사원이 택시를 타고 버스로 환승하면 S지점의 퇴근시간 전까지 도착할 수 있다.

12

정답 ①

지불한 70만 원 중 40만 원을 현금결제하였으므로 40만 원에 대해서 현금영수증의 발급 의무가 발생하고, 이에 따른 현금영수증 미발급으로 인한 과태료와 신고 포상금을 계산하면 다음과 같다.

• 과태료 : 40만×0.5=20만 원

• 신고 포상금 : 20만×0.2=4만 원

따라서 현금영수증 미발급으로 인한 신고 포상금은 4만 원이다.

13

정답 ①

업주는 B씨가 현금영수증 발급을 원하지 않아서 지정코드로 자진 발급했다. 이러한 경우는 현금영수증 발급으로 인정하므로 현금영수증 발급 의무 위반은 발생하지 않았다. 따라서 B씨는 신고 포상금을 받을 수 없다.

14

정답 ③

시공업체 선정 기준에 따라 B, C업체는 최근 3년 이내 시공규모에서, A, E업체는 입찰가격에서 자격 미달이다.

점수 산정 기준에 따라 D업체와 F업체의 항목별 점수를 정리하면 다음과 같다.

(단위 : 점)

업체	기술점수	친환경점수	경영점수	합계
D	30	15	30	75
F	15	20	30	65

따라서 선정될 업체는 입찰점수가 더 높은 D업체이다.

15

정답 ③

변경된 시공업체 선정 기준에 따라 최근 3년 이내 시공규모를 충족하지 못한 B업체를 제외하고, 나머지 업체들의 항목별 점수를 정리하면 다음과 같다.

(단위 : 점)

업체	기술 점수	친환경 점수	경영 점수	가격 점수	합계
A	30	25	26	8×2=16	97
C	15	15	22	15×2=30	82
D	30	15	30	12×2=24	99
E	20	25	26	8×2=16	87
F	15	20	30	12×2=24	89

따라서 선정될 업체는 입찰점수가 가장 높은 D업체이다.

제4영역 정보능력

01	02	03	04	05	06	07	08	09	10
③	①	②	④	②	④	④	②	①	②
11	12	13	14	15					
④	④	②	③	②					

01

정답 ③

하이퍼링크(Hyperlink)는 다른 문서로 연결하는 HTML로 구성된 링크로, 외부 데이터를 가져오기 위해 사용하는 기능은 아니다.

오답분석

① [데이터] → [외부 데이터 가져오기] → [기타 원본에서] → [데이터 연결 마법사]

② [데이터] → [외부 데이터 가져오기] → [기타 원본에서] → [Microsoft Query]

④ [데이터] → [외부 데이터 가져오기] → [웹]

02

정답 ①

LEN 함수는 문자열의 문자 수를 구하는 함수이므로 숫자를 반환한다. 「=LEN(A2)」는 '서귀포시'로 문자 수가 4이며 여기서 −1을 하면 [A2] 열의 3번째 문자까지를 지정하는 것이므로 [C2] 셀과 같이 나온다. 텍스트 문자열의 시작지점부터 지정한 수만큼의 문자를 반환하는 LEFT 함수를 사용하면 「=LEFT(A2,LEN(A2)−1)」이 옳다.

03

정답 ②

[A1:A2] 영역을 채운 뒤 아래로 드래그하면 '월요일 – 수요일 – 금요일 – 일요일 – 화요일' 순서로 입력된다.

04

정답 ④

SUM 함수는 「=SUM(합계를 구할 처음 셀:합계를 구할 마지막 셀)」로 표시해야 한다. 판매수량과 추가판매를 더하는 것은 비연속적인 셀을 더하는 것이지만 연속하는 영역을 입력하고 ','로 구분해 준 뒤 다음 영역을 다시 지정해 주면 되므로 「=SUM(B2:B5,C2,C5)」이 옳다.

05

정답 ②

창 나누기를 수행하면 셀 포인터의 왼쪽과 위쪽으로 창 구분선이 표시된다.

06

정답 ④

시스템 복원은 시스템 파일의 에러로 이상이 발생했을 때, 지정한 시점으로 파일을 되돌리는 기능이다. 하지만 이를 통해 문서를 복구할 수 있는 것은 아니며, 오히려 문서의 일부 또는 파일 자체가 삭제될 가능성이 있다.

07

정답 ④

엑셀에서 곱하기는 *로 입력한다. 따라서 「=E4*0.1」이 옳다.

08

정답 ②

SUM 함수를 이용해 범위를 G3부터 G4까지 지정하며 결괏값은 12,281,889이다.

오답분석

①·③ AVERAGE는 평균을 구할 때 쓰는 함수식이다.

09

정답 ①

결과표의 빈 셀에 「=COUNTIF(참조 영역,찾는 값)」을 입력하면 된다. 결과표의 '문항 1'행 각 셀에 「=COUNTIF(설문 응답표 '문항 1'열,응답번호)」를 입력한 후, '문항 1'행을 드래그해서 아래로 내리면 값이 채워진다.

10

정답 ②

RANK 함수는 범위에서 특정 데이터의 순위를 구할 때 사용하는 함수이다. RANK 함수의 형식은 「=RANK(인수,범위,논리값)」인데, 논리값의 경우 0이면 내림차순, 1이면 오름차순으로 나타나게 된다. 발전량이 가장 높은 곳부터 순위를 매기려면 내림차순으로 나타내야 하므로 (B) 셀에 「=RANK(F5,$F$5:$F$12,0」을 입력해야 한다.

11

정답 ④

오답분석

① SUM : 각 셀의 합계를 출력하는 함수이다.
② COUNT : 숫자가 입력되어 있는 셀의 개수를 출력하는 함수이다.
③ AVERAGEA : 수치가 아닌 셀을 포함하는 인수의 평균값을 출력하는 함수이다.

12

정답 ④

개인정보는 일반정보, 가족정보, 교육 및 훈련정보, 병역정보, 부동산 및 동산 정보, 소득정보, 법적정보 등 다양하게 분류되며, 여러 분야에서 활용된다.

㉠ 가족정보에 해당한다.
㉡ 교육정보에 해당한다.
㉢ 기타 수익정보에 해당한다.
㉣ 법적정보에 해당한다.

13

정답 ②

1차 자료	단행본, 학술지와 학술지 논문, 학술회의자료, 연구보고서, 학위논문, 특허정보, 표준 및 규격자료, 레터, 출판 전 배포자료, 신문, 잡지, 웹 정보자원 등
2차 자료	사전, 백과사전, 편람, 연감, 서지데이터베이스 등

14

정답 ③

정보의 사용 절차는 전략적으로 '기획'하여 필요한 정보를 '수집'하고, 수집된 정보를 필요한 시점에 사용될 수 있도록 '관리'하여 정보를 '활용'하는 것이다.

15

정답 ②

날짜는 숫자로 취급되므로 기본적으로 오른쪽에 정렬이 된다.

KDB산업은행 필기시험

제4회 모의고사 정답 및 해설

제 1 영역 의사소통능력

01	02	03	04	05	06	07	08	09	10
①	④	②	②	②	④	④	①	④	①
11	12	13	14	15					
②	①	②	①	①					

01 정답 ①

'웃-' 및 '윗-'은 명사 '위'에 맞추어 통일한다.

예 윗넓이, 윗니, 윗도리 등

다만 된소리나 거센소리 앞에서는 '위-'로 한다.

예 위짝, 위쪽, 위층 등

02 정답 ④

제시문에 따르면 '밝은 별이 반드시 어두운 별보다 가까이 있는 것은 아니다.'라고 했으므로 적절하지 않다.

오답분석

① 별의 거리는 밝기의 절대등급과 겉보기등급의 비교를 통해 확정된다고 하였으므로 절대등급과 겉보기등급은 다를 수 있다.
② 보통 별의 밝기는 거리의 제곱에 반비례해서 어두워진다고 하였으므로 별은 항상 같은 밝기를 가지고 있지 않다.
③ 삼각 측량법은 공전 궤도 반경을 알고 있기 때문에 거리를 측정할 수 있다고 했다.

03 정답 ②

제시문은 유전자 치료를 위해 프로브와 겔 전기영동법을 통해 비정상적인 유전자를 찾아내는 방법을 설명하고 있다. 따라서 주제로 가장 적절한 것은 '유전자 추적의 도구와 방법'이다.

04 정답 ②

제시문은 환율과 관련된 경제 현상을 설명하고 있다. 환율은 기초 경제 여건을 반영하여 수렴된다는 (가) 문단이 먼저 오는 것이 적절하며, '그러나' 환율이 예상과 다르게 움직이는 경우가 있다는 (라) 문단이 그 뒤에 오는 것이 적절하다. 다음으로 이러한 경우를 오버슈팅으로 정의하는 (나) 문단이, 그 뒤를 이어 오버슈팅이 발생하는 원인인 (다) 문단이 오는 것이 적절하다.

05 정답 ②

제시문의 핵심 논점은 첫 번째 문단 마지막 부분의 '제로섬(Zero-sum)적인 요소를 지니는 경제 문제'와 두 번째 문단의 마지막 부분인 '우리 자신의 수입을 보호하기 위해 경제적 변화가 일어나는 것을 막거나 혹은 사회가 우리에게 손해를 입히는 공공정책이 강제로 시행되는 것을 막기 위해 싸울 것'에 대한 것이다. 따라서 제시문은 사회경제적인 총합이 많아지는 정책, 즉 '사회의 총생산량이 많아지게 하는 정책이 좋은 정책'이라는 주장에 대한 비판이라고 할 수 있다.

06 정답 ④

정부의 규제 장치나 법률 제정은 장벽을 만들어, 특정 산업의 로비스트들이 지대 추구행위를 계속할 수 있도록 도와준다.

오답분석

①·②·③ 첫 번째 문단에서 알 수 있다.

07 정답 ④

제시문에 의하면 물수제비 발생에는 던진 돌의 세기와 적절한 각도 그리고 회전이 중요한 변수가 됨을 알 수 있다. 물론 물의 표면장력과 공기의 저항도 변수가 될 수 있다. 세 번째 문단의 내용으로 미루어 볼 때, 돌이 수면에 부딪친 후 운동에너지가 계속 유지되면 물수제비가 잘 일어난다는 것을 알 수 있다.

오답분석

① 돌의 무게가 물수제비 횟수와 비례한다고 볼 수 없다.
② 돌의 표면과 물의 표면장력 간의 관계를 유추할 수 있는 근거가 없다.
③ 회전이 공기 저항과 관련은 있을 수 있지만 최소화한다는 진술은 적절하지 않다. 왜냐하면 회전의 방향에 따라 공기 저항이 커질 수도 있기 때문이다.

08

정답 ①

자연 현상이 아닌 프리즘이라는 발명품을 통해 빛을 분리하고 그것을 이용하여 무지개의 빛깔을 규명해냈다는 것은 발명품을 활용한 사례로 볼 수 있다. 제시문의 밑줄 친 ㉠은 물수제비라는 생활 주변의 자연 현상에서 그 원리를 찾아내 발명으로 연결시킨 경우이므로 유사하다고 볼 수 없다.

09

정답 ④

전선업계는 구릿값이 상승할 경우 기존 계약금액을 동결한 상태에서 결제를 진행하고, 반대로 구릿값이 떨어지면 그만큼의 차액을 계약금에서 차감해줄 것을 요구하는 불공정거래 행태를 보여주고 있다. 이는 자신의 이익만을 꾀하는 행위이므로, 제시문을 비판한 내용으로 ④가 적절하다.

오답분석

① 개구리 올챙이 적 생각 못 한다 : 지난 일은 생각지 못하고 처음부터 그랬던 것처럼 잘난 체한다는 뜻이다.
② 소 잃고 외양간 고친다 : 일이 이미 잘못된 뒤에는 손을 써도 소용이 없다는 뜻이다.
③ 등잔 밑이 어둡다 : 가까이에 있는 것을 도리어 알아보지 못한다는 뜻이다.

10

정답 ①

마지막 문단에서 동양은 서양으로부터 근대 과학 기술 문명의 도입과 소화로 물질적 발전을 이루었으나 어딘가 불편과 갈등을 느끼고 있다고 하였다. 따라서 동양 문화가 서양화를 통해 성공적으로 발전했다고 볼 수 없다.

11

정답 ②

먼저 '인문적'이라는 용어의 개념을 밝혀 논점을 드러내고, 현재 동양 문화의 문제점을 지적한 후 그에 대한 견해를 제시하였다.

12

정답 ①

밑줄 친 ㉠에서 '낚시'는 필요한 것만 취하는 도덕적인 행위를 가리키며 '그물질'은 무분별하게 남획하는 부도덕적인 행위를 가리킨다. 따라서 민수는 이 의미를 잘못 이해한 것이다.

오답분석

②·③·④ 인(仁)의 심성이 자연의 모든 생명체로 확대된 경우로 볼 수 있다.

13

정답 ②

제시문은 동물의 몸집이 커지는 요인을 '방향적 요인(먹잇감을 얻기 쉽게 동물 스스로가 몸집을 키우는 방향으로 진화)', '환경적 요인(기후 · 대기 중 산소 농도 및 서식지 면적)', '생물적 요인(세포 분열 및 성장호르몬)'으로 구분하여 밝힌 후, 『걸리버 여행기』와 대왕고래를 예로 들어 거대화의 한계에 대해 서술하고 있다.

14

정답 ①

두 번째 문단에 따르면 양서류나 파충류와 같은 냉혈동물은 따뜻한 기후에서 몸집이 더 커지는데, 이는 외부 열을 차단하여 체온을 유지하는 데 유리하기 때문이다. 따라서 온대 지역보다는 열대 지역의 개구리의 몸집이 더 커야 생존에 유리하다.

오답분석

② 대왕고래는 부력 덕분에 수중에서는 살 수 있지만, 만약 육지로 올라온다면 중력의 영향으로 몸을 지탱하기 어려워 생존이 불가능할 것이다.
③ 대형 초식동물(얼룩말)이 늘면 포식자(사자)들도 효과적인 사냥을 위해 몸집을 키우는 방향으로 진화한다고 하였다.
④ 매머드의 예를 들어 먹잇감을 충분하게 공급하는 넓은 면적의 서식지에 사는 동물의 몸집이 더 크다고 보았다.

15

정답 ①

마지막 문단에 따르면 동물은 몸집이 커지면 그에 맞게 신체 구조도 함께 바뀌어야 생존할 수 있으므로, 거대육우도 일반 소와는 신체 구조가 달라질 것이다.

오답분석

② 보기에서 몸집이 큰 코끼리는 몸집이 작은 쥐들에 비해 대사율이 떨어져 쥐들이 자기 몸무게만큼 먹는 음식물보다 훨씬 적은 양을 먹어도 살 수 있다고 하였으므로, 사료비용이 증가하는 것은 아니다.
③ 세포 수가 많아져도 생물 스스로의 조절 능력이 있기 때문에 수명이 단축되는 것은 아니다.
④ 세포 수가 증가하면 그만큼 덩치가 커져 무게가 증가하지만, 분열을 계속한다고 해서 무한정 성장하는 것은 아니다.

제2영역 수리능력

01	02	03	04	05	06	07	08	09	10
④	②	②	④	①	④	②	④	③	③
11	12	13	14	15					
③	③	④	④	④					

01

정답 ④

매년 초에 물가상승률(r)이 적용된 연금을 n년 동안 받게 되는 총금액(S)은 다음과 같다(x는 처음 받는 연금액).

$$S=\frac{x(1+r)\{(1+r)^n-1\}}{r}$$

올해 초에 500만 원을 받고 매년 연 10% 물가상승률이 적용되어 10년 동안 받는 총금액은

$$S=\frac{500\times(1+0.1)\times\{(1+0.1)^{10}-1\}}{0.1}$$
$$=\frac{500\times1.1\times(2.5-1)}{0.1}=8,250\text{만 원}$$

일시불로 받을 연금을 y만 원이라고 하자.

$y(1.1)^{10}=8,250 \rightarrow y=\frac{8,250}{2.5}=3,300$

따라서 올해 초에 일시불로 받을 연금은 3,300만 원이다.

02

정답 ②

5명이 노란색 원피스 2벌, 파란색 원피스 2벌, 초록색 원피스 1벌 중 1벌씩 선택하여 사는 경우의 수를 구하기 위해 먼저 5명을 2명, 2명, 1명으로 이루어진 3개의 팀으로 나누는 방법은 ${}_5C_2\times{}_3C_2\times{}_1C_1\times\frac{1}{2!}=\frac{5\times4}{2}\times3\times1\times\frac{1}{2}=15$가지이다.

원피스 색깔 중 2벌인 색은 노란색과 파란색 2가지이므로 선택할 수 있는 경우의 수는 $15\times2=30$가지이다.

03

정답 ②

두 소금물을 합하면 소금물의 양은 800g이 되고, 이 소금물을 농도 10% 이상인 소금물로 만들기 위한 물의 증발량을 xg이라고 하면 다음과 같다.

$$\frac{(300\times0.07)+(500\times0.08)}{800-x}\times100\ge10$$

$\rightarrow (21+40)\times10\ge800-x$

$\rightarrow x\ge800-610$

$\therefore x\ge190$

따라서 800g인 소금물에서 최소 190g 이상의 물을 증발시켜야 농도 10% 이상인 소금물을 얻을 수 있다.

04

정답 ④

A～D직원에게 지급된 성과급 총액을 x만 원이라 하자.

- A직원이 받은 성과급 : $\left(\frac{1}{3}x+20\right)$만 원
- B직원이 받은 성과급 : $\frac{1}{2}\left\{x-\left(\frac{1}{3}x+20\right)\right\}+10=\frac{1}{3}x$만 원
- C직원이 받은 성과급
: $\frac{1}{3}\left\{x-\left(\frac{1}{3}x+20+\frac{1}{3}x\right)\right\}+60=\left(\frac{1}{9}x+\frac{160}{3}\right)$만 원
- D직원이 받은 성과급
: $\frac{1}{2}\left\{x-\left(\frac{1}{3}x+20+\frac{1}{3}x+\frac{1}{9}x+\frac{160}{3}\right)\right\}+70$
$=\left(\frac{1}{9}x+\frac{100}{3}\right)$만 원

$$x=\left(\frac{1}{3}x+20\right)+\frac{1}{3}x+\left(\frac{1}{9}x+\frac{160}{3}\right)+\left(\frac{1}{9}x+\frac{100}{3}\right)$$

$\rightarrow 9x=8x+960$

$\therefore x=960$

따라서 4명의 직원에게 지급된 성과급은 총 960만 원이다.

05

정답 ①

- 네 번째 조건을 이용하기 위해 6개 수종의 인장강도와 압축강도의 차를 구하면 다음과 같다.
  - A : $52-48=4\text{N/mm}^2$
  - B : $125-64=61\text{N/mm}^2$
  - C : $69-63=6\text{N/mm}^2$
  - 삼나무 : $45-41=4\text{N/mm}^2$
  - D : $24-21=3\text{N/mm}^2$
  - E : $59-51=8\text{N/mm}^2$

  즉, 인장강도와 압축강도의 차가 두 번째로 큰 수종은 E이므로 E는 전나무이다.
- 첫 번째 조건을 이용하기 위해 6개 수종의 전단강도 대비 압축강도 비를 구하면 다음과 같다.
  - A : $\frac{48}{10}=4.8$
  - B : $\frac{64}{12}\fallingdotseq5.3$
  - C : $\frac{63}{9}=7$
  - 삼나무 : $\frac{41}{7}\fallingdotseq5.9$
  - D : $\frac{24}{6}=4$
  - E : $\frac{51}{7}\fallingdotseq7.3$

  즉, 전단강도 대비 압축강도 비가 큰 상위 2개 수종은 E와 C이다. E는 전나무이므로 C는 낙엽송이다.
- 두 번째 조건을 이용하기 위해 6개 수종의 휨강도와 압축강도의 차를 구하면 다음과 같다.
  - A : $88-48=40\text{N/mm}^2$
  - B : $118-64=54\text{N/mm}^2$
  - C : $82-63=19\text{N/mm}^2$
  - 삼나무 : $72-41=31\text{N/mm}^2$
  - D : $39-24=15\text{N/mm}^2$
  - E : $80-51=29\text{N/mm}^2$

즉, 휨강도와 압축강도의 차가 큰 상위 2개 수종은 A, B이므로 소나무와 참나무는 A와 B 중 하나이다. 따라서 D는 오동나무이다.

- 오동나무 기건비중의 2.5배는 $0.31\times2.5=0.775$이다. 세 번째 조건에 의하여 참나무의 기건비중은 오동나무 기건비중의 2.5배 이상이므로 B는 참나무이고 남은 A는 소나무이다.

따라서 A는 소나무, C는 낙엽송이다.

06

정답 ④

전체 가입자 중 여자 가입자 수의 비율은 $\frac{9,804,482}{21,942,806}\times100\fallingdotseq$ 44.7%로 40% 이상이다.

오답분석

① 남자 사업장가입자 수는 8,059,994명이며, 남자 지역가입자 수 2배인 $3,861,478\times2=7,722,956$명보다 많다.

② 여자 가입자 전체 수인 9,804,482명에서 여자 사업장가입자 수인 5,775,011명을 빼면 4,029,471명이다. 따라서 여자 사업장가입자 수가 이를 제외한 항목의 여자 가입자 수를 모두 합친 것보다 많다.

③ 전체 지역가입자 수는 전체 사업장가입자 수의 $\frac{7,310,178}{13,835,005}\times100\fallingdotseq52.8$%로 50% 이상이다.

07

정답 ②

제시된 그래프는 구성비에 해당하므로 2024년에 전체 수송량이 증가하였다면 2024년 구성비가 감소하였어도 수송량은 증가했을 수 있다. 구성비로 수송량 자체를 비교해서는 안 된다는 점에 유의해야 한다.

08

정답 ④

중국과 일본의 점유율은 2021년 2분기부터 2022년 1분기까지 차이가 줄어들다가, 2022년 2분기에 차이가 다시 늘어났다.

오답분석

① 15분기 동안 일본은 2019년 1 ~ 3분기와 2020년 3 ~ 4분기에 총 5분기 동안 1위를 차지했으며, 나머지 10분기는 한국이 1위를 차지했다.

② 2021년 4분기의 한국(39.8%)과 일본(29.6%), 일본과 중국(19.4%)의 점유율 차이는 각각 10.2%p이다.

③ 한국과 중국의 점유율 차이가 가장 적었던 시기는 2022년 3분기이다. 이때, 점유율 차이는 $39.3-23.7=15.6$%p이다.

09

정답 ③

각 금융기관의 연간 보험료 산정산식에 따라 보험료를 계산하면 다음과 같다.

구분	연간 보험료
A사	(25.2억+13.6억)/2×15/10,000=291만 원
B사	21.5억×15/10,000=322.5만 원
C사	12.9억×15/10,000=193.5만 원
D사	5.2억×40/10,000=208만 원

따라서 A ~ D사 중 연간 보험료가 가장 낮은 곳은 C사이다.

10

정답 ③

K공사의 처리 규정에 따라 환급한 금액은 다음과 같다.

(환급 금액)=(과납금액)×(1+환급이자율)^n

(단, n : 납부일 다음 날부터 환급일까지의 일수)

$=1,000,000$원$\times(1.012)^4$

$=1,000,000$원$\times1.04$

$=1,040,000$원

11

정답 ③

K공사의 처리 규정에 따라 Q사가 납부한 미납액과 연체료를 합산한 금액은 다음과 같다.

(미납액과 연체료를 합산한 금액)=(미납액)×(1+연체이자율)^n

(단, n : 납부일 다음 날부터 환급일까지의 일수)

$=1,200,000\times(1.02)^3$

$=1,200,000\times1.06$

$=1,272,000$원

12

정답 ③

㉠ 그리스가 4.4천 명, 한국은 1.4천 명이다. $1.4\times4=5.6>4.4$이므로 4배가 넘지 않는다.

㉡ 제시된 자료만으로 10년 이내에 한국이 프랑스의 수치를 넘어선다는 것을 알 수 없다.

오답분석

㉢ 그리스가 5.4천 명으로 가장 많고, 한국이 1.7천 명으로 가장 적다. $1.7\times3=5.1<5.4$이므로 3배 이상이다.

13

정답 ④

2022년 활동 의사 인원은 한국이 1.6천 명으로 가장 적고, 그리스가 4.9천 명으로 가장 많다.

오답분석

① 2023년 활동 의사 인원은 네덜란드가 3.7천 명이고, 그리스가 5.0천 명으로 가장 많다. 따라서 그리스에 비해 1.3천 명 적다.
② 한국이 매년 수치가 가장 적다는 사실을 볼 때, 한국의 의료서비스 지수가 멕시코보다 더 열악하다고 할 수 있다.
③ 2017 ~ 2019년에는 그리스의 활동 의사 인원이 미국의 두 배가 안 되는 수치를 보이고 있다.

14

정답 ④

다문화 초등학생은 2015년에 비해 2024년에 60,283−7,910=52,373명 증가했다.
다문화 고등학생은 2015년에 비해 2024년에 8,388−340=8,048명 증가했다.

15

정답 ④

초·중·고등학교 전체 학생 수는 점점 감소하고, 전체 다문화 학생 수는 점점 증가하고 있으므로 초·중·고등학교 전체 학생 수 대비 전체 다문화 학생 수의 비율은 계속 증가하고 있다.

오답분석

①·② 제시된 자료를 통해 알 수 있다.
③ 82,536−9,389=73,147명

제3영역 문제해결능력

01	02	03	04	05	06	07	08	09	10
④	④	③	④	②	④	④	③	②	④
11	12	13	14	15					
①	③	④	④	②					

01

정답 ④

'비가 옴'을 p, '한강 물이 불어남'을 q, '보트를 탐'을 r, '자전거를 탐'을 s라고 하면, 각 명제는 순서대로 $p \rightarrow q$, $\sim p \rightarrow \sim r$, $\sim s \rightarrow q$이다. 앞의 두 명제를 연결하면 $r \rightarrow p \rightarrow q$이고, 결론이 $\sim s \rightarrow q$가 되기 위해서는 $\sim s \rightarrow r$이라는 명제가 추가로 필요하다. 따라서 빈칸에 들어갈 명제는 ④이다.

02

정답 ④

월요일부터 토요일까지 각 팀의 회의 진행 횟수가 같으므로 6일 동안 6개 팀은 각각 두 번씩 회의를 진행해야 한다. 주어진 조건에 따라 A ~ F팀의 회의 진행 요일을 정리하면 다음과 같다.

<table>
<tr><th>월</th><th>화</th><th>수</th><th>목</th><th>금</th><th>토</th></tr>
<tr><td rowspan="2">C, B</td><td rowspan="2">D, B</td><td>C, E</td><td rowspan="2">A, F</td><td rowspan="2">A, F</td><td>D, E</td></tr>
<tr><td>D, E</td><td>C, E</td></tr>
</table>

오답분석

① E팀은 수요일과 토요일에 모두 회의를 진행한다.
② 화요일에 회의를 진행한 팀은 B팀과 D팀이다.
③ C팀과 E팀은 수요일과 토요일 중 하루는 함께 회의를 진행한다.

03

정답 ③

생일 주인공인 지영이가 먹은 케이크 조각이 가장 크며, 민지가 먹은 케이크 조각은 가장 작지도 않고 두 번째로 작지도 않으므로 민지는 세 번째 또는 네 번째로 작은 케이크를 먹었을 것이다. 이때 재은이가 먹은 케이크 조각은 민지가 먹은 케이크 조각보다 커야 하므로 민지는 세 번째로 작은 케이크 조각을, 재은이는 네 번째로 작은 케이크 조각을 먹었음을 알 수 있다. 또한 정호와 영재의 관계에서 영재의 케이크가 가장 작음을 알 수 있다.
따라서 케이크의 크기가 작은 순서대로 나열하면 '영재 – 정호 – 민지 – 재은 – 지영'이다.

04

정답 ④

각 조건을 정리하면 다음과 같다.

- 스페인 반드시 방문
- 프랑스 → ~영국
- 오스트리아 → ~스페인

• 벨기에 → 영국
• 오스트리아, 벨기에, 독일 중 2개 이상
세 번째 명제의 대우 명제는 '스페인 → ~오스트리아'이고, 스페인을 반드시 방문해야 되므로 오스트리아는 방문하지 않을 것이다. 그러므로 마지막 조건에 따라 벨기에와 독일은 방문한다. 네 번째 조건에 따라 영국도 방문하고, 두 번째 조건에 따라 프랑스는 방문하지 않게 된다.
따라서 아름이가 방문할 국가는 스페인, 벨기에, 독일, 영국이며, 방문하지 않을 국가는 오스트리아와 프랑스임을 알 수 있다.

05

정답 ②

오답분석

① 어린이도서관 대출 도서 수가 2권이므로 교내 도서관 대출 수는 2권 이상이어야 참가가 가능하다.
③ 교내 도서관 대출 도서 수가 2권이므로 어린이 도서관 대출 수는 2권 이상이어야 참가가 가능하다.
④ 어린이도서관 대출 도서 수가 1권이므로 교내 도서관 대출 수는 4권 이상이여야 참가가 가능하다.

06

정답 ④

각 펀드의 총점을 통해 비교 결과를 유추하면 다음과 같다.
• A펀드 : 한 번은 우수(5점), 한 번은 우수 아님(2점)
• B펀드 : 한 번은 우수(5점), 한 번은 우수 아님(2점)
• C펀드 : 두 번 모두 우수 아님(2점+2점)
• D펀드 : 두 번 모두 우수(5점+5점)
각 펀드의 비교 대상은 다른 펀드 중 두 개이며, 총 4번의 비교를 했다고 하였으므로 다음과 같은 경우를 고려할 수 있다.

i)

A		B		C		D	
B	D	A	C	B	D	A	C
5	2	2	5	2	2	5	5

표의 결과를 정리하면 D>A>B, A>B>C, B·D>C, D>A·C이므로 'D>A>B>C'이다.

ii)

A		B		C		D	
B	C	A	D	A	D	C	B
2	5	5	2	2	2	5	5

표의 결과를 정리하면 B>A>C, D>B>A, A·D>C, D>C·B이므로 'D>B>A>C'이다.

iii)

A		B		C		D	
D	C	C	D	A	B	A	B
2	5	5	2	2	2	5	5

표의 결과를 정리하면 D>A>C, D>B>C, A·B>C, D>A·B이므로 'D>A·B>C'이다.

㉠ 세 가지 경우에서 모두 D펀드는 C펀드보다 우수하다.
㉡ 세 가지 경우에서 모두 B펀드보다 D펀드가 우수하다.
㉢ 마지막 경우에서 A펀드와 B펀드의 우열을 가릴 수 있으면 A~D까지 우열순위를 매길 수 있다.

07

정답 ④

선정방식에 따라 업체별 경영건전성 점수, 시공실적 점수, 전력절감 점수, 친환경 점수를 합산한 값의 평균에 가점을 가산하여 최종점수를 구하면 다음과 같다.

(단위 : 점)

구분	A업체	B업체	C업체	D업체
경영건전성	85	91	79	88
시공실적	79	82	81	71
전력절감	71	74	72	77
친환경	88	75	85	89
평균	80.75	80.5	79.25	81.25
가점	2 (∵ 수상)	1+2=3 (∵ 무사고 +수상)	2 (∵ 입찰가격)	1+2=3 (∵ 무사고 +입찰가격)
최종점수	82.75	83.5	81.25	84.25

따라서 선정될 업체는 최종점수가 가장 높은 D업체이다.

08

정답 ③

작년 행사 참여인원이 3,000명이었고, 올해 예상 참여인원은 작년 대비 20% 증가할 것으로 예측되므로, 3,000×1.2=3,600명이다. 경품별로 준비물품 개수 합과 당첨고객 수가 같으므로 총액을 계산해 보면 다음과 같다.

경품	당첨 고객 수	단가	총액
갑 티슈	800명	3,500원	800×3,500=2,800,000원
우산	700명	9,000원	700×9,000=6,300,000원
보조배터리	600명	10,000원	600×10,000=6,000,000원
다도세트	500명	15,000원	500×15,000=7,500,000원
수건세트	400명	20,000원	400×20,000=8,000,000원
상품권	300명	30,000원	300×30,000=9,000,000원
식기건조대	200명	40,000원	200×40,000=8,000,000원
전자레인지	100명	50,000원	100×50,000=5,000,000원
합계	3,600명	–	52,600,000원

따라서 올해 행사의 필요한 경품에 대한 예상금액은 52,600,000원이다.

09

정답 ②

제시된 자료를 토대로 민원처리 시점을 구하면 다음과 같다.
• A씨는 4/29(금)에 '부동산중개사무소 등록'을 접수하였고 민원처리기간은 7일이다. 민원사무처리기간이 6일 이상일 경우, 초일을 산입하고 '일' 단위로 계산하되 토요일은 포함하고 공휴일은 포함하지 않는다. 따라서 민원사무처리가 완료되는 시점은 5/9(월)이다.
• B씨는 4/29(금)에 '토지거래계약허가'를 접수하였고 민원처리

기간은 15일이다. 민원사무처리기간이 6일 이상일 경우, 초일을 산입하고 '일' 단위로 계산하되 토요일은 포함하고 공휴일은 포함하지 않는다. 따라서 민원사무처리가 완료되는 시점은 5/19(목)이다.

- C씨는 4/29(금)에 '등록사항 정정'을 접수하였고 민원처리기간은 3일이다. 민원사무처리기간이 5일 이하일 경우, '시간' 단위로 계산하되 토요일과 공휴일은 포함하지 않는다. 따라서 민원사무처리가 완료되는 시점은 5/4(수) 14시이다.

일	월	화	수	목	금	토
					4/29	30
~~5/1~~	2	3	**4**	5	6	7
~~8~~	**9**	10	11	12	13	~~14~~
~~15~~	16	17	18	**19**	20	21
~~22~~	23	24	25	26	27	28
~~29~~	30	31				

10

정답 ④

해당 업무와 선결업무를 묶어서 생각해야 한다. D업무는 A업무와 B업무를 끝마친 후 실시해야 하므로 A(3일)+B(1일)+D(7일)=11일이 걸린다. E업무는 A업무 다음으로 실시해야 하므로 A(3일)+E(5일)=8일이 걸린다. F업무는 B, C업무를 끝낸 후 시작해야 하지만 B, C업무는 묶어진 업무가 아니므로 두 업무 중 기간이 더 걸리는 C업무가 끝난 후 시작하면 C(6일)+F(3일)=9일이 걸린다. 가장 오래 걸리는 업무기간이 모든 업무를 완료하는 최소 소요기간이므로 최소 소요기간은 11일이 된다.

일정 순서를 표로 나타내면 다음과 같다.

1일	2일	3일	4일	5일	6일	7일	8일	9일	10일	11일
A	A	A	B	D	D	D	D	D	D	D
A	A	A	E	E	E	E	E			
C	C	C	C	C	C	F	F	F		

11

정답 ①

㉠ B업무의 소요기간이 4일로 연장된다면 3일이 늘어난 것이므로 D업무를 마칠 때까지 3+4+7=14일이 소요된다.

㉡ D업무의 선결업무가 없다면 가장 마지막에 마치는 업무는 F가 되고 모든 업무를 마치는 데 최소 9일이 소요된다.

오답분석

㉢ E업무의 선결업무에 C업무가 추가된다면 최소 소요기간은 6+5=11일이 된다(A, C는 동시에 진행해도 된다).

㉣ C업무의 소요기간이 2일 연장되면 C(8일)+F(3일)=11일로 최소 소요기간은 변하지 않는다.

12

정답 ③

사장은 최소비용으로 최대인원을 채용하고자 한다. 이를 위해서는 가장 낮은 임금의 인원을 최우선으로 배치하되, 같은 임금의 인원은 가용시간 내에 분배하여 배치하는 것이 적절하다. 이를 적용하면 다음과 같이 인원을 배치할 수 있다.

8시부터 임금이 가장 낮은 김갑주가 근무한다.이후 10시부터는 임금이 같은 한수미도 근무할 수 있으므로, 최대인원을 채용하는 목적에 따라 한수미가 근무한다. 그다음 중복되는 12시부터는 임금이 더 낮은 조병수가 근무하며, 15시부터 기존 직원이 부재하므로 2명이 근무하기 위해 임금이 가장 낮은 강을미가 15시부터 20시까지 근무한다. 조병수 다음으로 중복되는 14시부터 가능한 최강현은 임금이 비싸므로 근무하지 않는다(최소비용이 최대인원보다 우선하기 때문). 다음으로 중복되는 16시부터는 채미나가 조병수와 임금이 같으므로 채미나가 근무한다. 이를 표로 정리하면 다음과 같다.

근무시간	월		화		수		목		금	
08:00 ~ 09:00	기존 직원	김갑주	기존 직원	김갑주	기존 직원	김갑주	기존 직원	김갑주	기존 직원	김갑주
09:00 ~ 10:00	기존 직원	김갑주	기존 직원	김갑주	기존 직원	김갑주	기존 직원	김갑주	기존 직원	김갑주
10:00 ~ 11:00	기존 직원	한수미	기존 직원	한수미	기존 직원	한수미	기존 직원	한수미	기존 직원	한수미
11:00 ~ 12:00	기존 직원	한수미	기존 직원	한수미	기존 직원	한수미	기존 직원	한수미	기존 직원	한수미
12:00 ~ 13:00	기존 직원	조병수	기존 직원	조병수	기존 직원	조병수	기존 직원	조병수	기존 직원	조병수
13:00 ~ 14:00	기존 직원	조병수	기존 직원	조병수	기존 직원	조병수	기존 직원	조병수	기존 직원	조병수
14:00 ~ 15 00	기존 직원	조병수	기존 직원	조병수	기존 직원	조병수	기존 직원	조병수	기존 직원	조병수
15:00 ~ 16:00	강을미	조병수	강을미	조병수	강을미	조병수	강을미	조병수	강을미	조병수
16:00 ~ 17:00	강을미	채미나	강을미	채미나	강을미	채미나	강을미	채미나	강을미	채미나
17:00 ~ 18:00	강을미	채미나	강을미	채미나	강을미	채미나	강을미	채미나	강을미	채미나
18:00 ~ 19:00	강을미	채미나	강을미	채미나	강을미	채미나	강을미	채미나	강을미	채미나
19:00 ~ 20:00	강을미	채미나	강을미	채미나	강을미	채미나	강을미	채미나	강을미	채미나

따라서 채용할 지원자는 김갑주, 강을미, 조병수, 채미나, 한수미이다.

13

정답 ④

하루 지출되는 직원별 급여액은 다음과 같다.

- 기존 직원 : 8,000×7=56,000원
- 김갑주, 한수미 : 8,000×2=16,000원
- 조병수, 채미나 : 7,500×4=30,000원
- 강을미 : 7,000×5=35,000원

56,000+(16,000×2)+(30,000×2)+35,000=183,000원

따라서 주마다 지급해야 하는 총급여는 183,000×5=915,000원이다.

14

정답 ④

황지원 대리는 부친 장례식, 기성용 부장은 본인 결혼식, 조현우 차장은 자녀 돌잔치, 이미연 과장은 모친 회갑으로 현금과 화환을 모두 받을 수 있다. 이외에는 화환 및 꽃다발만을 받거나, 본인과 배우자가 각각 화환 및 꽃다발, 현금을 받는다.

15

정답 ②

- A과장 : 배우자와 함께 K은행에 재직하고 있는데 결혼기념일이며, 현금과 함께 받을 수 있는 범위 1 ~ 2항에 속하지 않으므로 A과장은 화환 또는 꽃다발을 받을 것이다.
- B사원 : 자녀의 돌잔치를 하므로 현금과 함께 화환을 받을 것이다.
- C사원 : K은행에 재직하고 있지 않은 배우자와 함께 대학교를 졸업하므로 화환 또는 꽃다발을 받을 것이다.

따라서 B사원만 현금을 받을 수 있다.

제4영역 정보능력

01	02	03	04	05	06	07	08	09	10
③	③	④	②	③	②	①	③	④	①
11	12	13	14	15					
②	①	④	②	③					

01

정답 ③

〈Ctrl〉+〈3〉은 글꼴 스타일에 기울임 꼴을 적용하는 바로가기 키이다. 〈Ctrl〉+〈4〉를 사용해야 선택한 셀에 밑줄이 적용된다.

02

정답 ③

LEFT(데이터가 있는 셀 번호,왼쪽을 기준으로 가져올 자릿수)이다. 따라서 주민등록번호가 있는 [C2] 셀을 선택하고 왼쪽을 기준으로 생년월일은 6자리이기 때문에 「=LEFT(C2,6)」가 적절하다.

03

정답 ④

CONCATENATE 함수는 텍스트와 텍스트를 연결시켜주는 함수이다. [C2] 셀의 값인 '3 · 1절(매년 3월 1일)'은 [A2], '(', [B2], ')' 와 같이 4가지의 텍스트가 연결되어야 한다. 그리고 '(', ')'와 같은 값을 나타내기 위해서는 " "를 이용하여 입력해야 한다. 따라서 입력해야 하는 함수식은 「=CONCATENATE(A2,"(",B2,")")」이다.

04

정답 ②

DSUM 함수는 지정한 조건에 맞는 데이터베이스에서 필드 값들의 합을 구하는 함수이다. [A1:C7]에서 상여금이 100만 원 이상인 합계를 구하므로 2,500,000이 도출된다.

05

정답 ③

영역(Block)의 지정

- 한 단어 영역 지정 : 해당 단어 안에 마우스 포인터를 놓고 두 번 클릭한다.
- 한 줄 영역 지정 : 해당 줄의 왼쪽 끝으로 마우스 포인터를 이동하여 포인터가 화살표로 바뀌면 한 번 클릭한다.
- 문단 전체 영역 지정
  - 해당 문단의 임의의 위치에 마우스 포인터를 놓고 세 번 클릭한다.
  - 문단 내의 한 행 왼쪽 끝에서 마우스 포인터가 화살표로 바뀌면 두 번 클릭한다.

• 문서 전체 영역 지정
  – 문단의 왼쪽 끝으로 마우스 포인터를 이동하여 포인터가 화살표로 바뀌면 세 번 클릭한다.
  – [편집] 메뉴에서 [모두 선택]을 선택한다.
  – 문서 내의 임의의 위치에서 〈Ctrl〉+〈A〉를 누른다.
  – 문서 내의 한 행 왼쪽 끝에서 마우스 포인터가 화살표로 바뀌면 세 번 클릭한다.

06
정답 ②

삽입 상태가 아닌 수정 상태일 때만 〈Space Bar〉는 오른쪽으로 이동하면서 한 문자씩 삭제한다.

07
정답 ①

「=C6xD6」은 사용할 수 없는 수식이다.

오답분석

②・③・④ 대형 프린트의 총금액이 나오는 수식이다.

08
정답 ③

[E5]~[E8] 셀을 범위로 선택할 경우, 오른쪽 밑에 평균・개수・합계를 확인할 수 있다.

오답분석

①・②・④ 구입예정 물품 총금액을 구입물품들의 총수량으로 나누는 것으로, 수량 하나의 평균금액을 알 수 있다.

09
정답 ④

〈Ctrl〉+〈Alt〉는 기능을 가지고 있는 단축키가 아니다.

오답분석

①・②・③ 합계를 구하는 함수 및 수식이다.

10
정답 ①

• 양쪽 정렬 : 자료 2의 문단 모양이 양쪽으로 가지런하게 맞춰졌음을 볼 때, 양쪽 정렬 기능을 활용했음을 알 수 있다.
• 음영 : 자료 2의 첫 번째 문장에서 '금기란 어떤 대상을 꺼리거나 피하는 행위를 가리킨다.'에 음영이 들어가 있음을 확인할 수 있다.
• 그림 : 자료 2의 하단에 여러 사람이 대화를 하고 있는 그림이 들어가 있음을 확인할 수 있다.
• 도형 : 자료 2의 첫 번째 문장 위에 별 모양의 도형 2개가 들어가 있음을 확인할 수 있다.

11
정답 ②

거품형 차트에 대한 설명이다.
방사형 차트는 많은 데이터 계열의 집합적인 값을 나타낼 때 사용된다.

12
정답 ①

피벗테이블 결과 표시는 다른 시트에도 가능하다.

13
정답 ④

인쇄 중인 문서를 일시 정지시킬 수 있으며 일시 정지된 문서를 다시 이어서 출력할 수도 있지만, 다른 프린터로 출력하도록 할 수는 없다. 다른 프린터로 출력을 원할 경우 처음부터 다른 프린터로 설정하여 출력해야 한다.

14
정답 ②

㉠ 공용 서버 안의 모든 바이러스를 치료한 후에 접속하는 모든 컴퓨터를 대상으로 바이러스 검사를 하고 치료해야 한다.
㉢ 공용으로 사용하는 PC로 인터넷에 접속했을 때 개인 정보 유출을 방지하기 위해 쿠키를 삭제한다.

오답분석

㉡ 다운로드받은 감염된 파일을 모두 실행하면 바이러스가 더욱 확산된다.
㉣ 디스크 공간 확대는 추가 조치사항으로 적절하지 않다.

15
정답 ③

SUM 함수는 인수들의 합을 구하는 함수로, 계산절차는 다음과 같다.
=SUM(B2:CHOOSE(2,B3,B4,B5))
=SUM(B2:B4)
=SUM(23,45,12)=80

KDB산업은행 NCS 직업기초능력평가 모의고사 답안카드

고사장

성 명

수 험 번 호						
⓪	⓪	⓪	⓪	⓪	⓪	⓪
①	①	①	①	①	①	①
②	②	②	②	②	②	②
③	③	③	③	③	③	③
④	④	④	④	④	④	④
⑤	⑤	⑤	⑤	⑤	⑤	⑤
⑥	⑥	⑥	⑥	⑥	⑥	⑥
⑦	⑦	⑦	⑦	⑦	⑦	⑦
⑧	⑧	⑧	⑧	⑧	⑧	⑧
⑨	⑨	⑨	⑨	⑨	⑨	⑨

감독위원 확인
㊞ 인

의사소통능력					수리능력					문제해결능력					정보능력				
1	①	②	③	④	1	①	②	③	④	1	①	②	③	④	1	①	②	③	④
2	①	②	③	④	2	①	②	③	④	2	①	②	③	④	2	①	②	③	④
3	①	②	③	④	3	①	②	③	④	3	①	②	③	④	3	①	②	③	④
4	①	②	③	④	4	①	②	③	④	4	①	②	③	④	4	①	②	③	④
5	①	②	③	④	5	①	②	③	④	5	①	②	③	④	5	①	②	③	④
6	①	②	③	④	6	①	②	③	④	6	①	②	③	④	6	①	②	③	④
7	①	②	③	④	7	①	②	③	④	7	①	②	③	④	7	①	②	③	④
8	①	②	③	④	8	①	②	③	④	8	①	②	③	④	8	①	②	③	④
9	①	②	③	④	9	①	②	③	④	9	①	②	③	④	9	①	②	③	④
10	①	②	③	④	10	①	②	③	④	10	①	②	③	④	10	①	②	③	④
11	①	②	③	④	11	①	②	③	④	11	①	②	③	④	11	①	②	③	④
12	①	②	③	④	12	①	②	③	④	12	①	②	③	④	12	①	②	③	④
13	①	②	③	④	13	①	②	③	④	13	①	②	③	④	13	①	②	③	④
14	①	②	③	④	14	①	②	③	④	14	①	②	③	④	14	①	②	③	④
15	①	②	③	④	15	①	②	③	④	15	①	②	③	④	15	①	②	③	④

※ 본 답안카드는 마킹연습용 모의 답안카드입니다.

〈절취선〉

KDB산업은행 NCS 직업기초능력평가 모의고사 답안카드

고사장

성 명

수 험 번 호						
⓪	⓪	⓪	⓪	⓪	⓪	⓪
①	①	①	①	①	①	①
②	②	②	②	②	②	②
③	③	③	③	③	③	③
④	④	④	④	④	④	④
⑤	⑤	⑤	⑤	⑤	⑤	⑤
⑥	⑥	⑥	⑥	⑥	⑥	⑥
⑦	⑦	⑦	⑦	⑦	⑦	⑦
⑧	⑧	⑧	⑧	⑧	⑧	⑧
⑨	⑨	⑨	⑨	⑨	⑨	⑨

감독위원 확인
인

의사소통능력					수리능력					문제해결능력					정보능력				
1	①	②	③	④	1	①	②	③	④	1	①	②	③	④	1	①	②	③	④
2	①	②	③	④	2	①	②	③	④	2	①	②	③	④	2	①	②	③	④
3	①	②	③	④	3	①	②	③	④	3	①	②	③	④	3	①	②	③	④
4	①	②	③	④	4	①	②	③	④	4	①	②	③	④	4	①	②	③	④
5	①	②	③	④	5	①	②	③	④	5	①	②	③	④	5	①	②	③	④
6	①	②	③	④	6	①	②	③	④	6	①	②	③	④	6	①	②	③	④
7	①	②	③	④	7	①	②	③	④	7	①	②	③	④	7	①	②	③	④
8	①	②	③	④	8	①	②	③	④	8	①	②	③	④	8	①	②	③	④
9	①	②	③	④	9	①	②	③	④	9	①	②	③	④	9	①	②	③	④
10	①	②	③	④	10	①	②	③	④	10	①	②	③	④	10	①	②	③	④
11	①	②	③	④	11	①	②	③	④	11	①	②	③	④	11	①	②	③	④
12	①	②	③	④	12	①	②	③	④	12	①	②	③	④	12	①	②	③	④
13	①	②	③	④	13	①	②	③	④	13	①	②	③	④	13	①	②	③	④
14	①	②	③	④	14	①	②	③	④	14	①	②	③	④	14	①	②	③	④
15	①	②	③	④	15	①	②	③	④	15	①	②	③	④	15	①	②	③	④

※ 본 답안카드는 마킹연습용 모의 답안카드입니다.

KDB산업은행 NCS 직업기초능력평가 모의고사 답안카드

고사장

성 명

수 험 번 호						
⓪	⓪	⓪	⓪	⓪	⓪	⓪
①	①	①	①	①	①	①
②	②	②	②	②	②	②
③	③	③	③	③	③	③
④	④	④	④	④	④	④
⑤	⑤	⑤	⑤	⑤	⑤	⑤
⑥	⑥	⑥	⑥	⑥	⑥	⑥
⑦	⑦	⑦	⑦	⑦	⑦	⑦
⑧	⑧	⑧	⑧	⑧	⑧	⑧
⑨	⑨	⑨	⑨	⑨	⑨	⑨

감독위원 확인
㊞ 인

의사소통능력		수리능력		문제해결능력		정보능력	
1	① ② ③ ④	1	① ② ③ ④	1	① ② ③ ④	1	① ② ③ ④
2	① ② ③ ④	2	① ② ③ ④	2	① ② ③ ④	2	① ② ③ ④
3	① ② ③ ④	3	① ② ③ ④	3	① ② ③ ④	3	① ② ③ ④
4	① ② ③ ④	4	① ② ③ ④	4	① ② ③ ④	4	① ② ③ ④
5	① ② ③ ④	5	① ② ③ ④	5	① ② ③ ④	5	① ② ③ ④
6	① ② ③ ④	6	① ② ③ ④	6	① ② ③ ④	6	① ② ③ ④
7	① ② ③ ④	7	① ② ③ ④	7	① ② ③ ④	7	① ② ③ ④
8	① ② ③ ④	8	① ② ③ ④	8	① ② ③ ④	8	① ② ③ ④
9	① ② ③ ④	9	① ② ③ ④	9	① ② ③ ④	9	① ② ③ ④
10	① ② ③ ④	10	① ② ③ ④	10	① ② ③ ④	10	① ② ③ ④
11	① ② ③ ④	11	① ② ③ ④	11	① ② ③ ④	11	① ② ③ ④
12	① ② ③ ④	12	① ② ③ ④	12	① ② ③ ④	12	① ② ③ ④
13	① ② ③ ④	13	① ② ③ ④	13	① ② ③ ④	13	① ② ③ ④
14	① ② ③ ④	14	① ② ③ ④	14	① ② ③ ④	14	① ② ③ ④
15	① ② ③ ④	15	① ② ③ ④	15	① ② ③ ④	15	① ② ③ ④

※ 본 답안카드는 마킹연습용 모의 답안카드입니다.

〈절취선〉

KDB산업은행 NCS 직업기초능력평가 모의고사 답안카드

고사장

성 명

수 험 번 호						
⓪	⓪	⓪	⓪	⓪	⓪	⓪
①	①	①	①	①	①	①
②	②	②	②	②	②	②
③	③	③	③	③	③	③
④	④	④	④	④	④	④
⑤	⑤	⑤	⑤	⑤	⑤	⑤
⑥	⑥	⑥	⑥	⑥	⑥	⑥
⑦	⑦	⑦	⑦	⑦	⑦	⑦
⑧	⑧	⑧	⑧	⑧	⑧	⑧
⑨	⑨	⑨	⑨	⑨	⑨	⑨

감독위원 확인
ⓘ인

의사소통능력					수리능력					문제해결능력					정보능력				
1	①	②	③	④	1	①	②	③	④	1	①	②	③	④	1	①	②	③	④
2	①	②	③	④	2	①	②	③	④	2	①	②	③	④	2	①	②	③	④
3	①	②	③	④	3	①	②	③	④	3	①	②	③	④	3	①	②	③	④
4	①	②	③	④	4	①	②	③	④	4	①	②	③	④	4	①	②	③	④
5	①	②	③	④	5	①	②	③	④	5	①	②	③	④	5	①	②	③	④
6	①	②	③	④	6	①	②	③	④	6	①	②	③	④	6	①	②	③	④
7	①	②	③	④	7	①	②	③	④	7	①	②	③	④	7	①	②	③	④
8	①	②	③	④	8	①	②	③	④	8	①	②	③	④	8	①	②	③	④
9	①	②	③	④	9	①	②	③	④	9	①	②	③	④	9	①	②	③	④
10	①	②	③	④	10	①	②	③	④	10	①	②	③	④	10	①	②	③	④
11	①	②	③	④	11	①	②	③	④	11	①	②	③	④	11	①	②	③	④
12	①	②	③	④	12	①	②	③	④	12	①	②	③	④	12	①	②	③	④
13	①	②	③	④	13	①	②	③	④	13	①	②	③	④	13	①	②	③	④
14	①	②	③	④	14	①	②	③	④	14	①	②	③	④	14	①	②	③	④
15	①	②	③	④	15	①	②	③	④	15	①	②	③	④	15	①	②	③	④

※ 본 답안카드는 마킹연습용 모의 답안카드입니다.

KDB산업은행 NCS 직업기초능력평가 모의고사 답안카드

고사장

성 명

수험번호						
⓪	⓪	⓪	⓪	⓪	⓪	⓪
①	①	①	①	①	①	①
②	②	②	②	②	②	②
③	③	③	③	③	③	③
④	④	④	④	④	④	④
⑤	⑤	⑤	⑤	⑤	⑤	⑤
⑥	⑥	⑥	⑥	⑥	⑥	⑥
⑦	⑦	⑦	⑦	⑦	⑦	⑦
⑧	⑧	⑧	⑧	⑧	⑧	⑧
⑨	⑨	⑨	⑨	⑨	⑨	⑨

감독위원 확인
㉑ 인

의사소통능력					수리능력					문제해결능력					정보능력				
1	①	②	③	④	1	①	②	③	④	1	①	②	③	④	1	①	②	③	④
2	①	②	③	④	2	①	②	③	④	2	①	②	③	④	2	①	②	③	④
3	①	②	③	④	3	①	②	③	④	3	①	②	③	④	3	①	②	③	④
4	①	②	③	④	4	①	②	③	④	4	①	②	③	④	4	①	②	③	④
5	①	②	③	④	5	①	②	③	④	5	①	②	③	④	5	①	②	③	④
6	①	②	③	④	6	①	②	③	④	6	①	②	③	④	6	①	②	③	④
7	①	②	③	④	7	①	②	③	④	7	①	②	③	④	7	①	②	③	④
8	①	②	③	④	8	①	②	③	④	8	①	②	③	④	8	①	②	③	④
9	①	②	③	④	9	①	②	③	④	9	①	②	③	④	9	①	②	③	④
10	①	②	③	④	10	①	②	③	④	10	①	②	③	④	10	①	②	③	④
11	①	②	③	④	11	①	②	③	④	11	①	②	③	④	11	①	②	③	④
12	①	②	③	④	12	①	②	③	④	12	①	②	③	④	12	①	②	③	④
13	①	②	③	④	13	①	②	③	④	13	①	②	③	④	13	①	②	③	④
14	①	②	③	④	14	①	②	③	④	14	①	②	③	④	14	①	②	③	④
15	①	②	③	④	15	①	②	③	④	15	①	②	③	④	15	①	②	③	④

※ 본 답안카드는 마킹연습용 모의 답안카드입니다.

〈절취선〉

KDB산업은행 NCS 직업기초능력평가 모의고사 답안카드

고사장

성 명

수 험 번 호						
⓪	⓪	⓪	⓪	⓪	⓪	⓪
①	①	①	①	①	①	①
②	②	②	②	②	②	②
③	③	③	③	③	③	③
④	④	④	④	④	④	④
⑤	⑤	⑤	⑤	⑤	⑤	⑤
⑥	⑥	⑥	⑥	⑥	⑥	⑥
⑦	⑦	⑦	⑦	⑦	⑦	⑦
⑧	⑧	⑧	⑧	⑧	⑧	⑧
⑨	⑨	⑨	⑨	⑨	⑨	⑨

감독위원 확인
(인)

의사소통능력					수리능력					문제해결능력					정보능력				
1	①	②	③	④	1	①	②	③	④	1	①	②	③	④	1	①	②	③	④
2	①	②	③	④	2	①	②	③	④	2	①	②	③	④	2	①	②	③	④
3	①	②	③	④	3	①	②	③	④	3	①	②	③	④	3	①	②	③	④
4	①	②	③	④	4	①	②	③	④	4	①	②	③	④	4	①	②	③	④
5	①	②	③	④	5	①	②	③	④	5	①	②	③	④	5	①	②	③	④
6	①	②	③	④	6	①	②	③	④	6	①	②	③	④	6	①	②	③	④
7	①	②	③	④	7	①	②	③	④	7	①	②	③	④	7	①	②	③	④
8	①	②	③	④	8	①	②	③	④	8	①	②	③	④	8	①	②	③	④
9	①	②	③	④	9	①	②	③	④	9	①	②	③	④	9	①	②	③	④
10	①	②	③	④	10	①	②	③	④	10	①	②	③	④	10	①	②	③	④
11	①	②	③	④	11	①	②	③	④	11	①	②	③	④	11	①	②	③	④
12	①	②	③	④	12	①	②	③	④	12	①	②	③	④	12	①	②	③	④
13	①	②	③	④	13	①	②	③	④	13	①	②	③	④	13	①	②	③	④
14	①	②	③	④	14	①	②	③	④	14	①	②	③	④	14	①	②	③	④
15	①	②	③	④	15	①	②	③	④	15	①	②	③	④	15	①	②	③	④

※ 본 답안카드는 마킹연습용 모의 답안카드입니다.

2025 최신판 시대에듀 KDB산업은행 5급 최종모의고사 7회분 + 논술 + 면접 + 무료NCS특강

개정4판1쇄 발행	2025년 02월 20일 (인쇄 2025년 01월 07일)
초 판 발 행	2021년 10월 05일 (인쇄 2021년 09월 14일)
발 행 인	박영일
책 임 편 집	이해욱
편 저	SDC(Sidae Data Center)
편 집 진 행	안희선 · 한성윤
표지디자인	김지수
편집디자인	김경원 · 장성복
발 행 처	(주)시대고시기획
출 판 등 록	제10-1521호
주 소	서울시 마포구 큰우물로 75 [도화동 538 성지 B/D] 9F
전 화	1600-3600
팩 스	02-701-8823
홈 페 이 지	www.sdedu.co.kr

I S B N	979-11-383-8670-8 (13320)
정 가	22,000원

※ 이 책은 저작권법의 보호를 받는 저작물이므로 동영상 제작 및 무단전재와 배포를 금합니다.
※ 잘못된 책은 구입하신 서점에서 바꾸어 드립니다.

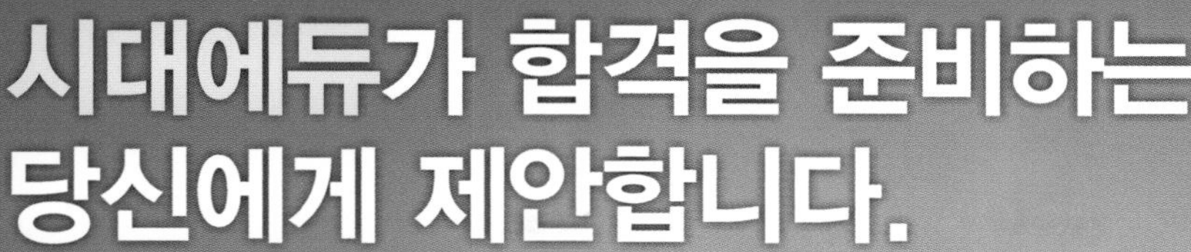

결심하셨다면 지금 당장 실행하십시오.
시대에듀와 함께라면 문제없습니다.

성공의 기회!
시대에듀를 잡으십시오.

NEXT STEP!

기회란 포착되어 활용되기 전에는 기회인지조차 알 수 없는 것이다.

– 마크 트웨인 –

시대에듀
금융권 필기시험 시리즈

알차다!	친절하다!	명쾌하다!	핵심을 뚫는다!
꼭 알아야 할 내용을 담고 있으니까	핵심내용을 쉽게 설명하고 있으니까	상세한 풀이로 완벽하게 익힐 수 있으니까	시험 유형과 흡사한 문제를 다루니까

"신뢰와 책임의 마음으로 수험생 여러분에게 다가갑니다."

"농협" 합격을 위한 시리즈

농협 계열사 취업의 문을 여는

Master Key!

※ 도서의 이미지 및 구성은 변동될 수 있습니다.

금융권 필기시험 "기본서" 시리즈

최신 기출유형을 반영한 NCS와 직무상식을 한 권에! 합격을 위한

Only Way!

금융권 필기시험 "봉투모의고사" 시리즈

실제 시험과 동일하게 구성된 모의고사로 마무리! 합격으로 가는

Last Spurt!

현재 나의 실력을 객관적으로 파악해 보자!

모바일 OMR

답안채점 / 성적분석 서비스

도서에 수록된 모의고사에 대한 객관적인 결과(정답률, 순위)를 종합적으로 분석하여 제공합니다.

OMR 입력

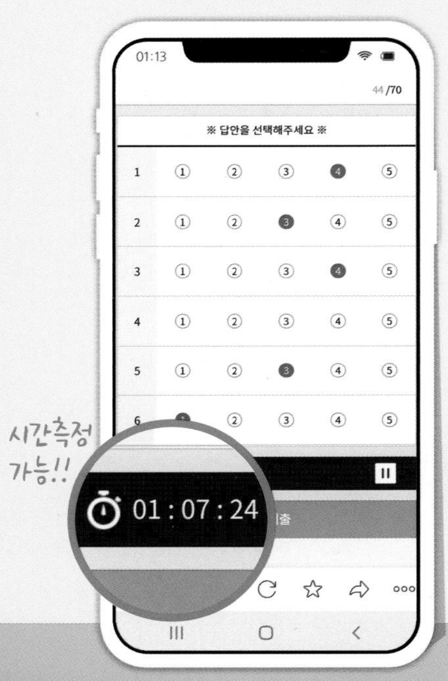

성적분석

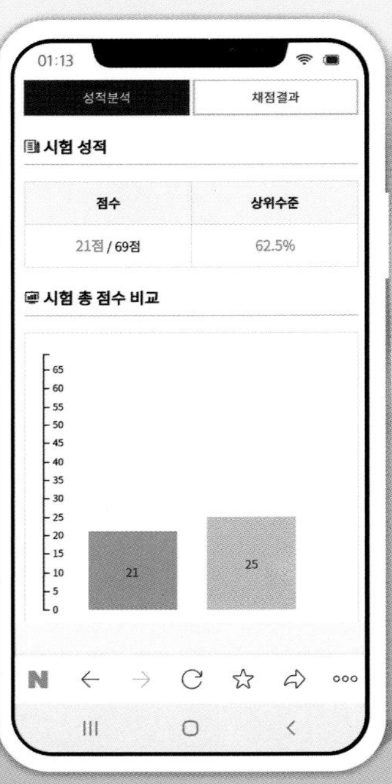

채점결과

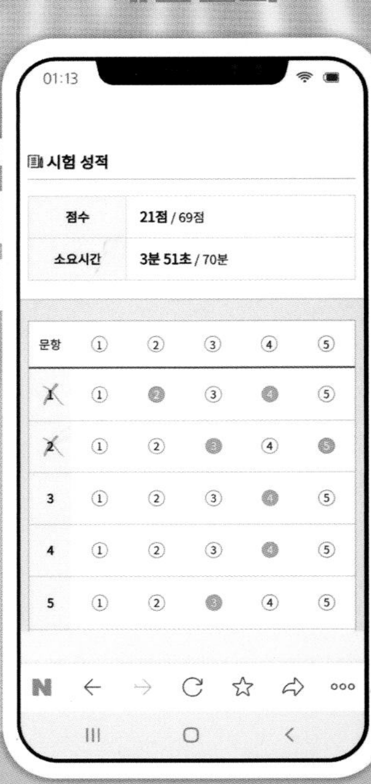

※ OMR 답안채점 / 성적분석 서비스는 등록 후 30일간 사용 가능합니다.

도서 내 모의고사 우측 상단에 위치한 QR코드 찍기

로그인 하기

'시작하기' 클릭

'응시하기' 클릭

나의 답안을 모바일 OMR 카드에 입력

'성적분석&채점결과' 클릭

현재 내 실력 확인하기